R을 활용한
다변량 자료분석 방법론

강현철 · 연규필 · 한상태 지음

자유아카데미

머리말

이 책은 R을 활용하여 다변량 자료를 분석하고자 하는 다양한 분야의 독자들을 위한 입문서로서, 실제적인 예제들을 통해 분석의 기본 개념과 응용사례를 쉽고 간결하게 설명하고 있다. 이 책은 학부 3, 4학년을 대상으로 하는 한 학기 정도의 강의를 염두에 두고 집필되었으나, 통계학을 전공하지 않은 일반 연구자, 대학원생, 교수들에게도 충분히 활용될 수 있도록 구성되어 있다. 특히 지나치게 복잡한 수리적 이론을 가급적 피하고 사례분석을 중심으로 다변량 자료분석의 필수적 개념들을 전달하려고 하였으며, 각 사례에는 필요한 R 프로그램의 작성법과 결과의 해석을 수록하여 실제 분석에 바로 응용할 수 있도록 하였다.

이 책은 총 8개의 장과 부록으로 구성되어 있다. 먼저 1장에서는 다변량 자료의 기본적 표현과 요약 등 다변량 자료분석을 위한 기초개념들을 다루었으며, 2장에서 8장까지는 각 분석기법들에 대해서 다양한 사례를 이용하여 현실감 있게 설명하고 있다. 또한 부록에는 다변량 자료에서 자주 발생하는 결측값을 대체하기 위한 방법들을 소개하였고, 다변량 자료분석의 수리적 내용을 이해하기 위해서 필요한 행렬의 기본개념들을 수록하였다.

실제로 데이터 분석을 수행함에 있어서 일반적으로는 특정 자료처리 및 분석기법의 일부만을 이용하는 경우가 많으므로, 먼저 이 책의 범위 내에서 필요한 분석방법의 기본개념 및 자료구조를 이해한 후 실제 작업 상황에 따라 점차 기법의 이용범위를 확충시켜 나가는 것이 바람직하다. 따라서 통계이론이나 R 사용법에 초보적인 독자들은 먼저 각 장의 예제들을 중심으로 해당 분석기법의 처리내용을 개괄적으로 이해한 후, 이에 필요한 통계적 이론을 숙지하는 것이 좋을 것으로 생각된다.

이 책에서는 실제 사례에 대하여 R 소프트웨어의 처리 과정과 주요 결과들을 현실감 있게 설명하고 있다. 따라서 각 장에 제시된 사례들의 분석과정을 직접 수행하여 봄으로써 관련된 내용을 보다 재미있게 학습할 수 있을 것이다. 이를 위해 각 사례에 사용된 데이터들을 출판사의 홈페이지를 통해서 제공하고 있다(http://www.freeaca.com). 또한 이 책을 가지고 강의하시는 분들을 위해 별도로 강의자료를 제공하고 있다(출판사에 문의 바람).

아무쪼록 이 책이 R을 이용하여 실제 다변량 자료를 분석하고자 하는 많은 연구자들에게 유용하게 사용되기를 바란다.

2021년 2월, 저자들

차 례

제 1 장
서론

Introduction

다변량(多變量; multivariate) 자료란 통상 둘 이상의 서로 상관되어 있는 확률적 반응변수에 대해 얻어진 자료를 의미한다. 이러한 다변량 자료 속에 내재되어 있는 관심현상들은 어느 한 단면만을 통해 그의 전반적인 모습을 잘 파악하기가 쉬운 일이 아닐뿐더러, 각 측면들은 상호의존하여 있기 때문에, 이들 각각은 물론 전체를 종합하여 상황을 파악할 필요가 있다. 여기에서 현상의 각 측면을 변수에 대응시킬 때, 다변량 자료분석은 관심되는 현상을 다면체적인 거울에 비추어 이에 근거한 통계적 추론을 시도한다는 점에서 일변량 분석보다 더욱 현실감 있는 분석으로 이해될 수 있겠다.

이 장에서는 다변량 자료의 기본적 표현과 요약 통계량 등 다변량 자료분석을 위한 기초개념들을 다루어 보기로 한다.

1.1 다변량 자료의 표현

다변량 자료는 일변량의 경우에서와 같이 명목형, 순서형, 구간형, 비율형 등 여러 가지 유형의 변수에 대해 조사 또는 실험 등을 통해 얻어진다. 여기에서는 이와 같이 얻어진 정보를 모아 앞으로의 설명이나 이론전개가 용이하도록 표현하는 방법을 다루어 보자.

1.1.1 자료행렬

먼저 고려되는 p개의 (반응변수) $x_1, x_2, \cdots, x_p$에 대해 n개의 관찰개체로부터 얻어진 자료를 아래와 같이 모은 크기 $n \times p$의 행렬 $\mathbf{X}$를 자료행렬(data matrix)이라 부른다.

$$\underset{n\times p}{\mathbf{X}} = \begin{array}{cc} & \text{반응변수} \\ & \begin{array}{cccccc} (1) & (2) & \cdots & (j) & \cdots & (p) \end{array} \\ \begin{array}{c} (1) \\ \text{관}\ (2) \\ \text{찰}\ \vdots \\ \text{개}\ (i) \\ \text{체}\ \vdots \\ (n) \end{array} & \begin{pmatrix} x_{11} & x_{12} & \cdots & x_{1j} & \cdots & x_{1p} \\ x_{21} & x_{22} & \cdots & x_{2j} & \cdots & x_{2p} \\ \vdots & \vdots & \cdots & \vdots & \cdots & \vdots \\ x_{i1} & x_{i2} & \cdots & x_{ij} & \cdots & x_{ip} \\ \vdots & \vdots & \cdots & \vdots & \cdots & \vdots \\ x_{n1} & x_{n2} & \cdots & x_{nj} & \cdots & x_{np} \end{pmatrix} \end{array} \tag{1.1}$$

이때 자료행렬 $\mathbf{X}$의 (i,j)번째 원소인 x_{ij}는 i번째 개체로부터 j번째 (반응)변수 x_j에 대해 얻어진 값으로서($i = 1,\ 2,\ \cdots,\ n$; $j = 1,\ 2,\ \cdots,\ p$), 일반적으로 각 행은 서로 통계적으로 독립인 반면 각 열은 서로 상관되어 있다.

예를 들어, 국어(x_1), 영어(x_2), 제2외국어(x_3), 수학(x_4), 과학(x_5) 등 5개 과목의 점수를 10명의 학생으로부터 얻은 경우, 이 정보는 다음과 같이 10×5 자료행렬로 표현할 수 있겠다.

$$\underset{10\times 5}{\mathbf{X}} = \begin{pmatrix} 3 & 33 & 73 & 8 & 12 \\ 3 & 30 & 59 & 28 & 20 \\ 35 & 83 & 91 & 32 & 34 \\ 35 & 83 & 85 & 33 & 32 \\ 15 & 40 & 55 & 68 & 52 \\ 3 & 53 & 76 & 10 & 8 \\ 68 & 83 & 85 & 48 & 50 \\ 15 & 47 & 77 & 76 & 76 \\ 46 & 60 & 83 & 83 & 68 \\ 98 & 83 & 91 & 80 & 72 \end{pmatrix} \tag{1.2}$$

이와 같은 자료행렬에 대하여 행(row)과 열(column)이라는 두 가지 측면으로 구분하여 살펴보자.

만약 우리가 변수들의 변이성이나 군집성 혹은 그들 간의 연관성 등에 흥미의 주안점을 둔다면, 이는 곧 자료행렬의 열(column)을 중심으로 고찰한다는 것을 뜻한다. 즉, 이를 기하적으로 보면 n-차원 공간에 있는 p개의 벡터들을 고찰한다는 의미이며, 이런 관점에서 자료행렬을 다음과 같이 p개의 **열벡터**($\mathbf{x}_j, j = 1, 2, \cdots, p$)로 표현할 수 있다.

$$\mathbf{X} = (\mathbf{x}_1,\ \mathbf{x}_2,\ \cdots,\ \mathbf{x}_j,\ \cdots, \mathbf{x}_p) \tag{1.3}$$

이에 대해 관찰개체에 관한 고려는 자료행렬의 행(row)을 중심으로 고찰한다는 것을 뜻하며, 따라서 기하적으로는 p-차원 공간에 있는 n개의 벡터를 고찰한다는 의미이다. 이런 관점에서 자료행렬을 다음과 같이 n개의 **행벡터**($\mathbf{x}_i', i = 1, 2, \cdots, n$)로 표현할 수 있다.

$$\mathbf{X} = \begin{pmatrix} \mathbf{x}_1' \\ \mathbf{x}_2' \\ \vdots \\ \mathbf{x}_i' \\ \vdots \\ \mathbf{x}_n' \end{pmatrix} \tag{1.4}$$

즉, 하나의 자료행렬은 그것을 보는 관점에 따라 이와 같이 두 가지로 표현할 수 있다.

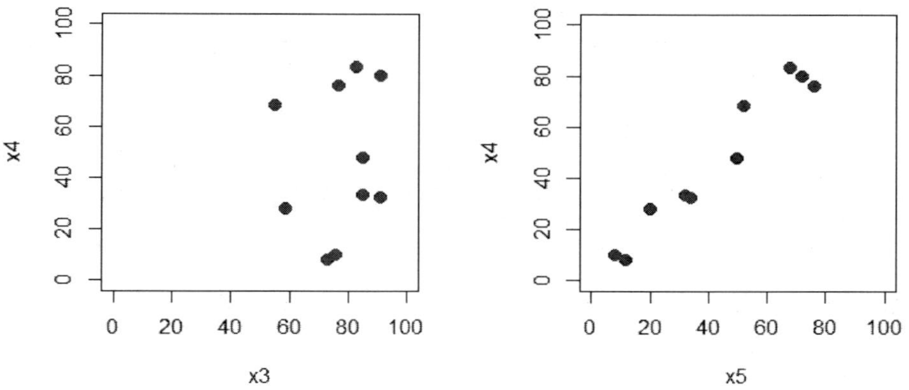

〈그림 1.1〉 산점도

1.1.2 그래프적 표현

자료를 수집한 후 본격적인 통계분석에 들어가기에 앞서 예비적 탐색이라는 관점에서 여러 가지 일을 행하게 된다. 여기에는 자료의 입력이나 편집과정에서 발생한 오류의 점검, 특이값(outlier)의 탐색 및 처리 등 통계자료의 분석 전반에 걸쳐 통상적으로 이루어지는 것들이 포함된다.

또한 점, 선, 얼굴 등 그래프를 이용하여 자료를 표현하는 일은 항상 추천되고, 때로는 요구되기도 한다. 이는 그래프가 가지는 시각적 효과를 통해 분석자로 하여금 자료에 대한 포괄적 감각을 가지게 하고, 특히 분포상의 특징이나 패턴, 자연적 그룹화, 변수들 간의 관계를 점검할 기회를 가지며, 앞에서 말한 특이값 탐색 등도 이런 과정을 통해 가능하게 된다. 여기에서는 이와 같이 자료를 그래프로 표현하는 몇 가지 기법을 다루어 본다.

(1) 산점도

산점도(散點圖, scatter plot)는 n개의 관찰개체들을 주어진 차원의 좌표상에 점을 찍어 플롯(plot)한 그림이다. 예를 들어, 〈그림 1.1〉은 식 (1.2)의 자료에 대하여 $(x_4,\ x_3)$과 $(x_4,\ x_5)$의 이차원(two-dimensional) 산점도를 작성한 것이다(부록 1.A 참조).

여기에서 $(x_4,\ x_3)$의 그림을 살펴보면 변수 x_3은 그의 중심이 대략 80 근처에 그리고 x_4는 대략 50에 근처에 있고, x_4는 x_3보다 큰 변이를 가지고 널리 흩어져 있음을 알 수 있다. 또한 두 변수 간에는 어떤 선형적인 증감의 경향이 보이지 않음을 알 수 있다.

반면에 $(x_4,\ x_5)$의 그림에서는 두 변수가 그들의 증감의 방향이 같아서, 어느 한 변수가 큰 값을 가지면 이에 대응되는 다른 것도 크게 되는 경향을 보이고 있으므로, 이 두 변수는 상당히 밀접한 선형적 관계가 있음을 알 수 있겠다.

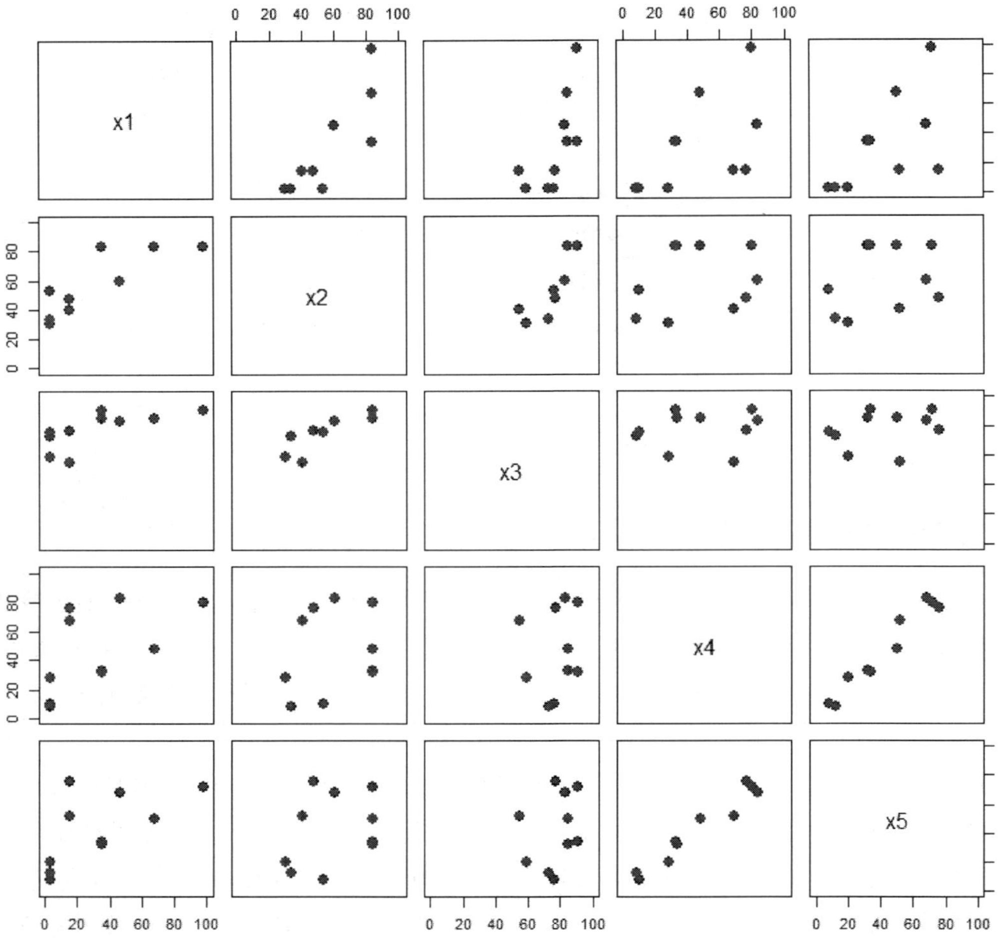

〈그림 1.2〉 산점도 행렬(Scatter Plot Matrix)

한편, 표현할 변수의 개수가 많은 경우에는 〈그림 1.2〉에서와 같이 가능한 모든 짝의 변수에 대해 플롯하는 방법을 고려할 수 있다(부록 1.A 참조). 이와 같이 산점도는 각 변수의 대표값과 변이정도, 변수들 간의 연관관계, 분포의 모양, 응집성, 군집관계 등 얻어진 자료에 대한 개괄적인 정보를 제공하여 준다.

(2) 별도표

별도표(star plot)는 p-차원 관찰벡터의 원소들이 모두 양의 값을 가질 경우, 이들을 2-차원상에 별모양으로 나타내는 방법이다(그림 1.3 참조). 이는 2-차원상에 각각의 사잇각이 동일한 p개의 축을 긋고 이 축들을 각 변수에 대응시킨다.

이때 관찰벡터의 원소들의 값은 해당 변수의 축에 그의 값을 점찍어 이들을 모두 연결하여 얻은 별모양의 다각형에 대응된다.

한편, 별도표를 일반화한 것으로 레이더도표(radar plot)라는 것도 있는데, ⟨그림 1.4⟩는 레이더도표 중 하나인 수레바퀴도표를 작성한 것이다(부록 1.A 참조).

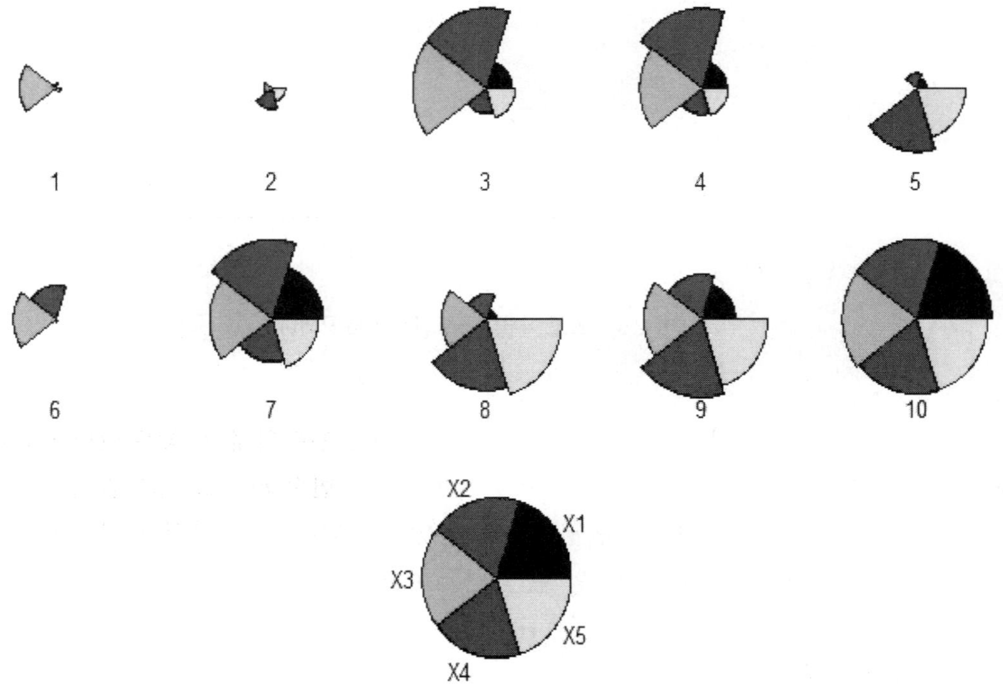

⟨그림 1.3⟩ 별도표(Star Plot)

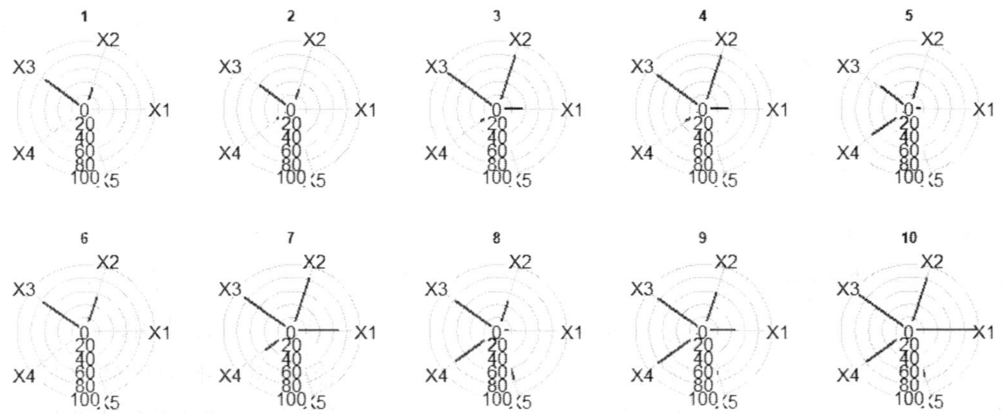

⟨그림 1.4⟩ 수레바퀴도표

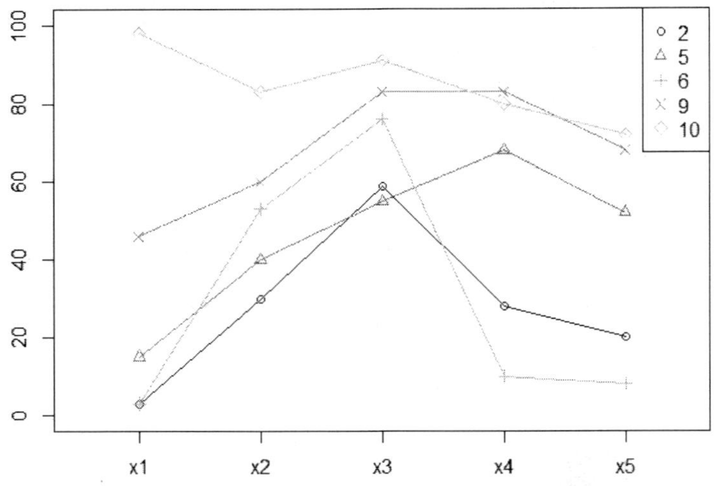

〈그림 1.5〉 프로파일 도표(Profile Plot)

예를 들어, 〈그림 1.3〉에서 2번 개체는 전반적으로 모든 변수의 값이 작은 반면에 10번 개체는 모든 변수의 값이 크다는 것을, 그리고 6번 개체는 변수 x_1, x_4, x_5의 값은 작으나 변수 x_2, x_3의 값은 꽤 큰 편이라는 것을 볼 수 있다. 따라서 높은 성적을 얻은 학생은 별도표에서 큰 체적을 가진다고 해석할 수 있을 것이다.

(3) 프로파일 도표

프로파일 도표(profile plot)는 별도표와는 달리 〈그림 1.5〉에서와 같이 가로축을 변수들로, 그리고 세로축에 각 변수에 대응되는 관찰값들을 찍어 직선으로 연결한 프로화일(profile)을 그린 것이다. 예를 들어, 위의 그림은 식 (1.2)의 자료에서 2, 5, 6, 9, 10번 개체의 프로파일을 그린 것이다(부록 1.A 참조).

(4) 체르노프 얼굴 그림

체르노프 얼굴(Chernoff's faces) 그림은 사람 얼굴의 그림을 통해 다변량 자료의 특성을 나타내는 방법이다. 이는 각 변수의 값을 얼굴의 서로 다른 특성(예컨대 눈, 코, 귀, 입, 귀 등의 위치, 크기, 모양 등)에 대응시켜 그린 그래프이다. 이는 사람들이 얼굴에 아주 익숙할 뿐만아니라 이에 즉각적인 반응을 한다는 착상에 근거를 둔 것이다. 따라서 이 방법은 관찰개체의 군집성을 사람 얼굴이 가지는 유사성과 이질성을 통해 대체적으로 파악하는데 도움을 준다.

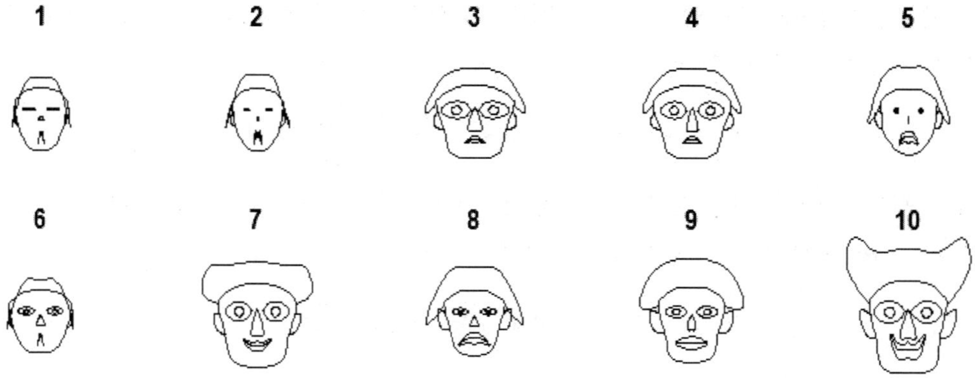

⟨그림 1.6⟩ 체르노프 얼굴 그림(Chernoff's Faces)

이외에도 Andrews 플롯, 별자리도표, 상자그림(box plot), 행과 열을 동시에 표현하는 행렬도(biplot, 3장 참조) 등 다양한 그래프적 표현 기법들이 제안되어 있다.

1.2 자료의 대수적 요약

앞에서 다루었던 그래프적 표현 기법들은 시각적 효과라는 측면에서는 양호한 기법이나, 정보의 평가에서 주관성이 개입될 수 있다. 특히 자료의 규모가 매우 클 경우에는 이를 통해 적절한 정보를 도출하기가 어렵기 때문에, 상대적으로 작은 규모의 자료에 한하여 유용성을 가진다고 할 수 있다.

이 절에서는 p-차원 다변량 확률벡터 $\mathbf{x} = (x_1,\ x_2,\ \cdots,\ x_p)'$가 가지는 여러 가지 특성들을 객관적인 수치를 통해 묘사하는 방법들을 소개한다. 여기에는 개별적인 각 변수에 대한 변이의 정도나 대표값 및 변수들 간의 관계를 묘사하는 기본적인 통계량(統計量; statistic)들이 포함되며, 필요한 경우 이의 기하적 대비를 통해 그 의미를 살펴보도록 하겠다.

1.2.1 표본 평균

식 (1.1)의 자료행렬 $\mathbf{X}$에 대해, 우선 각 변수를 대표하는 값으로 다음과 같은 각 변수별 표본 평균(標本 平均, sample mean)을 들 수 있겠다. 즉, 변수 x_j의 표본 평균은 다음과 같이 주어지며($j = 1,\ 2,\ \cdots,\ p$),

$$\bar{x}_j = \frac{1}{n}\sum_{i=1}^{n} x_{ij} = (x_{1j} + x_{2j} + \cdots + x_{ij} + \cdots + x_{nj})/n, \tag{1.5}$$

이와 같은 p개의 표본 평균들을 모아 다음과 같이 하나의 벡터로 표현한 것을 (표본)**평균 벡터**(mean vector)라고 한다.

$$\bar{\mathbf{x}} = (\bar{x}_1,\ \bar{x}_2,\ \cdots,\ \bar{x}_j,\ \cdots,\ \bar{x}_p)' = \frac{1}{n}\mathbf{X}'\mathbf{1}. \tag{1.6}$$

이러한 평균벡터는 n개 관찰개체들의 중심(centroid)으로 생각될 수 있다. 예를 들어, 식 (1.2)의 자료행렬에 대해 평균벡터를 구하면 다음과 같다.

$$\bar{\mathbf{x}} = (32.1,\ 59.5,\ 77.5,\ 46.6,\ 42.4)'.$$

1.2.2 표본 분산과 표준편차

어느 한 변수의 변이정도(variability)는 보통 표본 분산(分散, variance)으로 측정되는데, 이는 자료값들이 그의 평균으로부터 얼마만큼 떨어져 있는지를 측정하는 산포도(measure of dispersion)의 측도 중 하나이다. 변수 x_j에 대해서 표본 분산은 다음과 같이 주어진다.

$$s_{jj} = s_j^2 = \frac{1}{n-1}\sum_{i=1}^{n}(x_{ij}-\bar{x}_j)^2,\quad j=1,\ 2,\ \cdots,\ p. \tag{1.7}$$

한편, 분산 s_j^2에 제곱근을 취해 원래의 측정단위와 같도록 만든 것을 변수 x_j의 (표본) **표준편차**(標準偏差, standard deviation)라고 한다.

$$s_j = \sqrt{s_j^2},\quad j=1,\ 2,\ \cdots,\ p. \tag{1.8}$$

예를 들어, 식 (1.2)의 자료행렬에 대해 분산과 표준편차를 구하면 다음과 같다.

$$\begin{cases} \text{분산:} & (996.3,\ 484.5,\ 153.2,\ 815.4,\ 622.0) \\ \text{표준편차:} & (31.6,\ 22.0,\ 12.4,\ 28.6,\ 24.9) \end{cases}$$

1.2.3 표본 공분산

두 변수 $(x_j,\ x_k)$ 사이의 선형적 연관성을 측정하는 표본 공분산(共分散, covariance)은 다음과 같이 주어진다.

$$s_{jk} = s_{kj} = \frac{1}{n-1}\sum_{i=1}^{n}(x_{ij}-\bar{x}_j)(x_{ik}-\bar{x}_k),\quad j,\ k=1,\ 2,\ \cdots,\ p. \tag{1.9}$$

이는 변수 x_j에 대한 값의 증가에 따른 변수 x_k에 대한 값의 증가 또는 감소의 경향을 나타내는 측도이다. 즉, s_{jk}가 큰 양의 값을 가지면 x_j가 증가(감소)할 때 x_k도 증가(감소)하는 경향이 크다는 것을 나타내고, s_{jk}가 큰 음의 값을 가지면 x_j가 증가(감소)할 때 x_k

는 감소(증가)하는 경향이 크다는 것을 나타내며, 만약 s_{jk}가 0에 가깝다면 두 변수 x_j와 x_k의 증감은 서로 체계적인 경향이 없다는 것을 나타낸다.

이와 같이 p개의 반응변수들이 가지는 변이는 p개의 표본 분산(s_{jj})들과 서로 다른 변수들 사이의 $p(p-1)/2$개의 표본 공분산(s_{jk})들로 구성되어 진다. 이것들을 다음과 같이 정리하여 만든 $p \times p$ 대칭행렬을 (표본)**공분산행렬**(covariance matrix)이라고 한다.

$$\underset{p\times p}{\mathbf{S}} = \begin{pmatrix} s_{11} & s_{12} & \cdots & s_{1k} & \cdots & s_{1p} \\ s_{21} & s_{22} & \cdots & s_{2k} & \cdots & s_{2p} \\ \vdots & \vdots & \cdots & \vdots & \cdots & \vdots \\ s_{j1} & s_{j2} & \cdots & s_{jk} & \cdots & s_{jp} \\ \vdots & \vdots & \cdots & \vdots & \cdots & \vdots \\ s_{p1} & s_{p2} & \cdots & s_{pk} & \cdots & s_{pp} \end{pmatrix}. \tag{1.10}$$

이러한 공분산행렬은 변수들 간의 내부적 연관성(association)에 관한 정보를 가지고 있으므로, 많은 다변량 자료분석 방법에서 중요한 분석대상이 되기도 한다. 예를 들어, 식 (1.2)의 자료행렬에 대해 (표본)공분산행렬을 구하면 다음과 같다.

$$\mathbf{S} = \begin{pmatrix} 996.3 & 544.6 & 266.9 & 504.0 & 480.4 \\ 544.6 & 484.5 & 234.4 & 133.1 & 169.8 \\ 266.9 & 234.4 & 153.2 & 48.8 & 86.2 \\ 504.0 & 133.1 & 48.8 & 815.4 & 693.1 \\ 480.4 & 169.8 & 86.2 & 693.1 & 622.0 \end{pmatrix}.$$

1.2.4 표본 상관계수

표본 공분산은 변수들의 측정단위에 의존하며 그 값의 범위가 제한되어 있지 않아 크기를 상대(또는 절대)비교하기가 곤란한 경우가 있다. 또한 측정단위와 무관하며 범위가 제한되어 있는 측도를 고려할 필요가 있다. 공분산 s_{jk}를 각 변수의 표준편차 s_j와 s_k로 나누면 다음과 같은 (표본)상관계수(相關係數, correlation coefficient)를 얻게 되는데,

$$r_{jk} = r_{kj} = \frac{s_{jk}}{s_j\ s_k} = \frac{\sum_{i=1}^{n}(x_{ij}-\bar{x}_j)(x_{ik}-\bar{x}_k)}{\sqrt{\sum_{i=1}^{n}(x_{ij}-\bar{x}_j)^2}\sqrt{\sum_{i=1}^{n}(x_{ik}-\bar{x}_k)^2}}, \tag{1.11}$$

이는 변수 x_j와 x_k의 선형성의 강도를 나타내는 측도로 흔히 사용된다.

여기에서 선형성의 강도는 어느 한 변수의 선형함수가 다른 변수의 선형함수에 의해 얼마나 잘 예측될 수 있는가를 의미한다. 예를 들어, 온도를 화씨(F)와 섭씨(C)로 표현했을 때 두 변수 F와 C는 선형적으로 완벽한 예측가능 관계에 있으므로 이때의 상관계수는

$r = 1$이 된다. 그러나 어떤 집단에서 키와 몸무게라는 두 변수는 서로 완벽히 예측되지는 않을 것이고, 이때의 상관계수의 절대값은 1보다 작게 된다.

이러한 상관계수는 측정단위에 무관하고 그 값은 -1과 1 사이에 있으며($-1 \le r \le 1$), r이 1에 가까우면 큰 양의 상관을, 그리고 r이 -1에 가까우면 큰 음의 상관을 가진다는 것을 의미하고, 만약 r이 0에 가깝다면 두 변수는 선형적 연관성이 작음을 의미한다.

공분산행렬과 마찬가지로 상관계수들로 구성된 다음과 같은 $p \times p$ 행렬을 (표본)**상관행렬**(correlation matrix)이라고 한다.

$$\underset{p \times p}{\mathbf{R}} = \begin{pmatrix} 1 & r_{12} & \cdots & r_{1k} & \cdots & r_{1p} \\ r_{21} & 1 & \cdots & r_{2k} & \cdots & r_{2p} \\ \vdots & \vdots & \cdots & \vdots & \cdots & \vdots \\ r_{j1} & r_{j2} & \cdots & r_{jk} & \cdots & r_{jp} \\ \vdots & \vdots & \cdots & \vdots & \cdots & \vdots \\ r_{p1} & r_{p2} & \cdots & r_{pk} & \cdots & 1 \end{pmatrix}. \tag{1.12}$$

예를 들어, (1.2)의 자료행렬에 대해 상관행렬을 구하면 다음과 같다.

$$\mathbf{R} = \begin{pmatrix} 1 & 0.784 & 0.683 & 0.559 & 0.610 \\ 0.784 & 1 & 0.860 & 0.212 & 0.309 \\ 0.683 & 0.860 & 1 & 0.138 & 0.279 \\ 0.559 & 0.212 & 0.138 & 1 & 0.973 \\ 0.610 & 0.309 & 0.279 & 0.973 & 1 \end{pmatrix}.$$

선형적 연관성의 측면에서 $r_{42} = 0.212$와 $r_{54} = 0.973$을 ⟨그림 1.2⟩의 해당 산점도와 대비하여 보아라.

1.2.5 분석 사례 – cov 함수와 cor 함수

여기에서는 cov와 cor 함수를 이용하여 공분산행렬과 상관행렬을 출력하는 사례를 다루어 보자. 다음 ⟨예 1.1⟩에서 사용된 student 데이터에는 식 (1.2)의 자료가 x1, x2, x3, x4, x5라는 변수 이름으로 저장되어 있다. 또한 첫 번째 칼럼(열)에는 개체 번호가 ID라는 변수 이름으로 저장되어 있다.

⟨예 1.1⟩에서는 먼저 read.csv 함수를 사용하여 student라는 데이터프레임을 생성하였다. 또한, 데이터프레임 student에서 첫 번째 칼럼(ID 변수)을 제외한 나머지 변수들로만 이루어진 데이터프레임 student.X를 생성하였다.

〈예 1.1〉 공분산행렬과 상관행렬의 계산

```
student <- read.csv("F:/My_Work/Data/student.csv",header=TRUE)
student.X <- student[-1]   # 첫 번째 변수 제거
summary(student.X)    # 데이터 요약
#-----------------------------------------------------------------------
#         x1              x2              x3              x4           x5
# Min.   : 3.00  Min.   :30.00  Min.   :55.00  Min.   : 8.0 Min.   : 8.0
# 1st Qu.: 6.00  1st Qu.:41.75  1st Qu.:73.75  1st Qu.:29.0 1st Qu.:23.0
# Median :25.00  Median :56.50  Median :80.00  Median :40.5 Median :42.0
# Mean   :32.10  Mean   :59.50  Mean   :77.50  Mean   :46.6 Mean   :42.4
# 3rd Qu.:43.25  3rd Qu.:83.00  3rd Qu.:85.00  3rd Qu.:74.0 3rd Qu.:64.0
# Max.   :98.00  Max.   :83.00  Max.   :91.00  Max.   :83.0 Max.   :76.0
#-----------------------------------------------------------------------
cov(student.X)    # (분산)공분산행렬 출력
#-----------------------------------------------------------------------
#           x1       x2        x3        x4        x5
# x1 996.3222 544.6111 266.94444 504.04444 480.40000
# x2 544.6111 484.5000 234.38889 133.11111 169.77778
# x3 266.9444 234.3889 153.16667  48.77778  86.22222
# x4 504.0444 133.1111  48.77778 815.37778 693.06667
# x5 480.4000 169.7778  86.22222 693.06667 622.04444
#-----------------------------------------------------------------------
cor(student.X)    # 상관행렬 출력
#-----------------------------------------------------------------------
#            x1        x2        x3        x4        x5
# x1 1.0000000 0.7838622 0.6833432 0.5592287 0.6102284
# x2 0.7838622 1.0000000 0.8604151 0.2117815 0.3092596
# x3 0.6833432 0.8604151 1.0000000 0.1380259 0.2793357
# x4 0.5592287 0.2117815 0.1380259 1.0000000 0.9731614
# x5 0.6102284 0.3092596 0.2793357 0.9731614 1.0000000
```

위의 예에서 사용된 summary 함수는 지정된 데이터 프레임에 대하여 최소값, 제1 사분위수, 중앙값, 평균, 제3 사분위수, 최대값 등 기술통계량을 출력한다. 그리고 cov 함수는 (표본)공분산행렬을 출력하며, cor 함수는 (표본)상관행렬을 출력한다.

1.2.6 중심화와 표준화

자료행렬 $\mathbf{X}$의 각 원소 x_{ij}에서 그 변수의 평균을 뺀 다음과 같은 변환을 중심화(中心化, centering)라고 한다.

$$c_{ij} = x_{ij} - \bar{x}_j, \quad i = 1, \cdots, n; \ j = 1, \cdots, p. \tag{1.13}$$

그리고 식 (1.13)의 **편차**(deviation) c_{ij}를 원소로 하는 다음과 같은 행렬 **C**를 **중심화된 자료행렬**(centered data matrix)이라고 한다.

$$\mathbf{C} = \{c_{ij}\} = \begin{pmatrix} x_{11}-\bar{x}_1 & x_{12}-\bar{x}_2 & \cdots & x_{1j}-\bar{x}_j & \cdots & x_{1p}-\bar{x}_p \\ x_{21}-\bar{x}_1 & x_{22}-\bar{x}_2 & \cdots & x_{2j}-\bar{x}_j & \cdots & x_{2p}-\bar{x}_p \\ \vdots & \vdots & \cdots & \vdots & \cdots & \vdots \\ x_{i1}-\bar{x}_1 & x_{i2}-\bar{x}_2 & \cdots & x_{ij}-\bar{x}_j & \cdots & x_{ip}-\bar{x}_p \\ \vdots & \vdots & \cdots & \vdots & \cdots & \vdots \\ x_{n1}-\bar{x}_1 & x_{n2}-\bar{x}_2 & \cdots & x_{nj}-\bar{x}_j & \cdots & x_{np}-\bar{x}_p \end{pmatrix}. \tag{1.14}$$

이때 행렬 **C**에서 각 열(변수)의 평균은 0이 되므로, 중심화된 자료행렬의 각 원소 c_{ij}는 관찰값 x_{ij}가 가지는 변수 x_j의 평균(중심)으로부터의 상대적 위치를 나타낸다고 할 수 있다.

또한, **C′C**를 평균에 대하여 수정된 제곱합행렬(corrected sum of squares and cross product matrix)이라고 하며, 이는 표본 공분산행렬 **S**와 다음과 같은 관계를 가지고 있음을 보일 수 있다.

$$\mathbf{S} = \frac{1}{n-1}\mathbf{C}'\mathbf{C}. \tag{1.15}$$

예를 들어, 식 (1.2)의 자료행렬 **X**에 대하여 중심화된 자료행렬을 구하면 다음과 같다.

$$\mathbf{C} = \begin{pmatrix} -29.1 & -26.5 & -4.5 & -38.6 & -30.4 \\ -29.1 & -29.5 & -18.5 & -18.6 & -22.4 \\ 2.9 & 23.5 & 13.5 & -14.6 & -8.4 \\ 2.9 & 23.5 & 7.5 & -13.6 & -10.4 \\ -17.1 & -19.5 & -22.5 & 21.4 & 9.6 \\ -29.1 & -6.5 & -1.5 & -36.6 & -34.4 \\ 35.9 & 23.5 & 7.5 & 1.4 & 7.6 \\ -17.1 & -12.5 & -0.5 & 29.4 & 33.6 \\ 13.9 & 0.5 & 5.5 & 36.4 & 25.6 \\ 65.9 & 23.5 & 13.5 & 33.4 & 29.6 \end{pmatrix}.$$

한편, 식 (1.13)의 변환에 해당 변수의 표준편차로 나누어 척도화(scaling)한 다음과 같은 변환을 **표준화**(標準化, standardization)라고 한다.

$$z_{ij} = \frac{x_{ij}-\bar{x}_j}{s_j}, \quad i=1, \ \cdots, \ n; \ j=1, \ \cdots, \ p. \tag{1.16}$$

이러한 표준화값 z_{ij}를 원소로 하는 다음과 같은 행렬 $\mathbf{Z}$를 표준화된 자료행렬(standardized data matrix)이라고 한다.

$$\mathbf{Z} = \{z_{ij}\} = \begin{pmatrix} \frac{x_{11}-\bar{x}_1}{s_1} & \cdots & \frac{x_{1j}-\bar{x}_j}{s_j} & \cdots & \frac{x_{1p}-\bar{x}_p}{s_p} \\ \vdots & \cdots & \vdots & \cdots & \vdots \\ \frac{x_{i1}-\bar{x}_1}{s_1} & \cdots & \frac{x_{ij}-\bar{x}_j}{s_j} & \cdots & \frac{x_{ip}-\bar{x}_p}{s_p} \\ \vdots & \cdots & \vdots & \cdots & \cdots \\ \frac{x_{n1}-\bar{x}_1}{s_1} & \cdots & \frac{x_{nj}-\bar{x}_j}{s_j} & \cdots & \frac{x_{np}-\bar{x}_p}{s_p} \end{pmatrix}. \tag{1.17}$$

이때 행렬 $\mathbf{Z}$에서 각 열(변수)의 평균은 0이고 표준편차는 1이 된다.

모든 자료를 표준화시켰을 때, 표준화된 자료로부터 계산된 (표본)공분산행렬은 원자료의 (표본)상관행렬과 같게 된다. 즉,

$$\mathbf{R}_x = \mathbf{S}_z = \frac{1}{n-1}\mathbf{Z}'\mathbf{Z}. \tag{1.18}$$

이런 의미에서 상관계수를 표준화된 공분산이라고 하기도 하는데, 결국 자료분석에서 상관행렬을 분석대상으로 한다는 것은 모든 변수를 표준화한 후 분석한다는 것과 같은 의미를 가진다.

예를 들어, 식 (1.2)의 자료행렬 $\mathbf{X}$에 대하여 표준화된 자료행렬을 구하면 다음과 같다.

$$\mathbf{Z} = \begin{pmatrix} -0.922 & -1.204 & -0.364 & -1.352 & -1.219 \\ -0.922 & -1.340 & -1.495 & -0.651 & -0.898 \\ 0.092 & 1.068 & 1.091 & -0.511 & -0.337 \\ 0.092 & 1.068 & 0.606 & -0.476 & -0.417 \\ -0.542 & -0.886 & -1.818 & 0.749 & 0.385 \\ -0.922 & -0.295 & -0.121 & -1.282 & -1.379 \\ 1.137 & 1.068 & 0.606 & 0.049 & 0.305 \\ -0.542 & -0.568 & -0.040 & 1.030 & 1.347 \\ 0.440 & 0.023 & 0.444 & 1.275 & 1.026 \\ 2.088 & 1.068 & 1.091 & 1.170 & 1.187 \end{pmatrix}.$$

1.2.7 분석 사례 – scale 함수

여기에서는 scale 함수를 이용하여 중심화와 표준화를 수행하는 사례를 다루어 보자. 다음 예에서와 같이, scale 함수에서는 center= 인수를 이용하여 중심화를 수행할지의 여부를 지정하며, scale= 인수를 이용하여 척도화를 수행할지의 여부를 지정한다.

아래의 출력결과에서 볼 수 있듯이, scale 함수는 중심화에 사용된 평균(scaled:center)과 척도화에 사용된 표준편차(scaled:scale)도 함께 출력한다.

⟨예 1.2⟩ 중심화와 표준화

```
student.C <- scale(student.X,center=TRUE,scale=FALSE)    # 중심화
print(student.C)
#------------------------------------------------------------------------
#          x1    x2    x3    x4    x5
#  [1,] -29.1 -26.5  -4.5 -38.6 -30.4
#  [2,] -29.1 -29.5 -18.5 -18.6 -22.4
#  [3,]   2.9  23.5  13.5 -14.6  -8.4
#  [4,]   2.9  23.5   7.5 -13.6 -10.4
#  [5,] -17.1 -19.5 -22.5  21.4   9.6
#  [6,] -29.1  -6.5  -1.5 -36.6 -34.4
#  [7,]  35.9  23.5   7.5   1.4   7.6
#  [8,] -17.1 -12.5  -0.5  29.4  33.6
#  [9,]  13.9   0.5   5.5  36.4  25.6
# [10,]  65.9  23.5  13.5  33.4  29.6
# attr(,"scaled:center")
#  x1   x2   x3   x4   x5
# 32.1 59.5 77.5 46.6 42.4
#------------------------------------------------------------------------
student.Z <- scale(student.X,center=TRUE,scale=TRUE)    # 표준화
print(student.Z)
#------------------------------------------------------------------------
#                x1          x2          x3         x4         x5
#  [1,] -0.92191967 -1.20392375 -0.36360545 -1.3517858 -1.2188854
#  [2,] -0.92191967 -1.34021701 -1.49482240 -0.6513786 -0.8981261
#  [3,]  0.09187516  1.06763050  1.09081635 -0.5112972 -0.3367973
#  [4,]  0.09187516  1.06763050  0.60600908 -0.4762769 -0.4169871
#  [5,] -0.54174661 -0.88590616 -1.81802725  0.7494356  0.3849112
#  [6,] -0.92191967 -0.29530205 -0.12120182 -1.2817451 -1.3792651
#  [7,]  1.13735107  1.06763050  0.60600908  0.0490285  0.3047214
#  [8,] -0.54174661 -0.56788856 -0.04040061  1.0295985  1.3471891
#  [9,]  0.44036713  0.02271554  0.44440666  1.2747410  1.0264298
# [10,]  2.08778372  1.06763050  1.09081635  1.1696799  1.1868095
# attr(,"scaled:center")
#   x1   x2   x3   x4   x5
# 32.1 59.5 77.5 46.6 42.4
# attr(,"scaled:scale")
#       x1       x2       x3       x4       x5
# 31.56457 22.01136 12.37605 28.55482 24.94082
```

1.3 맺음말

여러 개의 반응변수가 있는 다변량 자료를 분석하는 경우에 혹자는 개별적인 반응변수별 일변량 분석을 잇달아 수행하여 얻어지는 결과들을 종합하는 형식의 분석방법을 고려할 수도 있을 것이다. 그러나 이러한 접근방법은 근본적으로 다변량 자료가 가지는 반응변수들 간의 상관관계를 고려하지 않음으로 인한 그릇된 이해나 잘못된 결론을 도출하는 경우도 있다. 자료분석의 목적에 부합하는 기법의 사용과 이에 따른 올바른 결과의 도출은 항상 강조되는 부분이다. 다변량 자료에 대한 통계분석은 여러 가지 목적을 가지고 시도될 수 있다. 여기에서 그 중 몇가지 중요한 것들을 서술하면 다음과 같다.

구조적 단순화

자료가 내포하고 있는 가치있는 정보의 손실을 최소로 하는 범위 내에서, 다변량 자료를 구조적으로 요약하여 단순화한다. 다변량 통계분석이 가지는 복잡성이 근본적으로 변수의 다차원성에 있음을 감안할 때, 이와 같은 단순화의 과정은 주로 상호의존 관계에 있는 다차원 변수들을 적절히 변환시켜 서로 독립적인 소수 몇 개의 성분으로 만드는 형식의 차원축약을 통해 이루어진다.

군집화 및 분류

분석대상(관찰개체 또는 변수)들을 동질적인 무리들로 나누어 단순화 하는 것으로, 동일한 집단 내에서는 높은 유사성을 가지고 서로 다른 집단 간에는 큰 이질성을 가지도록 집단화함을 의미한다. 이를 통해 분석대상들이 가지는 패턴, 각 부분집단별 분포의 양태, 군집성 내지 응집도, 원래의 차원보다 더 낮은 차원에서 분석대상을 표현할 수 있는 가능성 등을 파악하게 된다.

의존성의 분석

고려대상에 있는 반응변수들이 가지고 있는 상호의존성을 설명하고 분석하기 위해 그들의 의존정도를 재고, 이들을 주요성분으로 분해하거나 공통적인 인자를 구축하며, 변수들 간의 (선형)관계를 파악하는 등이 이 범주에 포함된다(내부적 의존성의 분석). 또한 어느 한 변수집단이 다른 변수들의 집단과 가지는 연관관계의 파악(외부적 의존성의 분석)도 포함된다.

분석대상의 형상화

분석대상들 간의 유사한 또는 유사하지 않은 정도를 기초로 그들 간의 상대적 위치를 저차원 공간에 시각적으로 형상화하고, 이로부터 다차원성의 요체가 되는 내부적 구조를 탐색한다.

관련 모수의 추정과 가설의 구축 및 검정

일변량에서의 통계추론과 같이 다변량 모집단이나 분포에 연관된 모수들을 추정(推定, estimation)하고, 흥미 있는 통계적 가설(統計的 假說, statistical hypothesis)의 구축과 이에 대한 검정(檢定, testing) 등이 중요한 관심대상이 된다.

1.A 부록: 그래프적 표현을 위한 R 프로그램

R 프로그램은 데이터 시각화를 위한 다양한 패키지와 함수들을 가지고 있어서, 다변량 자료의 그래프적 표현을 위한 효과적인 툴을 제공한다. 여기에서는 1.1.2절의 그래프들을 작성하기 위한 R 프로그램의 예시를 제시하고 있다.

1.A.1 산점도

먼저 R의 기본 함수인 plot 함수를 이용하여 산점도(scatter plot)를 작성하는 방법을 살펴보도록 하자. ⟨그림 1.7⟩의 (a)는 다음 ⟨예 1.3⟩의 프로그램을 통해 작성된 것이며, student 데이터의 변수 X1과 X2에 대한 산점도이다.

⟨예 1.3⟩ 단순 산점도

```
plot(x2~x1,data=student,pch="*",cex=2,col="blue")
plot(student$x1,student$x2,pch=8,cex=2,col="blue")
```

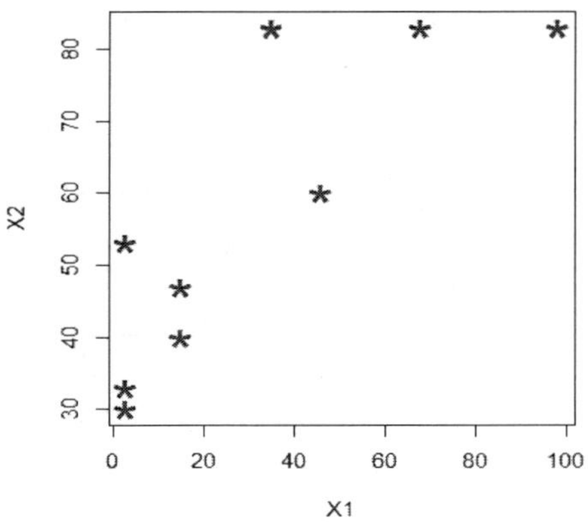

(a) type="p", pch="*"

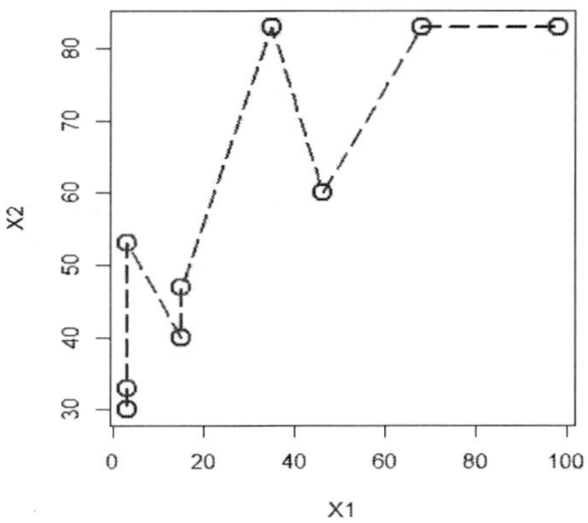

(b) type="o", pch=1, lty=5

⟨그림 1.7⟩ 단순 산점도와 연결선 그래프

⟨예 1.3⟩은 plot 함수의 기본적인 사용 예를 제시한 것이다. 이 예에서 볼 수 있는 바와 같이, 수평축(X) 변수와 수직축(Y) 변수를 지정하는 방법은 두 가지 형식이 가능하다. 첫 번째 형식은 'plot(Y~X,data=,···)'와 같이 'Y~X'의 형식으로 수직축과 수평축 변수를 지정하고, data= 인수를 이용하여 그 변수들이 저장되어 있는 데이터프레임을 지정하는 것이다. 두 번째 형식은 'plot(X,Y,···)'와 같이 수평축과 수직축 변수를 벡터로 지정하는 것이다. 이 경우에는 각 변수들의 이름 앞에 $ 기호로 데이터프레임의 이름을 연결하여 지정해야 한다.

한편, plot 함수에서는 그래프 작성을 위한 여러 가지 인수(argument)를 제공하고 있는데, 주로 사용되는 인수들은 다음과 같다.

- type=" ": 그래프의 유형을 지정한다(p, l, b, c, o, h, s, n). 예를 들어, p는 기호(point)만 표현하고, l은 연결선(line)만 표현하며, b는 기호와 연결선을 함께(both) 표현하고, o는 점을 지나는 선(overplotted)을 표현한다[기본값: type="p"].
- pch=: 점을 표시할 기호의 종류로서 0부터 25까지의 숫자를 지정한다[기본값: pch=1]. 또는 pch="*"와 같이 기호를 직접 지정할 수도 있다. 각 숫자에 해당하는 기호는 다음과 같다.

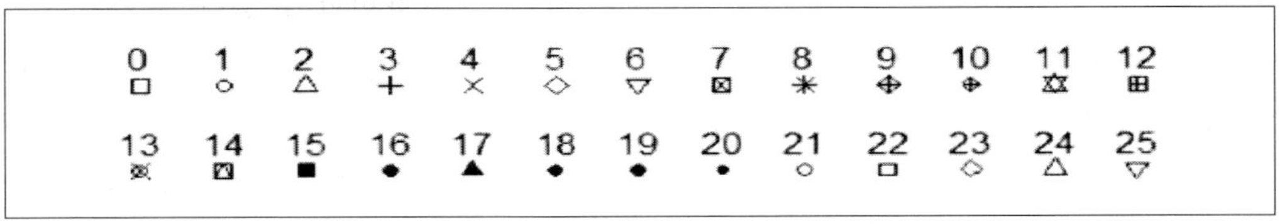

- cex=: 기호의 크기를 지정한다[기본값: cex=1].
- col=" ": 기호와 연결선의 색깔을 지정한다. 'col=1'과 같이 숫자로 지정할 수도 있다.
- lty=: 연결선의 종류로서 0부터 6까지의 숫자 또는 연결선의 이름을 지정한다[기본값: lty=1 또는 lty="solid"]. 0="blank", 1="solid", 2="dashed", 3="dotted", 4="dotdash", 5="longdash", 6="twodash".
- lwd=: 연결선의 굵기를 지정한다[기본값: lwd=1].
- cex.axis=: 축의 이름에 대한 크기를 지정한다.
- main=" ": 그래프의 주제목을 지정한다.
- sub=" ": 그래프의 보조제목을 지정한다.
- xlab=" ": 수평축의 레이블을 지정한다.
- ylab=" ": 수직축의 레이블을 지정한다.
- xlim=: 수평축의 범위를 지정한다. 예를 들어, xlim=c(0,100).
- ylim=: 수직축의 범위를 지정한다. 예를 들어, ylim=c(0,100).

⟨예 1.4⟩ 연결선 그래프

```
student.ox1 <- student[order(student$x1),]
plot(x2~x1,data=student.ox1,cex=2,col="red",type="o",lty=5,lwd=2)
```

⟨그림 1.7⟩의 (b)는 ⟨예 1.4⟩의 프로그램을 통해 작성된 것이며, type="o" 인수값에 의해 점을 지나는 선을 표현하고, lty=5 인수값에 의해 연결선의 종류를 지정하였다.

한편, 연결선 그래프를 작성하기 위해서는 먼저 수평축 변수에 의해 데이터를 정렬(sort)할 필요가 있다. ⟨예 1.4⟩에서는 order 함수를 이용하여 변수 X1의 오름차순으로 정렬한 데이터를 Student.OX1이라는 데이터프레임으로 저장하였다. 이때 대괄호 안의 order 함수 다음에 쉼표(,)가 입력되어야 한다는 것을 주의하여라.

⟨예 1.5⟩ 한 화면에 여러 개의 그래프를 표현하기

```
par(mfrow=c(1,2))
plot(x4~x3,data=student,pch=20,cex=2,xlim=c(0,100),ylim=c(0,100))
plot(x4~x5,data=student,pch=20,cex=2,xlim=c(0,100),ylim=c(0,100))
```

화면을 여러 개로 분할하고 부할된 각 구역에 그래프를 표현할 수 있다. 화면을 분할하기 위해서 par 함수의 mfrow= 인수를 사용할 수 있는데, ⟨예 1.4⟩에서는 'mfrow=c(1,2)'와 같이 지정함으로써, 한 개의 행과 두 개의 열을 가지도록 화면을 분할하였다(기본값은 'mfrow=c(1,1)'이다). 결과적으로 ⟨예 1.4⟩의 프로그램을 실행하면 1.1.2절의 ⟨그림 1.1⟩과 같은 그래프를 얻을 수 있다.

⟨예 1.6⟩ 산점도 행렬

```
par(mfrow=c(1,1))
plot(student.X,pch=20,cex=2,xlim=c(0,100),ylim=c(0,100))
pairs(student.X,cex=2,xlim=c(0,100),ylim=c(0,100),cex.labels=1.2)
```

⟨예 1.5⟩는 1.1.2절의 ⟨그림 1.2⟩와 같은 산점도 행렬을 얻기 위한 프로그램의 예이다. 이 예에서와 같이 plot 함수 또는 pairs 함수를 이용하여 산점도 행렬을 작성할 수 있으며, pairs 함수에서는 cex.labels= 등의 인수를 추가로 사용할 수 있다.

1.A.2 별도표와 레이더도표

여기에서는 1.1.2절의 ⟨그림 1.3⟩ 및 ⟨그림 1.4⟩와 같은 별도표와 레이더도표를 작성하는 방법을 살펴보도록 하자.

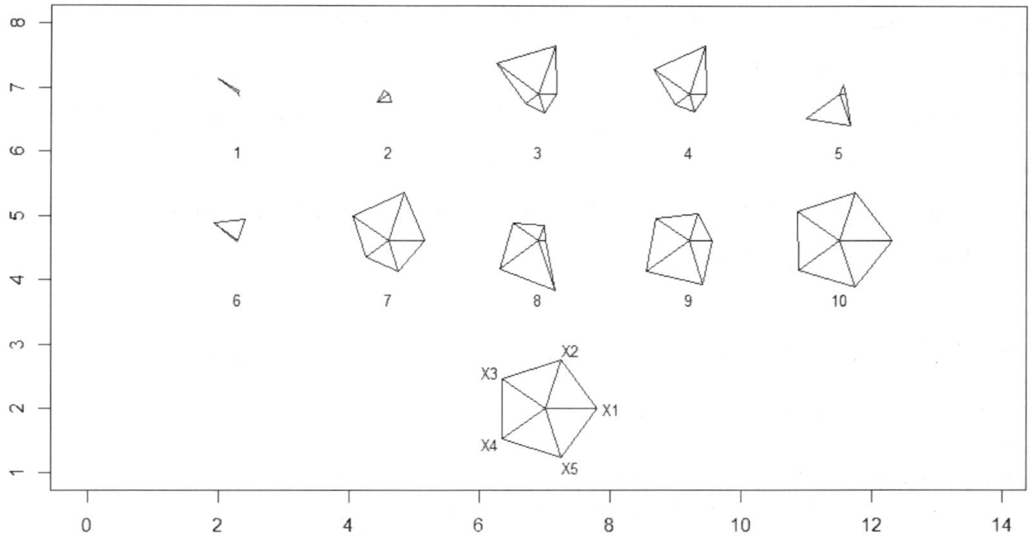

〈그림 1.8〉 별도표 – draw.segments=FALSE

〈예 1.7〉 별도표(Star Plot)

```
stars(student.X,full=TRUE,scale=TRUE,radius=TRUE,draw.segments=TRUE,
      frame.plot=TRUE,labels=rownames(student.X),nrow=3,ncol=5,
      cex=0.8,len=0.8,lwd=1,axes=TRUE,ylim=c(1,8),key.loc=c(7,2))
```

〈예 1.7〉은 stars 함수를 이용하여 1.1.2절의 〈그림 1.3〉과 같은 별도표(star plot)를 얻기 위한 프로그램의 예이다. stars 함수에서 주로 사용되는 인수들은 다음과 같다. 다른 인수들의 사용법은 plot 함수에서와 동일하다.

- full=: 전체 원으로 표현할 것인지 아니면 반원으로 표현할 것인지의 여부를 지정한다.
- scale=: 각 칼럼(변수)을 0과 1 사이의 값으로 척도화 할 것인지의 여부를 지정한다.
- radius=: 반경 선을 표현할 것인지의 여부를 지정한다.
- lwd=: 선의 굵기를 지정한다[기본값: lwd=1].
- len=: 원 조각의 크기를 지정한다[기본값: len=1].
- draw.segments=: 원 조각을 표현할 것인지의 여부를 지정한다. 1.1.2절의 〈그림 1.3〉은 draw.segments=TRUE로 지정하여 작성되었고, 〈그림 1.8〉은 draw.segments=FALSE로 지정하여 작성된 것이다.
- frame.plot=: 외곽의 사각형 틀을 표현할 것인지의 여부를 지정한다.
- axes=: 사각형 틀에 축 좌표값을 표현할 것인지의 여부를 지정한다.

- nrow=, ncol=: 각 개체들을 표현할 행과 열의 개수를 지정한다.
- labels=: 각 개체에 대한 문자열 레이블이 저장되어 있는 벡터를 지정한다. 이 예에서는 rownames 함수를 사용하여 데이터프레임의 개체 번호를 출력하도록 지정하였다.
- cex=: 레이블에 대한 크기를 지정한다[기본값: cex=1].
- key.loc=: 각 조각(반경)에 대한 변수 이름을 표현하는 별도의 도표(unit key)가 위치할 좌표를 벡터로 지정한다.

〈예 1.8〉 레이더도표(Radar Plot)

```
# install.packages("plotrix")
library(plotrix)
radial.plot(student.X,rp.type="p",radial.lim=c(0,100),
            lwd=2,lty=1,labels=names(student.X),
            show.grid=TRUE,show.radial.grid=TRUE,show.grid.labels=1)
```

〈그림 1.9〉는 〈예 1.8〉의 프로그램을 통해 작성된 레이더도표이다. 레이더도표(radar plot)는 변수 수에 따라 원을 같은 간격으로 나누고, 중심으로부터 일정 간격으로 동심으로 칸을 나누어 각 변수의 값에 따라 점을 찍고 선을 연결한 도표이다.

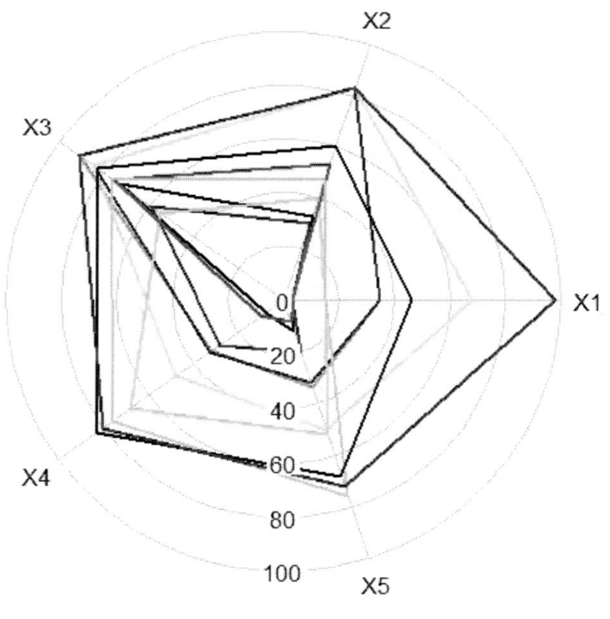

〈그림 1.9〉 레이더도표(Radar Plot)

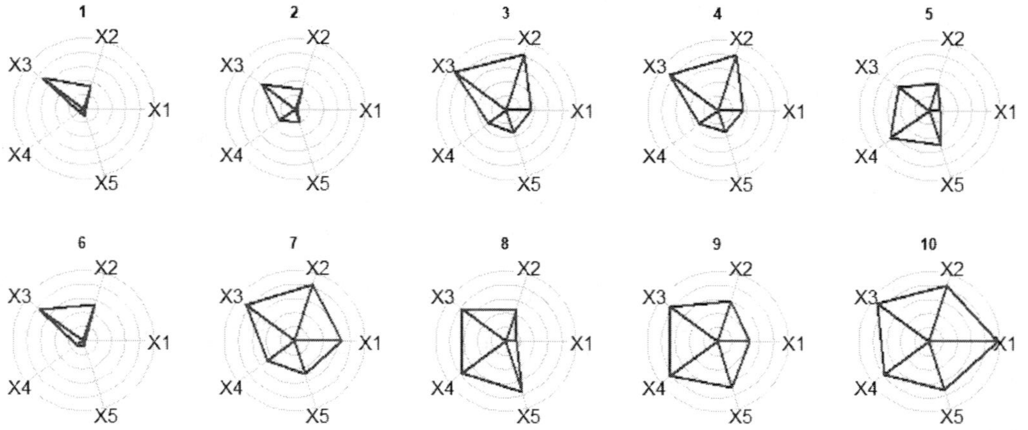

⟨그림 1.10⟩ 개체별 레이더도표

⟨예 1.8⟩에서는 plotrix 패키지의 radial.plot 함수를 사용하였다. 이 함수에 데이터프레임을 지정하면 여러 개체들에 대한 레이더도표가 함께 출력되며(그림 1.9 참조), 특정 개체에 대하여 도표를 작성하고자 할 때는 student.X[1,]와 같이 대괄호로 개체 번호를 지정하면 된다.

⟨예 1.9⟩ 개체별 레이더도표

```
par(mfrow=c(2,5))
for (i in 1:nrow(student.X)){
radial.plot(student.X[i,],rp.type="rp",radial.lim=c(0,100),
          lty=1,lwd=2,labels=names(student.X),
          show.grid=TRUE,show.radial.grid=TRUE,show.grid.labels=F,
          rad.col="gray",line.col="red",grid.col="gray",
          main=rownames(student.X)[i])
}
```

⟨예 1.9⟩에서는 먼저 par 함수에서 'mfrow=c(2,5)'와 같이 지정함으로써, 두 개의 행과 다섯 개의 열을 가지도록 화면을 분할하였다. 그 다음 for 함수를 사용하여 각 개체별 레이더도표를 독립적으로 작성하고 한 화면에 나타내었다(그림 1.10 참조). radial.plot 함수에서 주로 사용되는 인수들은 다음과 같다.

- rp.type=" ": 도표의 유형을 지정한다. – r: 방사선(radial lines), p: 다각형(polygon), s: 기호(symbols), t: 텍스트(text). 또는 rp.type="rp"와 같이 여러 가지 유형을 함께 지정할 수 있다.

- radial.lim=: 방사선의 범위를 지정한다. 예를 들어, radial.lim=c(0,100).
- lty=: 방사선의 종류를 지정한다(1.A.1절 참조).
- lwd=: 선의 굵기를 지정한다[기본값: lwd=1].
- labels=: 각 변수에 대한 문자열 레이블이 저장되어 있는 벡터를 지정한다. 이 예에서는 names 함수를 사용하여 데이터프레임의 변수 이름을 출력하도록 지정하였다.
- show.grid=: 원형 격자를 표현할 것인지의 여부를 지정한다.
- show.grid.labels=: 원형 격자의 값에 대한 레이블의 위치를 1~4 사이의 값으로 지정한다. 예를 들어, 1은 아래쪽 방향을(그림 1.9 참조), 4는 오른쪽 방향을 나타낸다. 그 외의 값을 지정하면 레이블이 나타나지 않는다.
- show.radial.grid=: 방사선을 표현할 것인지의 여부를 지정한다.
- main=: 각 도표의 주제목을 지정한다. 이 예에서는 rownames 함수를 사용하여 데이터프레임의 개체 번호를 출력하도록 지정하였다.

1.A.3 프로파일 도표

여기에서는 1.1.2절의 ⟨그림 1.5⟩와 같은 프로파일 도표(profile plot)를 작성하는 방법을 살펴보도록 하자.

⟨예 1.10⟩ 프로파일도표(Profile Plot)

```
# install.packages("plotrix")
library(plotrix)
student.part <- student.X[c(2,5,6,9,10),]
ladderplot(student.part,scale=FALSE,lty=1,pch=1:5,col=1:5,
           ylim=c(0,100),vertical=TRUE)
legend("topright",pch=1:5,col=1:5,c("2","5","6","9","10"))
```

⟨예 1.10⟩은 plotrix 패키지의 ladderplot 함수를 사용하여 프로파일도표를 작성하는 프로그램의 예이다. 이때 scale= 인수는 자료를 0과 1 사이의 값으로 척도화 할 것인지의 여부를 지정하며, vertical= 인수는 그래프를 수직으로 그릴 것인지 아니면 수평으로 그릴 것인지의 여부를 지정한다. 다른 인수들의 사용법은 plot 함수에서와 동일하다.

1.A.4 체르노프 얼굴 그림

여기에서는 1.1.2절의 ⟨그림 1.6⟩과 같은 체르노프 얼굴(Chernoff's faces) 그림을 작성하는 방법을 살펴보도록 하자.

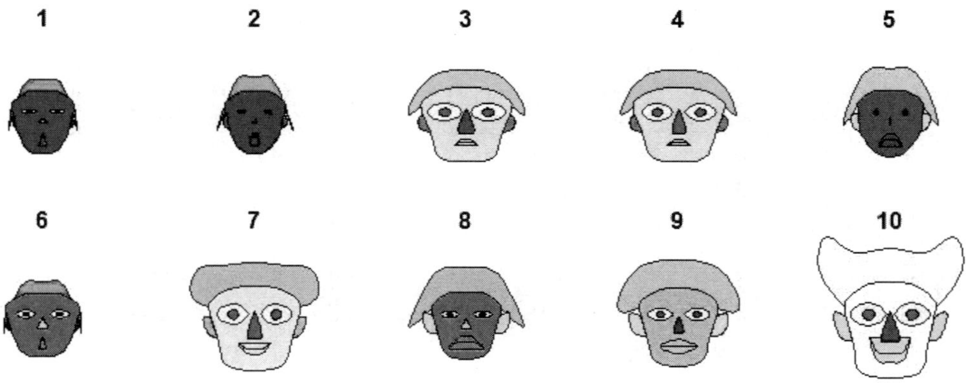

〈그림 1.11〉 체르노프 얼굴그림 – face.type=1

〈예 1.11〉 체르노프 얼굴 그림(Chernoff's faces)

```
# install.packages("aplpack")
library(aplpack)
faces(student.X,face.type=0,nrow.plot=2,ncol.plot=5,scale=T,cex=1.5)
```

〈예 1.11〉은 aplpack 패키지의 faces 함수를 사용하여 체르노프 얼굴 그림을 작성하는 프로그램의 예이다. 이때 face.type= 인수는 얼굴의 유형을 지정하며, 0은 색이 없는 얼굴 그림을(그림 1.6 참조), 1은 색이 있는 얼굴 그림을(그림 1.11 참조), 2는 산타클로스의 얼굴 그림을 작성한다. 그리고 nrow.plot=과 ncol.plot= 인수는 얼굴그림이 나열될 행과 열의 수를 지정한다. 다른 인수들의 사용법은 plot 함수에서와 동일하다.

1.4 연습문제

1. 자료행렬 $\mathbf{X}$가 다음과 같이 주어져 있을 때, (표본)평균벡터 $\bar{\mathbf{x}}$, 공분산행렬 $\mathbf{S}$, 상관행렬 $\mathbf{R}$을 계산하여라.

$$\underset{4\times 2}{\mathbf{X}} = \begin{pmatrix} 2 & 4 \\ 12 & 5 \\ 8 & 4 \\ 18 & 3 \end{pmatrix}.$$

2. 〈그림 1.2〉의 산점도 행렬을 작성하여라. 또한 〈예 1.1〉을 수행하여 $\bar{\mathbf{x}}$, $\mathbf{S}$, $\mathbf{R}$을 얻고, 작성된 산점도 행렬과 비교하여 이들을 해석하여라.

〈표 1.1〉 회사의 특성(company.csv)

ID	x_1	x_2	x_3	x_4	x_5	x_6	x_7	x_8	class
1	1.06	9.2	151	54.4	1.6	9077	0.0	0.628	2
2	0.89	10.3	202	57.9	2.2	5088	25.3	1.555	3
3	1.43	15.4	113	53.0	3.4	9212	0.0	1.058	2
4	1.02	11.2	168	56.0	0.3	6423	34.3	0.700	1
5	1.49	8.8	192	51.2	1.0	3300	15.6	2.044	3
6	1.32	13.5	111	60.0	-2.2	11127	22.5	1.241	2
7	1.22	12.2	175	67.6	2.2	7642	0.0	1.652	3
8	1.10	9.2	245	57.0	3.3	13082	0.0	0.309	2
9	1.34	13.0	168	60.4	7.2	8406	0.0	0.862	2
10	1.12	12.4	197	53.0	2.7	6455	39.2	0.623	1
11	0.75	7.5	173	51.5	6.5	17441	0.0	0.768	2
12	1.13	10.9	178	62.0	3.7	6154	0.0	1.897	3
13	1.15	12.7	199	53.7	6.4	7179	50.2	0.527	1
14	1.09	12.0	96	49.8	1.4	9673	0.0	0.588	2
15	0.96	7.6	164	62.2	-0.1	6468	0.9	1.400	3
16	1.16	9.9	252	56.0	9.2	15991	0.0	0.620	2
17	0.76	6.4	136	61.9	9.0	5714	8.3	1.920	3
18	1.05	12.6	150	56.7	2.7	10140	0.0	1.108	2
19	1.16	11.7	104	54.0	-2.1	13507	0.0	0.636	2
20	1.20	11.8	148	59.9	3.5	7287	41.1	0.702	1
21	1.04	8.6	204	61.0	3.5	6650	0.0	2.116	3
22	1.07	9.3	174	54.3	5.9	10093	26.6	1.306	2

3. $22(=n)$개의 회사로부터 $8(=p)$개의 변수 $x_1,\ x_2,\ \cdots,\ x_8$에 관해 얻어진 자료가 〈표 1.1〉에 주어져 있다.

(a) 변수 $x_1,\ x_2,\ \cdots,\ x_8$에 대해 산점도 행렬을 작성하여라.

(b) mean, cov, cor 함수를 이용하여 $\bar{\mathbf{x}}$, $\mathbf{S}$, $\mathbf{R}$을 얻고, (a)에서 작성된 산점도 행렬과 비교하여 이들을 해석하여라.

4. 위의 데이터에 대하여

(a) 〈예 1.2〉에서와 같이 scale 함수를 이용하여 중심화된 자료행렬 $\mathbf{C}$와 표준화된 자료행렬 $\mathbf{Z}$를 구하여라.

(b) cov 함수를 이용하여 표준화된 자료행렬 $\mathbf{Z}$로부터 공분산행렬 $\mathbf{S}_z$를 얻고, 이것이 문제 3에서 구한 $\mathbf{R}_x$와 같음을 확인하여라.

(c) 각 집단(Class)별로 평균벡터와 표준편차를 구하고 이를 비교하여라(aggregate 함수 또는 tapply 함수를 이용하여라).

(d) (c)에서 구한 각 집단별 평균벡터에 대하여 프로파일도표를 작성하고 이를 해석하여라(예 1.10을 참조하여라).

(e) 각 자료값 x_{ij}에 대해 다음과 같은 변환(0-1 standardization)을 취하여 얻은 새로운 자료행렬 $\mathbf{V}$를 계산하여라(아래 예 1.12를 참조하여라). 즉,

$$\mathbf{V} = \{v_{ij}\} = \left\{ \frac{x_{ij} - \min\{x_j\}}{\max\{x_j\} - \min\{x_j\}} \right\}. \tag{1.19}$$

(f) 자료행렬 $\mathbf{V}$에 대하여 별도표와 레이더도표를 각각 작성하고 이들을 해석하여라(예 1.7과 예 1.9를 참조하여라).

⟨예 1.12⟩ rescale 함수를 이용한 '0-1 표준화'

```
# lapply 함수 내에서 0-1 표준화 함수를 만들어서 사용하는 방법
student.X.scale <- as.data.frame(lapply(student.X,FUN=function(x)
                    (x-min(x))/(max(x)-min(x))))
# scales 패키지의 rescale 함수를 이용하는 방법
# install.packages("scales")
library(scales)
student.X.scale <- as.data.frame(lapply(student.X,rescale))
```

제 2 장
주성분분석

Principal Component Analysis

통계적 처리과정에서 다변량 자료분석의 중요한 목적 중 하나는 여러 변수들의 정보를 일차원 또는 소수 몇 개의 차원으로 축소함으로서, 복잡한 다차원 구조를 단순화시켜 보다 쉽게 이해하려는 데 있다. 이 장에서 다룰 주성분분석(principal component analysis)은 여러 통계분석 기법들과 많은 이론적 관련성을 지니고 있어 넓은 응용의 영역을 가지며, 특히 차원축소의 결과로부터 얻어지는 주성분점수들은 연결되는 다음 단계의 통계분석들(예컨대, 군집분석, 회귀분석, 인자분석 등)을 위한 입력자료로 이용되어 일련의 분석과정에서 하나의 중간단계의 역할을 하기도 한다.

2.1 선형변환과 주성분

주성분분석은 서로 상관되어 있는 변수들 간의 복잡한 구조를 분석하기 위하여 p개의 변수들을 선형변환시켜 **주성분**(主成分, principal component)이라고 불리는 서로 상관되어 있지 않은(혹은 독립적인) 새로운 인공변수들을 유도한다.

예를 들어, ⟨표 2.1⟩에서와 같이 10명의 학생으로부터 국어(x_1), 영어(x_2), 제2외국어(x_3), 수학(x_4), 과학(x_5) 등 5개 과목의 점수를 얻었다고 하자. 이 경우 학생들의 성적을 평가하기 위해 일반적으로 사용되는 방법 중 하나는 각 학생들에 대해 5과목의 평균점수

⟨표 2.1⟩ 학생성적 데이터(student.csv)

obs	x_1	x_2	x_3	x_4	x_5		평점	주성분
1	3	33	73	8	12		25.8	16.0
2	3	30	59	28	20		28.0	21.4
3	35	83	91	32	34		55.0	45.4
4	35	83	85	33	32	⟶	53.6	44.8
5	15	40	55	68	52	차원축소	46.0	43.5
6	3	53	76	10	8		30.0	18.8
7	68	83	85	48	50		66.8	62.4
8	15	47	77	76	76		56.2	53.6
9	46	60	83	83	68		67.8	65.1
10	98	83	91	80	72		84.8	84.9
평균	32.1	59.5	77.5	46.6	42.4		51.4	45.6
표준편차	31.6	22.0	12.4	28.6	25.0		19.3	22.2

(평점)를 계산하고 비교하는 것이다. 즉, 5과목의 점수를 일일이 관찰하여 학생들의 순위를 파악하는 대신 평점으로 각 학생들의 점수를 요약하고, 이 값들의 순위를 통해 학생들의 성적을 평가하고자 하는 것이다. 이 경우 평점은 원래 5차원의 변수들을 선형변환시켜 1차원의 변수로 요약한 것이라 할 수 있다[즉, 평점$= (x_1 + x_2 + \cdots + x_5)/5$].

여러 변수들 $\mathbf{x} = (x_1,\ x_2,\ \cdots,\ x_p)'$에 대해 다음과 같은 형식의 가중결합을 취한 것을 **선형변환**(線形變換, linear transformation)이라고 하는데,

$$y = a_1x_1 + a_2x_2 + \cdots + a_px_p, \tag{2.1}$$

이때 변환값 y는 가중계수(weight)들인 벡터 $\mathbf{a} = (a_1,\ a_2,\ \cdots,\ a_p)'$의 적절한 선택에 따라 원래의 $\mathbf{x}$보다 더 유용한 정보를 보유할 수도 있고, 이를 통한 차원의 축소는 물론 변수들 간의 관계를 단순화시키는 데에도 큰 역할을 한다.

이와 같은 선형결합 형식의 변환은 p-차원의 정보를 선형적인 개념에서 1-차원으로 축소하는 것이라고 할 수 있는데, 이때 가중계수들을 어떻게 선택하느냐가 중요한 문제가 된다. 예를 들어, ⟨표 2.1⟩에서 '평점'은 가중계수를 모두 1/5로 동일하게 하여 선형변환을 취한 것이며, 반면에 주성분점수($= 0.30x_1 + 0.15x_2 + 0.07x_3 + 0.25x_4 + 0.23x_5$, 제1 주성분점수)는 주성분분석을 통해 얻어진 가중계수를 이용하여 선형변환을 취한 것이다 (여기에서는 가중계수의 합이 1이 되도록 보정하였다).

이러한 주성분점수는 동일한 제약조건(예를 들어, $\sum_{i=1}^{p} a_i = 1$ 또는 $\sum_{i=1}^{p} a_i^2 = 1$)을 가지는 모든 가능한 선형결합 중 가장 변이가 크다는(즉, 개체들의 상대 위치를 멀리 떨어뜨려 놓는다는) 점에서 최적의 성질을 가진다.

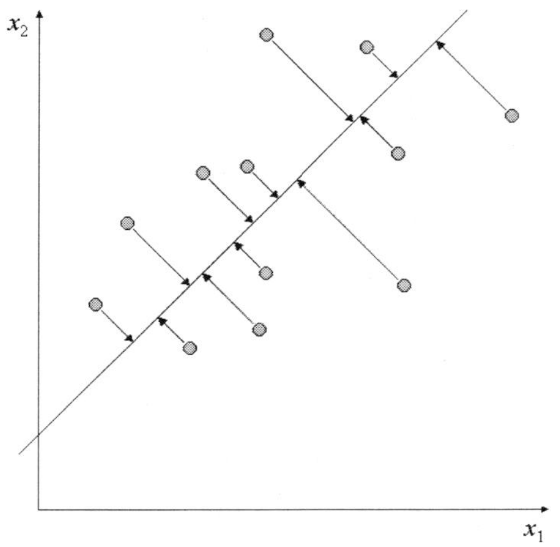

⟨그림 2.1⟩ 2-차원의 점들을 1-차원(직선) 상에 직교투영시킨 예

주성분분석은 p-차원 공간에 흐뜨려져 있는 점들을 직교최소제곱(orthogonal least square)의 개념에 따라 가장 잘 적합시키는 평면(또는 직선)을 찾기 위한 기하학적 최적화의 문제로 제기되었다(그림 2.1 참조). 그 후 여러 학자들은 변수들 간의 상관구조를 분석하기 위해 원래 변수들의 변이를 결정하는 보다 낮은 차원의 서로 독립적인 요인을 상정하여 이를 **성분**(component)이라 하였으며, 원래 변수들이 가진 전체 변이(분산)에 대한 성분의 공헌도(설명력)를 순차적으로 최대화하도록 성분들을 유도하여 이에 기초한 분석을 **주성분분석**(principal component analysis)이라고 불렀다.

2.2 주성분분석 사례

R에서 주성분분석을 위한 대표적인 함수로는 prcomp가 있는데, 입력자료로는 자료행렬, 공분산행렬, 상관행렬, 상관행렬과 표준편차 등이 사용될 수 있다. 이 절에서는 먼저 간단한 예를 통해 prcomp 함수의 사용방법을 설명한다.[1]

여기에서 사용된 데이터는 어떤 제품에 대한 만족도 조사를 통해 얻어진 것으로 ⟨표 2.2⟩에 제시되어 있다. 각 변수들은 가격(x_1), 성능(x_2), 편리성(x_3), 디자인(x_4), 색상(x_5)에 대한 만족도를 나타내며, 5점-척도로 측정되어 있다(1=매우 만족하지 않는다, 2=만

[1] 또는 princomp 함수를 이용할 수도 있다.

⟨표 2.2⟩ 고객만족 데이터(satis.csv)

ID	x_1	x_2	x_3	x_4	x_5	성별	연령대
1	1	2	4	1	1	여자	10대
2	1	2	3	2	1	여자	10대
3	2	5	5	2	2	여자	20대
4	2	5	4	2	2	여자	20대
5	1	2	3	4	3	여자	30대
6	1	3	4	1	1	남자	30대
7	4	5	5	3	3	남자	40대
8	1	3	4	4	4	남자	40대
9	3	3	5	5	4	남자	50대
10	5	5	5	4	4	남자	50대
평균	2.1	3.5	4.2	2.8	2.5		

족하지 않는다, 3=보통이다, 4=만족한다, 5=매우 만족한다). 또한 이 데이터에는 성별 (gender: M=남자, F=여자)과 연령대(age)를 나타내는 변수가 포함되어 있다.

2.2.1 기술통계량과 상관계수

본격적인 주성분분석에 앞서 표준편차 및 상관계수 등을 통해 이 데이터가 가진 특성을 살펴보도록 하자.

⟨예 2.1⟩ 기술통계량 출력

```
satis <- read.csv("F:/My_Work/Data/satis.csv",header=TRUE)
library(psych)
describe(satis[c("x1","x2","x3","x4","x5")])
#----------------------------------------------------------------------
#     vars  n mean   sd median trimmed  mad min max range  skew kurtosis
# x1     1 10  2.1 1.45    1.5    1.88 0.74   1   5     4  0.83    -0.92
# x2     2 10  3.5 1.35    3.0    3.50 1.48   2   5     3  0.12    -1.94
# x3     3 10  4.2 0.79    4.0    4.25 1.48   3   5     2 -0.29    -1.50
# x4     4 10  2.8 1.40    2.5    2.75 2.22   1   5     4  0.10    -1.64
# x5     5 10  2.5 1.27    2.5    2.50 2.22   1   4     3  0.00    -1.82
```

⟨예 2.1⟩에서는 psych 패키지의 describe 함수를 사용하여 기술통계량을 출력하였다. 이 결과에는 각 변수들의 평균(mean), 표준편차(sd), 중앙값(median), 최솟값(min), 최댓값(max), 범위(range), 왜도(skewness), 첨도(kurtosis) 등이 출력되어 있다. 또한 다음 ⟨예 2.2⟩에서는 cor 함수를 사용하여 상관계수를 출력하였다.[2]

⟨예 2.2⟩ 상관계수 출력

```
cor(satis[c("x1","x2","x3","x4","x5")])    # 상관행렬 출력
corr.test(satis[c("x1","x2","x3","x4","x5")])   # p-값 출력
#----------------------------------------------------------------------
#           x1         x2         x3         x4        x5
# x1 1.0000000 0.70784332 0.7581754 0.44960032 0.5738636
# x2 0.7078433 1.00000000 0.7282191 0.05868157 0.2909287
# x3 0.7581754 0.72821908 1.0000000 0.24174689 0.4438968
# x4 0.4496003 0.05868157 0.2417469 1.00000000 0.9389683
# x5 0.5738636 0.29092868 0.4438968 0.93896829 1.0000000
```

[2] 모상관계수 ρ에 대하여 귀무가설 '$H_0 : \rho = 0$'에 대한 유의확률을 얻기 위해서 psych 패키지의 corr.test 함수를 사용할 수 있다(결과는 생략하였음).

⟨예 2.1⟩과 ⟨예 2.2⟩의 결과를 살펴보면, 먼저 변수 x_1(가격)은 다른 변수들과 전반적으로 큰 양의 상관을 가지고 있으며 표준편차($s_1 = 1.45$)도 상대적으로 큰 편임을 알 수 있다. 반면에 x_3(편리성)은 x_2(성능)과는 큰 상관($r_{23} = 0.728$)을 가지나, x_4(디자인) 및 x_5(색상)와는 작은 상관을 가지며 표준편차($s_3 = 0.79$)도 비교적 작음을 알 수 있다. 한편 x_4(디자인)와 x_5(색상)는 매우 큰 양의 상관($r_{45} = 0.939$)을 가지고 있다.

2.2.2 주성분분석 – prcomp 함수

주성분분석을 위한 가중계수는 일반적으로 공분산행렬(또는 상관행렬)에 대한 고유값 분해(부록 A.5 참조)를 이용하여 구할 수 있다. 다음 ⟨예 2.3⟩은 prcomp 함수를 사용하여 (표본)공분산행렬에 기초한 주성분분석을 수행한 것이다. 일반적으로 고유값(eigen value)과 고유벡터(eigen vector)는 변수의 개수(p)만큼 추출할 수 있으며, 따라서 이 결과에서는 5개의 고유값과 고유벡터가 구해져 있다.

⟨예 2.3⟩ 주성분분석

```
cov(satis[c("x1","x2","x3","x4","x5")])    # ① 공분산행렬 출력
#-----------------------------------------------------------------------
#          x1        x2        x3        x4        x5
# x1 2.1000000 1.3888889 0.8666667 0.9111111 1.0555556
# x2 1.3888889 1.8333333 0.7777778 0.1111111 0.5000000
# x3 0.8666667 0.7777778 0.6222222 0.2666667 0.4444444
# x4 0.9111111 0.1111111 0.2666667 1.9555556 1.6666667
# x5 1.0555556 0.5000000 0.4444444 1.6666667 1.6111111
#-----------------------------------------------------------------------
satis.prcomp <- prcomp(~x1+x2+x3+x4+x5,data=satis)   # ② 주성분분석
print(satis.prcomp)   # ③ 리스트 객체(고유벡터 등) 출력
#-----------------------------------------------------------------------
# Standard deviations (1, .., p=5):
# [1] 2.2542944 1.5386966 0.6528647 0.4472292 0.2157445
#
# Rotation (n x k) = (5 x 5):
#          PC1        PC2         PC3        PC4        PC5
# x1 0.5723794  0.2916057 -0.72250071  0.2316137  0.1081469
# x2 0.3966884  0.6003640  0.62118712  0.2716472 -0.1501190
# x3 0.2564469  0.2233868 -0.03232539 -0.9143660 -0.2173088
# x4 0.4617789 -0.5982335  0.07138977  0.1323191 -0.6373947
# x5 0.4858141 -0.3830720  0.29321981 -0.1378017  0.7157328
#-----------------------------------------------------------------------
satis.prcomp$sdev   # ④ 주성분의 표준편차 출력
#-----------------------------------------------------------------------
# [1] 2.2542944 1.5386966 0.6528647 0.4472292 0.2157445
```

```
#-------------------------------------------------------------------
satis.prcomp$sdev^2   # ⑤ 고유값 출력
#-------------------------------------------------------------------
# [1] 5.08184308 2.36758724 0.42623226 0.20001396 0.04654569
#-------------------------------------------------------------------
summary(satis.prcomp)   # ⑥ 설명분산 요약
#-------------------------------------------------------------------
# Importance of components:
#                          PC1    PC2     PC3     PC4     PC5
# Standard deviation     2.2543 1.5387 0.65286 0.44723 0.21574
# Proportion of Variance 0.6257 0.2915 0.05248 0.02463 0.00573
# Cumulative Proportion  0.6257 0.9172 0.96964 0.99427 1.00000
```

⟨예 2.3⟩에서는 먼저 cov 함수를 사용하여 (표본)공분산행렬을 출력하였다. 이 결과에서 공분산행렬의 대각원소(분산)들의 합이 $\sum_{i=1}^{5} s_i^2 = 2.100 + 1.833 + \cdots + 1.611 = 8.122$가 된다는 것을 주목하기 바란다.

다음으로 prcomp 함수를 사용하여 주성분분석을 수행하고 그 결과를 satis.prcomp라는 리스트(list) 객체에 저장하였으며, 이 객체에 저장되어 있는 고유벡터를 출력하였다. 주성분분석을 통해서 얻어진 고유벡터(가중계수)를 이용하여 첫 2개의 주성분점수(y_{i1}, y_{i2})는 다음과 같이 계산된다.[3]

$$\begin{cases} y_{i1} &= 0.572c_{i1} + 0.397c_{i2} + 0.256c_{i3} + 0.462c_{i4} + 0.486c_{i5} \\ y_{i2} &= 0.292c_{i1} + 0.600c_{i2} + 0.223c_{i3} - 0.598c_{i4} - 0.383c_{i5} \end{cases}$$

여기에서 $c_{ik} = x_{ik} - \bar{x}_k$를 의미한다. 즉, 주성분분석은 기본적으로 중심화된 자료행렬을 대상으로 한다(1.2.6절 참조).

위의 고유벡터(가중계수)를 기초로 얻어진 주성분의 의미를 해석하여 보면, 제1 주성분은 일종의 전반적인 만족도를 나타낸다고 할 수 있고, 제2 주성분은 가격, 성능, 편리성 등 제품의 '내형적 요인'과 디자인, 색상 등 제품의 '외형적 요인'의 만족도 차이를 나타낸다고 할 수 있을 것이다.

prcomp 함수로부터 얻어진 리스트 객체에는 각 결과들이 별도의 객체로 저장되어 있으며, satis.prcomp$sdev와 같이 객체 이름을 호출하여 각 결과를 출력할 수 있다.

- sdev: 주성분의 표준편차(즉, 고유값의 제곱근)이 저장되어 있다.
- rotation: 고유벡터가 저장되어 있다.
- x: 주성분점수(principal component score)가 저장되어 있다(2.2.3절 참조).

[3] k번째 고유벡터를 $\mathbf{e}_k = (e_{1k},\ e_{2k},\ \cdots,\ e_{pk})'$라고 할 때, $\mathbf{e}_k'\mathbf{e}_k = \sum_{i=1}^{p} e_{ik}^2 = 1$을 만족한다.

각 주성분에 대한 표준편차의 제곱은 고유값과 같게 된다. 따라서 satis.prcomp$sdev^2와 같이 표기하여 고유값을 출력할 수 있다. ⟨예 2.3⟩에서 고유값의 합계가 $\sum_{i=1}^{5} 5.082 + 2.368 + \cdots + 0.047 = 8.122$이고, 이는 원래 변수들의 분산의 합과 같다는 것을 알 수 있다. 또한 첫 2개의 고유값은 5.082, 2.368로서 각각 전체 변이의 62.6%(=5.082/8.122)와 29.2%(=2.368/8.122)를 차지한다. 따라서 첫 2개의 주성분에 의해 전체 변이의 약 91.7%가 설명될 수 있음을 알 수 있다. 이와 같은 내용은 ⟨예 2.3⟩에서와 같이 리스트 객체에 summary 함수를 적용하여 쉽게 출력할 수 있다.

주성분분석에서는 일반적으로 첫 주성분에 가장 큰 관심을 두게 되는데, 첫 주성분의 가중계수(고유벡터)는 (1) 그 변수의 변이(표준편차)가 클수록(단, 공분산행렬에 기초하여 분석을 수행한 경우), (2) 전반적으로 다른 변수들과의 상관이 높을수록 더 큰 값을 갖는 경향이 있다. ⟨예 2.3⟩의 첫 고유벡터에서 x_1(가격)에 대응되는 원소($e_{11} = 0.572$)가 가장 크고, x_3(편리성)에 대응되는 원소($e_{31} = 0.256$)가 가장 작음을 살펴보기 바란다.

2.2.3 주성분점수 계산과 그래프적 표현

이 절의 사례에서 첫 2개의 주성분을 취할 경우, 이는 원래 다섯 개의 관찰변수들이 가지고 있는 정보를 2차원으로 축약한다는 의미를 가진다. 이러한 차원축소의 결과로부터 얻어지는 주성분점수들은 연결되는 다음 단계의 통계분석(예컨대, 회귀분석 또는 군집분석)에서 원래의 관찰변수들 대신에 유용하게 사용될 수 있다. 다음 ⟨예 2.4⟩는 prcomp 함수에서 얻어진 주성분점수 중 첫 2개를 취하여 원래의 데이터와 결합한 예이다.

⟨예 2.4⟩ 주성분점수 출력

```
satis.score <- cbind(satis,satis.prcomp$x[,1:2])
print(satis.score)
#---------------------------------------------------------------------
# ID gender age x1 x2 x3 x4 x5        PC1        PC2
#  1      F  10  1  2  4  1  1 -2.8358625  0.3854386
#  2      F  10  1  2  3  2  1 -2.6305305 -0.4361818
#  3      F  20  2  5  5  2  2  0.1306219  1.7202178
#  4      F  20  2  5  4  2  2 -0.1258250  1.4968309
#  5      F  30  1  2  3  4  3 -0.7353444 -2.3987927
#  6      M  30  1  3  4  1  1 -2.4391741  0.9858026
#  7      M  40  4  5  5  3  3  2.2229738  1.3221236
#  8      M  40  1  3  4  4  4  0.4036049 -1.9581138
#  9      M  50  3  3  5  5  4  2.2665896 -1.7497491
# 10      M  50  5  5  5  4  4  3.7429463  0.6324238
```

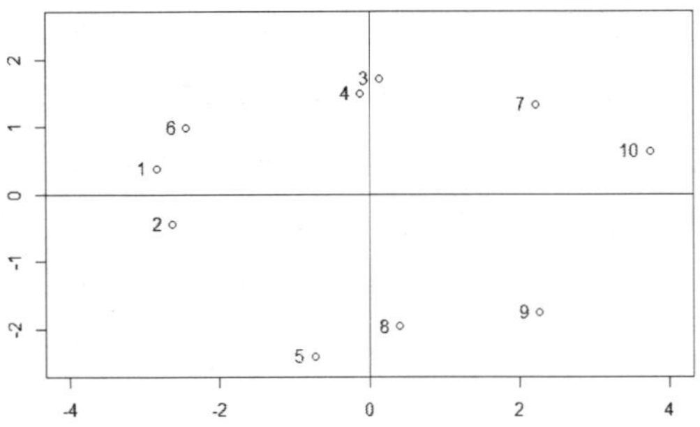

(a) 개체 번호별 플롯

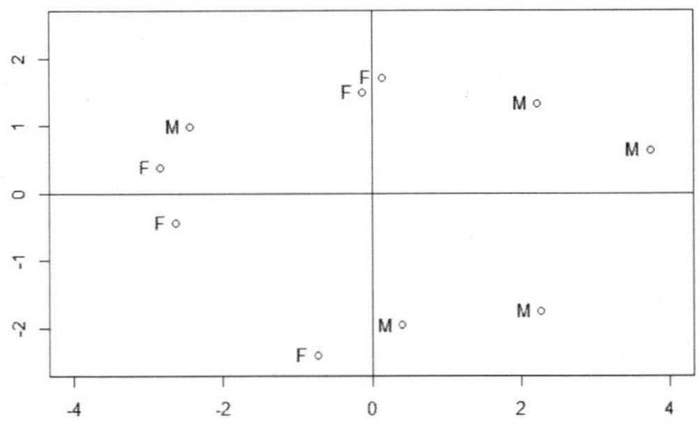

(b) 성별 플롯

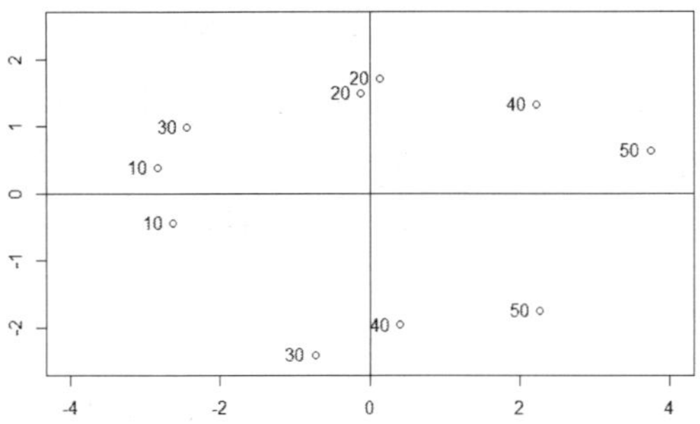

(c) 연령대별 플롯

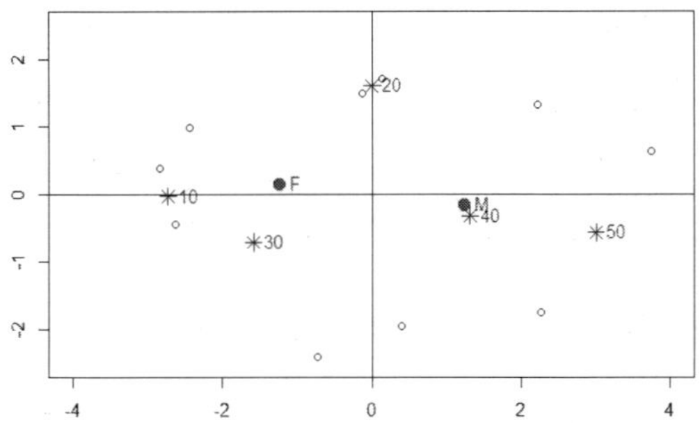

(d) 집단 중심점 플롯

〈그림 2.2〉 주성분점수 플롯

주성분점수를 2차원 또는 3차원 상에 표현하여 그래프를 작성하면 각 개체들의 특성을 시각적으로 이해하는 데 매우 유용하다. 다음 〈예 2.5〉에서와 같이 plot 함수를 이용하여 쉽게 주성분점수 그래프를 작성할 수가 있다.

〈예 2.5〉 주성분점수 그래프

```
# 개체 번호별 그래프
plot(satis.score[c("PC1","PC2")],xlim=c(-4,4),ylim=c(-2.5,2.5))
abline(h=0,v=0)
text(satis.score[c("PC1","PC2")],labels=rownames(satis.score),pos=2)
# 성별 그래프
plot(satis.score[c("PC1","PC2")],xlim=c(-4,4),ylim=c(-2.5,2.5))
abline(h=0,v=0)
text(satis.score[c("PC1","PC2")],labels=satis.score$gender,pos=2)
# 연령대별 그래프
plot(satis.score[c("PC1","PC2")],xlim=c(-4,4),ylim=c(-2.5,2.5))
abline(h=0,v=0)
text(satis.score[c("PC1","PC2")],labels=satis.score$age,pos=2)
```

⟨예 2.5⟩에서 plot 함수는 산점도를 출력하며(1.A.1절 참조), abline 함수는 수평 참조선과 수직 참조선을 표현한다. 또한 text 함수는 그래프에 텍스트를 표현하기 위해 사용되는데, 이때 labels= 인수는 텍스트가 저장되어 있는 벡터를 지정하며, pos= 인수는 해당 좌표에 대하여 텍스트의 위치를 지정한다(1=아래, 2=왼쪽, 3=위, 4=오른쪽).

⟨그림 2.2⟩의 그래프 중 (a)는 첫 2개의 주성분점수에 따른 개체들의 번호를 2차원 평면상에 도시한 것이다. 이 그림에서 제1축(수평축)은 제1 주성분점수(PC1)를 나타내므로 그래프의 오른쪽에 위치하는 10, 7, 9번 개체들은 상대적으로 전반적인 만족도가 높은 편이며, 왼쪽에 위치하는 1, 2, 6번 개체들은 만족도가 낮음을 알 수 있다. 또한 제2축(수직축)은 제2 주성분점수(PC2)를 나타내므로 그래프의 위쪽에 위치하는 4, 3, 7번 개체들은 가격, 성능, 편리성 등 제품의 내형적 요인에는 만족도가 높으나 디자인, 색상 등 외형적 요인에는 만족도가 낮으며, 반면에 아래쪽에 위치하는 5, 8, 9번 개체들은 외형적 요인에는 만족도가 높으나 내형적 요인에는 만족도가 상대적으로 낮은 편이라고 해석할 수 있다.

한편, 개체의 수가 매우 많은 경우에는 중요한 속성(예컨대, 성, 연령, 직업)별로 개체 표시를 다르게 하여 그래프를 그리거나(그림 2.2 참조), 집단별(예컨대, 성별, 연령별) 주성분점수의 평균을 그래프에 표현하는 것이 유용할 경우가 많다(연습문제 9번 참조).

⟨예 2.6⟩ 주성분분석 행렬도(Biplot)

```
biplot(satis.prcomp,cex=1)
abline(h=0,v=0,lty=2)
```

한편, 주성분 가중계수(고유벡터)와 주성분점수를 하나의 그래프에 함께 표현한 것을 **행렬도**(biplot)라고 한다.[4] 예를 들어, ⟨그림 2.3⟩은 ⟨예 2.6⟩과 같이 biplot 함수를 사용하여 행렬도를 작성한 것이다(첫 2개의 고유벡터와 주성분점수가 사용되었다). 일반적으로 행렬도에서는 개체(행)를 점으로 표현하고, 변수(열)를 벡터로 표현한다. 이러한 행렬도를 통해서 (1) 개체들의 군집성, (2) 변수들의 연관구조, (3) 변수별 개체의 상대적 위치 등을 시각적으로 파악할 수 있다.

2.3 공분산행렬 대 상관행렬

다변량 자료를 분석할 경우 공분산행렬 또는 상관행렬에 기초하여 분석이 수행된다는 것을 1장에서 언급한 바 있다. 이 절에서는 사례를 통해 공분산행렬과 상관행렬에 기초한 분석의 차이점을 살펴볼 것이다.

[4] 행렬도biplot)에 대하여 자세한 설명은 3장의 부록 3.A절을 참조하여라.

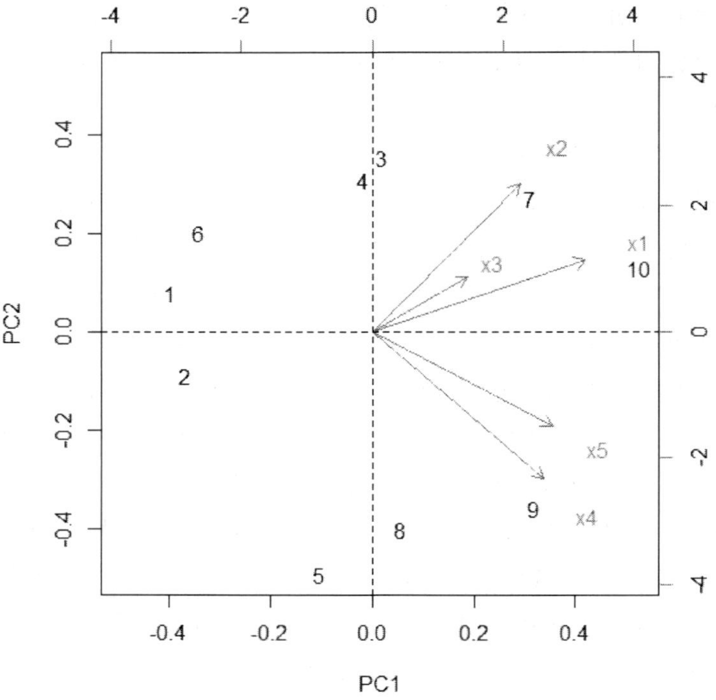

⟨그림 2.3⟩ 주성분분석 행렬도(Biplot)

2.3.1 공분산행렬에 기초한 분석

다음 ⟨예 2.7⟩은 ⟨예 2.3⟩과 동일한 결과를 출력하는 다른 예이다. 여기에서는 분석대상 변수들만을 추출하여 새로운 데이터프레임 satis.X를 생성하였으며, prcomp 함수에 이 데이터프레임을 지정하였다. 즉, prcomp 함수에 분석대상 변수를 지정하지 않고 데이터프레임만 지정하면, 데이터프레임의 모든 변수들이 분석대상이 된다.

또한 center= 인수는 자료에 중심화를 취하여 주성분분석을 수행할 것인지의 여부를 지정한다(기본값: center=TRUE). 그리고 scale= 인수는 자료에 척도화를 취하여 주성분분석을 수행할 것인지의 여부를 지정한다(기본값: scale=FALSE).

⟨예 2.7⟩ 공분산행렬에 기초한 주성분분석

```
satis.X <- satis[c("x1","x2","x3","x4","x5")]
satis.prcomp <- prcomp(satis.X,center=TRUE,scale=FALSE)
print(satis.prcomp)
satis.prcomp$sdev^2
summary(satis.prcomp)
```

⟨예 2.3⟩ 또는 ⟨예 2.7⟩은 (표본)공분산행렬에 기초하여 주성분분석을 수행한 것으로, 여기에서 첫 (표본)주성분점수는 다음과 같이 계산된다(단, $c_i = x_i - \bar{x}_i$).

$$
\begin{aligned}
\hat{y}_1 &= \hat{e}_{11}c_1 + \hat{e}_{21}c_2 + \cdots + \hat{e}_{p1}c_p \\
&= \hat{e}_{11}(x_1 - \bar{x}_1) + \hat{e}_{21}(x_2 - \bar{x}_2) + \cdots + \hat{e}_{p1}(x_p - \bar{x}_p) \\
&= 0.572(x_1 - 2.1) + 0.397(x_2 - 3.5) + \cdots + 0.486(x_5 - 2.5) \\
&= 0.572x_1 + 0.397x_2 + 0.256x_3 + 0.462x_4 + 0.486x_5 - 6.175
\end{aligned}
$$

이와 유사하게 ⟨예 2.3⟩의 k번째 고유벡터(주성분계수)를 이용하여 k번째 주성분점수 $\hat{y}_k$를 얻을 수 있다. 일반적으로 주성분은 다음과 같은 성질을 가진다(부록 2.A절 참조).

- 주성분의 평균은 0이다. 즉, $\mathrm{E}(y_k) = 0,\ k = 1, \cdots, p$.
- k번째 주성분의 분산은 공분산행렬의 k번째 고유값이다. 즉, $\mathrm{Var}(y_k) = \delta_k,\ k = 1, \cdots, p$.
- 모든 주성분들은 서로 독립이다. 즉, $\mathrm{Cor}(y_i, y_j) = 0,\ \forall\ i \neq j$.

2.3.2 상관행렬에 기초한 분석

한편, 다음 ⟨예 2.8⟩에서와 같이 prcomp 함수에 scale=TRUE 인수값을 지정함으로써 (표본)상관행렬에 기초하여 주성분분석을 수행할 수 있다.

⟨예 2.8⟩ 상관행렬에 기초한 주성분분석

```
cor(satis.X)    # ① 상관행렬 출력
#------------------------------------------------------------------
#           x1         x2        x3         x4        x5
# x1 1.0000000 0.70784332 0.7581754 0.44960032 0.5738636
# x2 0.7078433 1.00000000 0.7282191 0.05868157 0.2909287
# x3 0.7581754 0.72821908 1.0000000 0.24174689 0.4438968
# x4 0.4496003 0.05868157 0.2417469 1.00000000 0.9389683
# x5 0.5738636 0.29092868 0.4438968 0.93896829 1.0000000
#------------------------------------------------------------------
satis.cor.prcomp <- prcomp(satis.X,center=TRUE,scale=TRUE)  # ② 분석
print(satis.cor.prcomp)    # ③ 리스트 객체(고유벡터 등) 출력
#------------------------------------------------------------------
# Standard deviations (1, .., p=5):
# [1] 1.7628337 1.1829978 0.5033695 0.4610255 0.1643420
#
# Rotation (n x k) = (5 x 5):
#          PC1       PC2         PC3         PC4        PC5
# x1 0.5106549  0.1714026 -0.05545212  0.83272782 -0.1155083
# x2 0.4065628  0.5002084 -0.64671083 -0.37226185  0.1663863
# x3 0.4650578  0.3439269  0.75415171 -0.29030512  0.1114166
```

```
# x4 0.3795169 -0.6205430 -0.05742977 -0.01399615  0.6836660
# x5 0.4621973 -0.4658899 -0.08153030 -0.28898535 -0.6922142
#------------------------------------------------------------------
satis.cor.prcomp$sdev^2   # ④ 고유값 출력
#------------------------------------------------------------------
# [1] 3.1075826 1.3994838 0.2533809 0.2125445 0.0270083
#------------------------------------------------------------------
summary(satis.cor.prcomp)   # ⑤ 설명분산 요약
#------------------------------------------------------------------
# Importance of components:
#                           PC1    PC2     PC3     PC4    PC5
# Standard deviation     1.7628 1.1830 0.50337 0.46103 0.1643
# Proportion of Variance 0.6215 0.2799 0.05068 0.04251 0.0054
# Cumulative Proportion  0.6215 0.9014 0.95209 0.99460 1.0000
#------------------------------------------------------------------
satis.cor.score <- cbind(satis,satis.cor.prcomp$x[,1:2])
print(satis.cor.score)
#------------------------------------------------------------------
# ID gender age x1 x2 x3 x4 x5        PC1        PC2
#  1      F  10  1  2  4  1  1 -1.9906473  0.5778652
#  2      F  10  1  2  3  2  1 -2.3088242 -0.3018902
#  3      F  20  2  5  5  2  2  0.4876344  1.4296420
#  4      F  20  2  5  4  2  2 -0.1019340  0.9936350
#  5      F  30  1  2  3  4  3 -1.0377676 -1.9234789
#  6      M  30  1  3  4  1  1 -1.6903807  0.9472936
#  7      M  40  4  5  5  3  3  1.8279334  0.8554056
#  8      M  40  1  3  4  4  4  0.2162042 -1.4850896
#  9      M  50  3  3  5  5  4  1.7819347 -1.2562730
# 10      M  50  5  5  5  4  4  2.8158471  0.1628903
```

상관행렬에 기초하여 분석을 수행한다는 것은 분산이 1이 되도록 표준화된 변수벡터 $\mathbf{z} = (z_1,\ z_2,\ \cdots,\ z_p)'$를 분석대상으로 하는 셈이 된다는 것을 앞 장에서 설명한 바 있다 [단, $z_i = (x_i - \bar{x}_i)/s_i$]. 따라서 ⟨예 2.8⟩의 결과에서 상관행렬의 고유값들의 합은 관찰변수의 개수인 p와 같게 된다(즉, $3.107 + 1.399 + \cdots + 0.027 = 5$).

또한, 이 예에서 첫 주성분점수는 다음과 같이 계산되며,

$$\begin{aligned}\hat{y}_1 &= \hat{e}_{11}z_1 + \hat{e}_{21}z_2 + \cdots + \hat{e}_{p1}z_p \\ &= 0.511 \times [(x_1 - 2.1)/1.45] + \cdots + 0.462 \times [(x_5 - 2.5)/1.27] \\ &= 0.352x_1 + 0.301x_2 + 0.589x_3 + 0.271x_4 + 0.364x_5 - 5.935.\end{aligned}$$

이와 유사하게 ⟨예 2.8⟩의 k번째 고유벡터를 이용하여 k번째 주성분점수 $\hat{y}_k$를 얻을 수 있다. 이렇게 구한 주성분점수 $\hat{y}_k$의 평균은 0이고 분산은 상관행렬의 k번째 고유값이 된다.

주성분을 정의하기 위해 상관행렬을 이용하는 주요 이유를 보면 다음과 같다. 서로 다른 집단의 확률변수들에 대해 얻어진 분석결과를 생각할 때, 상관행렬에 기초한 분석결과가 공분산행렬의 경우보다 더 직접적으로 비교하기가 좋다는 점이다. 이는 공분산행렬에서 얻어진 주성분은 $\mathbf{x} = (x_1,\ x_2,\ \cdots,\ x_p)'$의 각 원소 x_i에 대해 사용된 측정단위를 달리함에 따라 완전히 다른 결과를 주지만, 상관행렬은 그의 척도불변성(尺度不變性, scale invariant)으로 인해 측정단위와는 무관하게 되기 때문이다. 또한, 변수 x_i들의 분산들 사이에 많은 차이가 있다면, 공분산행렬에 기초한 첫 주성분은 가장 큰 분산을 가진(즉, 가장 큰 변이를 가진) 변수들에 의해 결정되는 경향이 있다. 이런 결과는 만약 $\mathbf{x}$의 모든 원소가 동일한 단위로 측정가능하다면 큰 분산을 가진 변수가 주성분에서 큰 역할을 한다는 것에는 아무런 문제가 없다. 그러나 측정단위의 선택에 자의성이 개입되어 있을 경우에는, 각 변수에 동일한 변이성을 부여하는 상관행렬에 기초한 주성분분석이 선호될 수도 있을 것이다.

그러나, 공분산행렬에 기초한 주성분분석은 상관행렬을 사용한 경우에 대비해서 다음 두 가지 측면의 장점을 가진다고 할 수 있다. 첫째, 공분산행렬에 기초하여 얻은 표본 주성분은 그의 분포가 상관행렬의 그것보다 훨씬 간단하기 때문에, 표본 주성분을 이용하여 모집단 주성분에 관한 통계적 추론을 시도할 경우 공분산행렬의 이용이 선호된다. 그런데 통계적 추론이 물론 주성분분석에서 중요한 의미를 가지고 있음은 틀림없으나, 실제 이 분석기법이 추론의 수단이라기보다는 자료의 기술적(記述的, descriptive)인 측면이 더 강조되고 있다는 점을 간과할 수 없겠다. 둘째, $\mathbf{x}$의 모든 원소가 동일한 단위로 측정될 경우 공분산행렬의 이용이 선호된다. 이때 $\mathbf{x}$의 상관행렬을 주성분에서 이용하는 것은 $\mathbf{x}$를 측정할 때 임의의 단위를 선택하는 것과 동일하다는 점에서 비판될 수 있다.

2.3.3 분석 사례 – 입력자료가 행렬인 경우

여기에서는 입력자료가 상관행렬 또는 공분산행렬로 주어질 경우의 분석 사례를 다루어 보도록 하자.

어느 임상실험에서 100명의 환자들의 혈액 속에 포함된 8가지 화학적 성분 변수에 관한 자료로부터 계산된 표본상관행렬($\mathbf{R}$)과 표본공분산행렬($\mathbf{S}$), 그리고 각 변수별 표준편차 $s_i(i = 1,\ 2,\ \cdots,\ 8)$가 다음에 주어져 있다. – x_1: red blood cell, x_2: platelet, x_3: white blood cell, x_4: neutrophil, x_5: lymph, x_6: bilirubin, x_7: sodium, x_8: potassium.

변수	x_1	x_2	x_3	x_4	x_5	x_6	x_7	x_8
표준편차	0.37	41.25	1.94	0.31	0.31	4.04	2.73	0.30

$$\mathbf{R} = \begin{pmatrix} 1 & & & & & & & \\ 0.29 & 1 & & & & & & \\ 0.20 & 0.42 & 1 & & & & & \\ -0.06 & 0.29 & 0.42 & 1 & & & & \\ -0.11 & -0.38 & -0.52 & -0.88 & 1 & & & \\ -0.25 & -0.35 & -0.44 & -0.08 & 0.21 & 1 & & \\ -0.23 & -0.16 & -0.15 & 0.02 & 0.03 & 0.19 & 1 & \\ 0.06 & -0.13 & -0.08 & -0.13 & 0.15 & 0.08 & 0.42 & 1 \end{pmatrix}.$$

$$\mathbf{S} = \begin{pmatrix} 0.14 & & & & & & & \\ 4.43 & 1701.56 & & & & & & \\ 0.14 & 33.61 & 3.76 & & & & & \\ -0.00 & 0.96 & 0.07 & 0.10 & & & & \\ -0.00 & -1.25 & -0.08 & -0.01 & 0.10 & & & \\ -0.37 & -58.33 & -3.45 & -0.03 & 0.07 & 16.32 & & \\ -0.23 & -18.02 & -0.79 & 0.00 & 0.01 & 2.10 & 7.45 & \\ 0.01 & -1.61 & -0.05 & -0.00 & 0.00 & 0.10 & 0.34 & 0.09 \end{pmatrix}.$$

먼저 상관행렬($\mathbf{R}$)의 원소들과 표준편차들을 살펴보면 다음 사항들을 알 수 있다. 첫째, 상관계수들 중 x_4(NEUT)와 x_5(LYMPH)의 경우를 제외하고 어느 것도 절대값이 특별히 큰 것은 없다. 둘째, 이에 비해 각 변수별 표준편차는 상당히 큰 차이를 보이고 있다(이는 주로 각 변수의 측정에서 사용된 측도의 차이에 기인하는 것임).

⟨예 2.9⟩ 입력자료가 행렬인 경우

```
# 입력자료: 상관행렬
bloodcor <- read.csv("F:/My_Work/Data/bloodcor.csv",header=TRUE)
blood.cor <- as.matrix(bloodcor)   # ① 데이터프레임을 행렬로 전환
blood.cor.princomp <- princomp(covmat=blood.cor)   # ② 주성분분석
blood.cor.princomp$sdev^2   # ③ 고유값 출력
summary(blood.cor.princomp,loadings=T,cutoff=0.0001) # ④ 고유벡터 출력
# 입력자료: 공분산행렬
bloodcov <- read.csv("F:/My_Work/Data/bloodcov.csv",header=TRUE)
blood.cov <- as.matrix(bloodcov)   # ① 데이터프레임을 행렬로 전환
blood.cov.princomp <- princomp(covmat=blood.cov)   # ② 주성분분석
blood.cov.princomp$sdev^2   # ③ 고유값 출력
summary(blood.cov.princomp,loadings=T,cutoff=0.0001) # ④ 고유벡터 출력
```

〈표 2.3〉 예 2.9의 결과에 대한 요약

(a) 상관행렬에 기초한 첫 4개의 고유벡터와 고유값

변수\주성분	y_1	y_2	y_3	y_4
x_1	0.19	-0.42	0.41	0.65
x_2	0.40	-0.15	0.17	0.05
x_3	0.46	0.00	0.16	-0.27
x_4	0.43	0.47	-0.17	0.17
x_5	-0.49	-0.36	0.08	-0.19
x_6	-0.32	0.32	-0.27	0.64
x_7	-0.18	0.54	0.41	-0.17
x_8	-0.17	0.25	0.71	0.09
고유값	2.80	1.53	1.25	0.78
설명비율(%)	35.01	19.10	15.56	9.75

(b) 공분산행렬에 기초한 첫 4개의 고유벡터와 고유값

변수\주성분	y_1	y_2	y_3	y_4
x_1	0.00	-0.02	-0.02	0.00
x_2	1.00	0.04	0.00	-0.01
x_3	0.02	-0.19	0.01	0.98
x_4	0.00	0.00	0.00	0.02
x_5	0.00	0.00	0.00	-0.02
x_6	-0.03	0.96	-0.20	0.19
x_7	-0.01	0.19	0.98	0.03
x_8	0.00	0.01	0.05	0.00
고유값	1704.45	15.06	6.98	2.64
설명비율(%)	98.56	0.87	0.40	0.15

〈예 2.9〉는 princomp 함수를 이용하여 주성분분석을 수행한 것이며, princomp 함수에서는 covmat= 인수를 이용하여 입력자료를 행렬로 지정할 수 있다. 이 예에서는 princomp 함수를 적용하기 전에 먼저 as.matrix 함수를 이용하여 데이터프레임을 행렬로 전환하였다.

또한 summary 함수를 사용할 때, loadings= 인수는 고유벡터를 출력할 것인지의 여부를 지정하며, cutoff= 인수는 고유벡터 값 등을 출력할 때 주어진 값보다 작은 값은 출력하지 않도록 지정한다.

이 사례에서는 각 변수별 표준편차가 상당히 큰 차이를 보이고 있으므로 $\mathbf{R}$과 $\mathbf{S}$ 각각에 기초하여 얻어진 주성분들은 상당히 다를 것이 기대되는데, 이는 〈표 2.3〉의 결과에 그대로 나타나고 있다. 여기에서는 비교를 쉽게 하기 위해서 모든 주성분 적재계수(고유벡터)의 소숫점 이하 2단위까지 그리고 첫 4개의 주성분만을 고려하기로 한다.

상관행렬에 기초한 결과 (a)의 경우 첫 4개의 주성분 적재계수는 대개 모든 변수에 걸쳐 일정 범위 내의 크고 작은 값을 보이는 반면, 공분산행렬에 기초한 결과 (b)의 경우

첫 주성분은 x_2(PLATE)에, 둘째는 x_6(BILIR)에, 셋째는 x_7(SODIUM)에, 그리고 넷째는 x_3(WBLOOD)와 같이 각 주성분이 단 하나의 변수에만 큰 적재계수를 가지고 있다. 그런데, 첫 주성분을 의미하는 변수 x_2(PLATE)는 그의 분산이 다른 변수에 비해 상대적으로 매우 큰 관계로 이 주성분에 의해 설명되는 전체변이의 비율은 98.56%나 된다. 또한 둘째 주성분을 의미하는 x_6(BILIR)은 두 번째로 큰 분산을 가지나 설명비율은 0.87%에 불과하다.

따라서 공분산행렬로부터 얻은 주성분은 원래 변수가 가지는 분산들의 크기 순서를 나타내는 정보 이외의 아무것도 제공하지 않고 있다. 이에 반해 상관행렬에서 주성분을 유도한 경우, 표준화된 원래변수들의 선형결합들인 각 주성분에 의해 설명되는 비율은 엄청나게 크지는 않으나 공분산행렬에 기초한 주성분과 같은 사소한 결론으로 이끌지는 않는다. 예를 들어, ⟨표 2.3⟩의 결과 (a)에서 제1 주성분은 첫 4개의 변수들과 나머지 4개의 변수들 간의 대비(contrast)의 형태를 나타내고 있다.

이 사례는 상당히 극단적인 결론을 보이고 있으나, 원래변수들 간에 변이의 차이가 매우 큼에도 불구하고 표본공분산행렬에 기초한 주성분을 이용할 경우 중요하다고 생각되는 첫 몇 개의 주성분은 각 변수별 분산의 상대적 크기 외에 아무런 의미가 없을 수 있다는 것을 보이고 있다. 그러나, 상관행렬에 근거한 주성분으로 부터 통계적 추론을 시도할 경우 얻어진 표본 주성분에 관한 분포상의 어려움이 단점으로 지적될 수 있다. 또한 유도된 주성분을 해석하는 경우 원래 변수들이 표준화되었다는 점을 고려해야 한다.

2.4 보유 주성분 개수에 관한 판정

이미 설명한 바와 같이 주성분분석은 p개의 반응변수로부터 주요한 정보를 잃지 않는 범위내에서 p보다 훨씬 작은 m개의 주성분을 유도하여 이를 통해 차원의 축소와 자료의 요약을 주목적으로 하고 있다. 분석의 대상이 되는 $\mathbf{S}$ 혹은 $\mathbf{R}$의 계수(rank)가 v라면 계산될 수 있는 주성분의 최대 개수는 $\min(p,\ v)$가 될 것이다. 여기에서는 $\mathbf{x} = (x_1,\ x_2,\ \cdots,\ x_p)'$의 전체 변이 대부분을 적절히 설명하기 위하여 보유되어야 할 주성분의 수를 결정하는 데 이용될 수 있는 판정기준들을 설명하고자 한다.

2.4.1 전체변이에 대한 공헌도

이는 실제 많이 이용되는 직관적인 판정기준으로서 보유된 주성분들이 전체분산에 대해 주어진 일정비율 이상을 설명할 수 있기 위해 필요한 최소 개수의 주성분을 보유하는 방법이다.

먼저 첫 m개의 주성분에 의해 설명되는 전체 분산에 대한 백분율 C(m)은 다음과 같다.

$$\mathrm{C}(m) = \begin{cases} 100(\hat{\delta}_1 + \hat{\delta}_2 + \cdots + \hat{\delta}_m)/\mathrm{tr}(\mathbf{S}), & (\mathbf{S}\text{를 사용하는 경우}) \\ 100(\hat{\delta}_1 + \hat{\delta}_2 + \cdots + \hat{\delta}_m)/p, & (\mathbf{R}\text{을 사용하는 경우}) \end{cases} \tag{2.2}$$

이러한 C(m)을 기준으로 삼으면, 보유되어야 할 주성분의 개수 m은 주어진 비율 c^*에 대해 $\mathrm{C}(m) > c^*$를 만족하는 최소 정수값 m이 된다.

예를 들어, ⟨예 2.3⟩에서 c^*를 50%로 정하면 $m = 1$이 되고, c^*를 70%로 정하면 $m = 2$가 된다.

2.4.2 고유값의 크기

모든 반응변수가 서로 독립이라면 모든 주성분은 원래의 변수와 동일한 분산을 갖게 된다. 만약 주성분이 상관행렬에 기초하고 있다면 상관행렬의 대각원소가 1이므로 모든 관찰변수의 분산은 1로 간주된다. 따라서 1(분산들의 평균)보다 작은 고유값을 가지는 주성분은 원래 관찰변수 중의 어느 하나보다 작은 정보를 가지므로 보유할 가치가 없다고 하겠다. 이런 관점에서, 상관행렬에 기초하여 분석을 수행하는 경우, 주성분으로 보유되기 위해서는 대응되는 고유값이 적어도 1 이상이 되어야 한다는 'Kaiser(1960)의 규칙'을 기준으로 사용할 수 있다.

예를 들어, ⟨예 2.8⟩에서 고유값이 1보다 큰 것이 두 개이므로, Kaiser(1960)의 규칙에 의하면 $m = 2$가 된다.

⟨예 2.10⟩ 스크리 도표(Scree Plot)

```
screeplot(satis.cor.prcomp,type="b",npcs=5)
```

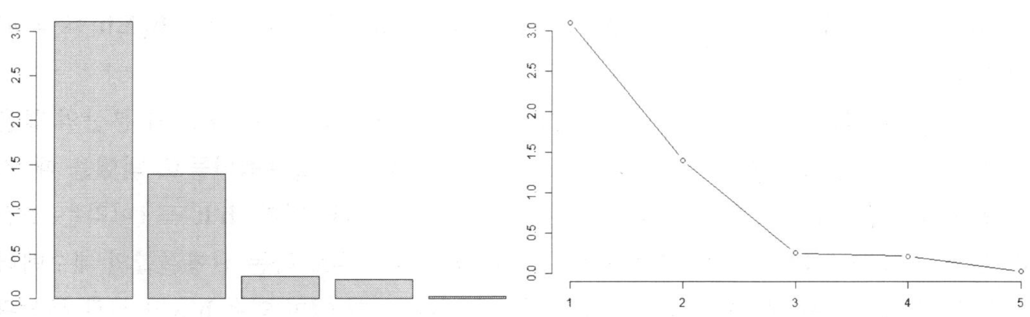

⟨그림 2.4⟩ 스크리 도표(Scree Plot)

고유값의 크기를 막대 또는 선 그래프의 형태로 작성한 것을 **스크리 도표**(scree plot)라고 하며, 각 고유값의 크기를 시각적으로 살펴보는 데 유용하다(그림 2.4 참조).

⟨예 2.10⟩의 screeplot 함수는 prcomp 함수 또는 princomp 함수에서 출력된 리스트 객체에 적용하여 스크리 도표를 작성할 수 있는 함수이다. 이때 type=" " 인수는 그래프의 형태를 지정하며, 인수값 b는 막대그래프(barplot)를 그리고 l은 선그래프(lines)를 지정한다. 또한 npcs= 인수는 그래프에 표현할 고유값의 개수를 지정한다(기본값: 모든 고유값).

2.A 부록: 주성분의 대수적 성질

확률벡터 $\mathbf{x} = (x_1,\ x_2,\ \cdots,\ x_p)'$가 모평균벡터 $\boldsymbol{\mu}$와 모공분산행렬 $\boldsymbol{\Sigma}$를 가진다고 하자. 주성분분석은 $\mathbf{x}$의 원소들 간의 연관구조를 나타내는 공분산행렬 $\boldsymbol{\Sigma}$(혹은 상관행렬 $\mathbf{P}$)를 분석대상으로 하므로 일반성을 잃지 않고 $\boldsymbol{\mu} = \mathbf{0}$으로 놓아도 무방할 것이다. 여기에서 $\boldsymbol{\Sigma}$의 p개 고유값 δ_k와 각 고유값에 대응되는 고유벡터 $\mathbf{e}_k = (e_{1k},\ e_{2k},\ \cdots,\ e_{pk})'$의 짝들을 고유값의 크기 순으로 배열하여 $(\delta_1, \mathbf{e}_1),\ (\delta_2, \mathbf{e}_2),\ \cdots,\ (\delta_p, \mathbf{e}_p)$라고 하자(단, $\delta_1 \geq \delta_2 \geq \cdots \geq \delta_p$).

대수적인 측면에서 모집단 주성분은 모공분산행렬 $\boldsymbol{\Sigma}$(혹은 모상관행렬 $\mathbf{P}$)가 알려져 있다는 전제하에서 어떤 판정기준이 최적화되도록 원래의 변수들을 선형변환시켜 얻어진다. 따라서 고려되는 몇가지 서로 다른 형태의 판정기준들과 이에 연관된 주성분의 최적성은 통계적으로 여러 가지 중요한 의미를 함축하게 된다.

어떤 자연수 $m(1 \leq m \leq p)$에 대해서 다음과 같이 p개의 원소를 가진 m개의 벡터 $\mathbf{h}_k = (h_{1k},\ h_{2k},\ \cdots,\ h_{pk})'$의 원소를 계수로 하는 $\mathbf{x} = (x_1,\ x_2,\ \cdots,\ x_p)'$와의 직교선형결합 y_k를 고려하자($k = 1,\ 2,\ \cdots,\ m$).

$$y_k = \mathbf{h}_k'\mathbf{x} = h_{1k}x_1 + h_{2k}x_2 + \cdots + h_{pk}x_p, \tag{2.3}$$

단, $\mathbf{h}_k'\mathbf{h}_k = 1$, $\mathbf{h}_k\mathbf{h}_u = 0(k \neq u)$. 이때 $Var(y_k) = \mathbf{h}_k'\boldsymbol{\Sigma}\mathbf{h}_k$, $Cov(y_k, y_u) = \mathbf{h}_k'\boldsymbol{\Sigma}\mathbf{h}_u(k \neq u)$가 성립할 것이다.

이와 같이 변환된 m개의 변수로 구성된 벡터 $\mathbf{y} = (y_1,\ y_2,\ \cdots,\ y_m)'$의 분산의 합은 m개의 벡터 $\mathbf{h}$를 $\boldsymbol{\Sigma}$의 가장 큰 m개의 고유값들에 대응되는 고유벡터들로 택했을 때 최대값을 갖는다. 이러한 성질은 다음과 같이 해석될 수 있다. 먼저, $\mathbf{h}'\mathbf{h} = 1$이라는 조건하에서[5], $\mathbf{x}$의 모든 가능한 선형결합 $\mathbf{h}'\mathbf{x}$ 중 $Var(\mathbf{h}'\mathbf{x})$를 최대로 하는 선형결합의 계수벡터 $\mathbf{h}$를 구하면 $\mathbf{h}_1 = \mathbf{e}_1$(즉, 첫 주성분 y_1의 계수)가 된다. 또한 이미 얻은 $\mathbf{h}_1'\mathbf{x}$와 서로 무상관

[5] 계수벡터 $\mathbf{h}$의 원소에 임의의 상수를 곱함으로써 $Var(\mathbf{h}'\mathbf{x})$의 분산을 임의로 증가시킬 수 있으므로, 이런 자의성을 배제하기 위하여 $\mathbf{h}'\mathbf{h} = 1$(즉, 벡터의 길이가 1인 단위벡터)을 만족하는 $\mathbf{h}$를 통상적으로 사용한다.

(uncorrelated; 즉, $Cov(\mathbf{h}_1'\mathbf{x}, \mathbf{h}_2'\mathbf{x}) = 0$)이고 $\mathbf{h}_2'\mathbf{h}_2 = 1$의 조건 하에서, $Var(\mathbf{h}_2'\mathbf{x})$를 최대화하는 선형결합 $\mathbf{h}_2'\mathbf{x}$는 곧 $\mathbf{e}_2'\mathbf{x}$가 되어 이는 둘째 주성분을 의미하게 된다. 일반적으로 이와 같은 과정을 반복할 때 $\mathbf{h}_k'\mathbf{h}_k = 1$과 $Cov(\mathbf{h}_i'\mathbf{x}, \mathbf{h}_k'\mathbf{x}) = 0$(단, $i < k$)의 조건 하에서 $Var(\mathbf{h}_k'\mathbf{x})$를 최대화하는 선형결합 $\mathbf{h}_k'\mathbf{x}$는 k번째 주성분이 된다.

이제 전체 시스템이 가진 변이의 측도로서 분산의 합인 $\mathrm{tr}(\mathbf{\Sigma})$를 생각해 보자. 여기서 $\mathrm{tr}(\mathbf{\Sigma}) = \sum_{i=1}^{p} \sigma_i^2 = \sum_{i=1}^{p} \delta_i$가 항상 성립한다. 첫 주성분 y_1의 분산은 가장 큰 고유값 δ_1이므로, 만약 δ_1이 $(\delta_1 + \cdots + \delta_p)$에서 아주 큰 비중을 차지한다면 p-차원 확률벡터 $\mathbf{x} = (x_1,\ x_2,\ \cdots,\ x_p)'$의 전체 변이는 단 하나의 인공변수 y_1에 의해 상당 부분을 설명될 수 있게 된다. 극한적인 상황으로서 만약 $\mathbf{\Sigma}$의 계수(rank)가 1이라면, δ_1 이외의 모든 고유값이 0이 되므로 이때는 $\mathbf{x}$의 전체 변이가 y_1에 의해 완전히 설명될 수 있다. 위에서 만약 $(\delta_2 + \cdots + \delta_p)$가 δ_1에 비해 사소하지 않다면 두 번째 주성분을 추가로 고려해야 될 것이다.

일반적으로 k번째 주성분 y_k가 전체 시스템 변이를 설명하는 부분은 $\delta_k/(\delta_1 + \cdots + \delta_p)$가 되며, 첫 $m(\leq p)$개의 주성분 $(y_1,\ y_2,\ \cdots,\ y_m)$에 의해 설명되는 부분은 $(\delta_1 + \cdots + \delta_m)/\mathrm{tr}(\mathbf{\Sigma})$가 될 것이다. 따라서 만약 첫 m개의 주성분들에 의해 설명되는 부분이 상당이 크다면, 예를 들어 전체의 80 $\sim$ 90%를 점한다면, p 보다 훨씬 작은 m개의 주성분들을 이용하더라도 정보상의 큰 희생은 없게 되므로 이를 통해 차원의 축소를 기할 수 있게 된다.

예를 들어, $p = 2$이고 두 변수 x_1과 x_2의 평균과 분산이 모두 0과 1이 되도록 표준화되어 있으며, 공분산(이 경우는 상관계수가 됨)을 $\rho(> 0)$라고 하자. 즉,

$$\mathbf{\Sigma}(= \mathbf{P}) = \begin{pmatrix} 1 & \rho \\ \rho & 1 \end{pmatrix}. \tag{2.4}$$

이때 $\mathbf{\Sigma}$의 두 고유값은 $\delta_1 = 1 + \rho$, $\delta_2 = 1 - \rho$이고, 이들 각각에 대응하는 고유벡터는 $\mathbf{e}_1' = (1/\sqrt{2},\ 1/\sqrt{2})$, $\mathbf{e}_2' = (1/\sqrt{2},\ -1/\sqrt{2})$가 된다(연습문제 2-2). 따라서 첫 주성분은 $y_1 = \mathbf{e}_1'\mathbf{x} = (x_1 + x_2)/\sqrt{2}$이고, 둘째 주성분은 $y_2 = \mathbf{e}_2'\mathbf{x} = (x_1 - x_2)/\sqrt{2}$이다. 또한 $Cov(y_1, y_2) = 0$이 물론 성립한다. 그런데, ρ가 1에 접근함에 따라 δ_1은 2에, 그리고 δ_2는 0에 접근하게 되어 두 변수간 상관계수가 아주 높다면 y_1에 의해 거의 모든 변이를 설명할 수 있게 된다. 반면 ρ가 0에 가까움에 따라 δ_1과 δ_2는 모두 1에 가까워져 두 주성분은 거의 동일한 정도의 분산을 가지게 된다. 즉, ρ가 0에 가까운 경우에는 주성분분석을 통한 차원의 축소는 거의 의미가 없게 되어 이 분석의 유용성이 제한되고 있음을 알 수 있다. 이는 상관계수의 성격과도 잘 부합되는 사실이다.

주성분의 이러한 성질은 확률벡터 $\mathbf{x} = (x_1,\ x_2,\ \cdots,\ x_p)'$의 변수들 사이에 존재하는 선형적인 상호관계를 탐색하는 데 도움이 될 뿐만 아니라, 회귀분석(특히 다중공선성의

검색)이나 특이값(outlier)의 탐색 등에 이용될 수 있다.[6]

위에서 고려한 모집단 주성분의 성질들은 표본 주성분의 경우에도 거의 그대로 성립된다. 즉, 모평균벡터 $\boldsymbol{\mu}$와 모공분산행렬 $\boldsymbol{\Sigma}$를 가진 p-변량 모집단으로부터 얻은 크기 n인 랜덤표본 $\mathbf{x}_1, \mathbf{x}_2, \cdots, \mathbf{x}_n$에 기초한 경우, 표본 주성분은 표본에 내재하는 변이의 가능한 많은 부분을 설명할 수 있는, 그리고 변수들의 서로 상관되어 있지 않은 선형결합들을 의미한다. 이는 앞에서의 내용 중 모공분산행렬 $\boldsymbol{\Sigma}$를 표본공분산행렬 $\mathbf{S}$로 대치하여 처리하면 되고, 표본 주성분은 $\mathbf{S}$의 고유값과 고유벡터 $\hat{\delta}_k$, $\hat{\mathbf{e}}_k (k = 1,\ 2,\ \cdots,\ p)$를 계산함으로써 구해진다.

2.B 부록: 질적 자료에 대한 주성분분석 – princals 함수

이 절에서 설명할 princals 함수는 교대최소제곱법(ALS, alternating least squares)을 이용하여 변환된 변수의 공분산행렬이 최적화되도록 선형 및 비선형 변환을 구하는 함수이다. 여기에서는 순위자료에 대한 사례를 통해 princals 함수의 기능을 간단히 설명할 것이다.

이 절에서 사용한 tvad 데이터는 'MCR 2004' 자료 중 일부로서 'TV 광고 종류별 관심도'를 조사한 것이다(1='전혀 없음', 2='거의 없음', 3='별로 없음', 4='어느 정도 있음', 5='자주 있음', 6='매우 있음'). – x_1(음료), x_2(제과), x_3(식품), x_4(술), x_5(생활용품), x_6(화장품), x_7(자동차), x_8(의약품), x_9(전자제품), x_{10}(컴퓨터), x_{11}(이동통신), x_{12}(백화점), x_{13}(가구), x_{14}(의류), x_{15}(금융), x_{16}(학습지).

〈예 2.11〉 TV 광고 관심도 데이터(tvad.csv)[7]

```
tvad <- read.csv("F:/My_Work/Data/tvad.csv",header=TRUE)
head(tvad,n=4)
#----------------------------------------------------------------------
# ID x1 x2 x3 x4 x5 x6 x7 x8 x9 x10 x11 x12 x13 x14 x15 x16
#  1  4  2  2  3  1  1  1  1  4   2   5   2   1   4   1   1
#  2  3  3  3  3  3  4  4  4  5   5   6   4   4   5   4   2
#  3  4  4  4  3  5  5  4  4  5   5   5   5   2   5   2   1
#  4  4  3  4  5  3  3  5  4  5   5   6   4   5   4   3   3
#----------------------------------------------------------------------
tvad.X <- na.omit(tvad[-1])
```

[6] 다중공선성 검색을 위해 가장 많이 사용되는 것 중 하나인 상태지수(condition index)는 $\delta_1/\delta_k (k = 1, \cdots, p)$이다.

[7] 이 데이터에 대한 자세한 설명은 'Media & Consumer Research - 소비자 행태 조사(한국방송광고공사, 2004)' 및 'http://www.kobaco.co.kr'를 참조하여라.

⟨예 2.11⟩에서는 먼저 tvad 데이터에서 첫 번째 변수인 ID를 제거하고, na.omit 함수를 사용하여 결측값이 포함되어 있는 개체를 모두 제거하고 새로운 데이터프레임 tvad.X를 생성하였다.

⟨예 2.12⟩ 통상적인 주성분분석 – prcomp 함수

```
tvad.X.prcomp <- prcomp(tvad.X)     # 주성분분석
tvad.X.prcomp$sdev^2  # 고유값 출력
#-------------------------------------------------------------------
#  [1] 9.8834381 2.4427722 1.9574730 1.5807447 1.3069484 1.0292728 ...
# [13] 0.4572353 0.3959703 0.3724183 0.2507246
#-------------------------------------------------------------------
summary(tvad.X.prcomp)   # 설명분산 요약
#-------------------------------------------------------------------
# Importance of components:
#                           PC1    PC2     PC3     PC4     PC5     PC6
# Standard deviation     3.1438 1.5629 1.39910 1.25728 1.14322 1.01453 ...
# Proportion of Variance 0.4178 0.1033 0.08275 0.06682 0.05525 0.04351 ...
# Cumulative Proportion  0.4178 0.5211 0.60381 0.67063 0.72588 0.76939 ...
#                           PC14    PC15   PC16
# Standard deviation     0.62926 0.61026 0.5007
# Proportion of Variance 0.01674 0.01574 0.0106
# Cumulative Proportion  0.97366 0.98940 1.0000
```

먼저 ⟨예 2.12⟩에서는 prcomp 함수를 사용하여 통상적인 주성분분석을 수행하였다. 이 결과에서 고유값 및 설명분산을 살펴보면, 첫 4개 주성분의 누적 설명비율이 67% 정도이다.

⟨예 2.13⟩ 교대최소제곱법 – princals 함수

```
library(Gifi)
tvad.X.princals <- princals(data=tvad.X,ndim=4,ordinal=TRUE,degrees=3)
summary(tvad.X.princals,cutoff=0.0001)
#-------------------------------------------------------------------
# Loadings (cutoff = 1e-04):
#      Comp1  Comp2  Comp3  Comp4
# x1   0.678 -0.503 -0.224 -0.005
# x2   0.699 -0.547 -0.225  0.069
# x3   0.734 -0.416 -0.217 -0.154
# ...
# x15  0.675  0.438  0.073  0.022
# x16  0.572  0.324 -0.070  0.239
```

```
# Importance (Variance Accounted For):
#                    Comp1   Comp2   Comp3   Comp4
# Eigenvalues       7.8617  1.5925  1.0679  0.9441
# VAF              49.1359  9.9529  6.6747  5.9005
# Cumulative VAF 49.1400 59.0900 65.7600 71.6600
```

⟨예 2.13⟩에서는 Gifi 패키지의 princals 함수를 이용하여, 최적변환에 기초한 주성분분석을 수행하였다. 이때 ndim= 인수는 최적변환을 수행할 때 몇 개의 주성분을 고려할 것인지를 지정하며, ordinal= 인수는 변수들이 순서형 여부인지를 지정한다. 또한 princals 함수에서는 다항(polynomial) 변환의 차수를 지정하는 degrees= 인수 등 최적변환과 관련된 여러 가지 인수들을 지정할 수 있다.[8]

princals 함수는 변환된 변수들의 공분산행렬이 최적화되도록 선형 또는 비선형 변환을 구하고, 변환된 변수들에 기초하여 주성분분석을 수행하는 함수이다. 위의 결과에서는 첫 4개 주성분의 누적 설명비율이 변환전 67.1%에서 변환후 71.7%로 약간 증가하였음을 볼 수 있다.

⟨예 2.14⟩ 변환점수 출력

```
tvad.T <- data.frame(tvad.X.princals$transform)
head(tvad.T,n=5)
#--------------------------------------------------------------------
#            x1          x2           x3        x4          x5          x6
# 1 0.01434136 -0.0337167 -0.03022285 0.0135345 -0.10998932 -0.0867817 ...
# 2 0.00206976  0.0031321  0.00406051 0.0135345  0.00778471  0.0180125 ...
# 3 0.01434136  0.0147830  0.01185962 0.0135345  0.01851484  0.0187159 ...
# 4 0.01434136  0.0031321  0.01185962 0.0188491  0.00778471  0.0112164 ...
# 5 0.00206976  0.0147830  0.01185962 0.0135345  0.00778471 -0.0156185 ...
```

princals 함수에 의해서 얻어진 변환점수(transformed score)는 이 함수로부터 출력되는 리스트 객체 내의 transform 객체에 저장된다. ⟨예 2.14⟩에서는 이 객체의 내용을 데이터프레임으로 전환하여 tvad.T라는 데이터프레임을 생성하였다. 원래의 데이터 tvad.X와 변환된 데이터 tvad.T의 내용을 비교하여 살펴보면, 각 변수별로 원래의 값과 그에 대응되는 변환 값을 알 수 있을 것이다.

⟨예 2.15⟩는 각 변수별로 원점수와 변환점수를 2차원 빈도표로 작성하여 대응되는 값들을 살펴보는 예이다. 여기에서는 변수 x_1, x_{11}, x_{15}에 대해서만 결과를 제시하였다.

[8]자세한 내용은 Gifi 패키지의 도움말을 참조하기 바란다(https://cran.r-project.org/web/packages/Gifi/Gifi.pdf).

⟨예 2.15⟩ 원점수와 변환점수의 2차원 빈도표

```
table(tvad.T$x11,tvad.X$x11)
#----------------------------------------------------------------------
#                        1   2   3   4   5   6
#   -0.112750619606798  38   0   0   0   0   0
#   -0.0454127545806813  0  66   0   0   0   0
#   -0.0163967485149866  0   0 212   0   0   0
#    0.0024972244446500  0   0   0 312   0   0
#    0.0197899046232164  0   0   0   0 240   0
#    0.0435763741354808  0   0   0   0   0 120
#----------------------------------------------------------------------
table(tvad.T$x11,tvad.X$x11)
#----------------------------------------------------------------------
#                        1   2   3   4   5   6
#   -0.112750619606798  38   0   0   0   0   0
#   -0.0454127545806813  0  66   0   0   0   0
#   -0.0163967485149866  0   0 212   0   0   0
#    0.0024972244446500  0   0   0 312   0   0
#    0.0197899046232164  0   0   0   0 240   0
#    0.0435763741354808  0   0   0   0   0 120
#----------------------------------------------------------------------
table(tvad.T$x15,tvad.X$x15)
#----------------------------------------------------------------------
#                        1   2   3   4   5   6
#   -0.0745402924265551 132   0   0   0   0   0
#   -0.0136599471364293  0 189   0   0   0   0
#    0.0186222617827442  0   0 336 222   0  17
#    0.0186222617827444  0   0   0   0  92   0
```

예를 들어, 변수 x_1(음료)에 대해서 '1 → −0.113', '2 → −0.045', ⋯, '6 → 0.044'로 변환되었음을 알 수 있다. 반면에 x_{15}(금융)에 대해서는 1과 2는 각각 −0.075와 −0.014로 변환되었으며, 3, 4, 5, 6은 거의 동일한 값인 0.019로 변환되었음을 알 수 있다.[9]

⟨예 2.16⟩ 그래프를 통한 원점수와 변환점수 비교

```
plot(tvad.X.princals,plot.type="transplot")
```

⟨예 2.16⟩에서와 같이 princals 함수의 리스트 객체에 plot 함수를 적용하면 여러 가지 유용한 그래프를 작성할 수 있다. 이때 plot.type=" " 인수에 지정할 수 있는 값은

[9]princals 함수에서는 중심화 및 척도화된 변환점수를 출력한다.

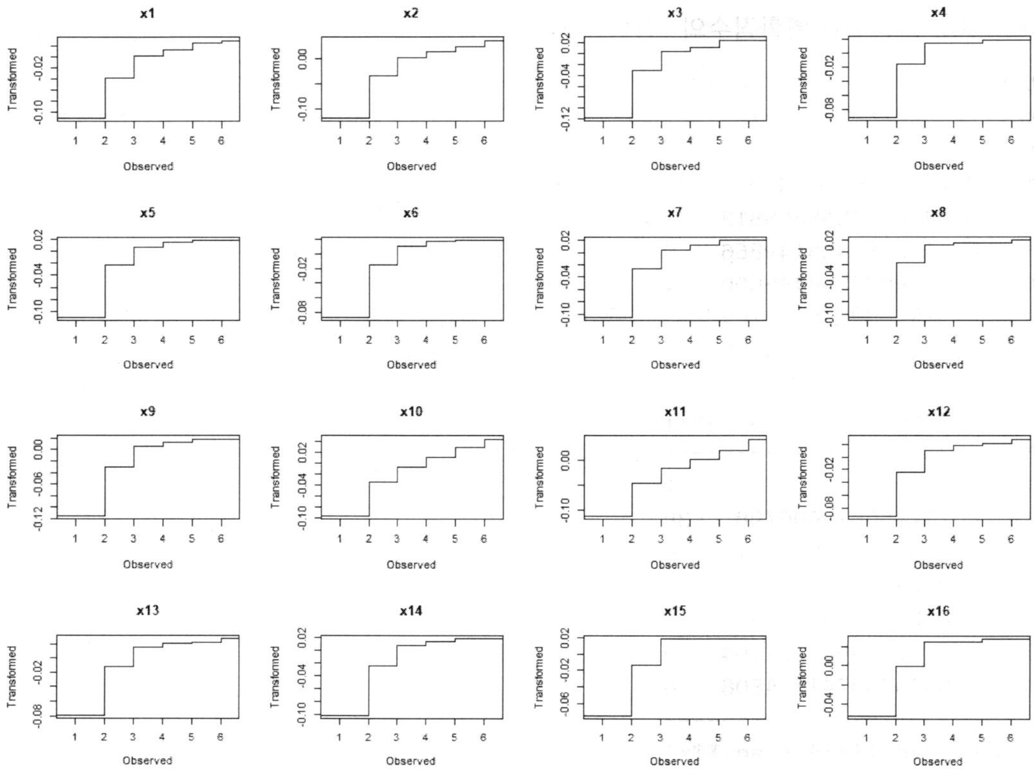

〈그림 2.5〉 변환점수와 원점수에 의한 산점도

transplot(변환점수와 원점수에 의한 산점도), loadplot(주성분적재 도표), biplot(행렬도), screeplot(스크리 도표) 등이다.

〈그림 2.5〉는 〈예 2.16〉에 의해서 얻어진 것으로 변환점수와 원점수의 대응 관계를 나타내는 산점도이다. 몇개의 변수에 대하여 예로써 살펴보도록 하자. 변수 x_1(음료)에 대한 변환은 오목함수의 형태이다. 즉, 변환점수는 원점수가 커짐에 따라 증가하되 증가율은 감소한다. 변수 x_{11}(이동통신)에 대해서는 대체로 직선의 형태이다. 즉, 거의 변환이 이루어지지 않는다. 변수 x_{15}(금융)에 대해서는 초기수준에서는 민감하게 변화하나 원점수가 3 이상인 경우에는 동일한 값으로 변환된다. 즉, 원점수가 3 이상인 경우 측정의 변별력이 없다.

최적변환의 결과에 대한 이와 같은 해석은 자료가 가지고 있는 특성을 보다 잘 이해할 수 있도록 도움을 준다. 또한 최적변환된 자료에 대하여 prcomp 또는 princomp 함수를 재사용하여 주성분분석을 수행할 수 있는데, 이와 같은 분석과 결과에 대한 해석은 연습문제로 남긴다(연습문제 7번).

〈표 2.4〉 Five Socio-Economic 데이터(socioeco.csv)

pop	school	employ	service	house
5700	12.8	2500	270	25000
1000	10.9	600	10	10000
3400	8.8	1000	10	9000
3800	13.6	1700	140	25000
4000	12.8	1600	140	25000
8200	8.3	2600	60	12000
1200	11.4	400	10	16000
9100	11.5	3300	60	14000
9900	12.5	3400	180	18000
9600	13.7	3600	390	25000
9600	9.6	3300	80	12000
9400	11.4	4000	100	13000

2.5 연습문제

1. 〈표 2.1〉의 '학생성적' 데이터에 대하여 prcomp 함수를 이용하여 주성분분석을 수행하여라(예 2-1 ∼ 2-6을 참조할 것).

2. 〈표 2.4〉의 데이터는 Burns & Harman(1966)에 의해 조사/분석된 것으로, Los Angeles Standard Metropolitan Statistical Area에서 1,169개의 국세조사표준지역(LA시에서 세분된 작은지역)에 대한 67개의 변수를 가진 방대한 전체자료로부터 $12(=n)$개 지역과 $5(=p)$개의 변수를 표본으로 취한 것이다. 여기에 포함된 5개 변수는 그 지역의 '총인구'(total population), '중위 학력년수'(median school year), '총고용자수'(total employment), '전문 서비스업 종사자수'(misc. professional services), '중위 주택가격'(median house value) 등이다.

(a) 공분산행렬을 구하고 이에 근거하여 주성분분석을 수행하여라.

(b) 표준화된 변수들의 공분산행렬(즉, 원래 변수의 상관행렬)을 구하고 이에 근거하여 주성분분석을 수행하여라.

(c) (a)와 (b)의 분석결과를 주성분의 의미와 설명력의 측면에서 비교하여라.

3. 두 확률변수 x_1, x_2의 평균과 분산이 모두 0과 1이고, 공분산(이 경우는 상관계수가 됨)을 $\rho(>0)$라고 하자. 식 (2.4) 참조.

(a) 이때 $\mathbf{\Sigma}$의 두 고유값은 $\delta_1 = 1 + \rho$, $\delta_2 = 1 - \rho$이고, 이들 각각에 대응하는 고유벡터는 $\mathbf{e}_1 = (1/\sqrt{2},\ 1/\sqrt{2})'$, $\mathbf{e}_2 = (1/\sqrt{2},\ -1/\sqrt{2})'$가 됨을 보여라.

(b) 두 주성분 y_1과 y_2의 공분산을 구하여라.

4. 모집단 공분산행렬이 다음과 같이 주어졌을 때,

$$\mathbf{\Sigma} = \begin{pmatrix} 10000 & 60 \\ 60 & 1 \end{pmatrix}.$$

(a) 이에 대응되는 상관행렬 $\mathbf{P}$를 유도하여라.

(b) $\mathbf{\Sigma}$에 근거한 주성분분석을 수행하여라(즉, 고유값과 고유벡터를 구하여라).

(c) $\mathbf{P}$에 근거한 주성분분석을 수행하여라(즉, 고유값과 고유벡터를 구하여라).

(d) (b)와 (c)의 결과를 비교하고 그 차이를 설명하여라.

5. 확률변수 x_1, x_2, x_3의 공분산행렬이 다음과 같이 주어졌다고 하자.

$$\mathbf{\Sigma} = \begin{pmatrix} 5 & -3 & 0 \\ -3 & 4 & 0 \\ 0 & 0 & 2 \end{pmatrix}.$$

(a) 각 고유값(δ_1, δ_2, δ_3)과 그에 대응되는 고유벡터를 구하여라.

(b) 위의 결과를 이용하여 주성분들을 구하고, 각 주성분의 분산을 구하여라.

(c) 주성분들 중 하나는 x_3이 됨을 보이고, 그 결과를 위의 공분산행렬 $\mathbf{\Sigma}$로부터 추측하여 보아라.

(d) 주성분들의 공분산이 0이 됨을 보여라.

(e) $\sum_{i=1}^{3} \mathrm{Var}(x_i) = \sum_{i=1}^{3} \delta_i$가 성립함을 보여라.

(f) 첫 번째 주성분 y_1과 변수 x_1, x_2, x_3의 상관계수를 구하여라.

6. 확률변수 x_1, x_2, x_3의 공분산행렬이 다음과 같이 주어졌다고 하자. $\mathbf{S}$에 대한 주성분분석을 수행하고 구해진 주성분의 의미를 파악하여라.

$$\mathbf{S} = \begin{pmatrix} 5 & 0 & 0 \\ 0 & 1 & 0 \\ 0 & 0 & 2 \end{pmatrix}.$$

7. ⟨예 2.14⟩에서 얻은 변환된 변수들을 이용하여 주성분분석을 수행하고, 이 결과들을 원래의 변수들에 대한 주성분분석의 결과와 비교하여라.

8. ⟨표 2.2⟩의 '고객만족' 데이터에 대하여 R 프로그램을 이용하여 다음을 수행하여 보아라 (부록의 예 A.5 및 예 A.6을 참조할 것).

(a) 중심화된 자료행렬(편차 자료행렬) $\mathbf{C}$를 구하여라.

(b) 행렬 $\mathbf{C}$에 대하여 특이값분해를 수행하고, 그 결과를 ⟨예 2.1⟩의 결과들과 비교하여 보아라.

(c) 행렬 $\mathbf{C}'\mathbf{C}$에 대하여 고유값분해를 수행하고, 그 결과를 (b)의 결과 및 ⟨예 2.1⟩의 결과들과 비교하여 보아라.

9. 다음은 ⟨그림 2.2⟩의 '(d) 집단 중심점 플롯'을 작성하는 예이다. 이 프로그램의 내용을 살펴보고, 이를 수행하여 플롯을 작성하여 보아라.

⟨예 2.17⟩ 집단 중심점 플롯

```
# 주성분분석
satis <- read.csv("F:/My_Work/Data/satis.csv",header=TRUE)
satis.X <- satis[c("x1","x2","x3","x4","x5")]
satis.X.prcomp <- prcomp(satis.X,center=TRUE,scale=FALSE)
satis.score <- cbind(satis,satis.X.prcomp$x)
# 집단 평균 계산
pcm.age=aggregate(cbind(PC1,PC2)~age,data=satis.score,FUN=mean)
pcm.gender=aggregate(cbind(PC1,PC2)~gender,data=satis.score,FUN=mean)
# 개체별 플롯
plot(satis.score[c("PC1","PC2")],xlim=c(-4,4),ylim=c(-2.5,2.5))
abline(h=0, v=0)
# 연령대별 중심점
points(pcm.age[,2:3],pch=8,cex=1.5,col="darkgreen")
text(pcm.age[,2:3],labels=pcm.age$age,pos=4,col="darkgreen")
# 성별 중심점
points(pcm.gender[,2:3],pch=19,cex=1.5,col="red")
text(pcm.gender[,2:3],labels=pcm.gender$gender,pos=4,col="red")
```

제 3 장
인자분석

Factor Analysis

빛의 3원색인 빨강, 노랑, 파랑은 이를 잘 조화시킴으로써 수많은 다른 색깔들을 만들어 낸다. 마찬가지로 복잡해 보이는 어떤 현상들은 몇 개의 주요 특성들에 의한 결합체임을 알게 되는 경우가 있다. 인자분석(因子分析, factor analysis)은 상호연관된 다변량 확률 변수들 간의 내부적 상호의존관계를 그 저변에 내재하는 몇 개의 인자(요인)들을 통해 재현, 해석하고자 한다. 간단히 설명하면 인자분석이라는 것은 관찰 가능한 많은 특성 또는 항목들로부터 몇 가지 일반적인 성격(즉, 인자)들을 발견해 내거나 만들어내는 통계적 과정이라고 할 수 있으며, 이때 이 인자들을 어떤 형태로 결합하면 거꾸로 각 항목들을 설명할 수가 있다.

3.1 인자분석의 개념

인자분석은 학문 제 분야(특히 사회과학 부문)에서 변수축소와 가설적 구성개념의 구축을 위해 응용되어 왔으며, 이를 위해서 변수들 사이의 관계에 관한 정보를 가지고 있는 공분산행렬이나 상관행렬이 주요 분석대상이 된다.

이 분석은 (1) 서로 상관관계를 맺고 있어서, (2) 직접적으로 해석하기 어려운, (3) 여러 변수들 간의 구조적 연관관계를, (a) 상대적으로 독립적이면서, (b) 변수들의 저변구조를 이해하기 위해 개념상 의미를 부여할 수 있는, (c) 원래변수들의 개수보다 훨씬 적은 개수의 공통인자들을 상정하여, 이들을 통해 분석하고자 하는 통계적 방법이라 할 수 있다. 여기에서 **공통인자**(共通因子, common factor)라 함은 변수들이 그들의 구조적 측면에서 서로 공유하고 있는 확률적 인자로서, 변수들 간의 상관관계를 생성시키는 가설적인, 관찰할 수 없는, 혹은 저변에 깔려있는 인자를 의미한다. 예를 들어 '사회적 계층' 이라는 가설적 차원은 실제로 소득수준, 교육정도, 혹은 직업의 종류 등과 같은 변수들 사이에 존재하는 상관관계를 설명해 줄 수 있는 공통적인 인자로서, 이들 변수가 뿌리를 함께 하는 요인으로 생각할 수 있겠다. 여기에서 '공통'이란 의미는 일단 모든 공통적인 인자들이 축출된다면 변수들 간에 더 이상의 상관관계가 존재하지 않게 됨을 의미한다.

이를 종합하면 인자분석은 상관(혹은 공분산)행렬의 구조에 관한 통계적 모형을 구축하고, 그와 같은 구조를 생성시키는 소수 몇 개의 인자를 유도하여, 변수들 간의 구조적 관계를 해석하는 공분산 내지 상관중심의 기법이라고 할 수 있다. 따라서 변수들 중의 일부가 같은 공통의 뿌리를 가지고 있어 상관계수라는 척도를 통해 집단화가 가능하다면, 이는 곧 변수들간의 복잡한 구조를 단순화시키는 것이라 할 수 있겠다. 여기서 '집단'이라 함은 그 집단 내에 있는 변수들은 서로 높은 상관관계를 가지고, 서로 다른 집단에 속하는 변수들은 상대적으로 낮은 상관관계를 가지도록 변수들을 분류하는 개념이다. 즉, 각 집단은 관찰된 상관관계의 생성을 반영하는 저변에 깔려있는 단 하나의 인자로 대표되어질 수 있다는 의미이다. 한편 변수들을 집단화한다는 측면에서 변수군집분석은 변수들 간의 유사성(類似性, similarity)의 정도에 기초를 두고 있으며, 이는 곧 공통인자의 해석과 밀접히 연관되어 있음을 알 수 있겠다.

일반적으로 인자분석은 이용하는 연구자의 목적에 따라 **탐색적**(探索的, exploratory)인 접근방법과 **확증적**(確證的, confirmatory)인 방법으로 구분지을 수 있다. 전자가 공통인자와 원래변수들 간에 내재하는 인과관계를 탐구하는데 그 목적이 있다면, 후자는 공통인자들의 개수나 인자들 간의 관계 등 모형에 관한 구체적 가정들을 실제자료로부터 지지 또는 부합되는 정도를 통해 평가하는데 초점을 두고 있다. 이 장에서는 주로 탐색적 인자분석에 관련된 부분을 설명하고자 한다.[1]

3.2 인자분석 사례 – psych 패키지

인자분석을 제공하는 R 패키지는 여러 가지가 있지만, 여기에서는 psych 패키지를 활용하여 인자분석을 수행하는 방법을 설명할 것이다. 먼저 간단한 예를 통해 psych 패키지에 있는 함수들의 사용방법과 주요 결과들에 대하여 살펴보자.

먼저 이 절의 사례를 위해 사용할 ⟨표 3.1⟩의 데이터는 1,000명의 개체로부터 8개 TV 프로그램 유형별 시청 정도를 조사하여 얻은 것이다(값이 클수록 시청 정도가 많음).[2]

- 변수: x_1(뉴스/보도), x_2(드라마), x_3(영화), x_4(쇼/오락), x_5(스포츠), x_6(다큐멘터리), x_7(생활정보), x_8(어린이/만화)
- 변수값: 1='전혀 안본다.', 2='안본다.', 3='별로 안본다.', 4='약간 본다.', 5='어느 정도 본다.', 6='매우 많이 본다.', .='모름/거절'

3.2.1 상관행렬과 고유값 출력

⟨예 3.1⟩은 이 데이터에 대해 상관행렬과 고유값을 출력한 것이다. 여기에서는 princomp 함수에 의해 주성분분석을 수행하였으며, 상관행렬의 고유값과 이에 기초한 각 주성분의 설명비율을 출력하였다(cor=TRUE 인수값을 지정하였음).

[1]확증적 인자분석에 대하여는 "R을 활용한 인과모형과 구조방정식모형 분석(강현철, 2019)"을 참조하기 바란다.

[2]이 데이터에 대한 자세한 설명은 'Media & Consumer Research - 소비자 행태 조사 -'(한국방송광고공사, 2004) 및 'http://www.kobaco.co.kr'를 참조하기 바란다.

〈표 3.1〉 TV 프로그램 유형별 시청 정도(tvprog.csv)

ID	x_1	x_2	x_3	x_4	x_5	x_6	x_7	x_8	gender	age	⋯
1	2	1	1	1	4	2	1	1	1	2	⋯
2	5	.	2	.	1	1	1	1	1	2	⋯
3	5	2	2	2	6	5	5	1	1	3	⋯
4	4	4	3	4	6	6	4	5	1	3	⋯
5	5	2	3	2	3	4	4	1	1	3	⋯
6	4	5	5	4	4	5	4	1	1	3	⋯
7	4	5	3	5	3	5	5	3	1	3	⋯
8	5	5	5	5	5	5	4	1	1	3	⋯
9	5	4	4	3	5	5	3	1	1	4	⋯
10	5	4	2	1	3	4	1	1	1	4	⋯
⋯				⋯					⋯		
1000	4	4	5	4	6	4	3	1	1	3	⋯

〈예 3.1〉 상관행렬과 고유값 출력

```
tvprog <- read.csv("F:/My_Work/Data/tvprog.csv",header=TRUE)
tvprog.X <- na.omit(tvprog[2:9])   # ① 분석변수 선택 및 결측값 제거
print(cor(tvprog.X),digit=3)  # ② 상관행렬 출력
#----------------------------------------------------------------------
#        x1    x2    x3    x4    x5    x6    x7    x8
# x1 1.000 0.331 0.257 0.302 0.411 0.488 0.470 0.150
# x2 0.331 1.000 0.443 0.521 0.305 0.243 0.418 0.258
# x3 0.257 0.443 1.000 0.509 0.374 0.365 0.369 0.362
# x4 0.302 0.521 0.509 1.000 0.395 0.283 0.418 0.365
# x5 0.411 0.305 0.374 0.395 1.000 0.510 0.430 0.237
# x6 0.488 0.243 0.365 0.283 0.510 1.000 0.574 0.182
# x7 0.470 0.418 0.369 0.418 0.430 0.574 1.000 0.282
# x8 0.150 0.258 0.362 0.365 0.237 0.182 0.282 1.000
#----------------------------------------------------------------------
tvprog.pca <- princomp(tvprog.X,cor=TRUE)    # ③ 주성분분석
tvprog.pca$sdev^2   # ④ 고유값 출력
#----------------------------------------------------------------------
#    Comp.1    Comp.2    Comp.3    Comp.4
# 3.5972341 1.1426129 0.7691740 0.6395068
#    Comp.5    Comp.6    Comp.7    Comp.8
# 0.5567417 0.5062387 0.4424260 0.3460658
```

```
#-----------------------------------------------------------------------
summary(tvprog.pca)   # ⑤ 주성분의 설명비율 출력
#-----------------------------------------------------------------------
# Importance of components:
#                           Comp.1    Comp.2     Comp.3     Comp.4
# Standard deviation     1.8966376 1.0689307 0.87702566 0.79969166
# Proportion of Variance 0.4496543 0.1428266 0.09614675 0.07993834
# Cumulative Proportion  0.4496543 0.5924809 0.68862763 0.76856597
#                           Comp.5    Comp.6     Comp.7     Comp.8
# Standard deviation     0.7461512 0.7115045 0.66515111 0.58827356
# Proportion of Variance 0.0695927 0.0632798 0.05530325 0.04325822
# Cumulative Proportion  0.8381586 0.9014385 0.95674178 1.00000000
```

⟨예 3.1⟩의 결과를 살펴보면, 첫 번째 고유값은 3.597이고 이는 전체 분산의 $3.597/8 = 44.977\%$에 해당하며, 두 번째 고유값은 1.146이고 이는 전체 분산의 $1.146/8 = 14.3\%$에 해당한다. 그리고 첫 두 개의 고유값에 의한 누적 설명비율은 $44.97\% + 14.3\% = 59.2\%$이다.

이와 같이 상관행렬과 고유값을 살펴보는 작업은 인자의 개수를 정하거나 인자분석의 결과를 해석함에 있어 유용하다.

3.2.2 KMO 표본적합성 측도

Kaiser-Meyer-Olkin의 표본적합성 측도(measure of sampling adequacy)는 관측된 상관계수들의 값과 편상관계수들의 값을 비교하는 지수로서, 이 값이 클수록 측정변수들 저변에 공통적인 잠재요인이 존재함을 나타낸다.

⟨예 3.2⟩는 psych 패키지의 KMO 함수를 사용하여 표본적합성 측도를 출력한 것이다. 이 예에서는 표본적합성 측도(MSA)가 0.84로 출력되어 있다.

⟨예 3.2⟩ KMO 표본적합성 측도

```
library(psych)
KMO(tvprog.X)
#-----------------------------------------------------------------------
# Kaiser-Meyer-Olkin factor adequacy
# Call: KMO(r = tvprog.X)
# Overall MSA =  0.84
# MSA for each item =
#   x1   x2   x3   x4   x5   x6   x7   x8
# 0.87 0.83 0.85 0.84 0.88 0.77 0.85 0.87
```

Kaiser(1974)는 KMO 측도에 대하여 다음과 같은 기준을 제시하였다: ≥ 0.90 = 훌륭한(marvelous), $0.80 \sim 0.89$ = 가치 있는(meritorious), $0.70 \sim 0.79$ = 중급의(middling), $0.60 \sim 0.69$ = 평범한(mediocre), $0.50 \sim 0.59$ = 빈약한(miserable), < 0.5 = 받아들이기 힘든(unacceptable).

즉, 이 측도의 값이 적으면 요인분석을 위한 변수들의 선정이 좋지 못함을 나타낸다. 예를 들어, ⟨예 3.2⟩에서 KMO 측도가 0.84로 출력되었으므로, 이 데이터의 경우는 '가치 있는'(meritorious) 정도에 해당한다고 하겠다.

3.2.3 Bartlett의 구형성 검정

Bartlett의 구형성 검정(sphericity test)은 "상관계수 행렬이 단위행렬이다"라는 귀무가설을 기각할 수 있는지를 검정하는 것이다. 즉, "귀무가설: 공통인자가 존재하지 않는다"와 "대립가설: 공통인자가 존재한다"를 대상으로 검정을 실시하는 것이다. 따라서 Bartlett 검정의 p-값이 유의수준(예컨대, 0.05)보다 작아서 귀무가설이 기각되어야 그 데이터에 대해 인자분석을 실시할 가치가 있음을 나타낸다.

⟨예 3.3⟩ Bartlett의 구형성 검정

```
library(psych)
tvprog.cor <- cor(tvprog.X)
cortest.bartlett(tvprog.cor,n=nrow(tvprog.X))
#------------------------------------------------------------------------
# $chisq
# [1] 2371.949
#
# $p.value
# [1] 0
#
# $df
# [1] 28
```

⟨예 3.3⟩은 psych 패키지의 cortest.bartlett 함수를 사용하여 Bartlett의 구형성 검정을 수행한 것이다. 이때 cortest.bartlett 함수에는 상관행렬을 지정해야 하며, n= 인수를 이용하여 표본크기를 지정해야 한다. 이 예에서는 nrow 함수를 사용하여 데이터 프레임 tvprog.X의 개체 수를 지정하였다.

이 예에서는 Bartlett 검정에 대한 카이제곱 값과 p-값이 각각 $\chi^2 = 2371.949$, $p < .001$이므로, 이 데이터에는 적어도 1개의 공통인자가 존재한다고 할 수 있다.

〈예 3.4〉 자료행렬을 입력으로 하는 경우

```
library(psych)
ttvprog.fa <- principal(tvprog.X,cor="cor",nfactors=2,rotate="varimax")
print(tvprog.fa,sort=TRUE,digit=5)
#----------------------------------------------------------------------
# Standardized loadings (pattern matrix) based upon correlation matrix
#    item     RC1     RC2      h2      u2    com
# x6    6 0.83888 0.11744 0.71751 0.28249 1.0392
# x1    1 0.76661 0.11683 0.60134 0.39866 1.0464
# x7    7 0.70755 0.34881 0.62230 0.37770 1.4589
# x5    5 0.67094 0.29586 0.53770 0.46230 1.3747
# x4    4 0.25733 0.76882 0.65731 0.34269 1.2213
# x3    3 0.27090 0.71821 0.58921 0.41079 1.2789
# x8    8 0.02628 0.69287 0.48076 0.51924 1.0029
# x2    2 0.26517 0.68075 0.53373 0.46627 1.2966
#
#                           RC1     RC2
# SS loadings           2.45281 2.28703
# Proportion Var        0.30660 0.28588
# Cumulative Var        0.30660 0.59248
# Proportion Explained  0.51749 0.48251
# Cumulative Proportion 0.51749 1.00000
#
# Mean item complexity =  1.2
# Test of the hypothesis that 2 components are sufficient.
#
# The root mean square of the residuals (RMSR) is  0.09581
#  with the empirical chi square  502.1939  with prob <  5.0056e-99
# Fit based upon off diagonal values = 0.93676
```

3.2.4 자료행렬을 입력으로 하는 경우

〈예 3.4〉는 'TV 프로그램 유형별 시청 정도' 데이터에 대해 인자분석을 수행하는 프로그램의 예이며, 이를 통해 얻은 결과 중 일부가 제시되어 있다. 여기에서 사용된 함수들에 대한 설명은 다음과 같다.

① principal 함수를 사용하여 주성분분석법에 의한 인자추출 방식의 인자분석을 수행한다. 원자료를 입력받은 경우, 내부적으로 상관행렬을 계산하고 이에 기초하여 인자분석을 수행한다. 이때 nfactors= 인수로 인자의 개수를 지정하며, rotate= 인수로 인자의 회전 방법을 지정할 수 있다(3.5절 참조). 만약 cor="cov" 인수값을 지정하면 공분산행렬을 계산하고 이에 기초하여 인자분석을 수행한다.

② print 함수를 사용하여 인자분석의 주요 결과를 출력한다. 이때 sort=TRUE 인수값을 지정하면 인자적재값이 큰 순서대로 패턴행렬을 정렬해서 출력하며, digit= 인수로 출력되는 수치들의 소숫점 자릿수를 지정할 수 있다.

⟨예 3.5⟩ 상관행렬의 고유값 출력

```
print(tvprog.fa$values,digit=5)
#------------------------------------------------------------------
# [1] 3.59723 1.14261 0.76917 0.63951 0.55674 0.50624 0.44243 0.34607
```

principal 함수로부터 얻어진 리스트 객체에는 각 결과들이 별도의 객체로 저장되어 있으며, 객체 이름을 호출하여 각 결과를 출력할 수 있다.

예를 들어, ⟨예 3.5⟩에서는 values 객체를 호출하여 상관행렬의 고유값을 출력하였다 (이에 대한 해석은 3.2.1절을 참조하기 바란다).

⟨예 3.6⟩ 인자적재값 출력

```
print(tvprog.fa$loadings,digit=5,cut=0)
#------------------------------------------------------------------
# Loadings:
#    RC1     RC2
# x1 0.76661 0.11683
# x2 0.26517 0.68075
# x3 0.27090 0.71821
# x4 0.25733 0.76882
# x5 0.67094 0.29586
# x6 0.83888 0.11744
# x7 0.70755 0.34881
# x8 0.02628 0.69287
#
#                    RC1     RC2
# SS loadings    2.45281 2.28703
# Proportion Var 0.30660 0.28588
# Cumulative Var 0.30660 0.59248
```

⟨예 3.6⟩에서는 loadings 객체를 호출하여 인자적재값(factor loadings)을 출력한 것이다. 이때 cut=0 인수값은 인자적재값을 모두 출력하라는 의미이다. 예를 들어, cut=0.3을 지정하면 0.3보다 작은 인자적재값은 출력되지 않는다.

인자적재값(factor loadings)은 각 관찰변수와 인자들 간의 연관성의 크기를 나타낸다. ⟨예 3.6⟩을 살펴보면, 먼저 첫 인자에 높은 적재를 가지고 있는 변수들은 x_6(다큐멘터리),

x_1(뉴스/보도), x_7(생활정보), x_5(스포츠) 등이므로 첫 인자는 '정보추구 유형'을 나타낸다고 해석할 수 있겠다. 반면에 두 번째 인자에 높은 적재를 가지고 있는 변수들은 x_4(쇼/오락), x_3(영화), x_8(어린이/만화), x_2(드라마) 등이므로 두 번째 인자는 '재미추구 유형'을 나타낸다고 해석할 수 있겠다.

또한 (표준화된)관찰변수들의 전체 분산 중 두 인자에 의해서 설명되는 분산은 각각 2.453, 2.287로서, 이는 각각 전체 분산의 $2.4528/8 = 30.66\%$, $2.2870/8 = 28.59\%$에 해당한다. 따라서 두 인자에 의해서 설명되는 분산 비율의 합계는 $30.66\% + 28.59\% = 59.325\%$이다.

3.2.5 상관행렬을 입력으로 하는 경우

다음 ⟨예 3.7⟩의 표본 상관행렬은 145명의 학생으로부터 얻은 것으로(Holzinger & Swineford, 1939), 9개의 심리검사 문항들에 대한 것이다. – x_1(시각 인지점수), x_2(정육면체 인지점수), x_3(마름모 인지점수), x_4(문단 파악력), x_5(문장 완성도), x_6(단어 해득력), x_7(덧셈), x_8(점의 개수 세기), x_9(대문자의 직선/곡선 구분).

⟨예 3.7⟩은 상관행렬을 입력 데이터로 하여 인자분석을 수행하는 프로그램의 예이다. 여기에서는 nfactors= 인수를 이용하여 인자의 개수를 3개로 지정하였다. 또한 n.obs= 인수로 표본크기를 지정할 수 있는데, 이 인수가 지정되지 않아도 인자적재값 등 주요 결과는 계산되어 출력된다.

⟨예 3.7⟩ 상관행렬을 입력으로 하는 경우

```
psycho <- read.csv("F:/My_Work/Data/psycho.csv",header=TRUE)
print(psycho)
#-----------------------------------------------------------------------
#       x1    x2    x3    x4    x5    x6    x7    x8    x9
# 1 1.000 0.318 0.436 0.335 0.304 0.326 0.116 0.314 0.489
# 2 0.318 1.000 0.419 0.234 0.157 0.195 0.057 0.145 0.239
# 3 0.436 0.419 1.000 0.323 0.283 0.350 0.056 0.229 0.361
# 4 0.335 0.234 0.323 1.000 0.722 0.714 0.203 0.095 0.309
# 5 0.304 0.157 0.283 0.722 1.000 0.685 0.246 0.181 0.345
# 6 0.326 0.195 0.350 0.714 0.685 1.000 0.170 0.113 0.280
# 7 0.116 0.057 0.056 0.203 0.246 0.170 1.000 0.585 0.403
# 8 0.314 0.145 0.229 0.095 0.181 0.113 0.585 1.000 0.512
# 9 0.489 0.239 0.361 0.309 0.345 0.280 0.403 0.512 1.000
#-----------------------------------------------------------------------
psycho.fa <- principal(r=psycho,n.obs=145,nfactors=3,rotate="varimax")
print(psycho.fa$loadings,digit=5,cut=0)
#-----------------------------------------------------------------------
```

```
# Loadings:
#        RC1      RC2      RC3
#  [1,]  0.22334  0.25726  0.67698
#  [2,]  0.05296 -0.00681  0.75641
#  [3,]  0.22022  0.07031  0.76993
#  [4,]  0.88091  0.07357  0.19819
#  [5,]  0.87161  0.17959  0.11147
#  [6,]  0.86635  0.05668  0.19769
#  [7,]  0.16880  0.84758 -0.11948
#  [8,] -0.01667  0.86267  0.20045
#  [9,]  0.20993  0.64326  0.43535
#                    RC1     RC2     RC3
# SS loadings    2.46027 1.98842 1.95803
# Proportion Var 0.27336 0.22094 0.21756
# Cumulative Var 0.27336 0.49430 0.71186
```

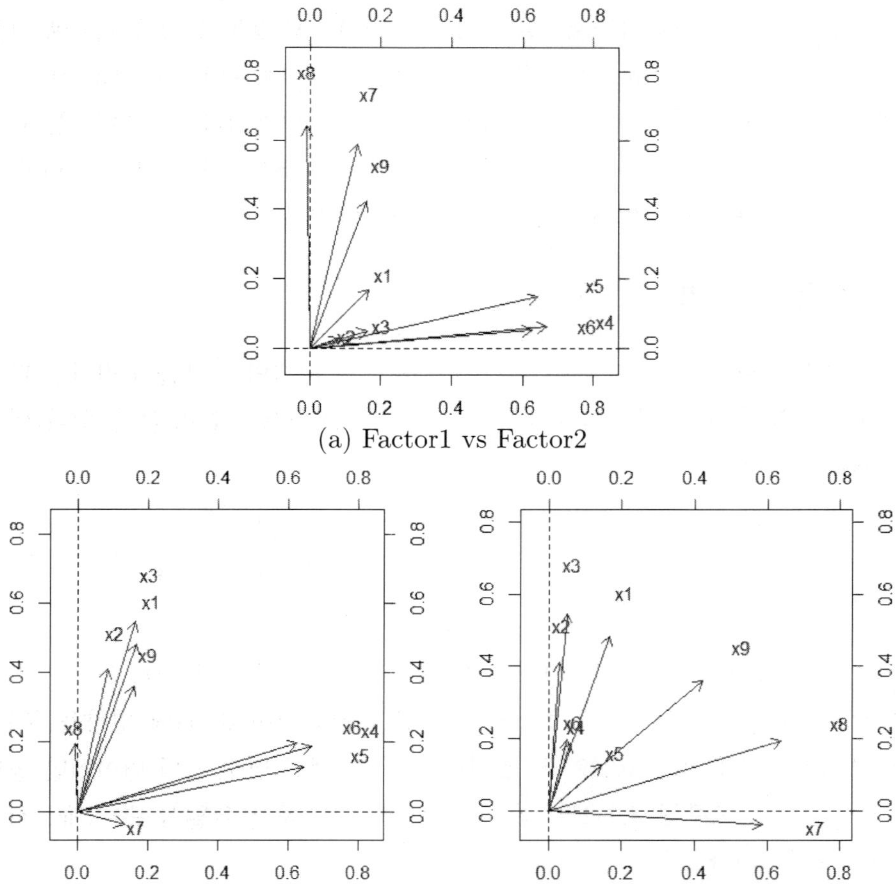

(a) Factor1 vs Factor2

(b) Factor1 vs Factor3

(b) Factor2 vs Factor3

〈그림 3.1〉 2차원 인자적재 플롯(Factor Loading Plot)

⟨예 3.7⟩의 결과에서 인자적재값(factor loadings)을 살펴보면, 문항 x_4, x_5, x_6이 높은 적재를 가지고 있는 첫 인자는 '언어적 지능'(verbal intelligence), x_7, x_8, x_9가 높은 적재를 가지고 있는 두 번째 인자는 '속도'(speed; 간단한 일을 빠르고 정확하게 처리하는 능력), x_1, x_2, x_3이 높은 적재를 가지고 있는 세 번째 인자는 '시각표상'(visualization; 기하적 형상화 능력)을 각각 나타낸다고 해석할 수 있겠다. 이와 같은 의미는 ⟨그림 3.1⟩의 인자적재 플롯을 통해서 시각적으로도 확인할 수 있다(예 3.8 및 3.A절 참조).

⟨예 3.8⟩ 인자적재 플롯(Factor Loading Plot)

```
biplot(x=psycho.fa$loadings[,c(1,2)],y=psycho.fa$loadings[,c(1,2)],
       xlabs=colnames(psycho),ylabs=colnames(psycho))
abline(h=0,v=0,lty=2)
```

⟨예 3.8⟩은 첫 두 개의 인자적재값을 이용하여 인자적재 플롯을 작성하는 예이다(그림 3.1 참조). psych 패키지의 biplot 함수를 사용할 때 x= 인수에는 인자(주성분)점수 행렬을, y= 인수에는 인자(주성분)적재 행렬을 지정하는 것이 일반적이다. 이 예에서는 x=와 y= 모두에 인자적재 행렬을 지정하여 인자적재만 화살표로 표현되도록 하였다. 그리고 xlabs=와 ylabs= 인수로 플롯에 표현될 레이블을 지정할 수 있다.

3.3 인자분석 모형

다변량 확률변수 $x_1,\ x_2,\ \cdots, x_p$에 대하여, $m(<< p)$개의 인자를 고려하는 다중인자 모형(多重因子模型, multiple common factor model)은 다음과 같이 쓸 수 있다(여기에서 μ_i는 x_i의 평균이다).

$$\left\{\begin{array}{lcl} x_1-\mu_1 &=& \lambda_{11}f_1+\lambda_{12}f_2+\cdots+\lambda_{1m}f_m \quad + \quad \epsilon_1, \\ x_2-\mu_2 &=& \lambda_{21}f_1+\lambda_{22}f_2+\cdots+\lambda_{2m}f_m \quad + \quad \epsilon_2, \\ \cdots && \\ x_p-\mu_p &=& \lambda_{p1}f_1+\lambda_{p2}f_2+\cdots+\lambda_{pm}f_m \quad + \quad \epsilon_p. \end{array}\right. \tag{3.1}$$

여기에서 확률변수 $f_1,\ f_2,\ \cdots,\ f_m$은 모든 변수들의 변이(분산)에 영향을 주는 **공통인자**(共通因子 common factor)이고, 반면에 ϵ_i는 한 개의 변수 x_i의 변이에만 공헌하는 확률변수로서 이를 **특수인자**(特殊因子, specific factor) 혹은 **유일성 변수**(唯一性 變數, uniqueness variate)라고 한다.

행렬을 이용하여 이들을 전체적으로 표현하면 다음과 같으며,

$$\mathbf{x}-\boldsymbol{\mu}=\boldsymbol{\Lambda}\mathbf{f}+\boldsymbol{\epsilon}, \tag{3.2}$$

단, $\mathbf{\Lambda} = \{\lambda_{ij}\}$, $\mathbf{f} = (f_1,\ f_2,\ \cdots,\ f_m)'$, $\boldsymbol{\epsilon} = (\epsilon_1,\ \epsilon_2,\ \cdots,\ \epsilon_p)'$. 이와 같이 p개 변수와 m개 인자 사이의 인과관계를 표현하는 방정식체계를 **인자패턴**(factor pattern)이라고 부른다.

여기에서 선형결합에 사용된 가중계수 λ_{ij}를 **인자적재**(因子積載, factor loading)라고 부르는데, 이는 인자모형에서 고려된 i번째 변수 x_i에 관한 j번째 인자 f_j의 중요성을 나타낸다. 그리고 이 λ_{ij}들로 구성된 크기 $p \times m$의 행렬 $\mathbf{\Lambda} = \{\lambda_{ij}\}$를 **인자적재행렬** 혹은 **인자패턴행렬**이라고 한다.

3.3.1 직교인자모형

이와 같은 m-인자모형에 대한 통계적인 추론과 모형이 가지는 의미를 파악하기 위해 통상적으로 다음과 같은 몇 가지 가정을 하게 된다.

(1) 공통인자 $f_j(j = 1,\ 2,\ \cdots,\ m)$는 서로 상관되어 있지 않고(혹은 독립이고), $E(f_j) = 0$, $\text{Var}(f_j) = 1$인 표준정규분포에 따른다.

(2) 특수인자 $\epsilon_i(i = 1,\ 2,\ \cdots,\ p)$는 서로 독립이고, $E(\epsilon_i) = 0$, $\text{Var}(\epsilon_i) = \psi_i$인 정규분포 $N(0, \psi_i)$에 따른다.

(3) $\mathbf{f} = (f_1,\ f_2,\ \cdots,\ f_m)'$과 $\boldsymbol{\epsilon} = (\epsilon_1,\ \epsilon_2,\ \cdots,\ \epsilon_p)'$는 통계적으로 서로 상관되어 있지 않다.

이러한 가정들을 만족하는 인자모형을 **직교인자모형**(直交因子模型)이라고 한다. 위의 가정들 중 확률변수의 정규성은 인자분석에서 고려되는 모수들에 관해 통계적 추론을 시도할 때 필요한 것이나, 모형에 관한 기술적 요약을 위해서는 반드시 요구되는 사항이 아니다. 또한, 인자들이 서로 독립적이라는 가정은 이 인자모형의 이름에 '직교'(orthogonal)라는 접두어를 붙이는 이유가 되며, 각 ϵ의 분산이 되는 ψ를 **특수분산**(specific variance) 혹은 **유일성**(uniqueness)이라고 부른다.

3.3.2 인자분해

앞에서 서술한 가정들을 다중인자모형에 적용했을 때 변수들 사이의 모집단 공분산행렬 $\mathbf{\Sigma} = \{\sigma_{ij}\}$는 다음과 같이 표현된다.

$$\text{Var}(x_i) = \sigma_{ii} = \{\lambda_{i1}^2 + \lambda_{i2}^2 + \cdots + \lambda_{im}^2\} + \psi_i, \tag{3.3}$$

$$\text{Cov}(x_i, x_j) = \sigma_{ij} = \sigma_{ji} = \lambda_{i1}\lambda_{j1} + \lambda_{i2}\lambda_{j2} + \cdots + \lambda_{im}\lambda_{jm},\ i \neq j. \tag{3.4}$$

위의 관계식에서 특수분산 ψ_i는 x_i의 분산에만 영향을 끼치고 있는 한편, x_i와 x_j의 공분산은 특수인자의 분산 ψ에 관계없이 인자와 관련된 인자적재(λ)들로만 구성되어 있음을 볼 수 있다.

여기에서 식 (3.3)의 괄호부분 $\{\ \cdots\ \}$을 x_i의 **공통성**(共通性, communality) 혹은 **공통분산**(common variance)이라고 부르는데, 이는 x_i의 분산 중 m개의 인자들에 의해 설명되어지는 부분으로 해석될 수 있다. 따라서 만약 어떤 변수의 공통성이 상대적으로 크다면, 그 변수의 특수성(유일성)은 반대로 작게 될 것이다.

식 (3.3) 및 (3.4)의 관계를 행렬을 이용하여 요약하면 다음과 같이 표현할 수 있는데,

$$\mathbf{\Sigma} = \mathbf{\Lambda}\mathbf{\Lambda}' + \mathbf{\Psi}, \tag{3.5}$$

단, $\mathbf{\Psi} = \text{diag}(\psi_1,\ \psi_2,\ \cdots, \psi_p)$, 이를 m-인자분석모형 하에서 모집단 공분산행렬 $\mathbf{\Sigma}$의 기본적 표현(fundamental representation) 혹은 인자분해(factorial decomposition)라고 한다. 이는 p개의 변수들 간의 공분산들이 m개의 인자에 의해 설명되기 위해서는 그들의 공분산행렬이 식 (3.5)와 같이 분해되어야 함을 나타내고 있다.

한편, 만약 모든 변수들이 분산이 1이 되도록 표준화되었다면, 식 (3.3)에서 $\sigma_{ii} = 1$, 그리고 (3.4)에서 $\sigma_{ij} = \rho_{ij} = \rho_{ji}$는 변수 x_i와 x_j 사이의 상관계수가 될 것이다. 이 관계를 (3.5)에 대응시켜 보면 $\mathbf{\Sigma}$는 곧 모집단 상관행렬 $\mathbf{P} = \{\rho_{ij}\}$가 되므로, m-인자모형 하에서는 다음과 같은 관계가 $\mathbf{P}$에 대한 기본적 표현이 된다.

$$\mathbf{P} = \mathbf{\Lambda}\mathbf{\Lambda}' + \mathbf{\Psi}. \tag{3.6}$$

또한 변수들이 모두 표준화되어 있다면 다음과 같은 관계가 성립하는데,

$$\text{Cov}(\mathbf{x}, \mathbf{f}') = \text{Corr}(\mathbf{x}, \mathbf{f}') = \mathbf{\Lambda}, \tag{3.7}$$

이때 $\mathbf{\Lambda}$의 (i, j)번째 원소가 되는 λ_{ij}는 x_i와 f_j 사이의 상관계수를 나타내게 되어 인자적재는 상관계수로서의 역할을 하게 된다. 즉, 모든 변수를 표준화시켰을 때 인자의 의미는 이들과 원래 변수들 간의 상관관계를 나타내는 인자적재(λ)들을 통해 해석할 수 있음을 나타낸다.

3.4 인자적재와 특수분산의 추정

표본에서의 인자분석은 앞의 내용에서 $\mathbf{\Sigma}$를 표본공분산행렬 $\mathbf{S}$(혹은 표본상관행렬 $\mathbf{R}$)로 대치한 경우와 대동소이하며, 다음의 관계

$$\mathbf{S} = \hat{\mathbf{\Lambda}}\hat{\mathbf{\Lambda}}' + \hat{\mathbf{\Psi}} \tag{3.8}$$

를 근사적으로 만족하는 해를 구하게 된다. 이때 추정값 $\hat{\mathbf{\Lambda}}$와 $\hat{\mathbf{\Psi}}$를 구하기 위해서 여러 가지 방법이 고려될 수 있으나, 여기에서는 주성분분석법, 주축인자법, 최대우도법의 특징을 간단히 소개할 것이다. 이들 방법에 대하여 자세한 이론적 내용은 이 장의 부록 3.C를 참조하기 바란다.

주성분분석법(principal component method)은 단순히 첫 몇 개의 주성분을 인자로 취하는 것이며, 측정변수들의 전체 분산이 최대한 설명될 수 있도록 주성분(인자)을 추출한다. 이 방법은 인자의 추출과정이 단순하기 때문에 대부분의 소프트웨어에서 초기설정 방법으로 사용되며, 최종 결과를 얻기 전에 인자분석을 시험적으로 수행하고자 할 때 효율적이다. Snock & Gorsuch(1989)는 주성분분석법의 경우 인자적재값의 크기가 실제보다 크게 나타나는 경향이 있음을 보였는데, 따라서 주성분분석법을 실시했을 때 인자구조를 해석하기 쉬운 경향이 있으나 이는 잘못된 결과일 수 있으므로 주의해야 한다.

〈예 3.9〉 주성분분석법(Principal Component Method)

```
satis <- read.csv("F:/My_Work/Data/satis.csv",header=TRUE)
satis.X <- satis[c("x1","x2","x3","x4","x5")]
satis.X.pca <- prcomp(satis.X,center=TRUE,scale=TRUE)   # 주성분분석
satis.X.pca$sdev^2   # 고유값 출력
#-----------------------------------------------------------------------
# [1] 3.1075826 1.3994838 0.2533809 0.2125445 0.0270083
#-----------------------------------------------------------------------
satis.X.pca$rotation   # 고유벡터 출력
#-----------------------------------------------------------------------
#          PC1        PC2         PC3         PC4        PC5
# x1 0.5106549  0.1714026 -0.05545212  0.83272782 -0.1155083
# x2 0.4065628  0.5002084 -0.64671083 -0.37226185  0.1663863
# x3 0.4650578  0.3439269  0.75415171 -0.29030512  0.1114166
# x4 0.3795169 -0.6205430 -0.05742977 -0.01399615  0.6836660
# x5 0.4621973 -0.4658899 -0.08153030 -0.28898535 -0.6922142
#-----------------------------------------------------------------------
satis.X.pm <- principal(satis.X,cor="cor",nfactors=2,rotate="none")
print(satis.X.pm,digits=3)   # 인자분석 결과 출력
#-----------------------------------------------------------------------
# Standardized loadings (pattern matrix) based upon correlation matrix
#      PC1    PC2    h2     u2  com
# x1 0.900 -0.203 0.851 0.1485 1.10
# x2 0.717 -0.592 0.864 0.1362 1.93
# x3 0.820 -0.407 0.838 0.1624 1.46
# x4 0.669  0.734 0.986 0.0135 1.98
# x5 0.815  0.551 0.968 0.0324 1.76
#                          PC1   PC2
# SS loadings            3.108 1.399
# Proportion Var         0.622 0.280
# Cumulative Var         0.622 0.901
# Proportion Explained   0.689 0.311
# Cumulative Proportion  0.689 1.000
```

⟨예 3.9⟩는 앞장에서 다룬 바 있는 '고객만족' 데이터에 대해 주성분분석과 주성분분석법에 의한 인자분석을 수행한 것이다. 여기에서는 상관행렬에 기초하여 분석을 수행하였으며, 인자의 개수는 2로 하였다. 또한 비교를 위해 인자회전은 취하지 않았다.

⟨예 3.9⟩의 결과에서 인자적재행렬(standardized loadings)의 절대값은 첫 2개의 고유벡터에 고유값의 제곱근을 곱하여 얻어짐을 알 수 있다. 예를 들어, $\hat{\lambda}_{11} = 0.900 = \sqrt{3.108} \times 0.511$, $\hat{\lambda}_{21} = 0.717 = \sqrt{3.108} \times 0.407, \cdots$이고, $\hat{\lambda}_{12} = 0.203 = \sqrt{1.399} \times (0.171)$, $\hat{\lambda}_{22} = 0.592 = \sqrt{1.399} \times (0.500), \cdots$이다. 다만, 고유벡터는 부호를 바꾸어도 동일한 벡터를 나타내므로, 고유벡터와 인자적재의 부호가 바뀔 수 있다.

참고로 ⟨예 3.9⟩의 결과에서 h2는 공통성을 나타내며, u2는 유일성(특수성)을 나타낸다 (3.3.2절 참조).

⟨예 3.10⟩ 주축인자법(Principal Axis Factor Method)

```
satis.X.pa <- fa(satis.X,cor="cor",nfactors=2,fm="pa",rotate="none")
#----------------------------------------------------------------------
경고메시지(들):
1: In fa.stats(r = r, f = f, phi = phi, n.obs = n.obs, np.obs = np.obs,:
   The estimated weights for the factor scores are probably incorrect.
   Try a different factor score estimation method.
2: In fac(r = r, nfactors = nfactors, n.obs = n.obs, rotate = rotate,:
   An ultra-Heywood case was detected.
   Examine the results carefully
#----------------------------------------------------------------------
print(satis.X.pa,digits=3)
#----------------------------------------------------------------------
# Factor Analysis using method =  pa
# Standardized loadings (pattern matrix) based upon correlation matrix
#      PA1    PA2    h2     u2  com
# x1 0.853  0.268 0.799  0.201 1.20
# x2 0.649  0.568 0.743  0.257 1.97
# x3 0.754  0.426 0.750  0.250 1.58
# x4 0.756 -0.758 1.146 -0.146 2.00
# x5 0.817 -0.423 0.846  0.154 1.50
#
#                         PA1   PA2
# SS loadings           2.956 1.328
# Proportion Var        0.591 0.266
# Cumulative Var        0.591 0.857
# Proportion Explained  0.690 0.310
# Cumulative Proportion 0.690 1.000
```

〈예 3.11〉 최대우도법(Maximum Likelihood Method)

```
satis.X.ml <- fa(satis.X,cor="cor",nfactors=2,fm="ml",rotate="none")
print(satis.X.ml,digits=3)
#----------------------------------------------------------------------
# Factor Analysis using method =  ml
# Standardized loadings (pattern matrix) based upon correlation matrix
#      ML1    ML2    h2      u2   com
# x1 0.472  0.733 0.760 0.24025 1.71
# x2 0.089  0.894 0.807 0.19344 1.02
# x3 0.271  0.821 0.748 0.25246 1.21
# x4 0.997 -0.033 0.995 0.00496 1.00
# x5 0.949  0.215 0.946 0.05378 1.10
#
#                         ML1   ML2
# SS loadings           2.198 2.057
# Proportion Var        0.440 0.411
# Cumulative Var        0.440 0.851
# Proportion Explained  0.517 0.483
# Cumulative Proportion 0.517 1.000
```

주축인자법(principal axis factor method)은 앞의 인자모형을 상정하여 측정변수들의 공분산이 최대한 설명될 수 있도록 인자를 추출한다. 따라서 주성분분석법에 비하여 전체 분산에 대한 설명비율은 작아질 수 있다. 그리고 **최대우도법**(maximum likelihood method)은 다변량 정규분포의 가정하에 통상적인 최대우도의 원리에 따라 추정값 $\hat{\mathbf{\Lambda}}$와 $\hat{\mathbf{\Psi}}$를 구한다.

일반적으로 요인분석의 목적이 많은 측정변수들이 공통적으로 갖고 있는 의미 있는 구조를 추출하는 것이라고 할 때, 주축인자법이나 최대우도법이 더 타당하다고 할 수 있다. 또한, 최대우도법은 관찰변수들의 정규성이 대체로 만족되는 경우 추천되는 방법이라고 할 수 있다.

〈예 3.10〉~〈예 3.12〉는 여러 가지 인자추출 방법을 사용하는 예이다. principal 함수는 주성분분석법을 적용하며, fa 함수의 경우에는 fm="pa" 옵션을 지정하면 주축요인법을, fm="ml" 옵션을 지정하면 최대우도법을 적용한다.

주축인자법이나 최대우도법에서는 최종 해(solution)을 얻기 위해 반복적인 수치적 방법을 이용하는데, 이 과정에서 해가 타당한 결과로 수렴하지 않거나 공통성의 추정값이 1을 넘는 소위 **Heywood 상황**이 발생할 수 있다. 〈예 3.11〉에서 ultra-Heywood라는 경고 메시지가 출력되었고, 변수 x_4의 공통성(h2)이 1보다 크게 추정되었음을 살펴보기 바란다 (특수분산이 음수로 계산되어 있음).

이와 같은 Heywood 상황은 여러 가지 복잡한 요인에 의해 발생하는데, 그 중 몇 가지를 살펴보면 "좋지 않은 공통성에 관한 선험(prior) 추측값, 너무 많거나 적은 개수의 인자, 안정적인 추정량을 얻기에는 충분치 못한 자료, 인자모형 자체가 주어진 자료에 적합하지 않은 경우" 등 다양하다. 아무튼 그 원인이 무엇이든 Heywood 상황에서 얻어지는 추정량은 타당하지 못하다고 할 수 있으며, 특히 최대우도법의 경우에는 다른 방법에 비해 Heywood에 따라 그 결과가 매우 민감한 것으로 알려져 있다.

많은 경험적 결과에 의하면 인자추출 방법에 따라 그 결과가 크게 달라지지는 않는다. 그러나 추정방법에 따라 인자적재값의 패턴이 달라질 수 있으므로, 연구자는 여러 가지 추정방법으로 결과를 얻고 연구분야의 이론적 근거에 기초하여 타당한 인자구조를 선택해야 한다.

다음 ⟨예 3.12⟩에서와 같이 psych 패키지의 fa.diagram 함수를 사용하여 인자구조를 시각적으로 살펴볼 수 있다. 이때 simple=TRUE 인수값은 각 관찰변수에 대하여 가장 큰 적재값만을 표현하도록 지정하는 것이며, cut= 인수로 특정 값보다 작은 적재값을 표현하지 않도록 지정할 수 있다.

⟨예 3.12⟩ 인자구조 다이어그램

```
library(psych)
fa.diagram(psycho.fa,simple=FALSE,cut=0.4,digit=3)
fa.diagram(satis.X.ml,simple=FALSE,cut=0.0,digit=3)
```

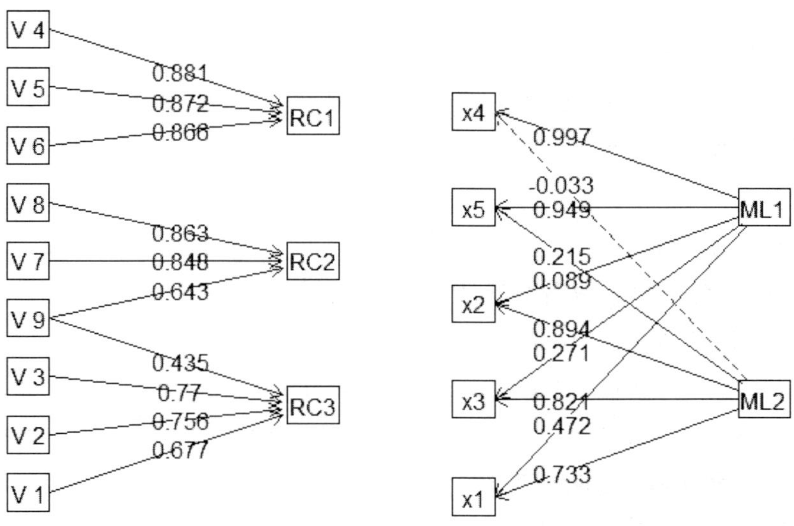

⟨그림 3.2⟩ 인자구조 다이어그램의 예

3.5 인자의 회전

앞의 식 (3.5)를 크기 $m \times m$인 직교행렬 $\mathbf{G}$(즉, $\mathbf{GG}' = \mathbf{G}'\mathbf{G} = \mathbf{I}_m$)를 이용하여 다음과 같이 표현할 수 있다.

$$\begin{aligned}\mathbf{\Sigma} &= \mathbf{\Lambda\Lambda}' + \mathbf{\Psi} = \mathbf{\Lambda GG}'\mathbf{\Lambda}' + \mathbf{\Psi} \\ &= (\mathbf{\Lambda G})(\mathbf{\Lambda G})' + \mathbf{\Psi} = \mathbf{\Lambda}^*\mathbf{\Lambda}^{*\prime} + \mathbf{\Psi}.\end{aligned} \tag{3.9}$$

즉, 어떤 인자적재행렬 $\mathbf{\Lambda}$에 직교행렬 $\mathbf{G}$를 곱하여 얻은 $\mathbf{\Lambda}^*(= \mathbf{\Lambda G})$도 동일한 $\mathbf{\Sigma}$를 생성하는 인자적재행렬이 될 수 있는데, 이러한 성질을 인자적재행렬의 비유일성(non-uniqueness)이라고 한다. 따라서 가능한 인자적재행렬들 중 단순한 구조를 가지고 있어 해석적 측면에서 용이한 $\mathbf{\Lambda}^*$를 선택할 수가 있는데, 이는 보통 인자의 회전을 통해 이루어진다. 여기에서 단순구조(simple structure)란 각 변수가 어떤 인자에는 높은 적재를, 그리고 나머지 인자들에는 낮은 적재를 가지는 것을 의미한다.

3.5.1 직교회전

직교회전(直交回轉, orthogonal rotation)은 인자축들이 서로 직각(90°)을 이루도록 유지한 상태에서 원래의 인자축들을 각도 θ만큼 회전시키는 것을 의미한다. 예를 들어, $m = 2$인 경우 직교변환행렬은 다음과 같다.

$$\mathbf{G} = \begin{pmatrix} \cos(\theta) & \sin(\theta) \\ -\sin(\theta) & \cos(\theta) \end{pmatrix}. \tag{3.10}$$

이러한 직교회전 중 가장 널리 사용되는 Kaiser(1958)의 방법은 다음과 같은

$$V = \sum_{j=1}^{m} \left\{ \sum_{i=1}^{p} \hat{\lambda}_{ij}^4 - (\sum_{i=1}^{p} \hat{\lambda}_{ij}^2)^2/p \right\} \tag{3.11}$$

를 최대로 하는 $\mathbf{G}$를 선택하며, 이는 각 인자에 관한 적재값의 제곱을 가장 많이 흐트러뜨리는 것을 의미한다. 이 방법은 많은 연구자들에 의해 추천된 것으로 Varimax 방법이라는 이름으로 잘 알려져 있다.

다음 ⟨예 3.13⟩은 Varimax 방법에 의해 인자회전을 취하는 예이다. 이때 rotate= 인수에 지정할 수 있는 직교회전은 "varimax", "quartimax", "bentlerT", "equamax" 등이다.

⟨예 3.13⟩ 직교회전 – Varimax 방법

```
satis.X.none <- principal(satis.X,nfactors=2,rotate="none")
print(satis.X.none,digits=3)
```

```
#--------------------------------------------------------------------------
# Standardized loadings (pattern matrix) based upon correlation matrix
#       PC1    PC2    h2     u2  com
# x1 0.900 -0.203 0.851 0.1485 1.10
# x2 0.717 -0.592 0.864 0.1362 1.93
# x3 0.820 -0.407 0.838 0.1624 1.46
# x4 0.669  0.734 0.986 0.0135 1.98
# x5 0.815  0.551 0.968 0.0324 1.76
#
#                          PC1   PC2
# SS loadings            3.108 1.399
# Proportion Var         0.622 0.280
# Cumulative Var         0.622 0.901
# Proportion Explained   0.689 0.311
# Cumulative Proportion 0.689 1.000
#--------------------------------------------------------------------------
satis.X.varimax <- principal(satis.X,nfactors=2,rotate="varimax")
print(satis.X.varimax,digits=3)
#--------------------------------------------------------------------------
Standardized loadings (pattern matrix) based upon correlation matrix
#       RC1    RC2    h2     u2  com
# x1 0.827  0.409 0.851 0.1485 1.46
# x2 0.929 -0.009 0.864 0.1362 1.00
# x3 0.893  0.200 0.838 0.1624 1.10
# x4 0.058  0.992 0.986 0.0135 1.01
# x5 0.287  0.941 0.968 0.0324 1.18
#
#                          RC1   RC2
# SS loadings            2.431 2.076
# Proportion Var         0.486 0.415
# Cumulative Var         0.486 0.901
# Proportion Explained   0.539 0.461
# Cumulative Proportion 0.539 1.000
```

먼저 초기(회전전) 인자적재행렬을 살펴보면, 첫 번째 인자에는 모든 변수들이 상당히 높은 적재값을 가지고 있으므로 이를 '전반적인 만족도'를 나타내는 인자로 생각할 수 있겠다.

반면에 두 번째 인자에는 변수 x_1(가격), x_2(성능), x_3(편리성)은 음(−)의 적재값을, 변수 x_4(디자인), x_5(색상)은 양(+)의 적재값을 가지므로 이 인자에 의미를 부여하는 것이 쉽지 않다. 두 번째 인자의 의미를 '외형적 요인과 내형적 요인의 차이' 정도로 해석할 수 있겠다.

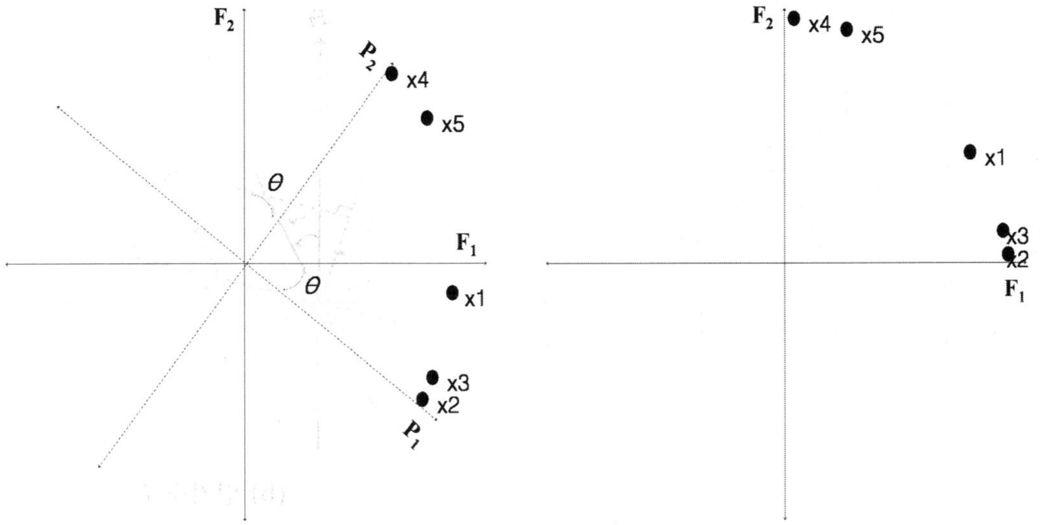

(a) 초기 인자적재행렬 (b) 회전된 인자적재행렬

⟨그림 3.3⟩ 인자적재 플롯(Factor Loading Plot)

한편, 위의 그림 (a)에서 원래의 인자축(F1, F2)을 90°를 유지한 상태에서 약 38° 정도 오른쪽으로 회전시켜 새로운 인자축(P1, P2)을 얻은 후, 새로운 인자축에서 각 변수의 좌표값을 구하면 그림 (b)를 얻을 수 있다. 이러한 과정은 다음과 같은 직교변환행렬

$$\mathbf{G} = \begin{pmatrix} \cos(38^\circ) & \sin(38^\circ) \\ -\sin(38^\circ) & \cos(38^\circ) \end{pmatrix} = \begin{pmatrix} 0.790 & 0.613 \\ -0.613 & 0.790 \end{pmatrix}$$

을 초기 인자적재행렬($\mathbf{\Lambda}$)의 뒤에서 곱하여, 회전된 인자적재행렬 $\mathbf{\Lambda}^* = \mathbf{\Lambda G}$를 구하는 것과 같다.

⟨예 3.13⟩의 회전된 인자적재행렬에서 변수 x_1(가격)을 제외한 모든 변수들의 적재값이 0 또는 1에 가까운 것을 볼 수 있다. 즉, 변수 x_2(성능)와 x_3(편리성)은 첫 인자에는 1에 가까운 높은 적재를, 두 번째 인자에는 0에 가까운 낮은 적재를 가지고 있다. 반면에 변수 x_4(디자인)와 x_5(색상)은 첫 인자에는 낮은 적재를, 두 번째 인자에는 높은 적재를 가지고 있다. 따라서 첫 인자를 변수 x_1, x_2, x_3에 주로 영향을 미치는 '내형적 요인', 두 번째 인자를 x_4와 x_5에 주로 영향을 미치는 '외형적 요인'으로 해석할 수 있겠다.

한편 ⟨예 3.13⟩의 결과에서 '각 인자에 의해서 설명되는 분산'(SS loadings)도 회전 전과 후가 달라졌음을 살펴보기 바란다.

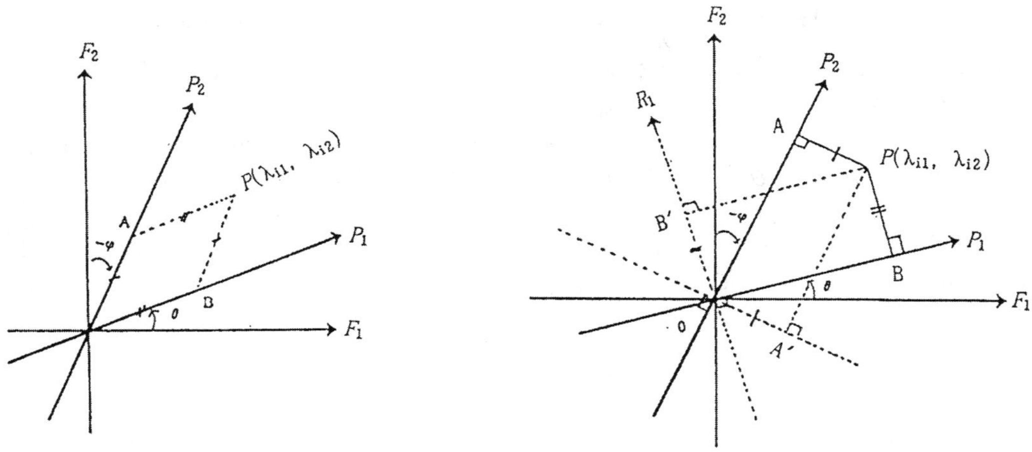

(a) 인자패턴 (b) 인자구조

⟨그림 3.4⟩ 사각회전 – 인자패턴과 인자구조

3.5.2 사각회전

때로는 인자의 직교성을 포기하고 인자축이 90°를 유지하지 못하더라도 인자적재행렬의 단순한 구조를 얻을 목적으로 사각회전(斜角回轉, oblique rotation)을 시도할 수 있다. 그러나 사각회전에 따라 회전된 인자적재행렬을 얻었을 경우, 인자의 해석은 쉬워질 수 있으나 그 대가로 인자들 간의 상관관계가 도입되어 관찰될 수 없는 내재적 인자들 사이의 상관성을 또 다시 설명해야 되는 문제가 대두된다.

인자분석의 실제 목적이 상관관계를 가진 여러 복잡한 변수들 간의 관계를 '서로 상대적으로 독립적인' 소수 몇 개의 인자를 유도하여 이를 통해 변수들 간의 구조를 파악하는 데 있다는 점을 중시할 때, 통상적으로는 직교회전이 바람직하다고 생각되며 사각회전은 이런 관점에서 그 목적 자체에 어긋난다는 비평을 받게 된다.

그러나 때로는 인자분석에서 유도된 인자들이 서로 독립적이어야 된다는 것은 지나친 제한으로 생각될 수도 있다. 예를 들어, '자존심'이라는 차원과 '경제적 빈곤'이라는 개념은 서로 완전히 독립적일 필요도 없으며, 오히려 아주 밀접한 관계에 있는 경우가 더 현실적인 것과 같다. 다시 말해서 사각회전에서는 유도된 인자의 독립성보다는 단순성이라는 측면에서 인자구조의 해석 그 자체에 더 큰 비중을 둔 개념으로 이해할 수 있겠다.

다음 ⟨예 3.14⟩는 Promax 방법에 의해 인자회전을 취하는 예이다. 이때 rotate= 인수에 지정할 수 있는 사각회전은 "promax", "oblimin", "simplimax", "bentlerQ" 등이다.

〈예 3.14〉 사각회전 – Promax 방법

```
satis.X.promax <- principal(satis.X,nfactors=2,rotate="promax")
print(satis.X.promax,digits=3)
#-------------------------------------------------------------------------
# Standardized loadings (pattern matrix) based upon correlation matrix
#       RC1    RC2    h2     u2  com
# x1  0.795  0.255 0.851 0.1485 1.20
# x2  0.989 -0.210 0.864 0.1362 1.09
# x3  0.908  0.019 0.838 0.1624 1.00
# x4 -0.140  1.038 0.986 0.0135 1.04
# x5  0.113  0.935 0.968 0.0324 1.03
#                         RC1   RC2
# SS loadings           2.456 2.051
# Proportion Var        0.491 0.410
# Cumulative Var        0.491 0.901
# Proportion Explained  0.545 0.455
# Cumulative Proportion 0.545 1.000
#
#  With component correlations of
#      RC1  RC2
# RC1 1.00 0.38
# RC2 0.38 1.00
#-------------------------------------------------------------------------
print(satis.X.promax$Structure,digits=3)
#-------------------------------------------------------------------------
#      RC1   RC2
# x1 0.892 0.557
# x2 0.909 0.166
# x3 0.915 0.364
# x4 0.255 0.985
# x5 0.468 0.978
```

〈예 3.14〉에서는 가장 널리 사용되는 사각회전 방법 중 하나인 Promax 방법을 통해 사각회전을 수행하였다.

먼저 '인자간 상관행렬'(component correlations)로부터 두 인자의 상관계수가 0.38 정도가 되도록 회전이 이루어졌음을 알 수 있다. 사각회전 하에서는 이와 같이 인자들이 서로 직교하지 않기 때문에 '회전된 인자적재행렬'(pattern matrix)은 더 이상 상관계수와 같은 개념으로 해석할 수는 없다. 이에 대해 인자구조행렬(factor structure matrix)은 사각회전 하에서 인자와 원래변수들 간의 단순상관계수로서 인자의 해석에 이용될 수 있다. 물론 직교회전 하에서는 인자적재행렬과 인자구조행렬이 일치하게 될 것이다.

3.6 인자의 개수

인자패턴행렬을 추정하기 위한 여러 방법들은 대부분의 경우 자료에 부합하는 인자의 개수를 미리 지정하도록 요구하고 있으며, 여기에서는 인자의 개수를 결정하기 위해서 통상적으로 사용되는 몇 가지 판정기준들을 설명한다. 연구자는 이러한 기준들이 주는 결과들을 종합적으로 검토하여 여러 기준에 의해 지지되는 결과를 선택하되, 인자분석이 가지는 여러 가지 불확실성과 복합성을 고려하여 연구대상 분야에 대한 이론적인 바탕 위에서 가장 합리적으로 판단하는 것이 바람직하다.

3.6.1 고유값의 크기

표본상관행렬 $\mathbf{R}$에 기초하여 분석을 수행하는 경우, 주성분분석에서와 마찬가지로 표본상관행렬의 고유값 중 1보다 큰 개수만큼 인자를 보유하는 'Kaiser의 규칙'을 사용할 수 있다. 이 방법은 대부분의 통계분석 소프트웨어에서 초기설정(디폴트) 방법으로 사용되고 있으며, 일반적으로 연구자가 기대하는 인자의 개수와 일치하는 경우가 많을 뿐 아니라, 인자의 개수를 미리 정해 놓고 인위적으로 만든 확률모형으로부터 취한 표본에 이 기준을 적용했을 때에도 매우 잘 작동되는 것으로 알려져 있다. 반면, 이 방법에 의한 결과는 일반적으로 보유되어야 할 것보다 적은 개수의 인자를 결정하게 한다는 점에 유의할 필요가 있다.

예를 들어, 앞의 ⟨예 3.9⟩의 결과에서 표본상관행렬의 첫 두 개의 고유값이 1보다 크고, 세 번째 고유값은 0.253으로서 1보다 매우 작음을 볼 수 있다(예 3.15 참조). 따라서 이 데이터의 경우 2개의 인자를 보유하는 것이 적절하다고 할 수 있겠다.

3.6.2 Scree 도형

Catell(1966)에 의해 제안된 이 기법은 우선 $\mathbf{R}$(혹은 $\mathbf{S}$)의 고유값(δ)을 크기순서로 배열하고 그 순서에 대응되는 고유값의 짝 $(i,\ \delta_i)$을 2-차원상에 플롯한 도형(scree graph)에 근거하여 적절한 인자의 수를 결정하는 것이다($i = 1,\ 2,\ \cdots,\ p$).

일반적으로 이와 같은 scree 도형은 어느 i값 왼쪽에서 급격한 하강을 보이며, 그 이후 오른쪽에서 다소 사소한 정도의 작은 기울기를 가지고 가장 작은 고유값에 이르기까지 평평한 직선의 모양을 보이게 된다(그림 3.5 참조). 이때, 이 평평한 직선모양의 부분을 scree(자갈투성이의 산비탈)라고 부르는데, 이 기준에 따르면 인자의 개수는 $m = i - 1$이 적절하다는 것이다.

Catell은 많은 실험 및 조사의 결과 참(true) 인자의 개수 이후부터 scree가 시작되고 있음을 주시했는데, 이 기준은 개별적인 고유값의 크기보다는 $(\delta_{i-1},\ \delta_i)$와 $(\delta_i,\ \delta_{i+1})$의 상

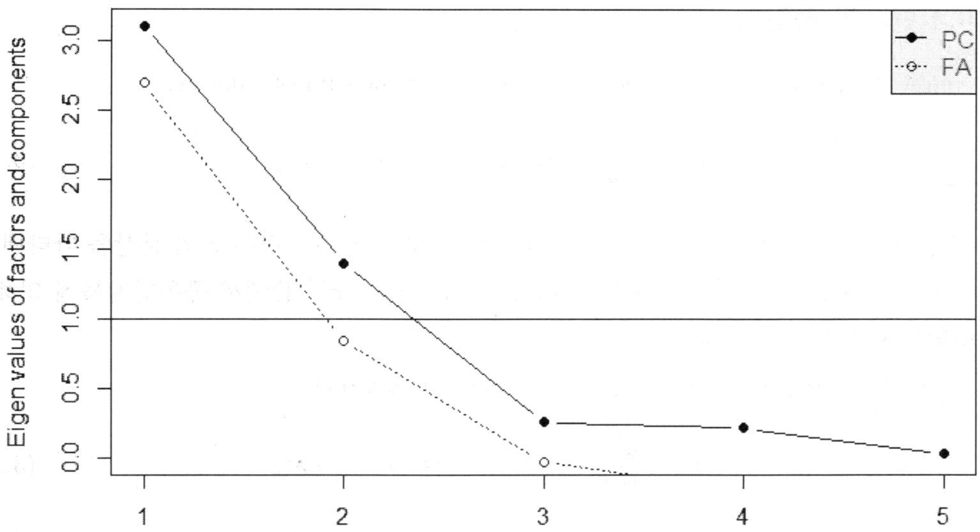

〈그림 3.5〉 Scree 도형(Scree Graph)

대적 크기, 즉, 기울기를 근간으로 하고 있다는 특징을 가진다. 물론 이 방법은 고유값의 크기를 단순히 그래프화한 것이어서, 이 기법에 의해 인자의 개수를 결정함에는 주관성이 개입되나 그림이 가지는 시각적 효과를 얻을 수 있다는 장점이 있다. 이 기법은 도형의 모양이 scree를 보여주지 않을 경우에는 적용하기가 상당히 어려우나, 만약 사소한 인자들이 상당히 존재하지만 흥미의 대상이 주가 되는 인자들을 찾는데 있다면 다른 방법들보다 우수하다는 사실이 여러 가지 모의실험의 결과를 통해 밝혀져 있다.

〈예 3.15〉 Scree 도형(Scree Graph) ⟵ 예 3.9에서 계속

```
satis.X.pca$sdev^2   # 고유값 출력
#---------------------------------------------------------------------
# [1] 3.1075826 1.3994838 0.2533809 0.2125445 0.0270083
#---------------------------------------------------------------------
library(psych)
scree(satis.X,hline=1)   # Scree 도표
```

〈예 3.15〉는 psych 패키지의 seree함수를 사용하여 Scree 도형을 작성한 것이다. 이때, hline= 인수로 수평 참조선의 위치를 지정할 수 있다(기본값: hline=1).

〈그림 3.5〉를 살펴보면 표본상관행렬의 2번째 고유값 다음에 급격한 하강, 그리고 그 이후에는 거의 수평적인 변화를 보이므로 2개의 인자가 적절함을 나타내고 있다.

3.6.3 인자의 공헌도

직교인자모형에 대해 인자적재행렬의 행제곱합(row sum of squares)

$$c_i = \sum_{j=1}^{m} \lambda_{ij}^2 = \lambda_{i1}^2 + \lambda_{i2}^2 + \cdots + \lambda_{im}^2 \tag{3.12}$$

은 공통성(communality), 즉, m개의 인자들에 의해 설명되는 변수 x_i의 분산을 나타낸다. 따라서 '$c_i^* = c_i/\sigma_i^2 \times 100\%$'는 변수 x_i의 분산[$\mathrm{Var}(x_i) = \sigma_i^2$] 중에서 공통인자들에 의해서 설명되는 비율을 나타낸다.

한편 인자적재행렬의 열제곱합(column sum of squares)

$$v_k = \sum_{i=1}^{p} \lambda_{ij}^2 = \lambda_{1k}^2 + \lambda_{2k}^2 + \cdots + \lambda_{pk}^2 \tag{3.13}$$

은 원래 변수들의 전체 분산 중 k번째 인자에 의해서 설명되는 분산의 양을 나타내며, 이를 'k번째 인자의 공헌도' 또는 'k번째 인자에 의해서 설명되는 분산'이라고 한다. 따라서 '$v_k^* = v_k/\sum_{i=1}^{p}\sigma_i^2$'는 원래 변수의 전체 분산 중 k번째 인자에 의해서 설명되는 비율을 나타낸다. 특히 변수들이 모두 표준화되어 있는(즉, 상관행렬에 기초한 분석을 수행하는) 경우, $\sum_{i=1}^{p}\sigma_i^2 = p$이므로 '$v_k^* = v_k/p$'이다.

따라서 각 인자의 공헌도 v_k^* 또는 누적공헌도 $\sum_{k=1}^{m} v_k^*$를 인자의 개수에 대한 기준으로 삼을 수 있는데, 이는 한 인자가 실제적으로 중요한 의미를 가지기 위해서는 그 인자가 전체변이에 대해 가지는 공헌도가 최소한 얼마 이상이 되어야 한다는 것을 규정하는 것이다. 이 기준을 사용하기 위해서는 몇 개의 m에 대해 인자분석을 수행해 보아야 하며, 인자의 개수에 대한 결정에는 연구자의 주관성이 개입됨은 물론이다.

〈표 3.2〉 인자의 설명분산 ⟵ 예 3.13에서 계속

	f_1	f_2	공통성 (c_i)
x_1	0.827	0.409	0.851
x_2	0.929	-0.009	0.864
x_3	0.893	0.200	0.838
x_4	0.058	0.992	0.986
x_5	0.287	0.941	0.968
설명분산 (v_k)	2.431	2.076	4.507
설명비율 (%)	48.6	41.5	90.1

예를 들어, ⟨표 3.2⟩는 ⟨예 3.13⟩의 인자분석 결과 중 각 변수별 공통성과 인자의 설명분산(공헌도)를 요약한 것이다. 여기에서는 각 인자의 설명비율이 $1/p = 1/5 = 20\%$를 훨씬 상회하고 있으며, 누적설명비율이 90.1%에 이르고 있으므로 2개의 인자가 충분하다고 하겠다.

3.6.4 카이제곱 적합도검정

앞에서 고려한 최대우도추정법을 이용할 경우 관찰된 상관행렬을 생성시키는 데 필요한 인자의 개수를 결정하기 위해 카이제곱 적합도검정을 실시할 수 있다. 이는 최대우도법에서 요구되는 여러 가정들이 충족된다는 전제하에서, 즉, 변수들의 근사적 정규성이 만족되고 표본크기(n)가 클 때(일반적으로 변수의 수보다 적어도 50 이상), 통상적으로 만족스런 결과를 제공함이 알려져 있다(Lawley & Maxwell, 1971). 이 방법은 다음과 같은 형식의 귀무가설을 축차적으로 검정한다.

$$H_{0m} : \mathbf{\Sigma} = \mathbf{\Lambda\Lambda}' + \mathbf{\Psi}. \tag{3.14}$$

여기에서 $\mathbf{\Lambda}$는 크기 $p \times m$의 인자패턴(적재)행렬로서 H_{0m}은 모집단에 m개의 인자가 있다는 가설이며, 이에 대응되는 대립가설 H_{1m}은 $\mathbf{\Sigma}$가 임의의 영정치(positive definite) 행렬이라는 것이다.

위의 가설은 $m = 0$인 경우에는 $H_{00} : \mathbf{\Sigma} = \mathbf{\Psi}$, 즉, '모든 변수의 내부적 독립(internal independence)'이라는 가설이 되는데, 이와 같은 귀무가설이 기각되지 않는다면 모든 변수가 통계적으로 독립임을 기각할 충분한 근거가 없으므로 다변량분석의 의미가 없어지게 된다.

만약 이 가설이 기각되면 $m = 1$, 즉, '단 한 개의 인자를 통해 모든 변수들의 상관구조를 설명할 수 있다'는 귀무가설 H_{01}과 '적어도 두 개 이상의 인자가 필요하다' 대립가설 H_{11}에 대하여 검정하게 된다.

이러한 식으로 $m = 0$으로부터 시작하여 적합도검정의 결과가 해당되는 m에 대해 기각되지 않을 때까지 계속적으로 m을 하나씩 증가시켜 가는 축차적 방법에 의해 검정을 진행된다.

다만 이와 같은 과정에서 얻어지는 카이제곱 통계량의 값들은 서로 독립적이지 못하므로, 전체적인 관점에서의 참 유의수준은 매 단계에서의 값과는 매우 다르게 된다. 따라서 각 단계에서 유의수준(α)을 적절히 작게 잡을 필요가 있을 것이다.

이론적인 면에서 이 기법은 인자에 대한 유의성 검정을 실시해 주므로 매우 바람직하나, 실제로 이는 연구자가 일반적으로 받아드리고자 하는 것보다 많은 개수의 인자를 유도하게 되는 경향이 있다. 따라서 다른 간단한 방법을 통해 유의적인 인자들의 개수를 일단 추측한 후, 자료가 가정된 모형으로부터 카이제곱 적합도의 관점에서 큰 차이가 나면 그 수를 적당히 증가시키고, 만일 모형이 적절한 것으로 수락(not reject)되면 인자의 수를 감소시킴으로서, 가능한 최소의 인자를 통해 간명성을 유지하도록 노력하는 것이 바람직하다.

⟨예 3.16⟩ 카이제곱 적합도검정 ⟵ 예 3.11에서 계속

```
satis.fa1=fa(satis.X,nfactor=1,fm="ml",rotate="varimax")    # m=1
factor.stats(r=satis.X,f=satis.fa1)
#-------------------------------------------------------------------------
# Test of the hypothesis that 1 factor is sufficient.
# The degrees of freedom for the model is 5  and the fit was  2.24
# The number of observations was  10  with Chi Square =  13.04  with
# prob <  0.023
#-------------------------------------------------------------------------
satis.fa2=fa(satis.X,nfactor=2,fm="ml",rotate="varimax")    # m=2
factor.stats(r=satis.X,f=satis.fa2)
#-------------------------------------------------------------------------
# Test of the hypothesis that 2 factors are sufficient.
# The degrees of freedom for the model is 1  and the fit was  0.18
# The number of observations was  10  with Chi Square =  0.93  with
# prob <  0.33
```

⟨예 3.16⟩은 psych 패키지의 factor.stats함수를 사용하여 카이제곱 적합도검정을 축차적으로 수행한 것이다. 이때, r= 인수로 데이터 프레임 또는 상관행렬을 지정하고, f= 인수로 인자적재행렬 또는 인자분석의 결과 객체를 지정하면 된다.

위의 결과에서 먼저 '1개의 인자가 충분하다'는 귀무가설 H_{01}과 '더 이상의 인자가 필요하다'는 대립가설의 경우를 살펴보면 $\chi^2 = 13.04$, p-값=0.023이다. 따라서 귀무가설 H_{01}를 기각할 수 있다(여기에서는 편의상 유의수준을 $\alpha = 0.05$로 사용하였다).

그 다음으로 '2개의 인자가 충분하다'는 귀무가설 H_{02}와 '더 이상의 인자가 필요하다'는 대립가설의 경우를 살펴보면 $\chi^2 = 0.93$, p-값=0.33이다. 따라서 귀무가설 H_{02}를 채택하여, 이 데이터의 경우 2개의 인자가 적절하다고 할 수 있겠다.

3.7 인자의 점수화

인자분석의 결과를 검토한 후 연구자는 다음 두 가지 이유에서 각 개체별 m개의 인자들에 대한 점수가 필요할 것이다. 첫째는, 원래변수들의 차원(p)보다 더 낮은 공통인자들의

차원(m)에서 각 개체를 검토하기 위함이고, 둘째는 각 개체에 대해 유도된 인자의 값인 인자점수를 후속적인 통계분석에서 구체적인 개념을 가진 새로운 변수, 혹은 지표로 이용하기를 원하기 때문이다. 여기서 의미하는 인자점수(factor score)는 곧 관찰할 수 없는, 혹은 가설적인 인자를 추정한 값을 말한다. 사실 앞에서 규정한 바와 같이 인자는 하나의 확률변수로 고려되었으므로 인자점수는 모형에 따른 확률적 인자에 대한 추측값의 의미를 지닌다. 그러나 이 값은 인자패턴행렬의 비유일성에 따라 유일하지 않게 된다.

이러한 인자점수를 얻기 위해서는 높은 인자적재를 가지는 변수들에 대하여 단순히 평균(합)을 취하는 방법, 회귀적 방법, 특수분산을 최소로 하는 가중회귀적 방법 등 여러 가지가 있다.

3.7.1 단순 평균(합)을 취하는 방법

특히, 관찰변수들의 군집성을 파악하기 위해 인자분석을 수행하였을 경우,[3] 높은 인자적재를 가지는 변수들에 대하여 단순히 평균(합)을 취하여 인자점수를 계산하는 방법이 흔히 사용된다.

⟨예 3.17⟩ 공분산행렬에 기초한 인자분석 ⟵ 예 3.9에서 계속

```
satis.cov.ml <- fa(satis.X,cor="cov",nfactors=2,fm="ml",
                   rotate="varimax")
satis.cov.pm <- principal(satis.X,cor="cov",nfactors=2,rotate="varimax")
print(satis.cov.pm,digits=3)
#-----------------------------------------------------------------------
# Unstandardized loadings (pattern matrix) based upon covariance matrix
#      RC1    RC2    h2     u2    H2     U2
# x1 1.232  0.590 1.866 0.2338 0.889 0.1113
# x2 1.285 -0.026 1.653 0.1803 0.902 0.0983
# x3 0.652  0.163 0.452 0.1699 0.727 0.2730
# x4 0.091  1.387 1.931 0.0246 0.987 0.0126
# x5 0.362  1.190 1.547 0.0643 0.960 0.0399
#
#                        RC1   RC2
# SS loadings           3.735 3.714
# Proportion Var        0.460 0.457
# Cumulative Var        0.460 0.917
# Proportion Explained  0.501 0.499
# Cumulative Proportion 0.501 1.000
#
```

[3] 관찰변수들의 군집성을 파악하기 위하여 인자분석을 수행할 경우, 인자회전을 통한 인자구조의 단순화가 거의 필수적이다.

```
# Standardized loadings (pattern matrix)
#    item   RC1    RC2    h2     u2
# x1    1 0.850  0.407 0.889 0.1113
# x2    2 0.949 -0.019 0.902 0.0983
# x3    3 0.827  0.207 0.727 0.2730
# x4    4 0.065  0.992 0.987 0.0126
# x5    5 0.285  0.937 0.960 0.0399
#
#                     RC1   RC2
# SS loadings       2.394 2.071
# Proportion Var    0.479 0.414
# Cumulative Var    0.479 0.893
# Cum. factor Var 0.536 1.000
#-----------------------------------------------------------------------
f1 <- (satis.X$x1+satis.X$x2+satis.X$x3)/3
f2 <- (satis.X$x4+satis.X$x5)/2
satis.X.fscore <- cbind(satis.X,f1,f2)
print(satis.X.fscore)
#-----------------------------------------------------------------------
#    x1 x2 x3 x4 x5       f1  f2
# 1   1  2  4  1  1 2.333333 1.0
# 2   1  2  3  2  1 2.000000 1.5
# 3   2  5  5  2  2 4.000000 2.0
# 4   2  5  4  2  2 3.666667 2.0
# 5   1  2  3  4  3 2.000000 3.5
# 6   1  3  4  1  1 2.666667 1.0
# 7   4  5  5  3  3 4.666667 3.0
# 8   1  3  4  4  4 2.666667 4.0
# 9   3  3  5  5  4 3.666667 4.5
# 10  5  5  5  4  4 5.000000 4.0
```

먼저, ⟨예 3.17⟩은 공분산행렬에 기초하여 인자분석을 수행한 것이다. 앞에서 설명한 바와 같이 fa 함수 또는 principal 함수에 cor="cov" 인수값을 지정하면, 공분산행렬을 내부적으로 계산하고 이에 기초하여 인자분석이 수행된다(기본값: cor="cor").

이때, 인자분석의 추정 결과로써 '비표준화된 적재값'(unstandardized loadings)이 출력되는데, 이는 각 관찰변수와 잠재변수 간의 공분산을 나타내므로 절대값이 1보다 클 수 있다. 그리고 공분산행렬에 기초한 인자분석의 경우 '표준화된 적재값'(standardized loadings)은 부수적인 결과로써 계산되어진다.

⟨예 3.17⟩에서 첫 번째 인자에 높은 (비표준화/표준화)적재값을 가지는 변수는 x_1, x_2, x_3이고, 두 번째 인자에 높은 적재값을 가지는 변수는 x_4, x_5임을 볼 수 있다.

따라서 관련 변수들의 단순 평균(합)을 취하여 각 개체별 인자점수 f_1°, f_2°를 다음과 같이 계산할 수 있다.[4]

$$
\begin{aligned}
f_{i1}^\circ &= (x_{i1} + x_{i2} + x_{i3})/3, \\
f_{i2}^\circ &= (x_{i4} + x_{i5})/2.
\end{aligned}
$$

⟨예 3.18⟩ 상관행렬에 기초한 인자분석 ⟵ 예 3.9에서 계속

```
satis.cor.ml <- fa(satis.X,cor="cor",nfactors=2,fm="ml",
                   rotate="varimax")
satis.cor.pm <- principal(satis.X,cor="cor",nfactors=2,rotate="varimax")
print(satis.cor.pm,digits=3)
#-----------------------------------------------------------------------
# Standardized loadings (pattern matrix) based upon correlation matrix
#      RC1    RC2    h2     u2   com
# x1 0.827  0.409 0.851 0.1485 1.46
# x2 0.929 -0.009 0.864 0.1362 1.00
# x3 0.893  0.200 0.838 0.1624 1.10
# x4 0.058  0.992 0.986 0.0135 1.01
# x5 0.287  0.941 0.968 0.0324 1.18
#
#                        RC1   RC2
# SS loadings           2.431 2.076
# Proportion Var        0.486 0.415
# Cumulative Var        0.486 0.901
# Proportion Explained  0.539 0.461
# Cumulative Proportion 0.539 1.000
#-----------------------------------------------------------------------
satis.Z <- as.data.frame(scale(satis.X,center=TRUE,scale=TRUE))
f1 <- (satis.Z$x1+satis.Z$x2+satis.Z$x3)/3
f2 <- (satis.Z$x4+satis.Z$x5)/2
satis.Z.fscore <- cbind(satis.Z,f1,f2)
print(satis.Z.fscore,digits=3)
#-----------------------------------------------------------------------
#        x1     x2     x3     x4     x5     f1     f2
# 1  -0.759 -1.108 -0.254 -1.287 -1.182 -0.707 -1.234
# 2  -0.759 -1.108 -1.521 -0.572 -1.182 -1.129 -0.877
# 3  -0.069  1.108  1.014 -0.572 -0.394  0.684 -0.483
# 4  -0.069  1.108 -0.254 -0.572 -0.394  0.262 -0.483
# 5  -0.759 -1.108 -1.521  0.858  0.394 -1.129  0.626
# 6  -0.759 -0.369 -0.254 -1.287 -1.182 -0.461 -1.234
# 7   1.311  1.108  1.014  0.143  0.394  1.144  0.268
```

[4] rowMeans(satis.X[c("x1","x2","x3")]) 또는 rowSums(satis.X[c("x1","x2","x3")])와 같이 변수들의 평균 또는 합계를 계산할 수 있다. 다만 결측값이 있을 경우에는 이들 함수의 사용에 주의가 필요하다.

```
# 8  -0.759 -0.369 -0.254  0.858  1.182 -0.461  1.020
# 9   0.621 -0.369  1.014  1.573  1.182  0.422  1.377
# 10  2.001  1.108  1.014  0.858  1.182  1.374  1.020
```

⟨예 3.18⟩은 상관행렬에 기초하여 인자분석을 수행한 것이다. 이 예에서와 같이 fa 함수 또는 principal 함수에 cor="cor" 인수값을 지정하면, 상관행렬을 내부적으로 계산하고 이에 기초하여 인자분석이 수행된다(기본값: cor="cor").

⟨예 3.18⟩에서 첫 번째 인자에 높은 (표준화)적재값을 가지는 변수는 x_1, x_2, x_3이고, 두 번째 인자에 높은 적재값을 가지는 변수는 x_4, x_5임을 볼 수 있다.

따라서 표준화 변수들의 단순 평균(합)을 취하여 각 개체별 인자점수 f_1°, f_2°를 다음과 같이 계산할 수 있다.

$$\begin{aligned} f_{i1}^\circ &= (z_{i1} + z_{i2} + z_{i3})/3, \\ f_{i2}^\circ &= (z_{i4} + z_{i5})/2, \end{aligned}$$

여기에서 표준화 변수 $z_{ik} = (x_{ik} - \bar{x}_k)/s_k$이다. 이 예에서는 scale 함수를 사용하여 표준화 변수값을 계산하였다.

물론, 상관행렬에 기초하여 관찰변수들의 군집성을 파악하는 경우에도 원래 변수들의 단순 평균(합)을 취하여 인자점수를 계산할 수도 있다.

3.7.2 회귀적 방법

우선 n개의 개체로부터 얻은 변수들에 관한 표본상관행렬을 $\mathbf{R}$이라 하고, $\hat{\mathbf{\Lambda}}$를 모수 $\mathbf{\Lambda}$의 추정량, 그리고 $\mathbf{X}^\circ$와 $\mathbf{F}^\circ$를 각각 크기 $n \times p$와 $n \times m$의 자료행렬과 인자점수행렬이라 하자. 단, $\mathbf{X}^\circ$의 (i, j)번째 원소인 x_{ij}°는 변수 x_j에 대한 i번째 개체의 관찰값이고, $\mathbf{F}^\circ$의 (i, k)번째 원소인 f_{ik}°는 i번째 개체의 k번째 인자에 대한 점수이다($i = 1,\ 2,\ \cdots,\ n$; $j = 1,\ 2,\ \cdots,\ p$; $k = 1,\ 2,\ \cdots,\ m$).

직교인자모형 하에서 변수벡터 $\mathbf{x}$와 인자벡터 $\mathbf{f}$의 공분산은 $\mathrm{Cov}(\mathbf{x}, \mathbf{f}) = \mathbf{\Lambda}$가 되므로, $\mathbf{x}$에 관한 $\mathbf{f}$의 회귀인 $\mathrm{E}(\mathbf{f}|\mathbf{x})$를 고려하여 모든 개체에 대한 인자점수를 다음과 같은 공식을 통해 계산할 수 있다.

$$\mathbf{F}^\circ = \mathbf{X}^\circ(\mathbf{R}^{-1}\hat{\mathbf{\Lambda}}). \tag{3.15}$$

여기에서 $\mathbf{R}^{-1}\hat{\mathbf{\Lambda}}$를 **인자점수계수행렬**(factor scoring coefficient matrix)이라 부르며, 이는 곧 $\mathbf{X}$에 관한 $\mathbf{F}$의 다변량회귀에서의 회귀계수행렬이 된다.[5]

[5]반응변수 행렬 $\mathbf{Y}$와 설명변수 행렬 $\mathbf{X}$에 대한 다변량회귀에서 회귀계수의 추정량은 $\mathbf{B} = (\mathbf{X}'\mathbf{X})^{-1}\mathbf{X}'\mathbf{Y}$이다. 즉, 인자점수계수행렬에서 $\mathbf{R}$은 $\mathbf{X}'\mathbf{X}$에, 그리고 $\hat{\mathbf{\Lambda}}$은 $\mathbf{X}'\mathbf{Y}$에 대응된다.

〈예 3.19〉 인자점수계수행렬과 인자점수

```
satis.cor.pm <- principal(satis.X,nfactors=2,rotate="varimax",
                          scores=TRUE)
satis.cor.pm$weights
#---------------------------------------------------------------------
            RC1         RC2
x1  0.31631920  0.06963036
x2  0.44528865 -0.18356093
x3  0.38796661 -0.05999984
x4 -0.16267904  0.54317444
x5 -0.04397452  0.47106808
#---------------------------------------------------------------------
satis.Z.fscore <- cbind(satis.Z,satis.cor.pm$scores)
print(satis.Z.fscore,digits=3)
#---------------------------------------------------------------------
       x1     x2     x3     x4     x5    RC1     RC2
1  -0.759 -1.108 -0.254 -1.287 -1.182 -0.570 -1.0901
2  -0.759 -1.108 -1.521 -0.572 -1.182 -1.179 -0.6257
3  -0.069  1.108  1.014 -0.572 -0.394  0.975 -0.7653
4  -0.069  1.108 -0.254 -0.572 -0.394  0.483 -0.6892
5  -0.759 -1.108 -1.521  0.858  0.394 -1.481  0.8934
6  -0.759 -0.369 -0.254 -1.287 -1.182 -0.242 -1.2257
7   1.311  1.108  1.014  0.143  0.394  1.261  0.0903
8  -0.759 -0.369 -0.254  0.858  1.182 -0.694  1.0529
9   0.621 -0.369  1.014  1.573  1.182  0.118  1.4614
10  2.001  1.108  1.014  0.858  1.182  1.328  0.8979
```

〈예 3.19〉는 인자점수계수행렬과 인자점수를 출력하는 예이다(여기에서 구해진 인자적재는 예 3.18의 것과 동일하다). 이때 scores= 인수는 인자점수를 계산할지의 여부를 지정하는 것이다(기본값: scores=TRUE).

한편 principal 함수의 결과로 생성되는 리스트 객체에 인자점수계수행렬은 weights 객체로 저장되며 인자점수는 scores 객체로 저장된다. 이 예에서는 얻어진 인자점수계수행렬을 이용하여 각 개체별 인자점수 f_1°, f_2°가 다음과 같이 계산된다.

$$\begin{aligned} f_{i1}^\circ &= 0.316z_{i1} + 0.445z_{i2} + 0.388z_{i3} - 0.163z_{i4} - 0.044z_{i5}, \\ f_{i2}^\circ &= 0.070z_{i1} - 0.184z_{i2} - 0.060z_{i3} + 0.543z_{i4} + 0.471z_{i5}. \end{aligned}$$

3.7.3 Bartlett의 가중회귀적 방법

이 방법은 최대우도추정법에 의한 초기인자의 유도에서와 같이 특수인자의 분산을 유사오차(quasi-error)로 간주할 경우 $\mathrm{Var}(\boldsymbol{\epsilon}) = \boldsymbol{\Psi}$이고, 이 $\boldsymbol{\Psi}$의 대각원소는 서로 다르므로 일반적으로 큰 확률적 오차를 가지는 변수에 작은 가중값을 주어야 된다는 통상적인 가중회귀의 논리에 근거를 두고 있다. 즉, Bartlett(1937)은 다음과 같은 가중오차의 제곱의 합을 최소로 하는 인자점수를 제안하였다.

$$\left(\mathbf{X}-\hat{\mathbf{\Lambda}}\mathbf{F}\right)'\hat{\mathbf{\Psi}}^{-1}\left(\mathbf{X}-\hat{\mathbf{\Lambda}}\mathbf{F}\right), \tag{3.16}$$

여기에서 $\hat{\mathbf{\Psi}}$는 $\mathbf{\Psi}$의 (최대우도)추정량이다.

이 방법은 유사오차의 분산의 역수를 각 인자의 가중값으로 한 다음과 같은 공식을 통해 각 개체별 인자의 점수를 계산한다.

$$\mathbf{F}^{\circ}=\mathbf{X}^{\circ}\left\{\hat{\mathbf{\Psi}}^{-1}\hat{\mathbf{\Lambda}}\left[\hat{\mathbf{\Lambda}}'\hat{\mathbf{\Psi}}\hat{\mathbf{\Lambda}}\right]\right\}, \tag{3.17}$$

여기에서 인자점수계수행렬은 식 (3.17)의 등호 오른쪽의 괄호 $\{\cdots\}$ 속에 있는 부분이 된다.

3.A 부록: 행렬도(Biplot)

행렬도(行列圖; biplot)는 자료행렬의 행(row)과 열(column)을 저차원(통상적으로는 2차원) 상에 시각적으로 표현하는 기법이다.

먼저 크기가 $n\times p$이고 계수(rank)가 $r(\le Min(n,p))$인 자료행렬 $\mathbf{Y}=\{y_{ij}\}$를 고려하자[6]. 만약 $n\times q$ 행렬 $\mathbf{A}$와 $q\times p$ 행렬 $\mathbf{B}$를 $y_{ij}\approx \mathbf{a}_i'\mathbf{b}_j$(즉, $\mathbf{Y}\approx\mathbf{AB}'$)가 되도록 선택한다면 (단, $q\le r$), 행렬 $\mathbf{A}$의 i번째 행벡터 $\mathbf{a}_i'=(a_{i1},\ a_{i2},\ \cdots,\ a_{iq})$와 행렬 $\mathbf{B}$의 j번째 행벡터 $\mathbf{b}_j'=(b_{1j},\ b_{2j},\ \cdots,\ b_{qj})$는 각각 자료행렬 $\mathbf{Y}$의 i번째 행과 j번째 열의 정보를 근사적으로 나타내게 될 것이다(Gabriel, 1981).

최소제곱오차(minimum squared error)의 기준에 의해, 자료행렬 $\mathbf{Y}$를 가장 잘 근사시키는 행렬 $\mathbf{A}$와 $\mathbf{B}$는 다음과 같은 특이값분해(singular value decomposition)에 의해 구해질 수 있다.

$$\mathbf{Y}=\mathbf{UDV}' \tag{3.18}$$

여기에서 $\mathbf{D}$는 $r\times r$ 대각행렬이고, $\mathbf{U}'\mathbf{U}=\mathbf{V}'\mathbf{V}=\mathbf{I}_r$를 만족한다(부록 B.5.3 참조). 이때 $\mathbf{A}=\mathbf{UD}^w$, $\mathbf{B}'=\mathbf{D}^{(1-w)}\mathbf{V}'$가 되도록 행렬 $\mathbf{A}$와 $\mathbf{B}$를 잡으면 $\mathbf{Y}=\mathbf{AB}'$을 만족하게 된다 (단, $0\le w\le 1$). 따라서 $\mathbf{A}$와 $\mathbf{B}$의 첫 $q(\le r)$개의 열을 취함으로서 자료행렬 $\mathbf{Y}$의 행과 열을 q차원 상에 근사적으로 표현할 수 있다.

[6] 행렬 $\mathbf{Y}$는 통상적으로 중심화된 자료행렬 $\mathbf{C}$ 또는 표준화된 자료행렬 $\mathbf{Z}$가 될 것이다.

특히 $w = 1$(즉, $\mathbf{A} = \mathbf{UD}$, $\mathbf{B} = \mathbf{V}$)인 경우를 주성분분석 행렬도라고 하고, $w = 0$(즉, $\mathbf{A} = \mathbf{U}$, $\mathbf{B} = \mathbf{VD}$)인 경우를 인자분석 행렬도라고 한다. 또한 일반적으로 행렬도에서 행좌표는 점으로, 열좌표는 벡터로 표현한다.

3.A.1 주성분분석 행렬도

$\mathbf{A} = \mathbf{UD}$, $\mathbf{B} = \mathbf{V}$인 경우, 행좌표 $\mathbf{A}$는 주성분점수에 비례하고, 열좌표 $\mathbf{B}$는 주성분 가중계수(즉, 고유벡터)가 된다. 일반적으로는 보다 좋은 그래프적 표현을 얻기 위해 $\mathbf{A}^\circ = (n-1)^{1/2}\mathbf{UD}$(즉, 주성분점수)와 $\mathbf{B}^\circ = c\mathbf{V}$(단, c는 적당한 상수)를 각각 행좌표와 열좌표로 표현한다.

앞 장에서도 설명한 바와 같이 주성분분석 행렬도에서는 개체들 간의 거리가 행좌표를 통해 근사적으로 표현된다. 따라서 개체들의 시각화 및 이를 통한 군집화, 특이점(outlier)의 탐색 등에 유용하게 쓰일 수 있다.

⟨예 3.20⟩ 주성분분석 행렬도 ⟵ 예 2.3에서 계속

```
satis.pca <- prcomp(satis.X,center=TRUE,scale=FALSE)
# satis.pca
biplot(satis.pca,cex=c(1,1))
# biplot(x=satis.pca$x,y=satis.pca$rotation,cex=c(1,1))
abline(h=0,v=0,lty=2)
```

⟨예 3.20⟩는 biplot 함수를 사용하여 주성분분석 행렬도를 작성하는 예이다(그림 2.3 참조). 이때 biplot 함수에는 prcomp 함수 또는 princomp 함수에 의해서 생성된 리스트 객체를 지정할 수 있다. 또는 x= 인수와 y= 인수를 사용하여 행과 열의 좌표가 저장되어 있는 객체를 각각 지정해도 된다. 한편 cex= 인수는 행과 열의 레이블에 대한 크기를 지정하는 것이며, 이외에도 col=c("blue","red"), xlabs=, ylabs= 등과 같은 인수들을 지정할 수 있다(예 3.8 참조).

3.A.2 인자분석 행렬도

$\mathbf{A} = \mathbf{U}$, $\mathbf{B} = \mathbf{VD}$인 경우, 행좌표 $\mathbf{A}$는 인자점수에 비례하고, 열좌표 $\mathbf{B}$는 인자적재(인자패턴)가 된다[7]. 일반적으로는 보다 좋은 그래프적 표현을 얻기 위해 $\mathbf{A}^\circ = (n-1)^{1/2}\mathbf{U}$(즉, 인자점수)와 $\mathbf{B}^\circ = c\mathbf{V}$(단, c는 적당한 상수)를 각각 행좌표와 열좌표로 표현한다.

[7] 이는 인자의 추정을 위해 주성분분석법을 사용하는 경우에 성립한다.

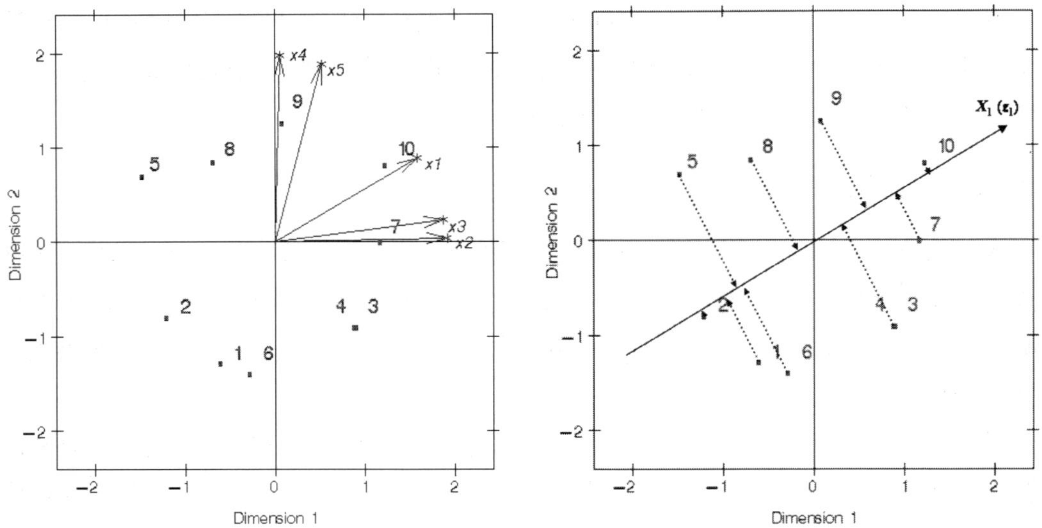

〈그림 3.6〉 인자분석 행렬도

〈예 3.21〉 인자분석 행렬도 ⟵ 예 3.18 및 예 3.19에서 계속

```
satis.fa <- principal(satis.X,nfactors=2,rotate="varimax")
biplot(satis.fa,cex=c(1,1),col=c("blue","red"))
biplot(x=satis.fa$scores,y=satis.fa$loadings,col=c("blue","red"),
       xlabs=rownames(satis.X),ylabs=colnames(satis.X))
abline(h=0,v=0,lty=2)
```

〈그림 3.6〉은 주성분분석법에 의해 얻은 인자적재(예 3.18 참조)와 인자점수(예 3.19 참조)를 행렬도로 표현한 것이다. 이러한 인자분석 행렬도의 내용은 다음과 같이 해석될 수 있다.

첫째, 각 변수에 대한 인자적재 벡터의 길이는 두 축(인자)에 의해 설명되는 분산(공통성)에 비례한다. 따라서 벡터의 길이가 상대적으로 작은 경우 그 변수는 두 인자에 의한 적합도가 낮음을 의미하므로, 해당 변수에 대한 해석에 주의를 기해야 한다. 이 예에서는 5개의 변수 모두가 비슷한 정도의 상당히 높은 공통성을 가지고 있다.

둘째, 두 변수벡터 $\mathbf{b}_j$, $\mathbf{b}_k$에 대해 길이를 각각 $|\mathbf{b}_j|$, $|\mathbf{b}_k|$라고 하고 사잇각을 θ라고 할 때, 변수들 간의 연관성(상관계수 또는 공분산)은 $\mathbf{b}_j'\mathbf{b}_k = |\mathbf{b}_j||\mathbf{b}_k|\cos\theta$에 비례한다. 따라서 벡터들의 길이가 비슷한 경우 사잇각 θ가 작을수록 변수들이 연관성이 높음을 의미한다. 이 예에서는 변수 x_2와 x_3 그리고 x_4와 x_5가 상대적으로 높은 연관성을 가지고 있음을 알 수 있다.

셋째, 개체벡터 $\mathbf{a}_i$와 변수벡터 $\mathbf{b}_j$에 대해 $y_{ij} \approx \mathbf{a}_i'\mathbf{b}_j = |\mathbf{a}_i||\mathbf{b}_j|\cos\theta$이므로, 변수들에 대한 개체들의 상대적 위치는 각 변수벡터에 개체들을 직교투영함으로써(즉, $|\mathbf{a}_i|\cos\theta$의 크기에 의해) 파악될 수 있다. 예를 들어, ⟨그림 3.6⟩의 오른쪽 그림은 변수 x_1에 대한 벡터에 각 개체들을 직교투영한 것으로, 이를 통해 10, 7, 9번 개체가 변수 x_1에 대해 상대적으로 큰 값을 가지며 2, 1, 6, 5번 개체는 상대적으로 작은 값을 가짐을 알 수 있다.

이와 같이 인자분석 행렬도에서는 변수들 간의 연관성과 각 변수에 대한 개체들의 상대적 위치를 시각적으로 살펴볼 수 있다.

3.B 부록: 다차원 선호도분석

다차원 선호도분석(MDPREF, multidimensional preference analysis; Carroll, 1972)은 선호도 데이터에 대한 일종의 행렬도 기법이다. 여기서 선호도 데이터는 일련의 관심 항목(상품, 브랜드, 소비행태 등)에 대한 선호 정도(또는 선호 순위)를 응답자(소비자)들로부터 조사하여 얻어진다. 예를 들어, m명의 소비자들에게 n개의 자동차에 대한 선호도를 0에서 9점 사이의 값으로 응답하게 하거나, 선호 순위를 1에서 n까지 응답하게 하여 데이터를 얻을 수 있다.

⟨표 3.3⟩ 자동차의 특성(carinfo.csv, 일부)

model	make	mpg	reliable	ride
Eldorado	Cadillac	3	2	4
Chevette	Chevrolet	5	3	2
Citation	Chevrolet	4	1	5
Malibu	Chevrolet	3	3	4
Fairmont	Ford	3	3	4
Mustang	Ford	3	2	2
Pinto	Ford	4	1	1
Accord	Honda	5	5	3
Civic	Honda	5	5	3
Continental	Lincoln	2	4	5
Gran Fury	Plymouth	2	1	5
Horizon	Plymouth	4	3	3
...	...	...	...	...
Rabbit	Volkswagen	5	4	3
DL	Volvo	4	5	5

〈표 3.4〉 자동차 선호도(carpref.csv, 일부)

judge	car1	car2	car3	car4	car5	car6	car7	⋯	car17
1	8	0	4	6	2	5	0	⋯	9
2	0	0	0	0	0	0	0	⋯	9
3	0	5	5	2	2	0	2	⋯	8
4	7	1	3	7	4	7	1	⋯	9
5	9	2	3	4	0	1	0	⋯	9
⋯	⋯	⋯	⋯	⋯	⋯	⋯	⋯	⋯	⋯
25	9	8	5	8	5	5	8	⋯	0

다차원 선호도분석의 목적은 응답자들의 선호도를 통해 항목(item)들의 상대적 위치를 파악하는 데 있다. 따라서 일반적인 인자분석(주성분분석)에서와는 다르게 항목(변수)들의 평균을 0으로 하는 중심화를 취하지 않고, 각 항목들에 대한 선호도의 평균이 분석에 반영되도록 해야 한다. 이는 항목이 행(row)이 되고 응답자가 열(column)이 되도록 데이터를 입력한 후 분석을 수행함으로써 가능하며, 이러한 방식의 인자분석을 Q-분류(Q-type, Q-sort) 인자분석이라고 한다.

〈표 3.4〉의 데이터는 1980년에 미국, 일본, 유럽에서 생산된 17개의 자동차 모델에 대해 25명의 심사자들로부터 선호도를 조사하여 얻은 것이다(Kuhfeld, 2005). 여기에서 0은 가장 선호하지 않음을, 9는 가장 선호함을 나타낸다.

〈예 3.22〉 데이터의 행과 열을 바꾸기

```
carinfo <- read.csv("F:/My_Work/Data/carinfo.csv",header=TRUE)
carpref <- read.csv("F:/My_Work/Data/carpref.csv",header=TRUE)
carpref.T <- t(carpref[,-1])   # 전치, 변수 judge 제외
rownames(carpref.T) <- carinfo$model   # 행 이름
colnames(carpref.T) <- carpref$judge   # 열 이름, 1:25
head(carpref.T,4)
#-----------------------------------------------------------------------
#             1 2 3 4 5 6 7 8 9 10 11 12 13 14 15 16 17 18 19 20 21 ...
# Eldorado    8 0 0 7 9 9 0 4 9  1  2  4  0  5  0  8  9  7  1  0  9 ...
# Chevette    0 0 5 1 2 0 0 4 2  3  4  5  1  0  4  3  0  0  3  5  1 ...
# Citation    4 0 5 3 3 0 5 8 1  4  1  6  1  6  4  3  5  4  4  7  4 ...
# Malibu      6 0 2 7 4 0 0 7 2  3  1  2  1  3  4  5  5  4  5  6  6 ...
```

먼저 〈예 3.22〉에서는 t 함수를 사용하여 데이터의 행과 열을 바꾸었다. 또한 rownames 함수와 colnames 함수를 사용하여 데이터에 행 이름과 열 이름을 부여하였다.

⟨예 3.23⟩ 인자분석

```
carpref.fa <- principal(carpref.T,nfactors=2,rotate="none")
#-----------------------------------------------------------------------
경고메시지(들):
1: Matrix was not positive definite, smoothing was done
2: The matrix is not positive semi-definite,
   scores found from Structure loadings
#-----------------------------------------------------------------------
print(carpref.fa,digits=3)   # 인자분석 결과(적재값) 출력
#-----------------------------------------------------------------------
# Standardized loadings (pattern matrix) based upon correlation matrix
#       PC1    PC2    h2     u2  com
# 1   0.288  0.622 0.470 0.5304 1.41
# 2   0.955  0.046 0.914 0.0864 1.00
# 3   0.771 -0.318 0.697 0.3035 1.33
#                  ...
# 24 -0.174 -0.749 0.592 0.4083 1.11
# 25 -0.763  0.168 0.610 0.3895 1.10
#
#                           PC1   PC2
# SS loadings            10.886 5.851
# Proportion Var          0.435 0.234
# Cumulative Var          0.435 0.669
# Proportion Explained    0.650 0.350
# Cumulative Proportion   0.650 1.000
#-----------------------------------------------------------------------
print(carpref.fa$scores,digit=3)   # 인자점수 출력
#-----------------------------------------------------------------------
#                  PC1    PC2
# Eldorado      -9.055 12.121
# Chevette      -8.757 -8.358
# Citation      -0.646 -5.102
#             ...
# Dasher        14.740  1.346
# Rabbit        15.448 -0.408
# DL            22.407  2.215
```

⟨예 3.23⟩에서는 주성분분석법에 의한 인자분석을 수행하였고,[8] 인자적재값과 인자점수를 출력하였다. 이 결과에서 전체 변이 중 제1축에 의해서 설명되는 비율은 43.5%이고 제2축에 의해서 설명되는 비율은 23.4%이며, 첫 두 축에 의한 누적 설명비율은 약 66.9% 정도임을 알 수 있다.

[8]이 경우 행의 개수가 열의 개수보다 작기 때문에 경고 메시지가 출력된다.

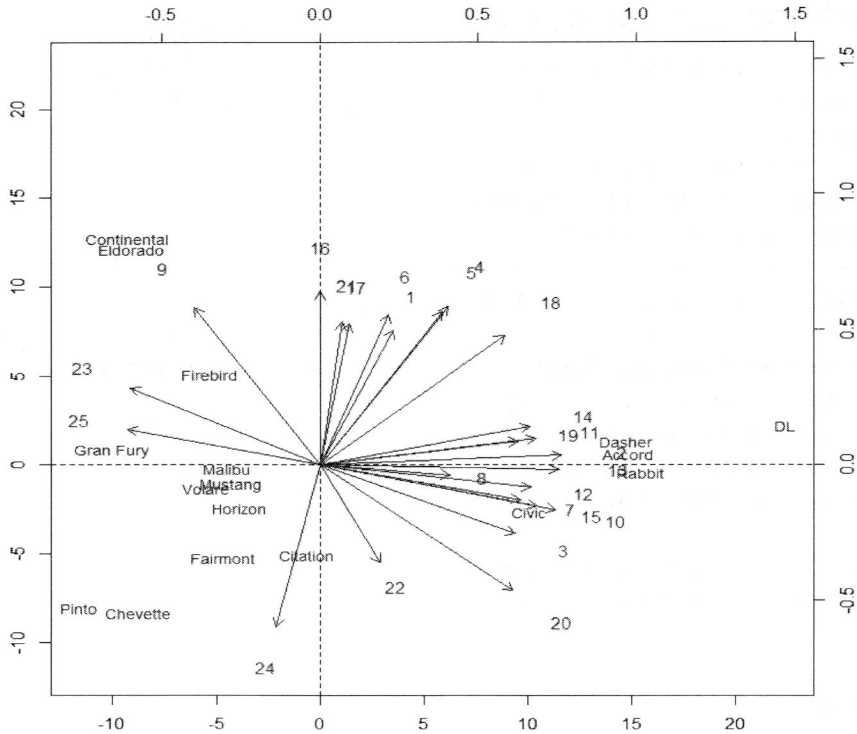

〈그림 3.7〉 다차원 선호도분석의 행렬도(Biplot)

〈예 3.24〉 행렬도(Biplot)

```
xcodin <- carpref.fa$scores
ycodin <- carpref.fa$loadings
plot(xcodin,col="blue")   # 인자점수 플롯
biplot(carpref.fa,col=c("blue","red"))   # 인자적재 플롯
biplot(x=xcodin,y=ycodin,col=c("blue","red"),cex=c(0.9,1),
      xlabs=rownames(carpref.T),ylabs=colnames(carpref.T))   # 행렬도
abline(h=0,v=0,lty=2)
```

〈예 3.24〉에서는 biplot 함수를 사용하여 행렬도를 작성하였다. 〈그림 3.7〉에서 대부분의 심사자들이 제1축의 오른쪽에 위치하고 있는 일본과 유럽 자동차에 높은 선호도를 보이고 있는 반면에, 소수의 심사자들은 왼쪽에 위치하고 있는 미국 자동차에 높은 선호도를 보이고 있음을 알 수 있다. 또한 제2축의 위쪽에 위치하고 있는 심사자들은 대체로 배기량이 많고 크기가 큰 자동차를 선호하는 반면에, 제2축의 아래쪽에 위치하고 있는 심사자들은 크기가 작고 저렴한 자동차를 선호하고 있음을 알 수 있다.

3.C 부록: 인자적재와 특수분산의 추정

이 절에서는 인자적재와 특수분산의 추정을 위해 주로 사용되는 주성분분석법(principal component method), 주축인자법(principal axis factor method), 최대우도법(maximum likelihood method)의 내용을 자세히 설명할 것이다.

3.C.1 주성분분석법

표본상관행렬 $\mathbf{R}$(혹은 표본공분산행렬 $\mathbf{S}$)에 분광분해를 적용했을 때, $\mathbf{R}$의 p개 고유값 $\delta_1 \geq \delta_2 \geq \cdots \geq \delta_p$와 이들 각각에 대응되는 고유벡터 $\mathbf{e}_1$, $\mathbf{e}_2$, $\cdots$, $\mathbf{e}_p$를 통해 $\mathbf{R}$을 다음과 같이 표현할 수 있다.

$$\mathbf{R} = \mathbf{EDE}' = \delta_1 \mathbf{e}_1 \mathbf{e}_1 + \delta_2 \mathbf{e}_2 \mathbf{e}_2 + \cdots + \delta_p \mathbf{e}_p \mathbf{e}_p, \tag{3.19}$$

단, $\mathbf{E} = (\mathbf{e}_1,\ \mathbf{e}_2,\ \cdots,\ \mathbf{e}_p)$, $\mathbf{D} = \text{diag}(\delta_1,\ \delta_2,\ \cdots,\ \delta_p)$. 여기에서 첫 m개의 고유값과 고유벡터를 이용하여 인자적재행렬 $\mathbf{\Lambda}$에 대해 다음과 같은 추정값을 얻을 수 있다.

$$\hat{\mathbf{\Lambda}} = \mathbf{E}_m (\mathbf{D}_m)^{1/2}, \tag{3.20}$$

단, $\mathbf{E}_m = (\mathbf{e}_1,\ \mathbf{e}_2,\ \cdots,\ \mathbf{e}_m)$, $\mathbf{D}_m = \text{diag}(\delta_1,\ \delta_2,\ \cdots,\ \delta_m)$. 따라서 변수 x_i에 대해 추정된 공통성을 $\hat{c}_i (= \hat{\lambda}_{i1}^2 + \hat{\lambda}_{i2}^2 + \cdots + \hat{\lambda}_{im}^2)$이라고 할 때, 특수분산행렬 $\mathbf{\Psi}$의 추정값은 $\hat{\mathbf{\Psi}} = \text{diag}(1 - \hat{c}_1,\ 1 - \hat{c}_2,\ \cdots,\ 1 - \hat{c}_p)$가 된다.

즉, 주성분분석법(principal component method)에서는 단순히 첫 m개의 주성분계수를 척도화하여 인자적재행렬의 추정값을 얻게 되며, 이는 다음에 설명하는 주축인자법의 특별한 경우에 해당한다. 이 방법은 계산이 간단하다는 장점이 있지만, 적합도의 한 지표인 잔차상관행렬(residual correlation matrix; 즉, $\mathbf{R} - \hat{\mathbf{\Lambda}}\hat{\mathbf{\Lambda}}' - \hat{\mathbf{\Psi}}$)의 비대각원소들이 일반적으로 반복적 주축인자법이나 최대우도법에 비해 크게 된다. 따라서 이 방법은 인자의 개수에 관한 탐색이나 초기추정값에 대한 추측 등 사전 분석을 위해 주로 사용된다.

3.C.2 반복적 주축인자법

주축인자법(主軸因子法, principal axis factor method)은 공분산행렬에 대해서도 사용될 수 있으나, 여기서는 표본상관행렬 $\mathbf{R} = \{r_{ij}\}$에 대한 인자분석을 중심으로 설명하기로 한다.

먼저 주어진 상관행렬의 대각원소인 1을 각 변수별로 '추측된' 공통성 $c_i^0(i=1,\cdots,p)$로 대치시킨 조정된 상관행렬 $\mathbf{R}^0$를 다음과 같이 정의하자.

$$\mathbf{R}^0 = \begin{pmatrix} c_1^0 & & & \\ r_{21} & c_2^0 & & \\ \vdots & \vdots & \ddots & \\ r_{p1} & r_{p2} & \cdots & c_p^0 \end{pmatrix}. \tag{3.21}$$

그러면 각 c_i^0에 대응되는 특수분산은 $\psi_i^0 = 1 - c_i^0$가 되고, $\mathbf{\Psi}$의 추측값은 $\mathbf{\Psi}^0 = \mathrm{diag}(1 - c_1^0,\ 1 - c_2^0,\ \cdots,\ 1 - c_p^0)$가 된다. 즉, 조정된 상관행렬 $\mathbf{R}^0$는 다음과 같게 된다.

$$\begin{aligned} \mathbf{R}^0 &= \mathbf{R} - \mathbf{\Psi}^0 \\ &= \begin{pmatrix} 1 & & & \\ r_{21} & 1 & & \\ \vdots & \vdots & \ddots & \\ r_{p1} & r_{p2} & \cdots & 1 \end{pmatrix} - \begin{pmatrix} 1-c_1^0 & & & \\ 0 & 1-c_2^0 & & \\ \vdots & \vdots & \ddots & \\ 0 & 0 & \cdots & 1-c_p^0 \end{pmatrix}. \end{aligned} \tag{3.22}$$

이러한 $\mathbf{R}^0$에 대해 통상적으로 다음과 같은 반복적 절차를 적용하여 추정값 $\hat{\mathbf{\Lambda}}$와 $\hat{\mathbf{\Psi}}$을 구하게 되는데, 이를 '반복적'(iterative) 주축인자법이라고 한다.

(1) 공통성에 대한 초기추정값 c_i^0를 설정한다($i=1,\cdots,p$).
(2) 식 (3.11)과 같이 조정된 상관행렬 $\mathbf{R}^0$를 구한다.
(3) $\mathbf{R}^0$의 첫 m개 고유값과 고유벡터로 이루어진 행렬 $\mathbf{D}^0 = \mathrm{diag}(\delta_1^0,\ \cdots,\ \delta_m^0)$와 $\mathbf{E}^0 = (\mathbf{e}_1^0,\ \cdots,\ \mathbf{e}_m^0)$를 이용하여 $\mathbf{\Lambda}^0 = \mathbf{E}^0(\mathbf{D}^0)^{1/2}$를 구한다.
(4) 새로운 공통성 $c_i^0 = \{(\lambda_{i1}^0)^2 + (\lambda_{i2}^0)^2 + \cdots + (\lambda_{im}^0)^2\}$를 구한다($i=1,\cdots,p$).
(5) 새로운 공통성의 추정값과 이전 단계에서 얻은 공통성의 추정값과의 차이를 고려하여 일정수준 이상의 변화가 없을 때까지 (2)~(4)의 절차를 반복한다.

이와 같은 반복적 처리과정의 관건이 되는 것은 조정된 상관행렬(adjusted correlation matrix)을 얻을 때 사용되는 공통성(혹은 유일성)을 얼마나 정확히 추측하느냐의 문제이다. 통상적으로는 i번째 변수의 공통성에 대한 초기추정값으로 x_i와 나머지 모든 변수들 간의 '다중상관계수의 제곱'(squared multiple correlation coefficient)인 SMC를 많이 사용하는데, 이 SMC는 만약 인자모형이 자료에 완전히 부합된다면 i번째 변수에 대한 모집단 공통성 c_i의 하한이 되는 것으로 알려져 있다.

직관적으로 볼 때 i번째 변수에 대한 공통성이 크다면 그 변수는 나머지 변수들과 높은 상관관계를 가지게 될 것이 기대되므로, SMC는 c_i의 좋은 초기추정값으로 생각할 수 있을 것이다. 또한 새로운 공통성의 추정값과 전 단계에서 얻은 공통성의 추정값과의 차이를 고려하여 일정수준 이상의 변화가 없을 때까지 위의 절차를 반복하여 실시한다면 조금 더 안정된 결과를 얻을 수도 있을 것이다. 단, 반복적인 절차를 통해 얻어진 최종적인 공통성의 추정값이 대응되는 SMC보다 작다면, 이는 곧 모형의 적합도가 좋지 못함을 의미하게 된다. 그리고 반복적으로 공통성을 재추정하는 처리절차를 사용한다는 것이 반드시 안정적인 결과를 제공한다는 보장도 없다.

한편 모든 변수에 대해 공통성의 초기추정값을 1로 두는 경우, 반복적 절차에서 최초의 조정된 상관행렬은 상관행렬 그 자체가 된다(즉, $\mathbf{R}^0 = \mathbf{R}$). 더 나아가 단 1회의 반복으로 처리과정을 종료한다면 앞의 주성분분석과 동일한 추정값을 얻게 된다.

3.C.3 최대우도법

최대우도법(maximum likelihood method)은 확률변수벡터 $\mathbf{x} = (x_1,\ x_2,\ \cdots,\ x_p)'$가 다변량 정규분포에 따른다는 가정 하에서 $\mathbf{x}$의 공분산행렬 $\boldsymbol{\Sigma}$(혹은 상관행렬 $\mathbf{P}$)의 구조가 m-인자분석모형에서의 기본적 표현과 같을 때, 이에 대응되는 모수 $\boldsymbol{\Lambda}$와 $\boldsymbol{\Psi}$를 통상적인 최대우도의 원리에 따라 추정하는 방법이다. 이 기법은 모수들의 추정은 물론 적절한 인자의 개수에 관한 적합도검정이 가능하여 앞에서 설명한 주축인자법과 더불어 많이 이용되고 있다.

우선 p-변량 정규분포 $\mathrm{N}_p(\boldsymbol{\mu},\ \boldsymbol{\Sigma})$에 따르는 변수벡터 $\mathbf{x} = (x_1,\ x_2,\ \cdots,\ x_p)'$에 대해 크기가 n인 랜덤표본 $\mathbf{x}_1, \mathbf{x}_2, \cdots, \mathbf{x}_n$을 얻었고, 여기에서 $\boldsymbol{\Sigma}$는 m-인자모형의 기본적 표현 $\boldsymbol{\Sigma} = \boldsymbol{\Lambda}\boldsymbol{\Lambda}' + \boldsymbol{\Psi}$을 만족한다고 하자. 이때 $\boldsymbol{\Lambda}$와 $\boldsymbol{\Psi}$의 최대우도추정량은 다음과 같은 우도함수를 각각 최대로 하는 값이 된다.

$$\mathrm{L}(\boldsymbol{\mu},\ \boldsymbol{\Sigma} \mid \mathbf{x}_1,\ \mathbf{x}_2,\ \cdots,\ \mathbf{x}_n) = \mathrm{L}(\boldsymbol{\mu},\ \boldsymbol{\Lambda}\boldsymbol{\Lambda}' + \boldsymbol{\Psi} \mid \mathbf{x}_1,\ \mathbf{x}_2,\ \cdots,\ \mathbf{x}_n). \tag{3.23}$$

이와 같은 성질을 가지는 추정량은 통상적인 방법에 따라 식 (3.23)을 모수 $\boldsymbol{\Lambda}$와 $\boldsymbol{\Psi}$에 관해 미분하여 그것을 0으로 놓고 푼 값이 될 것이다. 결론적으로 $\boldsymbol{\Lambda}$와 $\boldsymbol{\Psi}$의 추정량은 표본공분산행렬 $\mathbf{S}$(혹은 표본상관행렬 $\mathbf{R}$)에 대해서 다음 관계를 만족하는 값이 된다.

$$\left[\hat{\boldsymbol{\Psi}}^{-1/2}(\mathbf{S} - \hat{\boldsymbol{\Psi}})\hat{\boldsymbol{\Psi}}^{-1/2}\right]\left(\hat{\boldsymbol{\Psi}}^{-1/2}\hat{\boldsymbol{\Lambda}}\right) = \left(\hat{\boldsymbol{\Psi}}^{-1/2}\hat{\boldsymbol{\Lambda}}\right)\mathbf{D}. \tag{3.24}$$

이 방정식은 $\mathbf{R}^* = \hat{\boldsymbol{\Psi}}^{-1/2}(\mathbf{S} - \hat{\boldsymbol{\Psi}})\hat{\boldsymbol{\Psi}}^{-1/2}$의 고유값이 δ가 되고, 각 δ에 대한 고유벡터들을 열로 하는 행렬이 $\hat{\boldsymbol{\Lambda}}^* = \hat{\boldsymbol{\Psi}}^{-1/2}\hat{\boldsymbol{\Lambda}}$가 됨을 나타내는 고유방정식의 형태를 취하고 있다.

이러한 사실을 이용하여 최대우도추정량 $\hat{\boldsymbol{\Lambda}}$와 $\hat{\boldsymbol{\Psi}}$는 통상적으로 다음과 같은 반복적 절차를 통해 구해진다.

(1) 공통성에 대한 초기추정값 c_i^0를 설정한다($i = 1, \cdots, p$).

(2) $\mathbf{\Psi}$의 초기추정값 $\mathbf{\Psi}^0 = \text{diag}(1 - c_1^0,\ 1 - c_2^0,\ \cdots,\ 1 - c_p^0)$와 이를 대입한 $\mathbf{R}^*$의 초기추정값 $\mathbf{R}^0$를 계산한다.

(3) $\mathbf{R}^0$의 첫 m개 고유벡터를 이용하여 $\hat{\mathbf{\Lambda}}^*$를 구하고, $\hat{\mathbf{\Lambda}}^0 = \hat{\mathbf{\Psi}}^{1/2}\hat{\mathbf{\Lambda}}^*$를 계산한다.

(4) 새로운 공통성 $c_i^0 = \{(\lambda_{i1}^0)^2 + (\lambda_{i2}^0)^2 + \cdots + (\lambda_{im}^0)^2\}$를 구한다($i = 1, \cdots, p$).

(5) 새로운 공통성의 추정값과 이전 단계에서 얻은 공통성의 추정값과의 차이를 고려하여 일정수준 이상의 변화가 없을 때까지 (2)~(4)의 절차를 반복한다.

알고리즘의 측면에서 최대우도법의 특징은 특수인자의 분산(즉, 유일성)을 유사(quasi) 오차분산처럼 처리하여, 상대적으로 큰 공통성(즉, 상대적으로 작은 유일성)을 가지는 변수에 큰 가중값을 줌으로서 안정성이 낮은 변수에 작은 가중값을 부여하는 효과를 가지고 있다. 한편 이 방법은 그 결과의 해석에 있어 표본이 다변량정규분포로부터 얻어졌다는 가정이 요구되며, 표본공분산행렬(혹은 상관행렬)이 비정칙행렬일 때는 이를 사용할 수 없다는 단점을 가지고 있다. 따라서 이 방법을 사용하기에 앞서 계산적인 측면에서 훨씬 단순한 주축인자법 등을 통해 일단 인자의 개수 등에 관한 개괄적인 아이디어를 얻는 것이 추천된다.

3.8 연습문제

1. 2장의 '학생성적' 데이터(표 2.1)에 대하여 인자분석을 수행하여라. 또한 여기서 얻은 결과들을 연습문제 2-1의 결과들과 비교하여라.

2. 다음 상관행렬 $\mathbf{R}$은 556명의 중학생으로부터 얻은 6개 변수에 관한 자료에서 계산된 것이다. − x_1: 본인 자신의 늘력평가, x_2: 부모의 평가, x_3: 교사의 평가, x_4: 친구의 평가, x_5: 본인의 교육적 포부에 대한 평가, x_6: 대학생활계획에 대한 평가.

$$\mathbf{R} = \begin{pmatrix} 1.00 & & & & & \\ 0.73 & 1.00 & & & & \\ 0.70 & 0.68 & 1.00 & & & \\ 0.58 & 0.61 & 0.57 & 1.00 & & \\ 0.46 & 0.43 & 0.40 & 0.37 & 1.00 & \\ 0.56 & 0.52 & 0.48 & 0.41 & 0.71 & 1.00 \end{pmatrix},$$

여기에서 첫 4개의 변수 $x_1 \sim x_4$는 개인의 능력(ability)에 관한 평가 부분이고, x_5와 x_6은 개인의 장래포부(aspiration)에 관한 항목으로 저변에 2개의 인자를 가정할 수 있다. 이 상관행렬에 대한 인자분석을 수행하여라.

3. 2장의 'Five Socio-Economic' 데이터(표 2.4)에 대하여 상관행렬과 공분산행렬에 근거한 인자분석을 각각 수행하여 그 결과를 비교하여라. 또한 여기서 얻은 결과들을 연습문제 2-2의 결과들과 비교하여라.

4. 6장의 '단백질의 섭취량' 데이터(표 6.3)에 대하여

(a) 상관행렬과 공분산행렬에 근거한 주성분분석을 각각 수행하여 그 결과를 비교하여라.

(b) 상관행렬의 고유값의 크기, 인자의 공헌도, Scree 도형, 카이제곱 적합도검정 등을 통해 적절한 인자의 개수를 탐색하여라.

(c) (b)에서 정한 인자의 개수를 가지고 인자분석을 수행하여라.

(d) 인자적재 플롯, 인자점수 플롯, 행렬도를 작성하고 이를 해석하여라.

(e) 상관행렬과 공분산행렬에 대하여 각각 (b)∼(d)를 수행하고 그 결과를 비교하여라.

5. 'TV 프로그램 유형별 시청정도' 데이터(표 3.1)에는 다음과 같은 인구사회적 변수들이 포함되어 있다.

- 성별(gender): 1='남자, 2=1여자'.
- 연령(age): 1='13-19', 2='20-29', 3='30-39', 4='40-49', 5='50-59', 6='60-64'.
- 결혼여부(married): 1='미혼', 2='기혼'.
- 주택형태(house): 1='아파트', 2='단독주택', 3='다세대/빌라/연립/기타'.
- 직업(job): 1='행정관리/전문직', 2='사무직', 3='판매/서비스직', 4='기능/노무직', 5='학생', 6='주부', 7='무직/농림수산업/기타'.

(a) ⟨예 3.4⟩의 결과를 이용하여 인자적재 플롯을 작성하여라.

(b) 인자점수를 구하고 위의 인구사회적 변수들의 수준별 인자점수의 평균을 계산하여라.

(c) 인자적재와 인자점수의 평균을 함께 표현한 행렬도(biplot)을 작성하고 이를 해석하여라.

6. 2장의 'TV 광고 종류별 관심도' 데이터(예 2.11 참조)에 대하여 원래의 변수들에 대한 인자분석을 수행하여라. 또한 ⟨예 2.14⟩에서 얻은 변환된 변수들을 이용하여 인자분석을 수행하고, 원래의 변수들에 대한 인자분석의 결과와 비교하여라.

7. ⟨예 3.25⟩의 데이터는 32개 여가활동에 대해 56명의 심사자들로부터 선호도를 조사하여 얻은 것이다(Kuhfeld, 2005). 이 자료에 대하여 다차원 선호도분석을 수행하여라.

⟨예 3.25⟩ 여가활동 데이터

```
recinfo <- read.csv("F:/My_Work/Data/recinfo.csv",header=TRUE)
head(recinfo,10)
#------------------------------------------------------------------------
#                         activity active relaxing spectato
# 1                        reading      0        9        0
# 2                           golf      5        4        0
# 3                    watching TV      0        9        0
# 4                         tennis      5        4        0
# 5                        sailing      5        4        0
# 6     attending a football game      1        9        9
# 7         going to the symphony      1        9        0
# 8                       softball      5        4        0
# 9  attending a basketball game      1        9        9
# 10                       fishing      3        8        0
#------------------------------------------------------------------------
recpref <- read.csv("F:/My_Work/Data/recpref.csv",header=TRUE)
head(recpref,10)
#------------------------------------------------------------------------
# subject rec1 rec2 rec3 rec4 rec5 rec6 rec7 rec8 rec9 rec10 rec11  ...
#       1    8    0    5    1    1    0    8    1    0     7     8  ...
#       2    1    9    2    2    3    7    0    5    7     9     8  ...
#       3    9    7    9    8    3    0    5    1    0     0     5  ...
#       4    9    3    6    4    1    0    2    2    0     1     3  ...
#       5    5    0    9    9    1    3    5    3    9     0     2  ...
#       6    5    3    3    3    9    2    5    1    2     2     4  ...
#       7    9    0    2    6    3    8    7    4    7     8     8  ...
#       8    4    3    4    7    9    3    3    0    7     0     4  ...
#       9    7    9    2    4    1    5    6    4    6     1     1  ...
#      10    7    5    4    1    5    4    1    6    4     1     3  ...
```

제 4 장
정준상관분석

Canonical Correlation Analysis

정준상관분석(正準相關分析)은 2개의 변수집단 $x_1, x_2, \cdots, x_p$와 $y_1, y_2, \cdots, y_q$의 선형적 연관성을 분석하는 다변량 자료분석 기법이다. 예를 들어, 스트레스 하에서의 심리적 상황을 나타내는 변수들과 육체적 특성을 나타내는 변수들이 어떻게 상호작용하는지에 흥미가 있다면, 심리적인 것들로 간주될 수 있는 불안도, 집중력의 정도 등의 변수들과 혈압, 맥박, 심전도 등과 같은 육체적 측면에서 고려되는 변수들을 측정하고, 이들 사이의 개별적 또는 동시적 연관관계를 살펴보는 것이 바람직할 것이다. 이때 두 변수집단 간의 선형적 연관관계는 정준상관계수(canonical correlation coefficient)라는 측도를 통해 나타낼 수 있는데, 이는 앞에서 소개된 단순 및 다중상관계수의 개념을 일반화시킨 것으로 생각될 수 있다.

4.1 정준상관분석의 개념

두 변수집단 $\mathbf{x} = (x_1, \cdots, x_p)'$와 $\mathbf{y} = (y_1, \cdots, y_q)'$ 각각에 대해 다음과 같은 선형결합을 고려할 때,

$$\begin{cases} v &= \boldsymbol{\alpha}'\mathbf{x} &= \alpha_1 x_1 + \alpha_2 x_2 + \cdots + \alpha_p x_p, \\ w &= \boldsymbol{\beta}'\mathbf{y} &= \beta_1 y_1 + \beta_2 y_2 + \cdots + \beta_q y_q, \end{cases} \tag{4.1}$$

모든 가능한 선형결합 중 두 변수(v, w) 간 최대 상관계수를 갖는 정준변량(canonical variate) v와 w를 도출하고, 이들 간의 연관성(정준상관계수)

$$\rho = \max_{\boldsymbol{\alpha},\ \boldsymbol{\beta}} \mathrm{Corr}(v, w) \tag{4.2}$$

을 통해 두 변수집단 간의 선형적 연관관계를 살펴보려는 것이 정준상관분석이다.

이와 같은 정준상관분석은 다른 통계적 기법과 여러 가지 관련성을 가지고 있다. 먼저 종속변수(혹은 변수집단)의 변이를 가장 잘 설명하는 예측변수들의 최적 선형결합을 찾는다는 점에서 회귀분석과 유사성을 지닌다. 그러나 회귀분석의 일방인과(一方因果)에 대해 정준상관분석에는 인과의 방향성이 없다는 것이 특징이라고 할 수 있다. 또한 종속변수가 집단을 분류시키는 범주형 분류변수이고 예측변수들의 집단이 통상적인 판별변수일 경우 정준상관분석은 판별분석에 대응된다.

한편 분석의 형태라는 관점에서 이 기법은 두 변수집단 사이의 어떤 상황을 분석하는 외부적인 형식을 가지는데 비해, 주성분분석이나 인자분석은 한 변수집단 내의 관계를 분석하는 내부적인 측면을 가진다는 차이를 볼 수 있다. 그러나 이들 모두가 어떤 판정기준이 최적화되도록 유도한 서로 독립적인 인공변수들을 통해 다변량분석의 일반에 걸쳐 기본적 목표가 되는 자료의 축약 및 차원의 축소를 기한다는 점에서는 크게 다를 바가 없다고 하겠다.

4.2 정준상관분석 사례

R에서 정준상관분석을 위한 함수로는 stats 패키지에 있는 cancor 함수, CCA 패키지에 있는 cc 함수, yacca 패키지에 있는 cca 함수 등이 있다. 또한 CCA 패키지는 변수의 수가 관측치의 수보다 많아서 상관행렬이 정칙행렬이 아닌 경우에도 사용할 수 있는 rcc 함수도 제공하고 있다. 이 함수들의 입력자료로는 자료행렬 자체를 사용하며 공분산행렬이나 상관행렬 등을 직접 입력자료로 사용할 수는 없다. 여기에서는 먼저 간단한 예를 통해 cancor, cc, cca 함수의 사용방법을 설명할 것이다.

⟨표 4.1⟩의 데이터는 3개의 '업무특성'에 관한 변수집단(x_1, x_2, x_3)과 3개의 '만족도'에 관한 변수집단(y_1, y_2, y_3)으로 이루어져 있다.

- x_1(다양성): 담당하는 업무에 있어서 다양성의 정도(%),
- x_2(피드백): 업무수행에 필요한 피드백(상사 및 동료들의 반응)의 정도(%),
- x_3(자율성): 업무수행에 필요한 자율성의 정도(%),
- y_1(경력): 현재의 업무가 미래의 경력에 도움이 되는지에 대한 만족도(%),
- y_2(관계): 상사 및 관리자와의 관계에 대한 만족도(%),
- y_3(보수): 급여 등 보수적인 측면의 만족도(1∼10).

⟨표 4.1⟩ 업무특성과 만족도(job.csv)

job	업무특성			만족도		
	x_1	x_2	x_3	y_1	y_2	y_3
A	10	11	70	72	26	9
B	85	22	93	63	76	7
C	83	63	73	96	31	7
D	82	75	97	96	98	6
E	36	77	97	84	94	6
F	28	24	75	66	10	5
G	64	23	75	31	40	9
H	19	15	50	45	14	2
I	33	13	70	42	18	6
···	···	···	···	···	···	···
M	45	58	83	60	75	5
N	22	67	53	63	45	5

⟨예 4.1⟩은 cancor, cca, cc 함수를 사용하는 예를 제시한 것이다. 이들 함수를 사용하기 위해서는 2개의 변수집단에 대하여 각각 데이터 프레임을 생성해 두어야 한다.

⟨예 4.1⟩ 정준상관분석을 위한 함수들

```
job <- read.csv("F:/My_Work/Data/job.csv",header=TRUE)
job.X <- job[,c("x1","x2","x3")]
job.Y <- job[,c("y1","y2","y3")]
cancor(job.X,job.Y)
#----------------------------------------------------------------------
library(yacca)
cca(job.X,job.Y)
#----------------------------------------------------------------------
library(CCA)
cc(job.X,job.Y)
#----------------------------------------------------------------------
# $cor
# [1] 0.9194120 0.4186491 0.1133658
#
# $xcoef
#             [,1]         [,2]        [,3]
# x1  0.004300092  0.031408316 -0.03519517
# x2 -0.020110886 -0.028134366 -0.01528254
# x3 -0.053120964  0.006447336  0.05245086
#
# $ycoef
#            [,1]         [,2]        [,3]
# y1 -0.01483783 -0.026536591 -0.05099320
# y2 -0.02525192  0.004197075  0.02920936
# y3 -0.02434304  0.441592020 -0.15072041
#
# $scores
# $scores$xscores
#              [,1]        [,2]        [,3]
#  [1,]  0.6910075 -0.24753813  1.30395148
#  [2,] -0.4294875  1.94689629 -0.29742452
#  [3,] -0.2002147  0.60162391 -1.90263551
#  ...
# $scores$yscores
#               [,1]        [,2]        [,3]
#  [1,]  0.30025201  1.26830815 -1.56061971
#  [2,] -0.78011722  0.83380716  0.66022790
#  [3,] -0.13342942 -0.23076870 -2.33696880
#  ...
```

⟨예 4.2⟩ 상관행렬

```
library(CCA)
matcor(job.X,job.Y)
#-------------------------------------------------------------------
# $Xcor
#           x1        x2        x3
# x1 1.0000000 0.2655074 0.5362404
# x2 0.2655074 1.0000000 0.1178639
# x3 0.5362404 0.1178639 1.0000000
#
# $Ycor
#           y1        y2        y3
# y1 1.0000000 0.5538806 0.2244930
# y2 0.5538806 1.0000000 0.2108256
# y3 0.2244930 0.2108256 1.0000000
#
# $XYcor
#           x1          x2        x3        y1        y2          y3
# x1 1.0000000  0.26550743 0.5362404 0.3060371 0.4241932  0.39608438
# x2 0.2655074  1.00000000 0.1178639 0.5247464 0.5262038 -0.01305114
# x3 0.5362404  0.11786387 1.0000000 0.5162016 0.7655578  0.37519987
# y1 0.3060371  0.52474641 0.5162016 1.0000000 0.5538806  0.22449295
# y2 0.4241932  0.52620376 0.7655578 0.5538806 1.0000000  0.21082561
# y3 0.3960844 -0.01305114 0.3751999 0.2244930 0.2108256  1.00000000
```

⟨예 4.2⟩는 CCA 패키지의 matcor 함수를 사용하여 관련된 상관행렬들을 출력한 것이다. 상관행렬 중 특히 두 변수집단간 상관계수들을 살펴보면, (x_2, x_3)와 (y_1, y_2)들 간에 0.5 이상의 높은 상관계수를 가지고 있음을 알 수 있다. 반면에 x_1과 y_3는 다른 집단의 변수들과 상대적으로 낮은 상관계수를 가지고 있다.

⟨예 4.3⟩ 정준상관계수 출력

```
library(CCA)
job.cc <- cc(job.X,job.Y)
job.cc$cor
#-------------------------------------------------------------------
# [1] 0.9194120 0.4186491 0.1133658
```

cc 함수는 정준상관분석의 결과들을 리스트 객체 내의 여러 객체들에 저장한다. 예를 들어, ⟨예 4.3⟩은 cor 객체를 호출하여 정준상관계수를 출력한 것이다.

⟨예 4.3⟩의 결과에서 특히 첫 정준상관계수가 0.919임을 볼 수 있는데, 이는 '업무특성' 변수집단의 선형결합과 '만족도' 변수집단의 선형결합 사이에 매우 큰 상관성이 있음을 나타낸다.

⟨예 4.4⟩ 정준계수 출력

```
job.cc$xcoef    # x-집단, 원(raw) 정준계수
#-------------------------------------------------------------------------
#             [,1]         [,2]        [,3]
# x1  0.004300092  0.031408316 -0.03519517
# x2 -0.020110886 -0.028134366 -0.01528254
# x3 -0.053120964  0.006447336  0.05245086
#-------------------------------------------------------------------------
job.cc$ycoef    # y-집단, 원(raw) 정준계수
#-------------------------------------------------------------------------
#            [,1]         [,2]        [,3]
# y1 -0.01483783 -0.026536591 -0.05099320
# y2 -0.02525192  0.004197075  0.02920936
# y3 -0.02434304  0.441592020 -0.15072041
#-------------------------------------------------------------------------
job.cc$xcoef*sapply(job.X,sd)   # x-집단, 표준화된(standardized) 정준계수
#-------------------------------------------------------------------------
#           [,1]       [,2]       [,3]
# x1  0.1108295  0.8095098 -0.9071112
# x2 -0.5519543 -0.7721632 -0.4194377
# x3 -0.8402945  0.1019873  0.8296945
#-------------------------------------------------------------------------
job.cc$ycoef*sapply(job.Y,sd)   # y-집단, 표준화된(standardized) 정준계수
#-------------------------------------------------------------------------
#            [,1]       [,2]       [,3]
# y1 -0.30284133 -0.5416140 -1.0407753
# y2 -0.78536978  0.1305349  0.9084518
# y3 -0.05377069  0.9754208 -0.3329223
```

⟨예 4.4⟩는 xcoef와 ycoef 객체를 호출하여 원(raw) 정준계수를 출력한 것이다. 또한 sapply 함수를 사용하여 원 정준계수에 각 변수들의 표준편차를 곱함으로써 표준화된(standardized) 정준계수를 출력하였다(4.3.3절 참조). 표준화된 정준계수를 이용하여 두 변수집단에 대한 첫 정준변량을 표현하여 보면 다음과 같다.

$$\begin{cases} \hat{v}_1 &= 0.1108\, zx_1 - 0.5520\, zx_2 - 0.8403\, zx_3, \\ \hat{w}_1 &= -0.3028\, zy_1 - 0.7854\, zy_2 - 0.0538\, zy_3. \end{cases}$$

여기에서 zx와 zy는 표준화된 관찰변수를 나타낸다. 즉, '업무 특성' 변수집단의 첫 정준변량($\hat{v}_1$)에는 x_3(자율성)과 x_2(피드백)의 계수가 상대적으로 큰 기여를 하고 있으며, '업무 만족도' 변수집단의 첫 정준변량($\hat{w}_1$)에는 y_2(관계)와 y_1(경력)의 계수가 큰 기여를 하고 있음을 알 수 있다.

4.3 정준상관분석의 대수적 의미

두 확률변수벡터 $\mathbf{x} = (x_1,\ x_2,\ \cdots,\ x_p)'$와 $\mathbf{y} = (y_1,\ y_2,\ \cdots,\ y_q)'$를 어떤 공통적 성격을 나타내는 각각 p개와 q개의 변수들로 구성된 변수집단이라고 하자. 이때 $\mathbf{x}$, $\mathbf{y}$에 대한 모평균벡터 $\boldsymbol{\mu}_x$, $\boldsymbol{\mu}_y$와 모공분산행렬 $\boldsymbol{\Sigma}_{xx}$, $\boldsymbol{\Sigma}_{yy}$, $\boldsymbol{\Sigma}_{xy}$들을 다음과 같이 표기하자.

$$\begin{cases} \boldsymbol{\mu}_x = \mathrm{E}(\mathbf{x}) = (\mu_{x_1},\ \mu_{x_2},\ \cdots,\ \mu_{x_p})', \\ \boldsymbol{\mu}_y = \mathrm{E}(\mathbf{y}) = (\mu_{y_1},\ \mu_{y_2},\ \cdots,\ \mu_{y_q})', \\ \boldsymbol{\Sigma}_{xx} = \mathrm{E}(\mathbf{x}-\boldsymbol{\mu}_x)(\mathbf{x}-\boldsymbol{\mu}_x)', \\ \boldsymbol{\Sigma}_{yy} = \mathrm{E}(\mathbf{y}-\boldsymbol{\mu}_y)(\mathbf{y}-\boldsymbol{\mu}_y)', \\ \boldsymbol{\Sigma}_{xy} = \mathrm{E}(\mathbf{x}-\boldsymbol{\mu}_x)(\mathbf{y}-\boldsymbol{\mu}_y)'. \end{cases} \tag{4.3}$$

이를 전체적으로 보면 두 변수집단 $(\mathbf{x}',\ \mathbf{y}')$은 모평균벡터 $\boldsymbol{\mu}' = (\boldsymbol{\mu}_x',\ \boldsymbol{\mu}_y')$와 모공분산행렬

$$\boldsymbol{\Sigma} = \begin{pmatrix} \boldsymbol{\Sigma}_{xx} & \boldsymbol{\Sigma}_{xy} \\ \boldsymbol{\Sigma}_{yx} & \boldsymbol{\Sigma}_{yy} \end{pmatrix} \tag{4.4}$$

을 가진 모집단에서의 확률벡터로 생각할 수 있다.

여기에서 우리가 관심을 가지고 있는 두 변수집단 간의 연관관계에 관한 정보는 $p \times q$개의 원소들로 구성된 행렬 $\boldsymbol{\Sigma}_{xy}$에 포함되어 있는데, 만약 각 집단에 속한 변수들의 개수인 p 혹은 q가 아주 크다면 $\boldsymbol{\Sigma}_{xy}$를 통해 두 변수집단 간의 관계를 일괄적으로 파악하기는 매우 어려울 것이다. 이와 같은 경우 다변량 집단의 체계를 요약하고 차원축소를 목적으로 많이 사용되는 기법이 선형결합이다. 즉, $\mathbf{0}$이 아닌 두 개의 상수벡터 $\boldsymbol{\alpha} = (\alpha_1,\ \alpha_2,\ \cdots,\ \alpha_p)'$, $\boldsymbol{\beta} = (\beta_1,\ \beta_2,\ \cdots,\ \beta_q)'$를 이용하여 $\mathbf{x}$와 $\mathbf{y}$에 대해

$$\begin{cases} v &= \boldsymbol{\alpha}'\mathbf{x} &= \alpha_1 x_1 + \alpha_2 x_2 + \cdots + \alpha_p x_p, \\ w &= \boldsymbol{\beta}'\mathbf{y} &= \beta_1 y_1 + \beta_2 y_2 + \cdots + \beta_q y_q \end{cases} \tag{4.5}$$

와 같이 선형결합된 일변량변수 v와 w의 관계를 고려하는 것이다.

4.3.1 정준상관계수와 정준변량

대수적 의미에서 정준상관분석의 목표는 식 (4.5)에서와 같이 변수벡터 $\mathbf{x}$와 $\mathbf{y}$를 각각 일차원으로 요약한 선형결합변수 v와 w 사이의 (단순)상관계수 $\rho(v,w)$를 최대로 하는 선형결합의 계수(정준계수)를 찾고자 하는 것이라고 할 수 있다.

먼저 $\rho(v,w)$는

$$\rho(v,w) = \frac{\boldsymbol{\alpha}'\boldsymbol{\Sigma}_{xy}\boldsymbol{\beta}}{\sqrt{(\boldsymbol{\alpha}'\boldsymbol{\Sigma}_{xx}\boldsymbol{\alpha})(\boldsymbol{\beta}'\boldsymbol{\Sigma}_{yy}\boldsymbol{\beta})}} \tag{4.6}$$

와 같이 표현할 수 있는데, 이의 절대값을 최대로 하는 정준(가중)계수벡터 $\boldsymbol{\alpha}_1$과 $\boldsymbol{\beta}_1$은 각각 다음과 같은 두 행렬

$$\begin{cases} \mathbf{A} &= \boldsymbol{\Sigma}_{xx}^{-1}\boldsymbol{\Sigma}_{xy}\boldsymbol{\Sigma}_{yy}^{-1}\boldsymbol{\Sigma}_{yx}, \\ \mathbf{B} &= \boldsymbol{\Sigma}_{yy}^{-1}\boldsymbol{\Sigma}_{yx}\boldsymbol{\Sigma}_{xx}^{-1}\boldsymbol{\Sigma}_{xy}. \end{cases} \tag{4.7}$$

의 첫 고유벡터가 됨을 보일 수 있다. 또한 두 행렬 $\mathbf{A}$와 $\mathbf{B}$의 첫 고유값은 λ_1로 같게 되며 λ_1의 제곱근, 즉 $\sqrt{\lambda_1} = \rho_1$이 첫 정준변량(정준변수, canonical variate) $v_1 = \boldsymbol{\alpha}_1'\mathbf{x}$과 $w_1 = \boldsymbol{\beta}_1'\mathbf{y}$의 상관계수(즉, 첫 정준상관계수)가 됨을 보일 수 있다.

이미 얻은 첫 번째 정준변량 $(v_1,\ w_1)$과 상관되지 않는다는 조건 하에 모든 가능한 선형결합들 중 식 (4.5)의 절대값을 최대로 하는 가중계수벡터 $\boldsymbol{\alpha}_2$와 $\boldsymbol{\beta}_2$는 각각 행렬 $\mathbf{A}$와 $\mathbf{B}$의 두 번째 고유벡터로부터 얻을 수 있다. 이 때 두 행렬 $\mathbf{A}$와 $\mathbf{B}$의 두 번째 고유값도 $\lambda_2(\le \lambda_1)$로 같게 되며 λ_2의 제곱근, 즉 $\sqrt{\lambda_2} = \rho_2$가 두 번째 정준변량 $v_2 = \boldsymbol{\alpha}_2'\mathbf{x}$와 $w_2 = \boldsymbol{\beta}_2'\mathbf{y}$의 상관계수(즉, 두 번째 정준상관계수)가 된다.

이와 같은 과정은 최대로 $s = \min(p,q)$번 반복될 수 있는데, 이를 통해 유도된 정준변량들은 결론적으로 다음과 같은 성질들을 가진다.

$$\begin{cases} \mathrm{Var}(v_k) = \mathrm{Var}(w_k) = 1, \quad k = 1,\ 2,\ \cdots,\ s, \\ \mathrm{Cov}(v_k,\ w_k) = \mathrm{Corr}(v_k,\ w_k) = \rho_k, \quad (\text{단 } \rho_1 \ge \rho_2 \ge \cdots \ge \rho_s), \\ \mathrm{Cov}(v_k,\ w_j) = \mathrm{Corr}(v_k,\ w_j) = 0, \quad k \ne j = 1,\ 2,\ \cdots,\ s. \end{cases} \tag{4.8}$$

이러한 모집단 정준상관의 성질들은 표본 정준상관의 경우에도 거의 그대로 성립된다. 즉, 모평균벡터 $\boldsymbol{\mu}$와 모공분산행렬 $\boldsymbol{\Sigma}$를 가진 $(p+q)$-변량 모집단으로부터 얻은 크기 n인 랜덤표본 $(\mathbf{x}_1,\mathbf{y}_1),\ (\mathbf{x}_2,\mathbf{y}_2),\ \cdots,\ (\mathbf{x}_n,\mathbf{y}_n)$에 기초한 경우, $k(=1,\ \cdots,\ s)$번째 표본 정준변량의 짝 $(\hat{v}_k = \mathbf{a}_k'\mathbf{x},\ \hat{w}_k = \mathbf{b}_k'\mathbf{y})$와 정준상관계수 $\mathrm{r}_k = \mathrm{Corr}(\hat{v}_k,\ \hat{w}_k)$는 앞에서의 내용 중 모공분산행렬 $\boldsymbol{\Sigma}$를 표본공분산행렬 $\mathbf{S}$로 대치함으로써 얻어질 수 있다.

4.3.2 일반화된 상관계수로서의 정준상관계수

정준상관계수는 단순 혹은 다중상관계수 기본적인 틀을 자연스럽게 차원확장한 것이라고 볼 수 있다. 이러한 내용을 조금 더 상세히 살펴보자.

(1) $p = q = 1$일 경우

이 경우 정준변량은 $v_1 = \alpha_1 x_1$, $w_1 = \beta_1 y_1$이 되므로, 다음과 같은 관계가 성립한다.

$$\begin{aligned} \rho_1 &= \max|\mathrm{Corr}(v_1, w_1)| \\ &= \max|\mathrm{Corr}(\alpha_1 x_1,\ \beta_1 y_1)| \\ &= |\mathrm{Corr}(x_1,\ y_1)| \end{aligned} \tag{4.9}$$

즉, 이때 정준상관계수는 단순상관계수(simple correlation coefficient)의 절대값과 같게 된다.

(2) $p = 1$, $q \geq 2$일 경우

이 경우 정준변량은 $v_1 = \alpha_1 x_1$, $w_1 = \boldsymbol{\beta}'\mathbf{y}$가 되므로, 다음과 같은 관계가 성립한다.

$$\begin{aligned} \rho_1 &= \max|\mathrm{Corr}(v_1, w_1)| \\ &= \max|\mathrm{Corr}(\alpha_1 x_1,\ \boldsymbol{\beta}'\mathbf{y})| \\ &= \max|\mathrm{Corr}(x_1,\ \boldsymbol{\beta}'\mathbf{y})| \end{aligned} \tag{4.10}$$

즉, 이때 정준상관계수는 다중상관계수(multiple correlation coefficient)와 같게 된다.

이와 같이 차원상 일반화된 개념으로서의 정준상관계수는 그 하위에 있는 단순 및 다중상관계수의 상한이 됨을 알 수 있다. 예를 들어, ⟨예 4.3⟩의 결과에서 첫 정준상관계수 $\mathrm{r}_1 = 0.919$는 $\boldsymbol{\Sigma}_{xy}$의 원소 중 가장 큰 절대값을 가지는 $\mathrm{r}(x_3,\ y_2) = 0.766$보다 큼을 볼 수 있다.

4.3.3 표준화된 정준계수

한편 정준상관계수들은 일종의 상관계수이므로 위치 및 척도 불변성을 가지기 때문에 공분산행렬이나 상관행렬 중 어느 것으로부터 유도해도 동일한 결과(정준상관계수)를 얻게 된다. 그러나 정준변량을 구하기 위해 사용되는 정준계수는 이와는 달리 공분산행렬에 기초하여 유도한 것이냐, 혹은 각 변수들을 표준화시킨 것들의 공분산행렬인 상관행렬에 기초한 것이냐에 따라 다르게 된다.

먼저 공분산행렬로부터 유도한 k번째 (원래)계수벡터를 $\mathbf{a}_k = (a_{k1},\ a_{k2},\ \cdots,\ a_{kp})'$, $\mathbf{b}_k = (b_{k1},\ b_{k2},\ \cdots,\ b_{kq})'$라고 하고, 상관행렬로부터 얻은 (표준화된)계수벡터를 $\mathbf{a}_k^0 =$

$(a_{k1}^0,\ a_{k2}^0,\ \cdots,\ a_{kp}^0)'$, $\mathbf{b}_k^0 = (b_{k1}^0,\ b_{k2}^0,\ \cdots,\ b_{kq}^0)'$라고 할 때, 이들 사이에는 다음과 같은 관계가 있다. 즉, $k = 1,\ 2,\ \cdots,\ s$에 대하여

$$\begin{cases} a_{ki}^0 = a_{ki} \times s_{x_i}, & i = 1,\ 2,\ \cdots,\ p, \\ b_{kj}^0 = b_{ki} \times s_{y_j}, & j = 1,\ 2,\ \cdots,\ q. \end{cases} \tag{4.11}$$

가 성립한다. 단, s_{x_i}와 s_{y_j}는 각각 x_i와 y_j의 표준편차이다.

⟨표 4.1⟩의 데이터에 대하여 x(업무특성) 변수들의 표준편차는 $s_{x_1} = 25.773$, $s_{x_2} = 27.446$, $s_{x_3} = 15.819$이고, y(만족도) 변수들의 표준편차는 $s_{y_1} = 20.410$, $s_{y_2} = 31.101$, $s_{y_1} = 2.209$이다. ⟨예 4.4⟩의 결과에서 식 (4.11)의 관계가 성립함을 확인하여 보기 바란다.

4.3.4 분석 사례 – 상관행렬을 입력으로 하는 경우

상관행렬을 이용한 정준상관분석의 예를 하나 들어보기로 한다. ⟨표 4.2⟩는 252명의 소비자로부터 어떤 자동차의 타이어의 광고효과에 관한 조사로부터 얻은 상관행렬이다 (Dillon & Goldstein, 1984, p. 348).

- x_1: TV 상업광고에서 주장하는 내용에 대해 신뢰하는 정도,
- x_2: 신상품에 대한 사후 관심정도,
- y_1: 해당 상품에 대한 관심정도,
- y_2: 지난 번에 구매한 타이어의 상표에 대한 관심정도,
- y_3: 신상품에 대한 사전(광고에 접하기 이전) 관심정도.

이 상관행렬을 살펴보면 $r(y_1,\ y_2) = 0.659$로서 이 두 변수는 비교적 큰 상관관계를 가지나, 그 밖의 상관행렬 $\mathbf{R}_{xx}$와 $\mathbf{R}_{xy}$의 원소에는 눈에 띨만큼 큰 상관계수들이 없다. 예를 들어, $\mathbf{R}_{xy}$에서 $r(y_2,\ y_3) = 0.539$가 그 중 가장 큰 것임을 알 수 있다.

⟨표 4.2⟩ 광고효과 데이터(advert.csv)

	x_1	x_2	y_1	y_2	y_3
x_1	1.000				
x_2	0.659	1.000			
y_1	0.202	0.315	1.000		
y_2	0.097	0.218	0.086	1.000	
y_3	0.321	0.539	0.226	0.258	1.000

⟨예 4.5⟩ 상관행렬을 입력으로 하는 경우 – geigen 함수

```
advert <- read.csv("F:/My_Work/Data/advert.csv",header=TRUE)
advert.cor <- as.matrix(advert)    # 행렬로 바꾸기
R.xx <- advert.cor[1:2,1:2]  # X-변수들 간의 상관행렬
R.yy <- advert.cor[3:5,3:5]  # Y-변수들 간의 상관행렬
R.xy <- advert.cor[1:2,3:5]  # X-Y 변수들 간의 상관행렬
geigen(Amat=R.xy,Bmat=R.xx,Cmat=R.yy)    # 정준상관분석
#------------------------------------------------------------------------
# $values
# [1] 0.5813316 0.0496399
#
# $Lmat
#           [,1]       [,2]
# x1  0.1109126  1.324900
# x2 -1.0696057 -0.789687
#
# $Mmat
#           [,1]       [,2]
# y1 -0.3443935  0.4302471
# y2 -0.1424813 -0.9525708
# y3 -0.8158819  0.1415096
```

⟨예 4.5⟩는 fda 패키지의 geigen 함수를 사용하여 정준상관분석을 수행한 예이다. 이 함수는 식 (4.7)에 주어진 행렬들에 대한 일반화 고유치-고유벡터 분석을 통해 정준상관분석을 수행하며, CCA 패키지의 cc 함수나 rcc 함수가 정준상관분석을 수행할 때 내부적으로 이용하는 함수이다. geigen 함수의 결과 중 values 객체는 정준상관계수를, Lmat 객체는 x-변수집단의 정준계수를, Mmat 객체는 y-변수집단의 정준계수를 저장한다.

이 경우 $s = \min(p, q) = \min(2, 3) = 2$이므로 최대 2개의 정준변량들의 짝을 유도할 수 있는데, 먼저 식 (4.7)에 대응되는 표본의 행렬

$$\begin{cases} \mathbf{A} & = \mathbf{R}_{xx}^{-1}\mathbf{R}_{xy}\mathbf{R}_{yy}^{-1}\mathbf{R}_{yx} \\ \mathbf{B} & = \mathbf{R}_{yy}^{-1}\mathbf{R}_{yx}\mathbf{R}_{xx}^{-1}\mathbf{R}_{xy} \end{cases} \tag{4.12}$$

의 0이 아닌 두 고유값을 계산하여 보면 각각 $\hat{\lambda_1} = 0.3379$, $\hat{\lambda_2} = 0.0025$이다. 따라서 첫 정준상관계수는 $\mathrm{r}_1(= \sqrt{\lambda_1}) = 0.5813$으로 적당히 큰 상관계수로 생각될 수 있으나, 두 번째 정준상관계수는 $\mathrm{r}_2(= \sqrt{\lambda_2}) = 0.0496$으로서 두 번째 정준변량들은 원래 변수집단의 연관관계를 거의 설명하지 못하고 있음을 나타낸다.

또한 행렬 **A**와 **B**의 첫 두 개의 고유벡터로부터 정준계수들을 계산하여 보면 다음과 같다.

$$\begin{cases} \mathbf{a}_1 = (0.1109, \; -1.0696), & \mathbf{a}_2 = (1.3249, \; -0.7897), \\ \mathbf{b}_1 = (-0.3444, \; -0.1425, \; -0.8159), & \mathbf{b}_2 = (0.4302, \; -0.9526, \; 0.1415). \end{cases}$$

4.4 정준점수

앞에서 설명한 바와 같이 정준변량(정준변수, canonical variate)은 두 변수집단 간의 연관관계에 의해 요약된 인공변수들이다. 한편 각 개체는 $(p+q)$ 차원의 원래 변수들에 대해 얻어진 관찰벡터로 나타나게 되는데, 각 개체의 프로파일을 정준변량의 차원에서 고려했을 때 얻어지는 점수를 정준점수(canonical score)라고 부른다. 이와 같이 각 객체에 대해 얻어진 정준점수는 주성분점수 및 인자점수와 같은 개념과 유사하게 후속적인 통계분석에서 어떤 개념상의 의미를 부여할 수 있는 차원축약된 새로운 변수 혹은 지표로 이용될 수 있다.

⟨예 4.6⟩ 정준점수 출력 ⟵ 예 4.3에서 계속

```
X.score <- job.cc$scores$xscores   # x-정준점수
colnames(X.score) <- paste0("ChrVar", 1:3)
Y.score <- job.cc$scores$yscores   # y-정준점수
colnames(Y.score) <- paste0("SatVar", 1:3)
job.score <- cbind(X.score,Y.score)   # 결합
rownames(job.score) <- job$job
round(job.score,digits=3)
#--------------------------------------------------------------------
#   ChrVar1 ChrVar2 ChrVar3 SatVar1 SatVar2 SatVar3
# A   0.691  -0.248   1.304   0.300   1.268  -1.561
# B  -0.429   1.947  -0.297  -0.780   0.834   0.660
# C  -0.200   0.602  -1.903  -0.133  -0.231  -2.337
# D  -1.721   0.387  -0.792  -1.801  -0.391  -0.229
# E  -1.959  -1.114   0.796  -1.522  -0.090   0.266
# F   0.241  -0.016   0.734   0.891  -0.406  -1.119
# G   0.416   1.143  -0.518   0.555   2.415   0.939
# H   1.712  -0.206  -0.123   1.174  -1.157   0.521
# I   0.750   0.419   0.464   1.020   0.706   0.188
# J  -0.376   0.205   1.850  -0.894  -0.924   0.238
# K   0.767   0.544   0.323   1.314  -1.006   0.768
# L   0.383  -1.721  -1.008   0.486  -0.866   0.524
# M  -0.794  -0.387   0.036  -0.662   0.026   1.085
# N   0.519  -1.556  -0.866   0.051  -0.179   0.056
```

〈예 4.3〉에서 설명한 바와 같이 cc 함수는 정준상관분석의 결과들을 리스트 객체 내의 여러 객체들에 저장한다. 그 중 scores 객체에는 정준점수(xscores, yscores), 정준적재, 교차적재 등이 저장되어 있다.

〈예 4.6〉은 정준점수를 결합하여 출력하는 예이다. 여기에서는 paste0 함수를 사용하여 x-변수집단의 정준점수에는 ChrVar라는 접두어를, y-변수집단의 정준점수에는 SatVar 라는 접두어를 부여하였다.

예를 들어 〈예 4.4〉의 표준화된 정준계수를 이용하여 $i(=1, \cdots, n)$번째 관찰개체에 대한 첫 정준변량들의 점수는

$$\begin{cases} \hat{v}_{i1} & = 0.1108\ zx_{i1} - 0.5520\ zx_{i2} - 0.8403\ zx_{i3}, \\ \hat{w}_{i1} & = -0.3028\ zy_{i1} - 0.7854\ zy_{i2} - 0.0538\ zy_{i3}. \end{cases}$$

와 같이 계산될 수 있다. 따라서 $\hat{v}_1$은 주로 x_3(자율성)과 x_2(피드백) 측면의 '업무 특성'을 나타낸다고 할 수 있으며, $\hat{w}_1$은 y_2(관계)와 y_1(경력) 측면의 '업무 만족도'를 나타낸다고 할 수 있겠다. 또한 $\hat{v}_1$과 $\hat{w}_1$의 (정준)상관계수는 $r_1 = 0.919$로 매우 높은 연관성을 가지고 있다(예 4.3 참조).

이와 유사하게 두 번째 정준변량들의 점수는

$$\begin{cases} \hat{v}_{i2} & = 0.8095\ zx_{i1} - 0.7722\ zx_{i2} + 0.1020\ zx_{i3}, \\ \hat{w}_{i2} & = -0.5416\ zy_{i1} + 0.1305\ zy_{i2} + 0.9754\ zy_{i3}. \end{cases}$$

와 같이 계산될 수 있다. 따라서 $\hat{v}_2$는 x_1(다양성)과 x_2(피드백)의 대비(차이; contrast)로 해석될 수 있으며, $\hat{w}_2$는 y_3(보수)와 y_1(경력)의 대비로 해석될 수 있겠다. 또한 $\hat{v}_2$와 $\hat{w}_2$의 (정준)상관계수는 $r_2 = 0.419$ 정도이다(예 4.3 참조).

이 예의 경우 $s = 3$이므로 이러한 방식으로 세 번째 정준변량들에 대한 점수도 얻을 수 있다(모두 $2s = 6$개의 정준점수를 얻을 수 있다, 예 4.6 참조).

〈예 4.7〉 정준점수 플롯

```
plot(job.score[,1:2],pch=1,col="blue",xlim=c(-2,2),ylim=c(-2,2))
abline(v=0,h=0,lty=2)
text(job.score[,1:2],labels=1:14,pos=4,col="red")
plot(job.score[,4:5],pch=1,col="blue",xlim=c(-2,2),ylim=c(-2,2))
abline(v=0,h=0,lty=2)
text(job.score[,4:5],labels=1:14,pos=4,col="red")
plot(job.score[,c(1,4)],pch=1,col="blue",xlim=c(-2,2),ylim=c(-2,2))
abline(v=0,h=0,lty=2)
text(job.score[,c(1,4)],labels=1:14,pos=4,col="red")
```

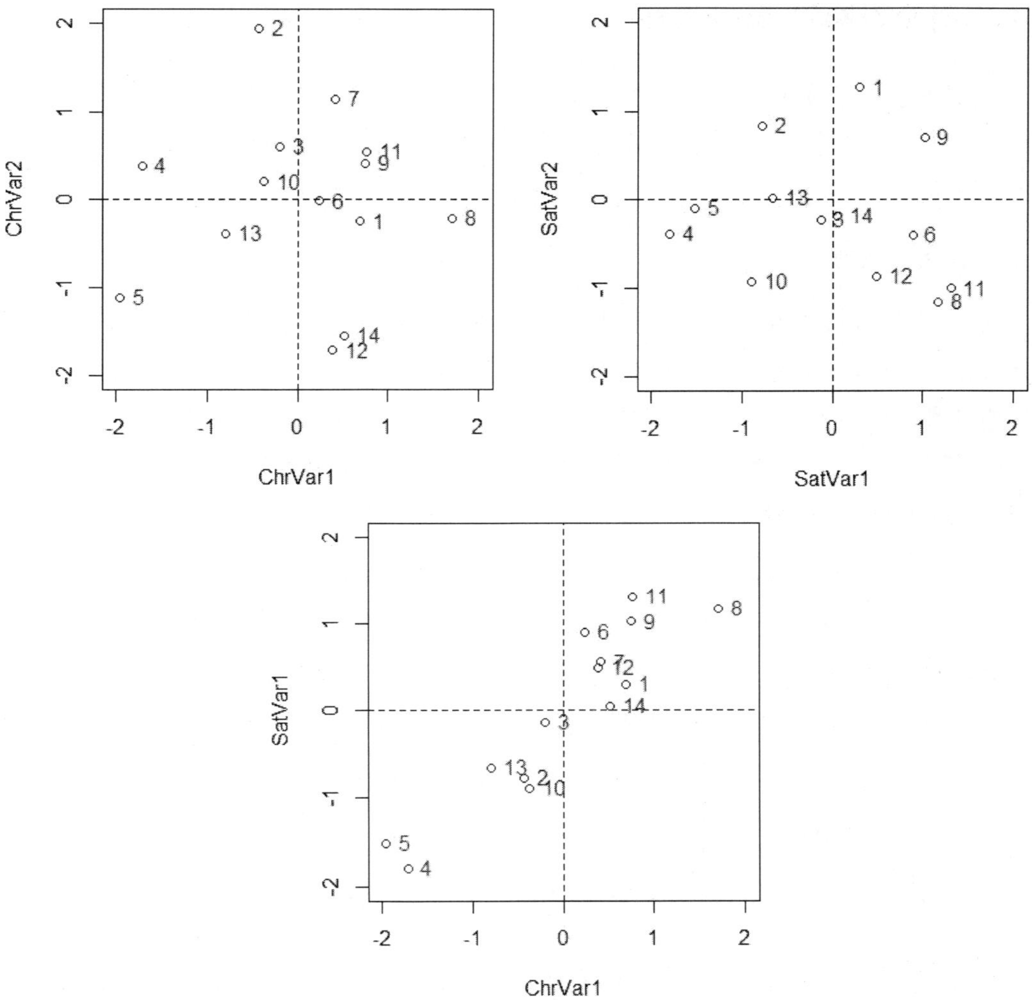

〈그림 4.1〉 정준점수 플롯(Canonical Scores Plot)

한편, 얻어진 정준점수들을 이용하여 플롯을 작성하면 각 개체들의 특성을 시각적으로 이해하는 데 매우 유용하다. 〈예 4.7〉은 이차원 정준점수 플롯을 작성하는 예이며, 〈그림 4.1〉에는 (a) $\hat{v}_1 * \hat{v}_2$, (b) $\hat{w}_1 * \hat{w}_2$, (c) $\hat{v}_1 * \hat{w}_1$ 등 첫 두 개의 정준점수들에 의한 플롯이 제시되어 있다.

예를 들어, 첫 정준변량들의 짝인 $\hat{v}_1$(ChaVar1)*$\hat{w}_1$(SatVar1)의 플롯을 살펴보면 3사분면에 있는 4, 5, 13번 개체들은 x_3(자율성)과 x_2(피드백) 측면의 '업무특성'에 대해 느끼는 정도가 높으며 y_2(관계)와 y_1(경력) 측면의 '만족도'도 높은 그룹이며, 반면에 1사분면에 있는 8, 9, 11번 개체들은 '업무특성'에 대해 느끼는 정도와 '만족도'가 낮은 그룹임을 알 수 있다.

4.5 정준적재와 교차적재

정준변량이 나타내는 의미를 어느 한 관찰변수가 해당 정준변량에 의해 얼마나 잘 반영되느냐에 둔다면, 그 반영도는 그들 간의 단순상관계수를 이용하여 재는 것도 한 방법이 될 것이다.

4.5.1 정준적재

정준적재(canonical loading)는 어느 한 변수와 그에 대응되는 정준변량과의 단순상관계수를 의미한다. 물론 단순상관계수를 통한 인과의 정도에 기초하여 정준변량의 의미를 식별함에는 여러 가지 주의를 요하나, 이는 실제적 측면에서 정준상관구조의 파악을 위해 많은 연구자에 의해 이용되고 있는 지표이다. 먼저 두 변수집단에 대응되는 $s = \min(p,\ q)$ 개의 정준변량들인 v와 w들을 모아 다음과 같이 표기하자.

$$\begin{cases} \mathbf{v} = (v_1,\ v_2,\ \cdots,\ v_s)' = \mathbf{x}'(\boldsymbol{\alpha}_1,\ \boldsymbol{\alpha}_2,\ \cdots,\ \boldsymbol{\alpha}_s) = \mathbf{x}'\mathbf{C}_x, \\ \mathbf{w} = (w_1,\ w_2,\ \cdots,\ w_s)' = \mathbf{y}'(\boldsymbol{\beta}_1,\ \boldsymbol{\beta}_2,\ \cdots,\ \boldsymbol{\beta}_s) = \mathbf{y}'\mathbf{C}_y. \end{cases} \tag{4.13}$$

여기에서 $\mathbf{C}_x$와 $\mathbf{C}_y$는 각각 두 변수집단에 대응되는 정준계수행렬이다. 이때 $(\mathbf{x},\ \mathbf{v})$와 $(\mathbf{y},\ \mathbf{w})$의 정준적재행렬은 다음과 같은 공식을 통해 구해질 수 있다.

$$\begin{cases} \mathrm{Corr}(\mathbf{x},\ \mathbf{v}) &= \mathbf{D}_x^{-1/2}\boldsymbol{\Sigma}_{xx}\mathbf{C}_x, \\ \mathrm{Corr}(\mathbf{y},\ \mathbf{w}) &= \mathbf{D}_y^{-1/2}\boldsymbol{\Sigma}_{yy}\mathbf{C}_y. \end{cases} \tag{4.14}$$

단, $\mathbf{D}_x^{-1/2} = \mathrm{diag}(1/\sigma_{x_1},\ \cdots,\ 1/\sigma_{x_p})$, $\mathbf{D}_y^{-1/2} = \mathrm{diag}(1/\sigma_{y_1},\ \cdots,\ 1/\sigma_{y_q})$.

〈예 4.8〉 정준적재 출력 ⟵ 예 4.3에서 계속

```
job.cc$scores$corr.X.xscores    # x-정준적재
#----------------------------------------------------------------------
#            [,1]       [,2]       [,3]
# x1 -0.4863184  0.6591844 -0.5735594
# x2 -0.6215686 -0.5452117 -0.5624915
# x3 -0.8459188  0.4450690  0.2938283
#----------------------------------------------------------------------
job.cc$scores$corr.Y.yscores    # y-정준적재
#----------------------------------------------------------------------
#            [,1]       [,2]       [,3]
# y1 -0.7499135 -0.2503382 -0.6123402
# y2 -0.9644439  0.0361891  0.2617981
# y3 -0.2873325  0.8813524 -0.3750441
```

⟨예 4.8⟩은 scores 객체 내의 corr.X.xscores와 corr.Y.yscores 객체를 호출하여 정준적재값을 출력하는 예이다.

⟨예 4.8⟩의 결과에서 먼저 '업무특성' 변수집단의 정준적재를 살펴보면, 첫 정준변량($\hat{v}_1$)은 그의 관찰변수들과 대체로 높은 상관계수(적재)를 가지고 있으며, 특히 x_3(자율성)이 첫 정준변수와 가장 큰 연관성을 가지고 있음을 알 수 있다. 즉, $\mathrm{r}(x_3,\ v_1) = 0.8459$. 한편 '만족도' 변수집단의 정준적재를 살펴보면, y_2(관계)가 첫 정준변량($\hat{w}_1$)과 매우 높은 상관계수를 가지고 있으며, 즉, $\mathrm{r}(y_2,\ w_1) = 0.9644$, y_1(경력)이 그보다는 약간 낮은 상관계수를 가지고 있음을 알 수 있다. 즉, $\mathrm{r}(y_1,\ w_1) = 0.7499$.

이와 같은 해석은 정준적재 플롯을 통해 시각적으로 이루어질 수도 있는데, ⟨그림 4.2⟩는 첫 두 개의 정준적재값을 그래프로 작성한 것이다(예 4.9 참조).

⟨예 4.9⟩ 정준적재 플롯

```
job.loading <- rbind(job.cc$scores$corr.X.xscores,
                     job.cc$scores$corr.Y.yscores)
plot(job.loading[,1:2],pch=1,col="red",xlim=c(-1,1),ylim=c(-1,1))
abline(v=0,h=0,lty=2)
text(job.loading[,1:2],labels=rownames(job.loading),pos=4,col="blue")
```

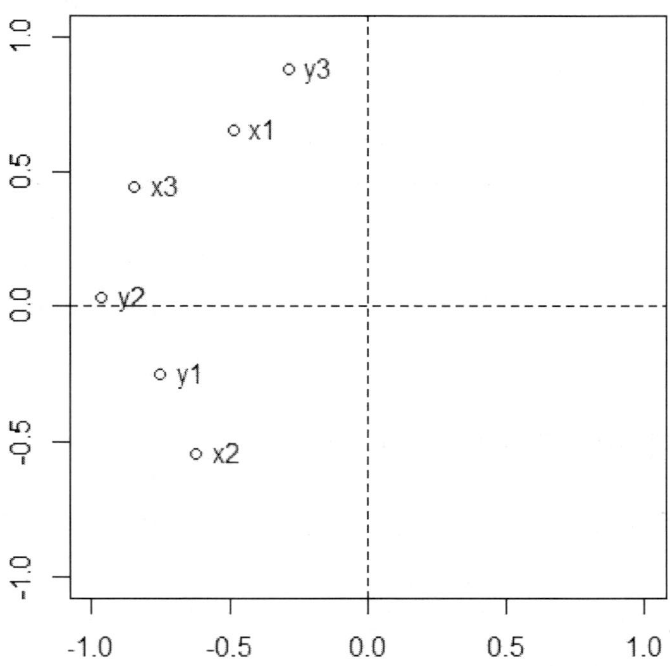

⟨그림 4.2⟩ 정준적재 플롯(Canonical Loadins Plot)

4.5.2 교차적재

교차적재(cross loading)는 한 관찰변수 y_i(혹은 x_i)가 다른 변수집단으로부터 유도된 정준변량 w_k(혹은 v_k)와 가지는 단순상관계수로서, 이는 어느 한 관찰변수가 다른 집단의 변수들을 대표하는 정준변수에 의해 얼마나 설명되는가를 의미한다. 이러한 교자적재행렬 (cross loading matrix)은 다음과 같은 공식을 통해 구해질 수 있다.

$$\begin{cases} \text{Corr}(\mathbf{x},\ \mathbf{w}) & = \mathbf{D}_x^{-1/2}\mathbf{\Sigma}_{xx}\mathbf{C}_y, \\ \text{Corr}(\mathbf{y},\ \mathbf{v}) & = \mathbf{D}_y^{-1/2}\mathbf{\Sigma}_{yy}\mathbf{C}_x. \end{cases} \tag{4.15}$$

⟨예 4.10⟩ 교차적재 출력 ⟵ 예 4.3에서 계속

```
job.cc$scores$corr.X.yscores   # x-교차적재
#--------------------------------------------------------------------
#           [,1]       [,2]        [,3]
# x1 -0.4471269  0.2759670 -0.06502204
# x2 -0.5714777 -0.2282524 -0.06376731
# x3 -0.7777478  0.1863277  0.03331009
#--------------------------------------------------------------------
job.cc$scores$corr.Y.xscores   # y-교차적재
#--------------------------------------------------------------------
#           [,1]        [,2]        [,3]
# y1 -0.6894795 -0.10480386 -0.06941846
# y2 -0.8867213  0.01515053  0.02967896
# y3 -0.2641769  0.36897740 -0.04251718
```

⟨예 4.10⟩은 scores 객체 내의 corr.X.yscores와 corr.Y.xscores 객체를 호출하여 교차적재값을 출력하는 예이다. 이 결과에서 첫 교차적재벡터가 의미하는 바를 해석하여 보기 바란다.

4.6 정준변량들의 공헌도와 근사도

정준변량이 두 변수집단 간의 연관관계를 요약하는 것이라면, 이들에 의해 원래 반응변수집단이 가지는 변이가 얼마나 설명될 수 있는지를 알아보는 것도 관심의 대상이 된다. 이는 곧 정준변량이 두 개의 다변량 시스템이 가지고 있는 전체변이를 설명하는 데 얼마나 큰 공헌도를 가지느냐 하는 문제가 된다. 여기에서 '변이'(variation)는 일반적으로 '분산'(variance)의 항목으로 잰 변화의 정도를 의미한다.

4.6.1 정준변량들에 의해 설명되는 비율(공헌도)

표준화된 자료에서 공분산행렬은 곧 상관행렬과 같으므로 변수집단 $\mathbf{x}$와 $\mathbf{y}$의 상관행렬 $\mathbf{R}_{xx}$, $\mathbf{R}_{yy}$에서 각각의 전체 표본변이는 $p = \text{tr}(\mathbf{R}_{xx})$와 $q = \text{tr}(\mathbf{R}_{yy})$가 되므로, 전체 표본변이 중에서 k번째 정준변량 v_k, w_k에 의한 공헌도를 각각 다음과 같이 정의할 수 있다.

$$\begin{cases} \text{CV}_k &= \sum_{i=1}^{p} \text{r}^2(x_i,\ \hat{v}_k)/p, \\ \text{CW}_k &= \sum_{j=1}^{q} \text{r}^2(y_j,\ \hat{w}_k)/q. \end{cases} \tag{4.16}$$

여기에서 $\text{r}(x_i,\ \hat{v}_k)$와 $\text{r}(y_j,\ \hat{w}_k)$는 정준적재를 나타낸다.

따라서 전체 표본변이 중 첫 $m(\leq s)$개의 정준변량에 의해 설명되는 비율은 각각 다음과 같게 될 것이다.

$$\begin{cases} \text{CV}(m) &= \sum_{k=1}^{m} \text{CV}_k, \\ \text{CW}(m) &= \sum_{k=1}^{m} \text{CW}_k. \end{cases} \tag{4.17}$$

이는 정준변량들이 그들에 대응되는 원래 변수집단을 얼마나 잘 대표하는지를 나타내는 기술적 측도로서 정준변량의 개수를 결정하기 위해 이용될 수 있다.

⟨예 4.11⟩ 정준변량들에 의해 설명되는 비율(공헌도) ⟵ 예 4.8에서 계속

```
cxx <- job.cc$scores$corr.X.xscores
CV <- colSums(cxx^2)/nrow(cxx)
Cum.CV <- cumsum(CV)
X.variation <- cbind(CV,Cum.CV)
print(X.variation)    # X-변수들의 변이에 대한 정준변량들의 공헌도
#-----------------------------------------------------------------------
#              CV    Cum.CV
# [1,] 0.4461439 0.4461439
# [2,] 0.3099554 0.7560993
# [3,] 0.2439007 1.0000000
#-----------------------------------------------------------------------
cyy <- job.cc$scores$corr.Y.yscores
CW <- colSums(cyy^2)/nrow(cyy)
Cum.CW <- cumsum(CW)
Y.variation <- cbind(CW,Cum.CW)
print(Y.variation)    # Y 변수들의 변이에 대한 정준변량들의 공헌도
#-----------------------------------------------------------------------
#              CW    Cum.CW
# [1,] 0.5250275 0.5250275
# [2,] 0.2802536 0.8052811
# [3,] 0.1947189 1.0000000
```

⟨예 4.8⟩에 제시되어 있는 정준적재행렬의 원소들을 이용하여 CV_k와 CW_k를 계산하면 다음과 같다(예 4.11 참조).

$$\begin{cases} \mathrm{CV}_1 &= \left\{0.4863^2 + 0.6216^2 + 0.8459^2\right\}/3 &= 0.4461 \\ \mathrm{CV}_2 &= \left\{0.6592^2 + (-0.5452)^2 + 0.4451^2\right\}/3 &= 0.3100 \\ \mathrm{CV}_3 &= \left\{0.5736^2 + 0.5625^2 + (-0.2938)^2\right\}/3 &= 0.2439 \end{cases}$$

$$\begin{cases} \mathrm{CW}_1 &= \left\{0.7499^2 + 0.9644^2 + 0.2873^2\right\}/3 &= 0.5250 \\ \mathrm{CW}_2 &= \left\{(-0.2503)^2 + 0.0362^2 + 0.8814^2\right\}/3 &= 0.2803 \\ \mathrm{CW}_3 &= \left\{0.6123^2 + (-0.2618)^2 + 0.3750^2\right\}/3 &= 0.1947 \end{cases}$$

따라서 만약 두 개의 정준변량들만을 보유하는 경우 전체 표본변이 중 이들에 의해 설명되는 비율은 각각 다음과 같다.

$$\begin{cases} \mathrm{CV}(2) &= 0.4461 + 0.3100 = 0.7561 \\ \mathrm{CW}(2) &= 0.5250 + 0.2803 = 0.8053 \end{cases}$$

즉, **x**-변수집단의 전체변이 중 약 75.6%가, 그리고 **y**-변수집단의 전체변이 중 약 80.5%가 자신의 첫 두 개의 정준변량에 의해 설명됨을 알 수 있다.

4.6.2 제곱정준상관의 비율(근사도)

식 (4.12)의 행렬 **A**(또는 **B**)가 정준상관분석의 실제 분석대상이 된다는 점을 고려할 때, 이의 고유값 $\hat{\lambda}_k (= \mathrm{r}_k^2$, 즉, 정준상관계수의 제곱; squared canonical correlation)를 k번째 정준변량 차원이 가지는 근사도로 생각할 수 있다.

따라서 첫 $m(\leq s)$개의 정준변량 차원에 의해 분석대상 행렬의 정보가 근사되는 정도를 다음과 같이 정의할 수 있다.

$$\mathrm{G}(m) = \frac{\sum_{k=1}^{m} \hat{\lambda}_k}{\sum_{k=1}^{s} \hat{\lambda}_k} = \frac{\sum_{k=1}^{m} \mathrm{r}_k^2}{\sum_{k=1}^{s} \mathrm{r}_k^2} \tag{4.18}$$

⟨예 4.12⟩ 제곱정준상관의 비율(근사도) ⟵ 예 4.3에서 계속

```
ccor <- job.cc$cor  # 정준상관계수
sq.ccor <- ccor^2  # 제곱정준상관계수
cum.sq.ccor <- cumsum(sq.ccor)  # 누적제곱정준상관계수
G <- cum.sq.ccor/sum(sq.ccor)  # 정준변량들의 근사도
GOF <- cbind(ccor,sq.ccor,cum.sq.ccor,G)
print(GOF)
#----------------------------------------------------------------------
```

```
#           ccor    sq.ccor cum.sq.ccor         G
# [1,] 0.9194120 0.84531840   0.8453184 0.8179678
# [2,] 0.4186491 0.17526710   1.0205855 0.9875640
# [3,] 0.1133658 0.01285181   1.0334373 1.0000000
```

예를 들어, 첫 정준변량 차원에 의한 근사도는 다음과 같고,

$$\begin{aligned} \mathrm{G}(1) &= 0.8453/(0.8453 + 0.1753 + 0.0129) \\ &= 0.8453/1.0335 = 81.79\% \end{aligned}$$

첫 두 개의 정준변량 차원에 의한 근사도는 다음과 같다.

$$\begin{aligned} \mathrm{G}(2) &= (0.8453 + 0.1753)/(0.8453 + 0.1753 + 0.0129) \\ &= 1.0206/1.0335 = 98.75\% \end{aligned}$$

4.A 부록: 두 변수집단 간의 독립성 검정

정준상관계수에 관한 통계적 검정은 두 변수집단 사이의 포괄적인 연관성의 유무를 탐색한다는 점에서 중요한 의미를 가진다고 할 수 있다. 특히 유의적인 정준상관계수들의 개수는 보유되어야 할 필요가 있는 정준변수들의 개수를 결정하는데에 유용한 지표로서 이용될 수 있다. 그러나 많은 다변량 검정의 경우에서와 같이 여기에서 설명하는 기법도 다변량 정규성이 기본적으로 요구되며, 표본의 크기가 상당히 클 경우에 한해 적용할 수 있는 대표본 추론에 근거하고 있다. 더욱이 대표본 추론에 따라 검증을 수행한 결과 또한 다변량 정규성의 작은 이탈에 대해 매우 민감하다는 점 등을 고려할 때, 여기에서 얻어진 결과는 매우 조심스럽게 서술되어야 할 필요가 있다.

먼저, 첫 정준상관계수 ρ_1에 대해 다음과 같은 가설을 검정하는 경우를 살펴보자.

$$\mathrm{H}_0 : \rho_1 = 0, \quad \mathrm{H}_1 : \rho_1 \neq 0. \tag{4.19}$$

그런데 정준상관계수는 순서화되어 있으므로 $\rho_1 = 0$은 $\boldsymbol{\Sigma}_{xy} = \mathbf{0}$(즉, $\rho_1 = \rho_2 = \cdots = \rho_s = 0$)임을 의미하게 된다.

즉, 위의 가설은 다음과 같이 표현할 수 있는데,

$$\mathrm{H}_0 : \boldsymbol{\Sigma}_{xy} = \mathbf{0}, \quad \mathrm{H}_1 : \boldsymbol{\Sigma}_{xy} \neq \mathbf{0}. \tag{4.20}$$

이와 같은 가설은 다음과 같은 우도비 검정통계량 Wilks' Λ를 이용하여 처리할 수 있다.

$$\Lambda = \frac{|\mathbf{S}|}{|\mathbf{S}_{xx}||\mathbf{S}_{yy}|} = |\mathbf{I} - \mathbf{S}_{xx}^{-1}\mathbf{S}_{xy}\mathbf{S}_{yy}^{-1}\mathbf{S}_{yx}| = \prod_{k=1}^{s}(1 - \mathrm{r}_k^2). \tag{4.21}$$

또한 이것의 함수인 다음과 같은 검정통계량

$$\chi^2 = -[(n-2)-(p+q+1)/2]\ \ln\left[\prod_{k=1}^{s}(1-\mathrm{r}_k^2)\right] \tag{4.22}$$

은 귀무가설하에서 근사적으로 자유도 pq인 카이제곱분포를 따른다. 따라서, 검정규칙은 $\chi^2 > \chi^2(pq, 1-\alpha)$이면 유의수준 α 하에서 H_0를 기각한다.

⟨예 4.13⟩ 두 변수집단 간의 독립성 검정 ⟵ 예 4.3에서 계속

```
library(CCP)
rho <- job.cc$cor
N <- nrow(job)
p <- ncol(job.X)
q <- ncol(job.Y)
p.asym(rho,N,p,q,tstat="Wilks")
#-----------------------------------------------------------------------
# Wilks' Lambda, using F-approximation (Rao's F):
#               stat     approx df1     df2   p.value
# 1 to 3:  0.1259315 2.9275112   9 19.6205 0.0223321
# 2 to 3:  0.8141336 0.4872906   4 18.0000 0.7449723
# 3 to 3:  0.9871482 0.1301913   1 10.0000 0.7257394
```

⟨예 4.13⟩은 CCP 패키지의 p.asym 함수를 사용하여 두 변수집단간의 독립성 검정을 수행한 것이다.

먼저 첫 정준상관계수에 대한 가설 (4.19)에 대해 검정통계량의 값은 $\chi^2 = 0.1259$이고 이에 대응되는 p-값은 0.0223임을 볼 수 있다. 따라서 유의수준 5%하에서 귀무가설 '$\mathrm{H}_0 : \rho_1 = 0$'을 기각할 수 있다.

두 번째 정준상관계수 ρ_2에 대한 다음과 같은 가설

$$\mathrm{H}_0 : \rho_2 = 0, \quad \mathrm{H}_1 : \rho_2 \neq 0$$

에 대한 검정결과를 살펴보면, 검정통계량의 값은 $\chi^2 = 0.8141$이고 이에 대응되는 p-값은 0.7450임을 볼 수 있다. 따라서 유의수준 5%하에서 귀무가설 '$\mathrm{H}_0 : \rho_2 = 0$'(즉, $\rho_2 = \rho_3 = 0$)을 기각할 수 없다.

4.7 연습문제

1. 두 반응변수들의 집단 $(\mathbf{x}',\ \mathbf{y}') = (x_1,\ x_2,\ y_1,\ y_2)$의 공분산행렬이 다음과 같이 주어졌을 때,

$$\mathbf{\Sigma} = \begin{pmatrix} 100 & 0 & 0 & 0 \\ 0 & 4 & 0.8 & 0 \\ 0 & 0.8 & 4 & 0 \\ 0 & 0 & 0 & 100 \end{pmatrix},$$

(a) 첫 번째 정준변수의 짝을 구하여라.

(b) 위에서 구한 정준변수의 상관계수를 구하여라.

2. ⟨표 4.3⟩은 체중(weight), 허리둘레(waist), 맥박수(pulse) 등 '신체생리적 변수'들과 턱걸이(chins), 윗몸 일으키기(situps), 줄넘기(jumps) 등 '운동능력 변수'들에 관한 자료이다. 이 데이터에 대하여 정준상관분석을 수행하여라.

⟨표 4.3⟩ 신체생리와 운동능력(fitness.csv)

신체생리적 변수			운동능력 변수		
weight	waist	pulse	chins	situps	jumps
191	36	50	5	162	60
189	37	52	2	110	60
193	38	58	12	101	101
162	35	62	12	105	37
189	35	46	13	155	58
182	36	56	4	101	42
211	38	56	8	101	38
167	34	60	6	125	40
176	31	74	15	200	40
154	33	56	17	251	250
169	34	50	17	120	38
166	33	52	13	210	115
154	34	64	14	215	105
247	46	50	1	50	50
193	36	46	6	70	31
⋯	⋯	⋯	⋯	⋯	⋯
138	33	68	2	110	43

3. 4개 변수에 관해 140명$(= n)$의 학생으로부터 얻어진 표본상관행렬이 다음과 같이 주어져 있다(Hotelling, 1936). – x_1: Reading Speed, x_2: Reading Power, y_1: Arithmetic Speed, y_2: Arithmetic Power.

$$\mathbf{R} = \begin{pmatrix} 1.0000 & & & \\ 0.6328 & 1.0000 & & \\ 0.2412 & -0.0553 & 1.0000 & \\ 0.0586 & 0.0655 & 0.4248 & 1.0000 \end{pmatrix}.$$

(a) 가능한 모든 표본정준변수와 표본정준상관계수를 구하여라.

(b) (a)의 결과에 근거하여 Reading Ability와 Arithmetic Ability 사이에 상관관계가 있는지에 대하여 설명하여라.

4. 다음은 20년간(1921년부터 1941년까지, $n = 20$) 미국의 육류 소비량과 가격에 관한 자료로부터 계산된 표본상관행렬이다. 이 상관행렬에 대하여 정준상관분석을 수행하여라. – x_1: 수송아지의 가격, x_2: 돼지의 가격, y_1: 1인당 소고기 소비량, y_2: 1인당 돼지고기 소비량.

$$\mathbf{R} = \begin{pmatrix} 1.0000 & & & \\ 0.1813 & 1.0000 & & \\ -0.5640 & 0.3549 & 1.0000 & \\ -0.4990 & -0.7567 & -0.1029 & 1.0000 \end{pmatrix}.$$

5. 분석대상이 되는 변수들 중에 범주형 변수들이 포함되어 있는 경우, 범주형 변수들 각각에 대하여 지시변수(indicator variable; 가변수, dummy variable) 집합을 만들어 정준상관 분석을 수행할 수도 있다. 이와 같은 지시변수 기법은 주성분분석 및 인자분석 등 다른 다변량 방법에서도 사용 가능하며, 다음에 다룰 대응분석 및 정준판별분석 등과 개념적으로 밀접한 관련을 가지고 있다.

(a) ⟨표 3.1⟩의 데이터에 대해 '연령'의 각 수준을 나타내는 지시변수집단 $za_1 \sim za_6$을 만들고 'TV 프로그램 유형별 시청정도'를 나타내는 변수집단 $x_1 \sim x_8$과 정준상관분석을 수행하여 보아라.

(b) (a)의 결과로부터 정준적재 플롯을 작성하고, 이를 연습문제 3-5의 결과와 비교하여 보아라.

제 5 장
대응분석

Correspondence Analysis

여러 분야에서 범주형(categorical) 변수들의 연관관계를 분석하고자 하는 경우가 종종 있게 된다. 예를 들어, '직업'이라는 변수의 각 범주들과 '선호하는 광고매체'의 각 범주들 간에 어떠한 연관성이 있는지를 알아보고자 하는 경우이다. 대응분석(對應分析, correspondence analysis)은 범주형 변수들에 의한 분할표 자료의 행(row)과 열(column)을 저차원 공간상에 나타내어, 그들의 관계를 탐색적으로 살펴보려는 자료분석 기법이다. 이는 앞 장에서 서술한 바와 같이 범주형 변수에 대한 정준상관분석이라고 할 수 있다.

5.1 분할표와 카이제곱검정

두 개의 범주형 변수 x_1과 x_2에 대한 분할표(contingency table) 혹은 교차표(cross table)에서, 변수 x_1이 r개의 범주 그리고 변수 x_2가 c개의 범주를 가지고 있다면 $r \times c$ 분할표는 ⟨표 5.1⟩과 같은 형태를 가진다.

이러한 분할표 자료에 대해 행 분포의 동질성(또는 행과 열의 독립성) 검정을 수행하기 위해 일반적으로 사용되는 Person 카이제곱 통계량은 다음과 같다.

$$\chi^2 = \sum_{i=1}^{r}\sum_{j=1}^{c}\frac{(n_{ij}-e_{ij})^2}{e_{ij}}, \tag{5.1}$$

여기에서, $e_{ij} = n_{i.}n_{.j}/n$은 귀무가설 하에서의 기대빈도(expected frequency)이다.

예를 들어, ⟨표 5.2⟩의 데이터는 '연령대'(20대, 30대, 40대)별로 4개의 경쟁 브랜드(A, B, C, D) 중 가장 선호하는 '브랜드'를 조사하여 얻은 것이다. 그리고 ⟨예 5.1⟩은 '브랜드 선호도' 데이터에 대하여 카이제곱 동질성검정을 수행하고 카이제곱 통계량, 관측빈도, 기대빈도, 셀 카이값 등을 출력한 예이다.

⟨표 5.1⟩ 분할표(contingency table)

		x_2					행
		1	$\cdots$	j	$\cdots$	c	합계
x_1	1	n_{11}	$\cdots$	n_{1j}	$\cdots$	n_{1c}	$n_{1.}$
	$\vdots$	$\vdots$	$\cdots$	$\vdots$	$\cdots$	$\vdots$	$\vdots$
	i	n_{i1}	$\cdots$	n_{ij}	$\cdots$	n_{ic}	$n_{i.}$
	$\vdots$	$\vdots$	$\cdots$	$\vdots$	$\cdots$	$\vdots$	$\vdots$
	r	n_{r1}	$\cdots$	n_{rj}	$\cdots$	n_{rc}	$n_{r.}$
열 합계		$n_{.1}$	$\cdots$	$n_{.j}$	$\cdots$	$n_{.c}$	n

〈표 5.2〉 브랜드 선호도(brand.csv)

		브랜드				행
		A	B	C	D	합계
연령대	20대	10	28	68	124	230
	30대	50	22	12	116	200
	40대	10	16	14	120	160
열 합계		70	66	94	360	590

〈예 5.1〉 카이제곱검정

```
brand <- read.csv("F:/My_Work/Data/brand.csv",header=TRUE)
print(brand)
#-----------------------------------------------------------------------
#     age brand count
# 1    20     A    10
# 2    20     B    28
# 3    20     C    68
# 4    20     D   124
# 5    30     A    50
#            ...
# 9    40     A    10
# 10   40     B    16
# 11   40     C    14
# 12   40     D   120
#-----------------------------------------------------------------------
brand.tbl <- xtabs(count~age+brand,data=brand)   # 테이블 객체 생성
brand.chi <- chisq.test(brand.tbl)   # 카이제곱검정
print(brand.chi)   # 카이제곱 통계량 출력
#-----------------------------------------------------------------------
#         Pearson's Chi-squared test
#
# data:  brand.tbl
# X-squared = 96.42, df = 6, p-value < 2.2e-16
#-----------------------------------------------------------------------
brand.chi$expected   # 기대빈도 출력
#-----------------------------------------------------------------------
#     brand
# age          A         B         C         D
#    20 27.28814 25.72881 36.64407 140.33898
#    30 23.72881 22.37288 31.86441 122.03390
#    40 18.98305 17.89831 25.49153  97.62712
```

```
#---------------------------------------------------------------------
brand.chi$residuals    # 셀 카이값 출력
#---------------------------------------------------------------------
#      brand
# age           A          B          C          D
#   20 -3.3094912  0.4477575  5.1798583 -1.3792273
#   30  5.3931398 -0.0788333 -3.5190277 -0.5462076
#   40 -2.0617730 -0.4487041 -2.2760394  2.2643142
#---------------------------------------------------------------------
addmargins(prop.table(brand.tbl,margin=1),margin=2)   # 행 백분율 출력
#---------------------------------------------------------------------
    brand
age          A          B          C          D        Sum
  20 0.04347826 0.12173913 0.29565217 0.53913043 1.00000000
  30 0.25000000 0.11000000 0.06000000 0.58000000 1.00000000
  40 0.06250000 0.10000000 0.08750000 0.75000000 1.00000000
```

⟨예 5.1⟩에서는 먼저 xtabs 함수를 사용하여 테이블 객체를 생성하였다. 이때 ~ 표시 왼쪽에 빈도변수를 지정하고, ~ 표시 오른쪽에 행 변수와 열 변수를 + 표시로 연결하여 지정하면 된다.

그리고 chisq.test 함수를 사용하여 카이제곱검정을 수행하였다. chisq.test 함수는 분석 결과들을 리스트 객체 내의 여러 객체들에 저장한다. 예를 들어, observed 객체에는 관측빈도(n_{ij}), expected 객체에는 기대빈도(e_{ij}), residuals 객체에는 셀 카이값(χ_{ij})이 저장된다.

먼저 카이제곱검정의 결과를 살펴보면 $\chi^2 = 96.42$(자유도 6)이고 이에 대응되는 p-값은 0.0001보다도 작다. 따라서 행 분포가 동질하다는(또는 행과 열이 독립적이라는) 귀무가설을 기각할 수 있다. 즉, 행 범주와 열 범주들 간에 어떤 연관성이 있음을 알 수 있다.

위의 셀 카이값은 $\chi_{ij} = (n_{ij} - e_{ij})/\sqrt{e_{ij}}$를 출력한 것이다. 그리고 prop.table 함수와 addmargins 함수를 사용하여 행 백분율을 출력하였다.

먼저 20대의 경우 큰 양(+)의 셀 카이값을 갖는 열 범주는 C임을 볼 수 있는데, 이는 20대에서 상대적으로 브랜드 C를 선호하는 비율이 높음을 나타낸다. 예를 들어, 20대의 경우 C를 선호하는 비율이 29.57%인 반면에 30대와 40대의 경우는 각각 6.00%, 8.75%이다. 한편 20대의 경우 열범주 A에는 음(−)의 셀 카이값을 가지고 있는데, 이는 20대에서 브랜드 A를 선호하는 비율이 상대적으로 낮음을 나타낸다. 예를 들어, 20대에서 A를 선호하는 비율은 4.35%인데 반해 30대에서는 25.00%이다. 이와 유사하게, 30대의 경우는 A의 선호비율이 상대적으로 높고 C의 선호비율이 낮음을 알 수 있으며, 40대의 경우는 D의 선호비율이 상대적으로 높고 A와 C의 선호비율이 낮음을 알 수 있다.

〈예 5.2〉 셀 카이제곱값 계산

```
addmargins(round(brand.chi$residuals^2,digits=3))
#-------------------------------------------------------------------
#       brand
# age        A      B      C      D     Sum
#   20  10.953  0.200 26.831  1.902 39.886
#   30  29.086  0.006 12.384  0.298 41.774
#   40   4.251  0.201  5.180  5.127 14.759
#   Sum 44.290  0.407 44.395  7.327 96.419
```

위의 셀 카이제곱값은 $\chi^2_{ij} = (n_{ij} - e_{ij})^2/e_{ij}$를 계산한 것이다. 앞에서 살펴보았듯이 셀 카이제곱값의 합계는 $\chi^2 = 96.42$이며, 이 결과에서 카이제곱값에 공헌도가 큰 셀은 (30대, A), (20대, C), (30대, C) 등임을 볼 수 있다. 또한 행 범주 중 공헌도가 상대적으로 큰 것은 30대와 20대이고(주변합계=41.77, 39.89), 열 범주 중 공헌도가 상대적으로 큰 것은 C와 A이다(주변합계=44.39, 44.29). 반면에 열 범주 B는 공헌도가 매우 작음을 볼 수 있다.

5.2 대응분석 사례

대응분석은 수량화(quantification)를 통해 행 범주와 열 범주들의 대응관계를 저차원 그래프로 표현함으로써, 앞에서와 같은 해석을 보다 쉽게 할 수 있도록 해주는 탐색적 기법이다(그림 5.1 참조). 이때 두 범주형 변수에 대한 대응분석을 단순(simple) 대응분석이라고 하고, 이를 두 개 이상의 범주형 변수들에 대해 확장한 것을 다중(multiple) 대응분석이라고 한다.

5.2.1 행렬도 작성

ca 패키지의 ca 함수는 단순 및 다중대응분석을 위한 것으로 이의 입력자료로는 원자료행렬 또는 빈도로 요약된 분할표가 사용될 수 있다. 다음 〈예 5.3〉에서는 테이블 객체가 ca 함수의 입력자료로 지정되어 있다. 또한 plot.ca 함수를 사용하여 대응분석 행렬도를 출력하였다(그림 5.1 참조).

〈예 5.3〉 단순대응분석

```
library(ca)
brand.ca <- ca(brand.tbl)   # 대응분석
plot.ca(brand.ca,map="symmetric")   # 대응분석 행렬도 출력
```

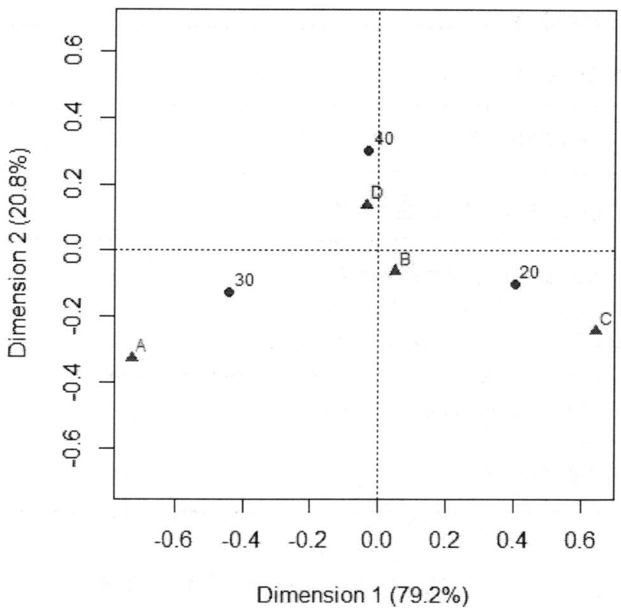

⟨그림 5.1⟩ 대응분석 행렬도

위의 행렬도에서 먼저 원점으로부터 각 점들까지의 거리(즉, 벡터의 길이)는 해당 범주들의 공헌도를 나타낸다. 앞에서 살펴보았듯이 행 범주 중에서는 30대와 20대 그리고 열 범주 중에서는 C와 A가 공헌도가 큼을 볼 수 있다. 반면에 원점에 가까이 위치하고 있는 열 범주 B는 공헌도가 매우 작음을 볼 수 있다.

이제 두 차원(축)의 의미를 살펴보도록 하자. 먼저 1차원은 20대와 30대의 대비를 나타내고 있는데, 브랜드 A는 30대와 가깝게 위치하고 있는 반면 20대와는 반대쪽 방향에 위치하고 있으며, 브랜드 C는 20대와 가깝게 위치하고 있는 반면 30대와는 반대쪽 방향에 위치하고 있다. 또한 2차원은 20, 30대와 40대의 대비를 나타내고 있는데, 40대와 가깝게 위치하고 있는 브랜드는 D이다. 이러한 해석은 ⟨예 5.1⟩의 셀 카이값에 의한 해석과 거의 일치함을 알 수 있다.

5.2.2 차원의 근사도

대응분석의 결과들은 분석대상이 되는 어떤 행렬에 대한 특이값분해(SVD, singular value decomposition)로부터 얻어진다(부록 5.A 참조). 다음 ⟨예 5.4⟩는 특이값과 고유값을 출력한 것이다. 특이값 μ_k와 고유값 λ_k는 $\lambda_k = \mu_k^2$의 관계가 있다.

〈예 5.4〉 특이값과 고유값 출력

```
brand.ca$sv    # 특이값 출력
#------------------------------------------------------------------------
# [1] 0.3596644 0.1845686
#------------------------------------------------------------------------
summary(brand.ca)    # 고유값 출력
#------------------------------------------------------------------------
# Principal inertias (eigenvalues):
#
#  dim    value      %    cum%   scree plot
#  1      0.129359  79.2  79.2   ********************
#  2      0.034066  20.8 100.0   *****
#         -------- -----
#  Total: 0.163424 100.0
```

행의 개수가 r이고 열의 개수가 c인 분할표에 대한 대응분석에서 $s = \min(r, c)$라고 할 때, 수량화 값을 구할 수 있는 최대 차원의 수는 $s - 1$이다. 〈예 5.3〉에서는 $r = 3$, $c = 4$이므로 수량화 값을 구할 수 있는 최대 차원의 수는 $3 - 1 = 2$이다.

특이값(singular value)들의 제곱합은 식 (5.1)의 카이제곱값과 비례한다. 즉,

$$\chi^2 = n \sum_{k=1}^{s-1} \mu_k^2 \quad (\text{단, } \mu_1 \geq \mu_2 \geq \cdots \geq \mu_{s-1} \geq 0). \tag{5.2}$$

이때, 특이값의 제곱(즉, 고유값) $\lambda_k = \mu_k^2$을 주관성(主慣性; principal inertia)이라고 하며, k번째 수량화 차원이 가지는 근사도로 생각할 수 있다. 따라서 첫 $m(\leq s-1)$개의 수량화 차원에 의해 분석대상 행렬의 정보가 근사되는 정도를 다음과 같이 정의할 수 있다.

$$\mathrm{G}(m) = \frac{\sum_{k=1}^{m} \lambda_k}{\sum_{k=1}^{s-1} \lambda_k} = \frac{\sum_{k=1}^{m} \mu_k^2}{\sum_{k=1}^{s-1} \mu_k^2} \tag{5.3}$$

〈예 5.4〉에는 대응분석을 통해 계산된 고유값이 출력되어 있다. 이 예의 경우 최대 2 차원까지 수량화를 취할 수 있는데, 각 차원이 가지는 정보량은 고유값(eigenvalue)의 크기인 0.129와 0.034이다(고유값의 합계=0.163). 즉, 첫 차원에 의해 데이터가 가지고 있는 정보의 0.129/0.163 = 79.2%가 설명되고, 두 번째 차원에 의해 0.034/0.163 = 20.8%가 설명된다.

5.2.3 좌표값 출력

〈예 5.5〉에서와 같이 행렬도를 작성하기 위해 사용된 좌표값을 출력할 수 있다. 대응분석 행렬도에서는 표준좌표(standardized coordinate) 또는 주좌표(principal coordinate)

가 사용될 수 있는데, 표준좌표는 분석대상이 되는 어떤 행렬의 고유벡터이며 주좌표는 표준좌표에 특이값을 곱하여 계산된다(부록 5.A 참조). 아래의 예에서 diag는 대각행렬을 만드는 함수이며, %*% 표현은 행렬의 곱을 나타낸다(부록 B 참조).

⟨예 5.5⟩ 좌표값 출력

```
brand.ca$rowcoord    # 행 표준좌표(standardized coordinate)
#----------------------------------------------------------------------
           Dim1       Dim2
20   1.12263786 -0.552179
30 -1.22261415 -0.674696
40 -0.08552423  1.637127
#----------------------------------------------------------------------
brand.ca$colcoord    # 열 표준좌표(standardized coordinate)
#----------------------------------------------------------------------
          Dim1        Dim2
A -2.01614801 -1.7713363
B  0.13345609 -0.3374196
C  1.78862541 -1.3098249
D -0.09946814  0.7482966
#----------------------------------------------------------------------
brand.ca$rowcoord%*%diag(brand.ca$sv)  # 행 주좌표(principal coordinate)
#----------------------------------------------------------------------
           [,1]        [,2]
20  0.40377291 -0.1019149
30 -0.43973083 -0.1245277
40 -0.03076002  0.3021623
#----------------------------------------------------------------------
brand.ca$colcoord%*%diag(brand.ca$sv)  # 열 주좌표(principal coordinate)
#----------------------------------------------------------------------
          [,1]        [,2]
A -0.72513673 -0.32693308
B  0.04799941 -0.06227707
C  0.64330495 -0.24175257
D -0.03577515  0.13811207
```

⟨예 5.4⟩에서와 같이 plot.ca 함수에서는 map= 인수로 사용할 좌표값의 유형을 지정할 수 있는데, 그 중 몇가지를 소개하면 다음과 같다(기본값: map=symmetric).

- symmetric: 행과 열에 모두 μ_k를 곱한 주좌표를 사용한다(대칭적 대응분석). ⟨그림 5.1⟩은 행과 열을 모두 주좌표로 표현한 것이다.
- rowprincipal: 행에는 주좌표, 열에는 표준좌표를 사용한다(비대칭적 대응분석).

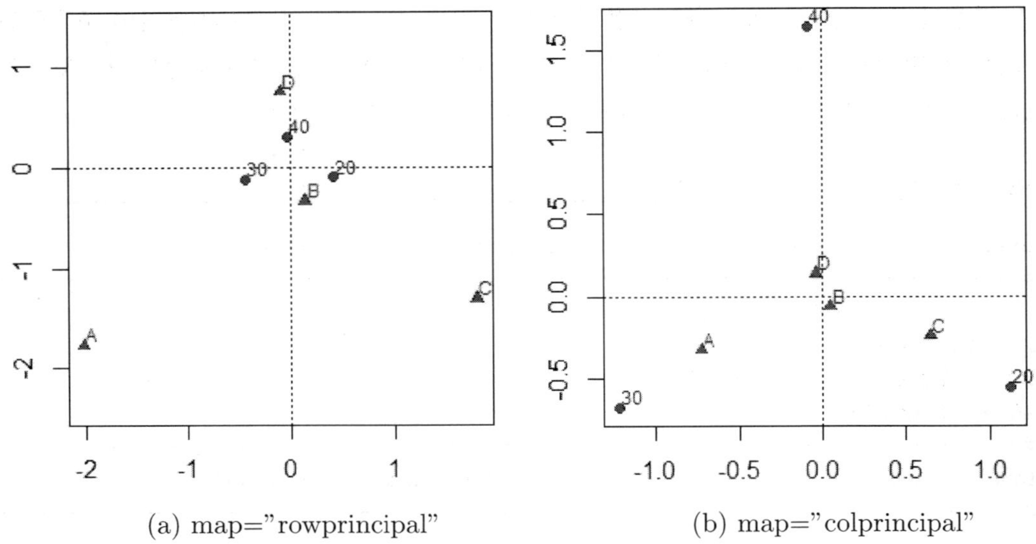

〈그림 5.2〉 좌표값의 유형에 따른 대응분석 행렬도

- colprincipal: 행에는 표준좌표, 열에는 주좌표를 사용한다(비대칭적 대응분석).
- symbiplot: 대칭적 대응분석의 일종으로 행과 열에 모두 $\sqrt{\mu_k}$를 곱한 정준좌표(canonical coordinate)를 사용한다.

5.3 다중대응분석

여기서는 사례를 통해 간단히 다중대응분석(multiple correspondence analysis)을 소개하기로 하겠다.

먼저 〈표 5.3〉의 데이터는 439명의 사람들이 소유하고 있는 자동차의 특성과 소유주의 특성을 조사하여 얻은 것이다.

- x_1: 자동차의 원산지 (American, Japanese, European)
- x_2: 자동차의 크기 (Small, Medium, Large)
- x_3: 자동차의 형태 (Family, Sporty, Work)
- x_4: 주거형태 (Own, Rent)
- x_5: 수입 (Low, High)
- x_6: 결혼상태 (Single with Kids, Married with Kids, Single, Married)
- x_7: 성별 (Male, Female)

〈표 5.3〉 자동차와 소유주의 특성(cars.csv, 첫 10개)

x_1	x_2	x_3	x_4	x_5	x_6	x_7
1	3	1	1	1	2	1
2	1	2	1	1	3	1
2	1	1	1	2	4	1
1	3	1	2	1	3	1
1	2	1	1	2	2	1
2	2	1	1	2	1	1
1	3	1	1	2	2	2
3	2	1	1	2	2	2
1	2	2	1	2	4	1

〈예 5.6〉 다중대응분석

```
cars <- read.csv("F:/My_Work/Data/cars.csv",header=TRUE)
library(car)
cars$x1 <- recode(cars$x1,"1='American';2='Japanese';3='European'")
cars$x2 <- recode(cars$x2,"1='Small';2='Medium';3='Large'")
cars$x3 <- recode(cars$x3,"1='Family';2='Sporty';3='Work'")
cars$x4 <- recode(cars$x4,"1='Own';2='Rent'")
cars$x5 <- recode(cars$x5,"1='Low';2='High'")
cars$x6 <- recode(cars$x6,"1='Single.with.Kids';2='Married.with.Kids';
                3='Singlen';4='Married'")
cars$x7 <- recode(cars$x7,"1='Male';2='Female'")
library(ca)
cars.mca <- mjca(cars,nd=2,lambda="Burt")
plot(cars.mca,map='symmetric')
```

〈예 5.6〉에서는 먼저 car 패키지의 recode 함수를 사용하여 각 변수값들의 레이블을 부여하였다. 그리고 ca 패키지의 mjca 함수를 사용하여 다중대응분석을 수행하였으며, ca 패키지의 plot 함수를 사용하여 변수 수량화 플롯을 작성하였다.

〈그림 5.3〉은 첫 2차원의 수량화값을 이용하여 플롯을 작성한 것으로, 이를 통해 다음과 같은 해석이 가능하다. (1) 1사분면(위쪽, 오른쪽 부분): Single과 Single with kids(결혼상태), Low(수입), Rent(주거형태) 등이 서로 연관성이 높다. (2) 2사분면(위쪽, 왼쪽 부분): Married with Kids(결혼형태), Large(자동차의 크기), American(자동차의 원산지), Family(자동차의 형태) 등이 서로 연관성이 높다. (3) 3사분면(아래쪽, 왼쪽 부분):

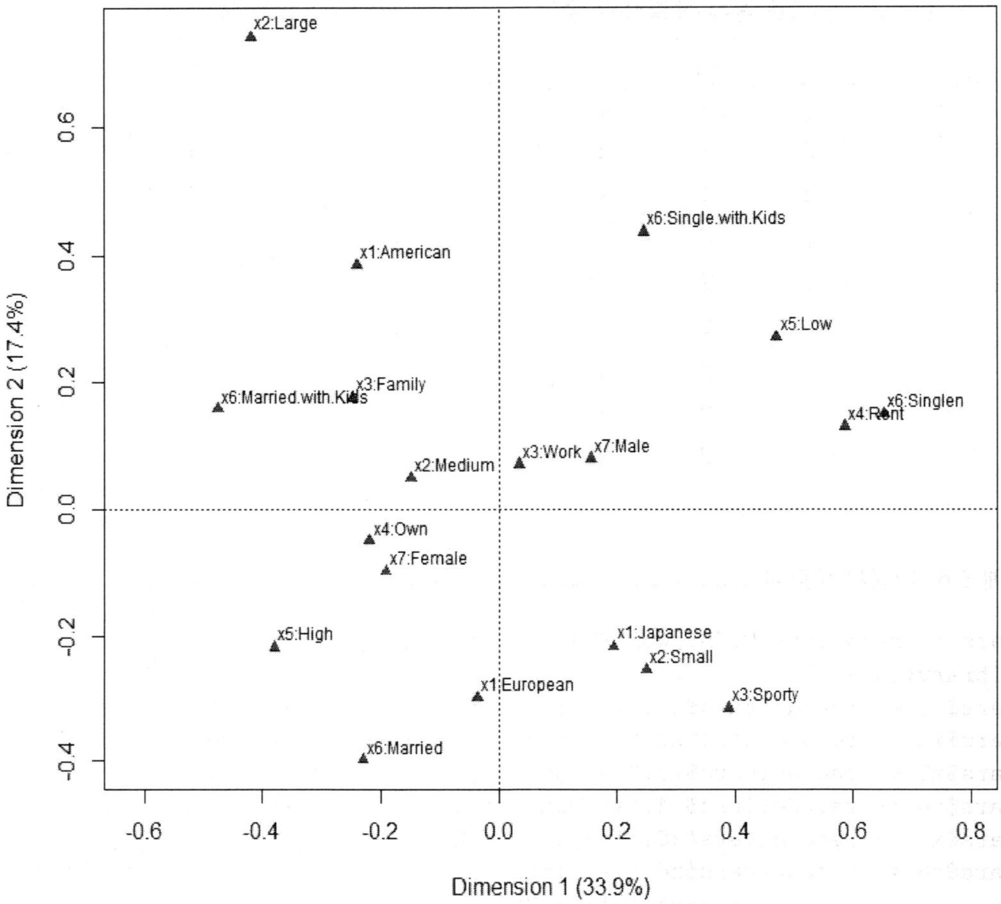

〈그림 5.3〉 다중대응분석의 변수 수량화 플롯

Married(결혼상태), Own(주거형태), High(수입) 등이 서로 연관성이 높다. (4) 4사분면(아래쪽, 오른쪽 부분): Sporty(자동차의 형태), Small(자동차의 크기), Japanese(자동차의 원산지) 등이 서로 연관성이 높다.

〈예 5.7〉 특이값과 고유값 출력

```
cars.mca$sv    # 특이값 출력
#--------------------------------------------------------------------
# [1] 0.32700369 0.23407800 0.18216914 0.16888934 0.14971306 0.14832353
#     0.11646677 0.10968047 0.10002002 0.07879848 0.06818541 0.03494586
#--------------------------------------------------------------------
summary(cars.mca)    # 고유값 출력
#--------------------------------------------------------------------
```

```
# Principal inertias (eigenvalues):
#
#  dim     value      %   cum%   scree plot
#  1       0.106931  33.9  33.9  ********
#  2       0.054793  17.4  51.3  ****
#  3       0.033186  10.5  61.8  ***
#  4       0.028524   9.0  70.8  **
#  5       0.022414   7.1  77.9  **
#  6       0.022000   7.0  84.9  **
#  7       0.013565   4.3  89.2  *
#  8       0.012030   3.8  93.0  *
#  9       0.010004   3.2  96.2  *
#  10      0.006209   2.0  98.1
#  11      0.004649   1.5  99.6
#  12      0.001221   0.4 100.0
#          -------- -----
#  Total: 0.315525 100.0
```

⟨예 5.7⟩은 특이값과 고유값을 출력한 것이다. 다중대응분석의 경우 최대

$$s = \sum_{j=1}^{p}(c_j - 1) \tag{5.4}$$

차원까지 수량화를 취할 수 있는데, 따라서 이 예에서는 12차원까지가 가능하다. 또한 이 결과에서 첫 2차원에 의한 근사도는 대략 $33.9 + 17.4 = 51.3\%$ 정도이다. 한편, 다음 ⟨예 5.8⟩은 7개 변수들의 각 범주들에 대한 표준좌표를 출력한 것이다.

⟨예 5.8⟩ 표준좌표 출력

```
cars.mca$colpcoord
#----------------------------------------------------------------------
#              [,1]        [,2]         [,3]         [,4] ...
#  [1,] -0.23937935  0.38484508  0.008749526 -0.004630863 ...
#  [2,] -0.03629379 -0.29750099 -0.141976117 -0.612654550 ...
#  [3,]  0.19319946 -0.21642917  0.031799143  0.168032711 ...
#  [4,] -0.41849448  0.74160433 -0.352278415  0.143811786 ...
#  [5,] -0.14898974  0.04810557  0.228034784 -0.217948864 ...
#  [6,]  0.24930866 -0.25340337 -0.114861791  0.162037678 ...
#  [7,] -0.24782542  0.17490219  0.124324482 -0.045155335 ...
#  [8,]  0.38821013 -0.31412105 -0.048106513 -0.227792297 ...
#                                   ...
# [19,]  0.15568958  0.07929045 -0.221817125 -0.036319264 ...
```

〈표 5.4〉 이진코딩(binary coding)의 예

개체번호	x_1	x_2	x_3	x_4	$\mathbf{Z}_1$			$\mathbf{Z}_2$		$\mathbf{Z}_3$		$\mathbf{Z}_4$	
1	3	1	2	1	0	0	1	1	0	0	1	1	0
2	2	2	1	2	0	1	0	0	1	1	0	0	1
3	2	1	2	1	0	1	0	1	0	0	1	1	0
4	3	2	1	1	0	0	1	0	1	1	0	1	0
5	2	1	1	1	0	1	0	1	0	1	0	1	0
6	1	2	2	2	1	0	0	0	1	0	1	0	1
7	2	2	2	2	0	1	0	0	1	0	1	0	1
8	1	1	2	1	1	0	0	1	0	0	1	1	0
9	1	1	1	2	1	0	0	1	0	1	0	0	1
10	2	2	2	1	0	1	0	0	1	0	1	1	0
11	2	2	2	2	0	1	0	0	1	0	1	0	1

5.A 부록: 대응분석의 대수적 의미

두 범주형 변수 $x_1(=1,\ 2,\ \cdots,\ r)$과 $x_2(=1,\ 2,\ \cdots,\ c)$에 대해 n개의 개체로부터 얻은 자료행렬 $\mathbf{Z}_1 = \{z_{1,ij}\}$과 $\mathbf{Z}_2 = \{z_{2,ij}\}$가 각각 다음과 같이 구성되었다고 하자.

$$z_{1,ij} = \begin{cases} 1, & \text{if } x_1 = j, \\ 0, & \text{if } x_1 \neq j. \end{cases} \qquad z_{2,ik} = \begin{cases} 1, & \text{if } x_2 = k, \\ 0, & \text{if } x_2 \neq k. \end{cases} \tag{5.5}$$

단, $i = 1,\ \cdots,\ n;\ j = 1,\ \cdots,\ r;\ k = 1,\ \cdots,\ c$. 예를 들어, 〈표 5.2〉의 경우 i번째 개체가 $x_1 = 1$(즉, 연령대=20대), $x_2 = 2$(즉, 브랜드=B)로 관측되었다면, $\mathbf{Z}_1$과 $\mathbf{Z}_2$의 i 번째 벡터는 각각 다음과 같이 구성된다.

$$\mathbf{z}_{1,i} = (1,\ 0,\ 0), \quad \mathbf{z}_{2,i} = (0,\ 1,\ 0,\ 0).$$

먼저 관측빈도 n_{ij}를 원소로 하는 $r \times c$ 분할표 행렬

$$\mathbf{N} = \mathbf{Z}_1'\mathbf{Z}_2 \tag{5.6}$$

에 대해, 각 원소를 전체빈도 n으로 나눈 행렬 $\mathbf{P}$를 다음과 같이 정의하자.

$$\mathbf{P} = \{n_{ij}/n\} = \frac{1}{n}\mathbf{N}, \quad i = 1,\ \cdots,\ r;\ j = 1,\ \cdots,\ c. \tag{5.7}$$

또한 행렬 $\mathbf{P}$의 행 합계 또는 열 합계를 원소로 하는 벡터들과 대각행렬들을 다음과 같이 정의하자(여기에서 $\mathbf{1}$은 모든 원소를 1로 가지는 벡터이다).

$$\mathbf{r} = \mathbf{P1}, \quad \mathbf{c} = \mathbf{P}'\mathbf{1}, \quad \mathbf{D}_r = \text{diag}(\mathbf{r}), \quad \mathbf{D}_c = \text{diag}(\mathbf{c}). \tag{5.8}$$

이제, $\mathbf{Z}_1$과 $\mathbf{Z}_2$에 선형결합 $\mathbf{Z}_1\mathbf{a}$과 $\mathbf{Z}_2\mathbf{b}$을 고려하면(즉, $\mathbf{a}$와 $\mathbf{b}$는 각각 행 범주와 열 범주에 부여되는 수량화값이다. 단, $\mathbf{1}'\mathbf{Z}_1\mathbf{a} = 0$, $\mathbf{1}'\mathbf{Z}_2\mathbf{b} = 0$), 대수적 의미에서 대응분석의 목적은 두 선형결합의 상관계수

$$\text{corr}(\mathbf{Z}_1\mathbf{a},\ \mathbf{Z}_2\mathbf{b}) = \frac{\mathbf{a}'\mathbf{Z}_1'\mathbf{Z}_2\mathbf{b}}{\sqrt{(\mathbf{a}'\mathbf{Z}_1'\mathbf{Z}_1\mathbf{a})(\mathbf{b}'\mathbf{Z}_2'\mathbf{Z}_2\mathbf{b})}} = \frac{\mathbf{a}'\mathbf{P}\mathbf{b}}{\sqrt{(\mathbf{a}'\mathbf{D}_r\mathbf{a})(\mathbf{b}'\mathbf{D}_c\mathbf{b})}} \tag{5.9}$$

를 최대로하는 두 수량화값 벡터 $\mathbf{a}$와 $\mathbf{b}$를 찾는 것이다. 결론적으로 식 (5.9)를 최대로하는 $\mathbf{a}$와 $\mathbf{b}$는 다음과 같은 행렬

$$\mathbf{W} = \mathbf{D}_r^{-1/2}\mathbf{P}\mathbf{D}_c^{-1/2} = \mathbf{U}\mathbf{D}_\mu\mathbf{V}' \tag{5.10}$$

에 대한 특이값분해(singular value decomposition)로부터 얻어질 수 있는데(단, 이때 최대 특이값은 항상 1이 되므로 $\mathbf{U}$와 $\mathbf{V}$의 첫 열은 무시해야 한다), k차원의 두 수량화값 벡터는 각각 $\mathbf{a} = \mathbf{D}_r^{-1/2}\mathbf{u}_k$, $\mathbf{b} = \mathbf{D}_c^{-1/2}\mathbf{v}_k$가 된다. 또한, $s = \min(r,\ c)$라 할 때, 수량화값을 구할 수 있는 최대 차원의 수는 $s-1$이다.

한편, 셀 카이값

$$w_{ij} = \frac{n_{ij} - e_{ij}}{\sqrt{e_{ij}}} = \frac{n_{ij} - n_{i.}n_{.j}/n}{\sqrt{n_{i.}n_{.j}/n}} \tag{5.11}$$

를 원소로 하는 행렬 $\mathbf{W}^*$를 다음과 같이 표현할 수 있는데,

$$\mathbf{W}^* = \mathbf{D}_r^{-1/2}(\mathbf{P} - \mathbf{r}\mathbf{c}')\mathbf{D}_c^{-1/2} = \mathbf{U}\mathbf{D}_\mu\mathbf{V}' \tag{5.12}$$

$\mathbf{W}^*$에 대한 특이값분해를 통해서도 동일한 결과를 얻을 수 있다(단, 이 경우 최소 특이값이 항상 0이 되므로 $\mathbf{U}$와 $\mathbf{V}$의 마지막 열을 무시해야 한다). 즉, 앞에서도 서술한 바와 같이 셀 카이값 행렬이 대응분석의 직접적인 분석대상이 된다.

앞에서 얻은 수량화값 $\mathbf{A} = \mathbf{D}_r^{-1/2}\mathbf{U}$와 $\mathbf{B} = \mathbf{D}_c^{-1/2}\mathbf{V}$를 각각 행과 열의 표준좌표(standardized coordinate)라고 하며, 하야시(Hayashi)의 수량화 3법에서는 행과 열에 이 표준좌표를 사용한다.그러나 행 또는 열에 차원의 중요도를 반영하기 위하여 특이값 μ_k를 이용하는 다른 방법들이 더 일반적으로 사용되는데, 여기서는 그 중 몇 가지만을 소개하기로 한다.

- $\mathbf{A} = \mathbf{D}_r^{-1/2}\mathbf{U}\mathbf{D}_\mu$, $\mathbf{B} = \mathbf{D}_c^{-1/2}\mathbf{V}\mathbf{D}_\mu$ (주좌표)

  행과 열에 모두 μ_k를 곱한 주좌표(principal coordinate)를 사용한다. 이때 행좌표는 행 프로파일 행렬 $\mathbf{R} = \mathbf{D}_r^{-1}\mathbf{P}$로부터 계산되고, 열좌표는 열 프로파일 행렬 $\mathbf{C} = \mathbf{P}\mathbf{D}_c^{-1}$로부터 계산된다.

- $\mathbf{A} = \mathbf{D}_r^{-1/2}\mathbf{U}\mathbf{D}_\mu$, $\mathbf{B} = \mathbf{D}_c^{-1/2}\mathbf{V}$

  행에는 주좌표, 열에는 표준좌표를 사용한다(비대칭적 대응분석). 이 방법은 행 프로파일 행렬에 대한 대응분석을 수행하는 것이라고 할 수 있으며, 행좌표는 열좌표의 가중중심이 된다.

- $\mathbf{A} = \mathbf{D}_r^{-1/2}\mathbf{U}$, $\mathbf{B} = \mathbf{D}_c^{-1/2}\mathbf{V}\mathbf{D}_\mu$

  행에는 표준좌표, 열에는 주좌표를 사용한다(비대칭적 대응분석). 이 방법은 열 프로파일 행렬에 대한 대응분석을 수행하는 것이라고 할 수 있으며, 열좌표는 행좌표의 가중중심이 된다.

- $\mathbf{A} = \mathbf{D}_r^{-1/2}\mathbf{U}\mathbf{D}_\mu^{1/2}$, $\mathbf{B} = \mathbf{D}_c^{-1/2}\mathbf{V}\mathbf{D}_\mu^{1/2}$

  대칭적 대응분석의 일종으로 행과 열에 모두 $\sqrt{\mu_k}$를 곱한 정준좌표(canonical coordinate)를 사용한다. 이 방법은 행렬 $\mathbf{D}_r^{-1}\mathbf{P}\mathbf{D}_c^{-1}$을 분해한다는 의미를 가지기 때문에 종종 추천된다.

이러한 내용을 $p(\geq 2)$개의 범주형 변수들로 이루어진 경우로 확장하여 보자. 먼저 j번째 변수가 c_j개의 범주를 가진다고 하면($j = 1,\ 2,\ \cdots,\ p$), 이를 앞에서와 같이 0과 1로만 이루어진 지시행렬(indicator matrix) $\mathbf{Z}_j$를 이용하여 표현할 수 있다(표 5.4 참조). 따라서 전체 변수들에 대한 정보를

$$\mathbf{Z} = (\mathbf{Z}_1 : \mathbf{Z}_2 : \cdots : \mathbf{Z}_p) \tag{5.13}$$

로 표현할 수가 있다.

이때, 지시행렬 $\mathbf{Z}$의 내적(inner product)은

$$\mathbf{B} = \mathbf{Z}'\mathbf{Z} = \begin{pmatrix} \mathbf{Z}_1'\mathbf{Z}_1 & \mathbf{Z}_1'\mathbf{Z}_2 & \cdots & \mathbf{Z}_1'\mathbf{Z}_p \\ \mathbf{Z}_2'\mathbf{Z}_1 & \mathbf{Z}_2'\mathbf{Z}_2 & \cdots & \mathbf{Z}_2'\mathbf{Z}_p \\ \vdots & \vdots & \ddots & \vdots \\ \mathbf{Z}_p'\mathbf{Z}_1 & \mathbf{Z}_p'\mathbf{Z}_2 & \cdots & \mathbf{Z}_p'\mathbf{Z}_p \end{pmatrix} \tag{5.14}$$

와 같고, 이를 버트행렬(Burt matrix) 또는 버트의 분할표라고 한다. 다중대응분석에서의 수량화는 이 버트행렬에 대한 고유값분해를 통해 이루어진다.

〈표 5.5〉 분야별 박사학위의 수(phd.csv)

science	y1973	y1974	y1975	y1976	y1977	y1978
Life Sciences	4489	4303	4402	4350	4266	4361
Physical Sciences	4101	3800	3749	3572	3410	3234
Social Sciences	3354	3286	3344	3278	3137	3008
Behavioral Sciences	2444	2587	2749	2878	2960	3049
Engineering	3338	3144	2959	2791	2641	2432
Mathematics	1222	1196	1149	1003	959	959

5.4 연습문제

1. 〈표 5.5〉는 1973년부터 1978년까지 미국에서 각 분야별로 박사학위를 받은 사람의 수이다). 이 데이터에 대하여 대응분석을 수행하고 그 결과를 해석하여라.

2. 한 가전제품회사에서 두 가지 형태의 새로운 냉장고를 개발하였다. 어느 형태의 냉장고를 소비자들이 더 선호하는가를 알아보기 위해 서울에서 90명, 충청도에서 92명, 전라도에서 118명, 경상도에서 135명을 임의로 추출한 뒤 설문조사를 통해 다음과 같은 결과를 얻었다. 이 자료에 대하여 대응분석을 수행하여라.

	냉장고	
지역	A	B
서울	48	42
충청도	43	49
전라도	65	53
경상도	59	76

3. 다음은 13대 대통령선거에서 각 후보들이 5대 도시에서 얻은 득표수를 조사한 뒤 얻은 분할표이다. 이 자료에 대하여 대응분석을 수행하여라.

	후보자			
지역	노태우	김영삼	김대중	김종필
서울	1683	1637	1833	461
부산	641	1117	182	52
대구	800	275	30	23
인천	326	249	177	76
광주	23	2	450	1

4. 다음은 어떤 회사에서 고려하고 있는 3가지 유형의 연금계획에 대한 피고용자들의 4개 직급별 선호도를 600명의 종업원에게 조사한 것이다. 이 자료에 대하여 대응분석을 수행하여라.

직급	연금계획		
	A	B	C
Clerical	140	40	20
Executive	70	20	10
Factory	160	30	10
Supervisor	80	10	10

5. '자동차와 소유주의 특성' 데이터(표 5.3)에서 변수 x_6(결혼 상태)와 x_1(자동차의 원산지)에 대한 단순대응분석을 수행하여라.

6. '자동차와 소유주의 특성' 데이터(표 5.3)에서 변수 x_1(자동차의 원산지), x_2(자동차의 크기), x_3(자동차의 형태)만을 사용하여 다중대응분석을 수행하여라.

7. ⟨표 5.4⟩의 데이터에 대하여 다중대응분석을 수행하여라.

제 6 장
다차원척도법

Multidimensional Scaling

다차원척도법(多次元尺度法; MDS; Multidimensional scaling)은 개체들 사이의 유사성 또는 비유사성(거리) 자료를 기초로 개체들의 멀고 가까운 정도를 상대적으로 좌표화하여 저차원의 공간에 시각적으로 표현하는 기법이다.

6.1 유사성과 비유사성의 계산

유사성(類似性; similarity)은 개체(object)들 간의 가까운 정도를 의미하며, n개의 개체에 대해 i번째와 j번째 개체 사이의 유사성 c_{ij}는 일반적으로 다음과 같은 조건을 만족함을 가정한다.

$$\begin{cases} (1)\ c_{ij} \le c_{ii},\ c_{ij} \le c_{jj},\ i,j = 1,\ 2,\ \cdots,\ n, \\ (2)\ c_{ij} = c_{ji},\ i,j = 1,\ 2,\ \cdots,\ n. \end{cases} \tag{6.1}$$

한편, 비유사성(非類似性; dissimilarity)은 개체들 간의 먼 정도를 의미하며 통상 이를 거리(距離; distance)라고 한다. 이때 i번째와 j번째 개체 사이의 거리 d_{ij}는 일반적으로 다음과 같은 조건을 만족함을 가정한다.

$$\begin{cases} (1)\ d_{ij} \ge 0,\ d_{ii} = 0,\ i,j = 1,\ 2,\ \cdots,\ n, \\ (2)\ d_{ij} = d_{ji},\ \ i,j = 1,\ 2,\ \cdots,\ n, \\ (3)\ d_{ij} + d_{jk} \ge d_{ik},\ i,j,k = 1,\ 2,\ \cdots,\ n. \end{cases} \tag{6.2}$$

예를 들어, 〈표 6.1〉은 우리나라 주요 도시간 고속도로 거리를 제시한 것이다. 이와 같이 행과 열에 맞추어 개체간 거리를 나타낸 것을 거리행렬(distance matrix)이라고 하며, 흔히 거리행렬의 대각선 위 부분은 생략하기도 한다($d_{ij} = d_{ji}$ 이므로).

〈표 6.1〉 도시간 고속도로 거리, 단위: km(highway.csv)

	서울	대전	전주	광주	대구	부산	원주	강릉
서울	0							
대전	152	0						
전주	225	85	0					
광주	317	177	92	0				
대구	305	153	238	208	0			
부산	428	276	361	258	123	0		
원주	119	211	284	376	364	598	0	
강릉	230	322	395	487	475	709	111	0

다차원척도법을 위해서 개체들 간의 거리(또는 유사성)를 직접적으로 얻는 경우가 대부분이나, 다른 형태의 자료들을 이용하여 거리를 계산해야 되는 경우도 종종 있다. 이 장에서는 통상적으로 사용되는 몇 가지 거리 측도들을 소개하고, 거리를 계산하기 위한 R 함수의 사용법을 설명한다. R에서는 stats 패키지에 있는 dist 함수나 proxy 패키지에 있는 dist 함수를 이용하여 여러 거리 측도에 대한 값을 구할 수 있다(proxy 패키지는 유사성 값을 구할 수 있는 simil 함수도 제공한다).

한편, 자료가 유사성으로 측정되어 있는 경우 거리 자료로 바꾸어 사용할 수도 있는데, 자주 사용되는 방법 중 하나를 소개하면 다음과 같다.

$$\begin{cases} (a)\ d_{ij} \ \propto \sqrt{c_{ii}^2 + c_{jj}^2 - 2c_{ij}^2} & (\text{유사성의 부호를 무시하는 경우}) \\ (b)\ d_{ij} \ \propto \ c_{ii} + c_{jj} - 2c_{ij} & (\text{유사성의 부호를 고려하는 경우}) \end{cases} \tag{6.3}$$

6.1.1 정량적 자료에 대한 거리 및 유사성

개체 $i(=1,\ 2,\ \cdots,\ n)$에 대하여 p개의 변수(속성)에 대한 측정값을 얻었을 때, p개의 변수 모두가 어떤 속성에 대한 크기(양)를 나타낸다고 하자. 이 경우 두 개체 $\mathbf{x}_i = (x_{i1},\ x_{i2},\ \cdots,\ x_{ip})'$와 $\mathbf{x}_j = (x_{j1},\ x_{j2},\ \cdots,\ x_{jp})'$ 사이의 거리 측도로 자주 사용되는 것들로서 stats 패키지의 dist 함수에서 제공하는 것들은 〈표 6.2〉와 같다(이 측도들은 proxy 패키지의 dist 함수에서도 동일하게 사용된다).

이들 중 유클리드 거리(Euclidean distance)는 가장 널리 사용되는 것으로, 이는 p-차원 공간 상에서 두 벡터 $\mathbf{x}_i$와 $\mathbf{x}_j$의 거리를 나타낸다. 또한 L_m(Minkowski distance)은 일반화된 형태의 거리로서 $m=2$인 경우에는 유클리드 거리, $m=1$인 경우에는 시티블록 거리(city block distance)가 된다.

〈표 6.2〉 정량적(순서형, 구간형, 비율형) 자료에 대한 거리 – dist 함수

method=	공 식	의 미
"euclidean"	$\sqrt{\sum_{k=1}^{p}(x_{ik}-x_{jk})^2}$	Euclidean distance
"manhattan"	$\sum_{k=1}^{p}\lvert x_{ik}-x_{jk}\rvert$	city block distance
"minkowski"	$\left[\sum_{k=1}^{p}\lvert x_{ik}-x_{jk}\rvert^m\right]^{1/m}$	L_m(Minkowski distance)
"maximum"	$\max_k \lvert x_{ik}-x_{jk}\rvert$	Chebyshev distance
"canberra"	$\sum_{k=1}^{p}\left(\frac{\lvert x_{ik}-x_{jk}\rvert}{\lvert x_{ik}\rvert+\lvert x_{jk}\rvert}\right)$	Canberra distance

또한 proxy 패키지의 dist 또는 simil 함수에서는 이외에도 Mahalanobis(마할라노비스 거리), Bhjattacharyya(바타차리야 거리), correlation(상관계수 유사도), cosine(코사인 유사도) 등 매우 다양한 형태의 거리 및 유사성의 측도들을 사용할 수 있다. proxy 패키지를 설치한 후 summary(pr_DB, "long") 함수를 이용하여 사용가능한 거리 및 유사성 측도를 확인해 보기 바란다.

한편, 이러한 거리들이 척도불변성(scale invariance)을 가지지 않는 경우(즉, 변수들의 측정단위에 의존하는 경우) 사용에 주의가 요구된다. 따라서 각 변수의 표준편차나 범위 등으로 나누어 측정단위를 없애는 표준화를 고려하는 것이 더 바람직한 경우가 많다. 예를 들어, 표준편차에 의해 표준화된(standardized) 유클리드 거리는 다음과 같이 표현할 수 있다.

$$d_{ij} = \sqrt{\sum_{k=1}^{p} [(x_{ik} - x_{jk})/s_k]^2} \tag{6.4}$$

그리고 각 변수들에 대해 가중치를 부여할 수도 있다. 예를 들어, $\mathbf{w} = (w_1, w_2, \cdots, w_p)'$를 가중계수로 하는 가중(weighted) 유클리드 거리는 다음과 같이 표현할 수 있다.

$$d_{ij} = \sqrt{\sum_{k=1}^{p} w_k (x_{ik} - x_{jk})^2 / \sum_{k=1}^{p} w_k} \tag{6.5}$$

물론 경우에 따라서는 표준화와 가중치 모두를 고려할 수도 있다.

예를 들어, ⟨표 6.3⟩은 유럽의 25개 국가들에 대해 9개의 식품그룹에서 섭취하는 단백질의 양을 조사한 것이다(Hand et al., 1994). 여기에서 각 변수가 나타내는 단백질은 다음과 같다. – x_1='Red Meat', x_2='White Meat', x_3='Eggs', x_4='Milk', x_5='Fish', x_6='Cereal', x_7='Starch', x_8='Nuts', x_9='Fruits and Vegetables'.

⟨표 6.3⟩ 단백질 섭취량(protein.csv, 일부)

country	x_1	x_2	x_3	x_4	x_5	x_6	x_7	x_8	x_9
Albania	10.1	1.4	0.5	8.9	0.2	42.3	0.6	5.5	1.7
Austria	8.9	14.0	4.3	19.9	2.1	28.0	3.6	1.3	4.3
Belgium	13.5	9.3	4.1	17.5	4.5	26.6	5.7	2.1	4.0
Bulgaria	7.8	6.0	1.6	8.3	1.2	56.7	1.1	3.7	4.2
Czechoslovakia	9.7	11.4	2.8	12.5	2.0	34.3	5.0	1.1	4.0
...	...	...	...	...	...	...	...	...	...

⟨예 6.1⟩ 표준화된 유클리드 거리 계산

```
protein <- read.csv("F:/My_Work/Data/protein.csv",header=TRUE)
protein.Z <- scale(protein[,-1],center=TRUE,scale=TRUE)   # ① 표준화
rownames(protein.Z) <- protein$country   # ② 행 이름 붙이기
library(proxy)
summary(pr_DB,"long")   # 거리측도 출력
protein.dist <- dist(protein.Z,method="euclidean",diag=TRUE,upper=FALSE,
                     by_rows=TRUE)   # ③ 유클리드 거리 계산
round(protein.dist[[1:6]],digits=3)   # ④ 거리행렬(일부) 출력
#-----------------------------------------------------------------------
#               Albania Austria Belgium Bulgaria Czechoslovakia Denmark
# Albania         0.000
# Austria         6.124   0.000
# Belgium         5.941   2.450   0.000
# Bulgaria        2.764   4.883   5.227    0.000
# Czechoslovakia  5.140   2.115   2.213    3.948          0.000
# Denmark         6.610   3.014   2.525    6.008          3.340   0.000
```

⟨예 6.1⟩은 '단백질 섭취량' 데이터에 대하여 식 (6.4)와 같은 표준화된 유클리드 거리를 계산하는 것이며(여기서는 표준편차를 이용하여 표준화하였음), 여기에서 사용된 함수들에 대한 설명은 다음과 같다.

① scale 함수를 사용하여 분석 변수 $x_1, x_2, \cdots, x_9$에 대해 평균이 0이고 표준편차가 1이 되도록 표준화를 취한다(1.2.7절 참조). 여기에서는 첫 번째 변수 country(국가 이름)를 제외하였다.

② rownames 함수를 사용하여 데이터 프레임에 행 이름을 부여한다. 행(열) 이름은 이후의 과정에서 분석에 사용되지는 않는다.

③ dist함수를 사용하여 유클리드 거리를 계산한다. 참고로 by_rows=TRUE는 행(row) 간의 거리를 계산하라는 의미이고, by_rows=FALSE의 경우에는 열(column) 간의 거리를 계산한다.

④ round 함수를 사용하여 객체를 출력한다. 여기에서는 첫 6개의 행과 열을 소숫점 3 자리까지 출력하였다.

6.1.2 이항형 자료에 대한 거리 및 유사성

실제 문제에 있어서 자주 등장하는 자료의 형태 중 하나는 모든 속성들이 양성(positive; present)과 음성(negative; absent) 두 가지로만 나타나는 경우이다. 이때 두 개체 $\mathbf{x}_i$와 $\mathbf{x}_j$에 대하여 ⟨표 6.4⟩와 같이 데이터를 요약할 수가 있다.

〈표 6.4〉 이항형 자료에 대한 분할표

		개체 j ($\mathbf{x}_j$)		합계
		1 (양성)	0 (음성)	
개체 i ($\mathbf{x}_i$)	1 (양성)	a	b	$a+b$
	0 (음성)	c	d	$c+d$
합계		$a+c$	$b+d$	$n=a+b+c+d$

〈표 6.5〉 이항형 자료에 대한 유사성

method=	공 식	의 미
"simple matching"	$(a+d)/n$	matching coefficient
"Hamman"	$[(a+d)-(b+c)]/n$	Hamann coefficient
"Tanimoto"	$(a+d)/(a+2b+2c+d)$	Tanimoto and Rogers
"Russel"	a/n	Russell and Rao coefficient
"Kulczynski1"	$a/(b+c)$	Kulczynski 1 coefficient
"Kulczynski2"	$[a/(a+b)+a/(a+c)]/2$	Kulczynski 2 coefficient
"Dice"	$2a/(2a+b+c)$	dice coefficient
"Jaccard"	$a/(a+b+c)$	Jaccard similarity coefficient

이러한 이항형 자료에 대하여 proxy 패키지의 simil 또는 dist 함수에서 사용할 수 있는 유사성 및 거리의 측도들 중 몇 가지를 소개하면 〈표 6.5〉와 같다. 유사성은 simil 함수를 사용하여 얻을 수 있고, 거리는 dist 함수를 사용하여 얻을 수 있는데, 유사도 값이 s일때 거리는 $1-|s|$로 계산된다. 그리고 simil 함수의 결과에서는 대각 원소가 NA 값을 가지며, dist 함수의 결과에서는 대각 원소가 0의 값을 갖게 된다.

〈표 6.6〉은 어떤 종류의 화장품에 대한 이미지 조사를 통해 얻은 것으로, 주어진 24개의 형용사 중에서 마음에 드는 것을 모두 고르도록 한 것이다. 여기에서 각 변수가 나타내는 형용사는 다음과 같다. – A: 은은한, B: 산뜻한, C: 향긋한, D: 강한, E: 고급스러운, F: 순한, G: 상쾌한, H: 꽃 향기, I: 지속되는, J: 독특한, K: 부드러운, L: 상큼한 M: 과일 향기, N: 약한, O: 천연의, P: 무자극, Q: 깨끗한, R: 달콤한, S: 향이 없는, T: 풍부한, U: 연한, V: 신선한, W: 진한, X: 자연의.

〈표 6.6〉 화장품 이미지(cosmetic.csv, 일부)

subject	A (은은한)	B (산뜻한)	C (향긋한)	…	V (신선한)	W (진한)	X (자연의)
1	0	1	1	…	1	0	0
2	1	1	0	…	0	0	0
3	1	0	0	…	0	0	0
4	0	1	0	…	0	0	0
5	0	1	0	…	0	0	0
6	1	1	0	…	0	0	0
7	1	0	0	…	1	0	0
…	…	…	…	…	…	…	…
600	1	0	1	…	0	0	0

그런데 여기에서 1은 각 사람(subject)이 그 형용사를 선택하였음을 그리고 0은 선택하지 않았음을 나타내므로, 1과 0이 가지는 실제적 의미가 다르다고 할 수 있다. 이러한 자료를 비대칭(asymmetric) 이항형 자료라고 하며, 이때 주로 사용되는 유사성의 측도로는 Russell-Rao 유사성 계수와 Jaccard 유사성 계수를 들 수 있다(Jaccard 계수는 Russell-Rao 계수에 대해 일종의 표준화를 취한 것으로 볼 수 있다).

다음 〈예 6.2〉는 형용사 C(향긋한)와 D(강한)에 대하여 일치계수, Russell-Rao 유사성 계수, Jaccard 유사성 계수를 계산한 것이다. 먼저 table 함수에 의한 빈도표를 살펴보면, 두 형용사를 모두 선택하지 않은 사람은 476명이고, 두 형용사를 모두 선택한 사람은 1명이라는 것을 볼 수 있다.

〈예 6.2〉 일치계수, Russell-Rao 유사성 계수, Jaccard 유사성 계수

```
cosmetic <- read.csv("F:/My_Work/Data/cosmetic.csv",header=TRUE)
table(cosmetic$C,cosmetic$D)
#--------------------------------------------------------------------
#       0   1
#  0 476   2
#  1 121   1
#--------------------------------------------------------------------
# 일치계수
library(proxy)
simil(cosmetic[c("C","D")],method="simple matching",by_rows=FALSE)
#--------------------------------------------------------------------
#       C
# D 0.795
```

```
#-----------------------------------------------------------------------
# Russell-Rao 유사성 계수
simil(cosmetic[c("C","D")],method="Russel",by_rows=FALSE)
#-----------------------------------------------------------------------
#            C
# D 0.001666667
#-----------------------------------------------------------------------
# Jaccard 유사성 계수
simil(cosmetic[c("C","D")],method="Jaccard",by_rows=FALSE)
#-----------------------------------------------------------------------
            C
D 0.008064516
```

위의 예에서 일치계수(simple matching coefficient)는 (476+1)/600=0.795로서 높게 나타나는 반면, Russell-Rao 유사성 계수는 1/600=0.0016이고 Jaccard 유사성 계수는 1/(1+2+121)=0.008로서 낮다는 것을 볼 수 있다. 즉, 어떤 측도를 사용하느냐에 따라서 유사성이 상당히 다르게 계산된다는 것을 알 수 있다.

〈예 6.3〉 이항형 자료에 대한 유사성과 거리 계산

```
library(proxy)
Russel.simil <- simil(cosmetic[,-1],method="Russel",diag=TRUE,
                      by_rows=FALSE)   # Russell-Rao 유사성 계수
Russel.dist <- dist(cosmetic[,-1],method="Russel",diag=TRUE,
                    by_rows=FALSE)   # Russell-Rao 거리
Jaccard.simil <- simil(cosmetic[,-1],method="Jaccard",diag=TRUE,
                       by_rows=FALSE)   # Jaccard 유사성 계수
Jaccard.dist <- dist(cosmetic[,-1],method="Jaccard",diag=TRUE,
                     by_rows=FALSE)   # Jaccard 거리
round(Jaccard.dist[[1:9]],digits=3)
#-----------------------------------------------------------------------
      A     B     C     D     E     F     G     H     I
A 0.000
B 0.812 0.000
C 0.895 0.920 0.000
D 0.998 0.997 0.998 0.000
E 0.900 0.938 0.968 0.995 0.000
F 0.812 0.860 0.948 1.000 0.973 0.000
G 0.847 0.770 0.920 1.000 0.948 0.912 0.000
H 0.958 0.978 0.968 1.000 0.990 0.980 0.982 0.000
I 0.818 0.862 0.932 0.998 0.925 0.942 0.885 0.983 0.000
```

⟨예 6.2⟩는 '화장품 이미지' 데이터에 대하여 Russell-Rao 유사성 계수 및 거리와 Jaccard 유사성 계수 및 거리를 구하는 예이다. 여기에서는 변수(열) 사이의 유사성 및 거리를 계산하기 위하여 by_rows=FALSE 인수값을 지정하였다.

또한 round 함수를 사용하여 유사성 및 거리의 일부를 출력하였다. 여기에서는 첫 5개의 행과 열을 소숫점 3자리까지 출력하였다. dist 함수의 결과에서 대각 원소가 0의 값을 갖는다는 것을 살펴보기 바란다.

6.1.3 명목형 자료에 대한 거리 및 유사성

고려되는 p개의 변수들이 모두 명목형(nominal)인 경우 두 개체 $\mathbf{x}_i$와 $\mathbf{x}_j$ 사이의 유사성 또는 거리의 측도로 사용될 수 있는 몇 가지를 소개하면 ⟨표 6.7⟩과 같다. 이 장의 부록에 이들을 계산하는 함수를 직접 작성하고, proxy 패키지의 dist 함수에서 사용할 수 있도록 pr_DB에 등록하는 방법을 제시하였으니 참조하기 바란다.

6.1.4 혼합형 자료에 대한 거리 및 유사성

고려되는 변수들이 서로 다른 형태의 측정수준을 가지는 경우 유사성의 한 측도로서 다음과 같은 Gower의 유사성(Gower's similarity)을 사용할 수 있다.

$$G_{ij} = \sum_{k=1}^{p} S(k)/p,$$
$$\text{단, } S(k) = \begin{cases} \mathrm{I}(x_{ik} = x_{jk}) & (\text{명목형인 경우}) \\ 1 - |x_{ik} - x_{jk}| & (\text{순서형, 구간형, 비율형인 경우}) \end{cases} \tag{6.6}$$

또한 $1 - G_{ij}$를 Gower의 비유사성(Gower's dissimilarity)이라고 한다.

⟨표 6.7⟩ 명목형 자료에 대한 거리 및 유사성

공 식	의 미
$M = \sum_{k=1}^{p} \mathrm{I}(x_{ik} = x_{jk})$	일치쌍(Non-missing matches), 유사성
$X = \sum_{k=1}^{p} \mathrm{I}(x_{ik} \neq x_{jk})$	불일치쌍(Non-missing mismatches), 거리
$\sum_{k=1}^{p} \mathrm{I}(x_{ik} = x_{jk})/p$	일치계수(Matching coefficient), 유사성
$\sum_{k=1}^{p} \mathrm{I}(x_{ik} \neq x_{jk})/p$	불일치계수(Non-matching coefficient), 거리
$(\mathrm{M}-\mathrm{X})/p$	Hamann coefficient, 유사성
M/X	Sokal and Sneath 3, 유사성

Gower의 유사성과 거리는 proxy 패키지의 simil 함수와 dist 함수에서 method="Gower"를 지정하여 계산할 수 있다. 다만, 범주형 변수들에 대하여는 사전에 as.factor 함수를 이용하여 모두 요인(factor) 형식으로 변환한 후 simil(또는 dist) 함수를 사용해야 한다.

6.2 다차원척도법

다차원척도법(多次元尺度法; MDS; Multidimensional scaling)은 앞에서 소개한 여러 가지 거리들을 이용하여 n개의 객체(object)들을 s차원의 가시적 공간에 시각적으로 나타내는 기법이다. 이 장에서는 몇 가지 사례를 통해 다차원척도법의 내용을 소개할 것이다.

6.2.1 계량형 다차원척도법

계량형(metric) 다차원척도법에서는 거리행렬의 내용을 특별한 처리를 취하지 않고 저차원상에 표현한다.

⟨예 6.4⟩ 거리행렬 생성

```
highway <- read.csv("F:/My_Work/Data/highway.csv",header=TRUE)
print(highway)
#-----------------------------------------------------------------------
       city  x1  x2  x3  x4  x5  x6  x7 x8
1     Seoul   0  NA  NA  NA  NA  NA  NA NA
2   Daejeon 152   0  NA  NA  NA  NA  NA NA
3    Jeonju 225  85   0  NA  NA  NA  NA NA
4   Gwangju 317 177  92   0  NA  NA  NA NA
...
8 Gangneung 230 322 395 487 475 709 111  0
#-----------------------------------------------------------------------
highway.D <- highway[-1]   # ① 변수 city 제거
dimnames(highway.D) <- list(highway$city,highway$city)   # ② 행/열 이름
highway.dist <- as.dist(highway.D)    # ③ 데이터 프레임을 거리행렬로 변환
print(highway.dist)
#-----------------------------------------------------------------------
          Seoul Daejeon Jeonju Gwangju Daegu Busan Wonju
Daejeon     152
Jeonju      225      85
Gwangju     317     177     92
Daegu       305     153    238     208
Busan       428     276    361     258   123
Wonju       119     211    284     376   364   598
Gangneung   230     322    395     487   475   709   111
```

다차원척도법을 수행하기 위해서는 먼저 거리행렬(dist 객체)을 생성해야 한다. ⟨예 6.4⟩는 '도시간 고속도로 거리(표 6.1)' 데이터를 거리행렬로 변환하는 예이며, 여기에서 사용된 함수들에 대한 설명은 다음과 같다.

① 첫 번째 변수 city(도시 이름)는 거리행렬의 원소가 아니므로 제외한다.
② dimnames 함수를 사용하여 데이터 프레임에 행/열 이름을 부여한다. 행/열 이름은 이후의 과정에서 분석에 사용되지는 않는다.
③ as.dist함수를 사용하여 데이터 프레임을 거리행렬(dist 객체)로 변환한다.

다음 ⟨예 6.5⟩는 생성된 거리행렬을 기초로 계량형 다차원척도법을 수행한 것으로, 8개 도시들 사이의 고속도로 거리가 2차원 플롯에 근사적으로 표현되어 있다(그림 6.1 참조).

⟨예 6.5⟩ 계량형 다차원척도법 – cmdscale 함수

```
highway.mds <- cmdscale(highway.dist,k=2,eig=TRUE)
highway.mds
#-----------------------------------------------------------------------
# $points
#                 [,1]        [,2]
# Seoul       105.24514   64.112146
# Daejeon     -16.46705   19.514032
# Jeonju      -27.56225 -120.884945
# Gwangju    -130.09370 -126.998449
# Daegu      -146.03481   78.813200
# Busan      -363.64961   61.897043
# Wonju       233.71121    3.433571
# Gangneung   344.85107   20.113403
#
# $eig
# [1]  3.561421e+05  4.569204e+04  1.722534e+04  1.571506e+03
#     -7.275958e-11 -3.603770e+02 -4.225652e+03 -4.477363e+04
#
# $GOF
# [1] 0.8549833 0.9553128
#-----------------------------------------------------------------------
x <- highway.mds$points[,1]   # 수평축 좌표 생성
y <- highway.mds$points[,2]   # 수직축 좌표 생성
plot(x,y,pch=8,col="red",xlim=c(-400,400),ylim=c(-150,100),
     xlab="Dimension 1",ylab="Dimension 2")   # 산점도 그리기
abline(v=0,h=0,lty=2)   # 참조선 추가
text(x,y,pos=3,labels=highway$city,col="blue")   # 텍스트 추가
```

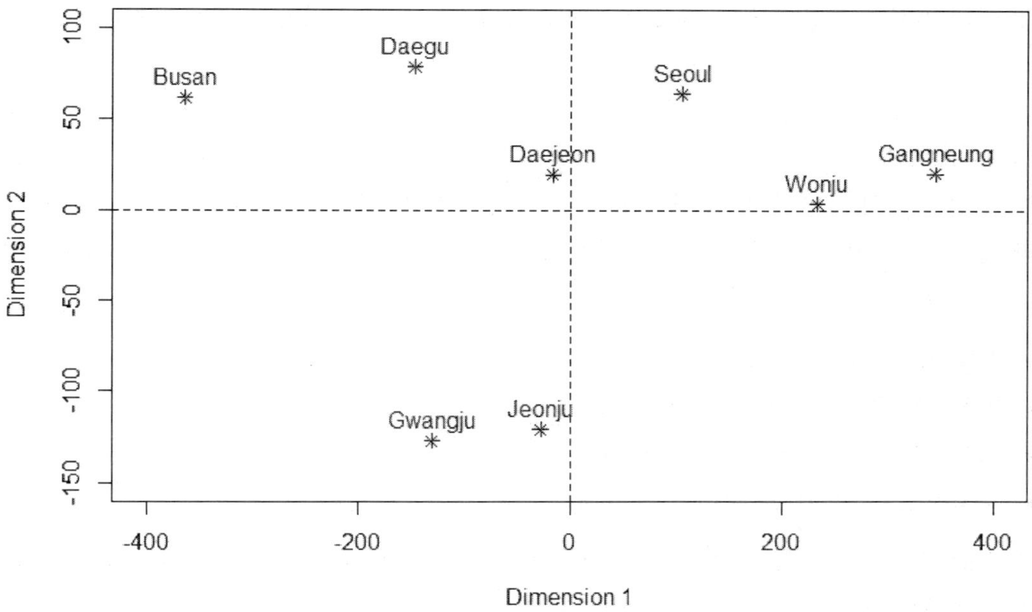

〈그림 6.1〉 2차원 MDS 플롯 – 도시간 고속도로 거리

〈예 6.5〉에서 사용된 거리행렬을 기초로 cmdscale 함수는 계량형 다차원척도법을 수행한다. 이때 k= 인수는 차원의 수를 지정하며, eig= 인수는 고유값을 출력할지의 여부를 지정한다. 〈예 6.5〉의 결과에서 주요 객체들의 내용은 다음과 같다.

- points: 각 개체들이 표현될 좌표값을 나타낸다(그림 6.1 참조).
- eig: 거리행렬의 고유값(eigenvalue)을 나타낸다.
- GOF: 고유값에 의해서 계산된 각 차원의 적합도(goodness of fit)를 나타낸다. 이 예에서 첫 번째 차원의 GOF는 85.5%이고, 두 번째 차원까지의 누적 GOF는 95.5%이다. p를 거리행렬에 있는 개체의 수이고(이 예에서 $p = 8$), λ_i를 거리행렬의 i번째 고유값이라고 할 때, GOF는 다음과 같이 계산된다.

$$\text{GOF}_k = \frac{\sum_{i=1}^{k} \lambda_i}{\sum_{i=1}^{p} \lambda_i}, \quad k = 1\ , 2, \ \cdots\ , \ p. \tag{6.7}$$

6.2.2 비계량형 다차원척도법

거리행렬(비유사성 행렬) $\mathbf{D} = \{d_{ij}\}$가 주어져 있을 때, 다차원척도법은 각 객체 i에 대하여 s차원 상의 좌표값 $\mathbf{y}_i = (y_{i1},\ y_{i2},\ \cdots\ ,\ y_{is})'$을 만들고 이를 통해 객체들을 저차원의 가시적 공간에 표현해 낸다.

이때 가시적 공간에서 두 좌표값 사이의 유클리드 거리를 다음과 같이 정의하면,

$$\delta_{ij} = \sqrt{\sum_{k=1}^{s}(y_{ik} - y_{jk})^2} \tag{6.8}$$

두 객체 i와 j에 대한 원래의 거리 d_{ij}와 가시적 공간 상에서의 거리 δ_{ij}가 어떤 기준에 따라 일치하는 것이 바람직할 것이다. 일반적으로 다차원척도법에서는 d_{ij}와 δ_{ij}의 일치성에 대해 다음과 같은 척도들을 고려한다.

- 절대척도(Absolute scale): $d_{ij} \simeq \delta_{ij}$.
- 비율척도(Ratio scale): $d_{ij} \simeq b\,\delta_{ij}$.
- 구간척도(Interval scale): $d_{ij} \simeq a + b\,\delta_{ij}$.
- 순서척도(Ordinal scale): $d_{ij} \simeq f(\delta_{ij})$, 단, $f(\cdot)$는 단조증가함수.

즉, '절대척도'에서는 d_{ij}와 δ_{ij}의 크기 자체가 일치하여야 하고, '비율척도'에서는 d_{ij}와 δ_{ij}가 비례하는 관계를 가져야 한다. 또한 '구간척도'에서는 d_{ij}와 δ_{ij}가 선형적으로 비례하는 관계를 가져야 하며, '순서척도'에서는 d_{ij}들의 크기 순서와 δ_{ij}들의 크기 순서가 일치해야 한다. 따라서 다차원척도법에서는 가시적 공간 상에서의 거리가 원래의 거리와 어느 정도의 관계를 가지면 되는지를 고려하여 위의 척도들 중 하나를 선택할 수 있다.

절대척도를 고려하는 경우를 계량형(metric) 다차원척도법이라고 하며, 비율척도, 구간척도, 순서척도를 고려하는 경우를 비계량형(nonmetric) 다차원척도법이라고 한다.

다음 ⟨예 6.6⟩은 ⟨예 6.1⟩에서 만들어진 거리행렬에 대하여 MASS 패키지의 isoMDS 함수를 사용하여 다차원척도법을 수행한 것이다. 이 함수에서는 순서척도를 가정하며, k= 인수로 차원의 수를 지정할 수 있다.

⟨예 6.6⟩ 비계량형 다차원척도법 – isoMDS 함수

```
library(MASS)
protein.mds <- isoMDS(protein.dist,k=2)
#-----------------------------------------------------------------------
initial  value 19.790704
iter   5 value 14.664515
final  value 14.574856
converged
#-----------------------------------------------------------------------
protein.mds$stress   # 부적합도(stress) 출력
#-----------------------------------------------------------------------
# [1] 14.57486
```

다차원척도법에서 d_{ij}와 δ_{ij}의 일치성은 스트레스(stress)라고 불리는 다음과 같은 부적합도(Badness-of-Fit criterion)를 통해 검토된다.

$$Stress = \sqrt{\sum_{i<j}(d_{ij} - \hat{d}_{ij})^2 / \sum_{i<j} d_{ij}^2}, \tag{6.9}$$

여기에서 $\hat{d}_{ij} = \delta_{ij}$(절대척도), $b\delta_{ij}$(비율척도), $a + b\delta_{ij}$(구간척도), $\hat{f}(\delta_{ij})$(순서척도)이다.

결국 다차원척도법에서의 좌표값 $\mathbf{x}_1$, $\mathbf{x}_2$, $\cdots$, $\mathbf{x}_n$은 식 (6.8)의 스트레스를 최소화하는 반복적 비선형최적화(iterative nonlinear optimization)를 통해 얻어진다(이 내용에 대해서는 참고문헌들을 참조하기 바란다). 또한 Kruskal(1978)은 스트레스의 평가에 대하여 다음과 같은 기준을 제시하였다.

$$Stress \simeq \begin{cases} 0.02 & \rightarrow \text{ 매우 좋음 (Excellent)} \\ 0.05 & \rightarrow \text{ 좋음 (Good)} \\ 0.10 & \rightarrow \text{ 보통 (Fair)} \\ 0.20 & \rightarrow \text{ 좋지 않음 (Poor)} \end{cases} \tag{6.10}$$

⟨예 6.6⟩의 결과를 살펴보면 스트레스의 초기값은 0.1979이며 5회의 반복 후에 스트레스는 0.1466이고, 최종적인 스트레스는 0.1457로서 나쁘지는 않은 정도라고 할 수 있다.

다음 ⟨예 6.7⟩은 각 객체에 대해 추정된 좌표값을 출력하고 있으며, ⟨그림 6.2⟩는 이를 이용하여 2차원 플롯을 작성한 것이다.

⟨예 6.7⟩ 좌표값(configuration) 출력

```
round(protein.mds$points,digits=3)
#----------------------------------------------------------------------
                  [,1]   [,2]
Albania          4.092 -1.919
Austria         -1.223 -1.070
Belgium         -1.464 -0.033
Bulgaria         3.060 -1.256
Czechoslovakia -0.333 -0.454
Denmark         -2.570  0.385
E Germany       -1.286  0.404
Finland         -2.203 -1.946
France          -2.151  1.220
Greece           2.835  0.984
Hungary          1.292 -1.150
Ireland         -2.611 -0.754
Italy            1.335  0.226
Netherlands     -1.408 -0.789
```

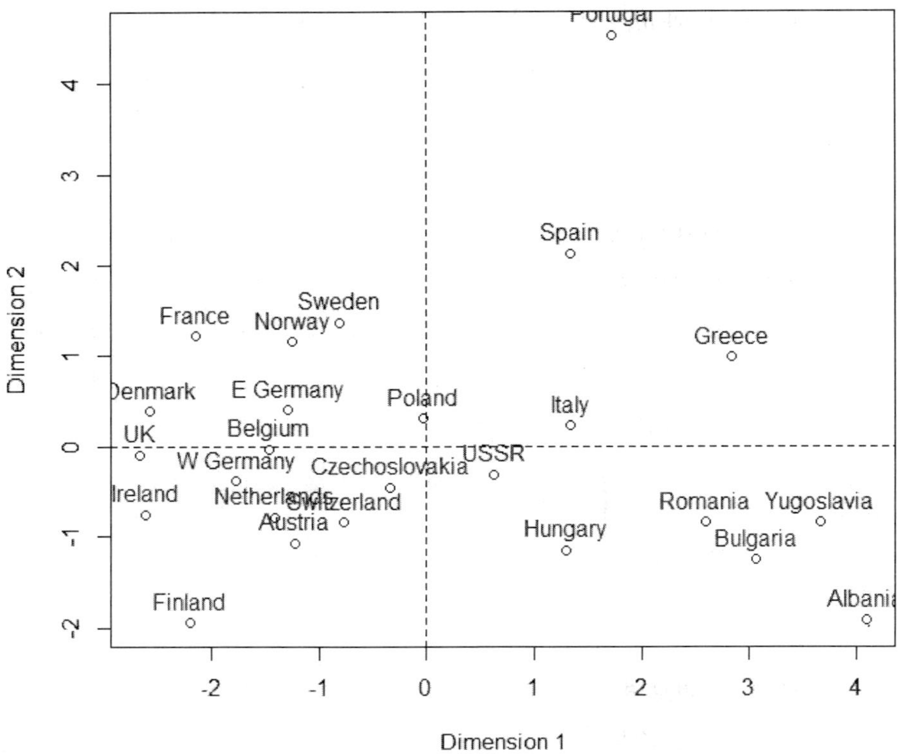

〈그림 6.2〉 2차원 MDS 플롯 – 단백질 섭취량

```
Norway          -1.256  1.159
Poland          -0.029  0.304
Portugal         1.717  4.528
...
Yugoslavia       3.663 -0.844
#------------------------------------------------------------------------
x <- protein.mds$points[,1]   # 수평축 좌표 생성
y <- protein.mds$points[,2]   # 수직축 좌표 생성
plot(x,y,pch=1,xlab="Dimension 1",ylab="Dimension 2")   # 산점도 그리기
abline(v=0,h=0,lty=2)   # 참조선 추가
text(x,y,pos=3,labels=protein$country,col="blue")   # 텍스트 추가
```

〈그림 6.2〉를 살펴보면 육류, 계란, 우유 등을 많이 섭취하는 국가들이 왼쪽에 위치에 있음을 볼 수 있다. 반면 채소와 야채를 많이 섭취하는 Portugal, Spain 등은 오른쪽의 위에, 그리고 곡류를 많이 섭취하는 Albania, Yugoslavia, Bulgaria 등은 오른쪽의 아래에 위치하고 있음을 볼 수 있다.

〈표 6.8〉 자동차의 유사성(carsimil.csv)

car	x_1	x_2	x_3	x_4	x_5	x_6	x_7	x_8	x_9	x_{10}
BMW										
Ford	11									
Infiniti	37	21								
Jeep	14	43	20							
Lexus	38	19	44	18						
Chrysler	2	31	10	30	8					
Mercedes	42	17	40	16	41	3				
Saab	35	27	25	28	32	9	26			
Porsche	39	6	4	7	5	0	13	24		
Volvo	12	34	23	33	22	36	15	29	1	

6.2.3 유사성행렬을 거리행렬로 변환하기

예를 들어, 〈표 6.8〉은 소비자들이 10개 자동차의 짝들에 대해 느끼는 유사성의 정도를 1~45점으로 잰 것이다(Lattin et al., 2003). 이와 같이 데이터가 유사성행렬로 주어져 있는 경우, cmdscale 함수나 isoMDS 함수를 사용하기 위해서는 먼저 유사성행렬을 거리행렬로 변환해 주어야 한다. 이때 일반적으로 사용되는 변환방법은 다음과 같다 $(i, j = 1, 2, \cdots, n)$.

$$d_{ij} = \begin{cases} 0, & i = j, \\ C - c_{ij}, & i \neq j, \end{cases} \tag{6.11}$$

이때, C는 임의로 주어지는 상수이며, 일반적으로 1 또는 유사성행렬의 원소 중 최대값을 취한다.

데이터 프레임을 유사성행렬 또는 거리행렬로 변환하기 위해 사용되는 함수들은 다음과 같다.

- as.simil(X): 데이터 프레임 또는 행렬을 유사성 객체(simil object)로 변환한다. X가 데이터 프레임일 경우에는 원래의 값을 그대로 유지하며, X가 dist 함수 등에 의해서 얻어진 거리 객체일 경우에는 '$c_{ij} = 1 - d_{ij}$'와 같이 각 원소를 변환한다.
- as.dist(X): 데이터 프레임 또는 행렬을 거리 객체(dist object)로 변환한다. X가 데이터 프레임일 경우에는 원래의 값을 그대로 유지하며, X가 simil 함수 등에 의해서 얻어진 유사성 객체일 경우에는 '$d_{ij} = 1 - c_{ij}$'와 같이 각 원소를 변환한다.

⟨예 6.8⟩ 유사성행렬을 거리행렬로 변환하기

```
carsimil <- read.csv("F:/My_Work/Data/carsimil.csv",header=TRUE)
carsimil.S <- carsimil[-1]   # ① 변수 car 제외
dimnames(carsimil.S) <- list(carsimil$car,carsimil$car)   # ② 행/열 이름
car.simil <- as.simil(carsimil.S)   # ③ 유사성행렬
print(car.simil)
#------------------------------------------------------------------------
         BMW Ford Infiniti Jeep Lexus Chrysler Mercedes Saab Porsche
Ford      11
Infiniti  37   21
Jeep      14   43       20
Lexus     38   19       44   18
Chrysler   2   31       10   30     8
Mercedes  42   17       40   16    41        3
Saab      35   27       25   28    32        9       26
Porsche   39    6        4    7     5        0       13   24
Volvo     12   34       23   33    22       36       15   29       1
#------------------------------------------------------------------------
car.dist <- as.dist(car.simil,FUN=function(x) 45-abs(x))   # ④ 거리행렬
print(car.dist)
#------------------------------------------------------------------------
         BMW Ford Infiniti Jeep Lexus Chrysler Mercedes Saab Porsche
Ford      34
Infiniti   8   24
Jeep      31    2       25
Lexus      7   26        1   27
Chrysler  43   14       35   15    37
Mercedes   3   28        5   29     4       42
Saab      10   18       20   17    13       36       19
Porsche    6   39       41   38    40       45       32   21
Volvo     33   11       22   12    23        9       30   16      44
```

⟨예 6.8⟩은 ⟨표 6.8⟩의 데이터로부터 유사성행렬을 생성하고, 다시 유사성행렬로부터 거리행렬을 생성하는 예이다.

① 변수 car를 제외하고 유사성값들만으로 데이터를 생성한다.

② dimnames 함수를 사용하여 데이터 프레임에 행/열 이름을 부여한다.

③ as.simil함수를 사용하여 데이터를 유사성행렬(simil 객체)로 변환한다.

④ as.dist함수를 사용하여 유사성행렬을 거리행렬(dist 객체)로 변환한다. 이 함수는 기본적으로 '1-유사성'을 거리로 계산하기 때문에 주의가 필요하다. 식 (6.10)에서의 상수 C를 지정하려면 함수 내에서 FUN= 인수에 직접 함수를 작성해 주면 된다.

6.A 부록: 유사성/거리 계산을 위한 함수 작성

이 절에서는 명목형 자료의 유사성 및 거리 계산를 위한 함수를 직접 작성하고, proxy 패키지의 simil 함수 또는 dist 함수에서 사용할 수 있도록 pr_DB에 등록하는 방법을 설명할 것이다.

⟨예 6.9⟩ 유사성/거리 계산을 위한 함수 작성

```
nominal.M <- function(x,y){
  M = sum(x==y)
  return(M)
}
nominal.X <- function(x,y){
  X = sum(x!=y)
  return(X)
}
nominal.Match <- function(x,y){
  M = sum(x==y)
  Match = M/length(x)
  return(Match)
}
nominal.NonMatch <- function(x,y){
  X = sum(x!=y)
  NonMatch = X/length(x)
  return(NonMatch)
}
nominal.Hamann <- function(x,y){
  M = sum(x==y)
  X = sum(x!=y)
  Hamann = (M-X)/length(x)
  return(Hamann)
}
nominal.SS3 <- function(x,y){
  M = sum(x==y)
  X = sum(x!=y)
  p = length(x)
  SS3 = ifelse(X==0, p, M/X)
  return(SS3)
}

pr_DB$set_entry(FUN=nominal.M,
                names=c("nominal.M"),distance=FALSE)
pr_DB$set_entry(FUN=nominal.X,
                names=c("nominal.X"),distance=TRUE)
```

```
pr_DB$set_entry(FUN=nominal.Match,
                names=c("nominal.Match"),distance=FALSE)
pr_DB$set_entry(FUN=nominal.NonMatch,
                names=c("nominal.NonMatch"),distance=TRUE)
pr_DB$set_entry(FUN=nominal.Hamann,
                names=c("nominal.Hamann"),distance=FALSE)
pr_DB$set_entry(FUN=nominal.SS3,
                names=c("nominal.SS3"),distance=FALSE)

# pr_DB$delete_entry("nominal.SS3")
```

⟨예 6.9⟩에서와 같이 사용자 정의 함수를 작성하고, pr_DB$set_entry 함수를 사용하여 pr_DB에 등록할 수 있다. 이때 유사성 또는 거리의 식별자를 names= 인수로 지정하면 된다. 또한 distance=FALSE는 유사성 측도임을 나타내며, 이 측도들을 simil 함수에서 지정할 수 있다. 그리고 distance=TRUE는 거리 측도임을 나타내며, 이 측도들을 dist 함수에서 지정할 수 있다(예 6.10 참조).

⟨예 6.10⟩ 명목형 자료의 유사성/거리 계산

```
nominal <- read.csv("F:/My_Work/Data/nominal.csv",header=TRUE)
head(nominal,n=5)
#------------------------------------------------------------------
  x1 x2     x3  x4
1  M  A   high Yes
2  M  A    low Yes
3  F  A   high Yes
4  M  O medium  No
5  F  A   high  No
#------------------------------------------------------------------
simil(nominal,method="nominal.Match")
#------------------------------------------------------------------
      1    2    3    4    5    6    7    8    9
2  0.75
3  0.75 0.50
4  0.25 0.25 0.00
5  0.50 0.25 0.75 0.25
6  0.50 0.50 0.75 0.25 0.50
7  0.50 0.75 0.25 0.25 0.00 0.25
8  0.50 0.75 0.25 0.25 0.00 0.25 1.00
9  0.50 0.25 0.25 0.50 0.50 0.00 0.25 0.25
10 0.50 0.75 0.25 0.50 0.50 0.25 0.50 0.50 0.50
#------------------------------------------------------------------
```

```
dist(nominal,method="nominal.NonMatch")
#-------------------------------------------------------------------
     1    2    3    4    5    6    7    8    9
2  0.25
3  0.25 0.50
4  0.75 0.75 1.00
5  0.50 0.75 0.25 0.75
6  0.50 0.50 0.25 0.75 0.50
7  0.50 0.25 0.75 0.75 1.00 0.75
8  0.50 0.25 0.75 0.75 1.00 0.75 0.00
9  0.50 0.75 0.75 0.50 0.50 1.00 0.75 0.75
10 0.50 0.25 0.75 0.50 0.50 0.75 0.50 0.50 0.50
```

6.B 부록: 추가변수의 활용

개체들 간의 거리행렬(또는 유사성행렬) 이외에 각 개체에 대한 추가적인 정보가 있는 경우, 이를 이용하여 다차원척도법의 결과를 보다 쉽게 해석할 수 있다. 이 절에서는 일반적으로 사용되는 두 가지 기법을 소개할 것이며, 이 방법들은 주성분분석, 인자분석, 정준상관분석 등 앞에서 다루었던 다변량 분석방법들의 결과에도 그대로 적용할 수 있다.

6.B.1 이상벡터 모형

먼저, 각 개체들을 s차원에 표현하기 위한 좌표값 행렬을 $\mathbf{F}$라고 하자. 일반적으로 행렬 $\mathbf{F}$는 주성분점수, 인자점수, 다차원척도법의 좌표값 등을 나타내게 될 것이다. 또한 각 개체들에 대해 추가적인 정보를 가지고 있는 $n \times q$ 행렬을 $\mathbf{Y}$라고 하자.

예를 들어, 3장의 ⟨예 3.23⟩에서 다루었던 것으로, 여기서 추가적인 변수 y_1, y_2, y_3는 각각 주행거리(miles per gallon), 신뢰도(reliability), 승차감(ride)의 정도를 나타낸다.

좌표값 행렬 $\mathbf{F}$에 의한 가시적 공간에 추가변수 $y_1, \cdots, y_q$를 나타내는 방법 중 하나는 추가변수 $y_m(m = 1, \ \cdots, \ q)$에 대해 다음과 같은 선형회귀모형을 이용하는 것이다.

$$y_m^* = \beta_{m1}\ f_1^* + \beta_{m2}\ f_2^* + \cdots + \beta_{ms}\ f_s^* + \epsilon, \tag{6.12}$$

여기에서 y_m^*와 f_j^*는 중심화된 값, 즉, $y_m^* = y_m - \bar{y}_m$, $f_j^* = f_j - \bar{f}_j (j = 1, \ \cdots, \ s)$을 나타낸다(추가변수들의 측정단위가 다른 경우에는 표준화를 취하기도 한다). 이때 최소제곱추정치로 이루어진 벡터 $\hat{\boldsymbol{\beta}}_m = (\hat{\beta}_{m1}, \ \cdots, \ \hat{\beta}_{ms})'$를 이용하여 추가변수 y_m을 가시적 공간에 표현할 수 있다.

다음 ⟨예 6.11⟩은 이와 같은 이상벡터 모형(ideal vector model)을 수행하는 예이며, ⟨예 6.12⟩는 이상벡터 플롯을 작성하는 예이다.

〈표 6.9〉 자동차의 성능(carabil.csv)

	model	f_1	f_2	y_1	y_2	y_3
1	Eldorado	-0.83181	2.07163	3	2	4
2	Chevette	-0.80444	-1.42861	5	3	2
3	Citation	-0.05937	-0.87198	4	1	5
4	Malibu	-0.40962	-0.03711	3	3	4
5	Fairmont	-0.43014	-0.89373	3	3	4
6	Mustang	-0.39557	-0.19366	3	2	2
7	Pinto	-1.06838	-1.38355	4	1	1
8	Accord	1.36506	0.10589	5	5	3
9	Civic	0.92715	-0.45266	5	5	3
10	Continental	-0.85339	2.17594	2	4	5
11	Gran Fury	-0.92325	0.13692	2	1	5
12	Horizon	-0.35713	-0.41523	4	3	3
13	Volare	-0.50161	-0.22533	2	1	3
14	Firebird	-0.48918	0.87260	1	1	5
15	Dasher	1.35410	0.22998	5	3	4
16	Rabbit	1.41912	-0.06966	5	4	3
17	DL	2.05842	0.37856	4	5	5
	평균	0	0	3.53	2.76	3.59

〈예 6.11〉 이상벡터 모형의 추정치

```
carabil <- read.csv("F:/My_Work/Data/carabil.csv",header=TRUE)
carabil.lm <- lm(cbind(y1,y2,y3)~f1+f2,data=carabil)   # 회귀분석
summary(carabil.lm)   # 회귀분석 결과 출력
#----------------------------------------------------------------------
# Response y1 :
#
# Coefficients:
#              Estimate Std. Error t value Pr(>|t|)
# (Intercept)   3.5294     0.2172  16.248 1.76e-10 ***
# f1            0.7720     0.2239   3.448  0.00392 **
# f2           -0.5847     0.2239  -2.611  0.02052 *
# ---
# Signif. codes:  0 ‘***’ 0.001 ‘**’ 0.01 ‘*’ 0.05 ‘.’ 0.1 ‘ ’ 1
#
# Multiple R-squared:  0.572,        Adjusted R-squared:  0.5108
```

〈표 6.10〉 회귀계수 추정치와 결정계수

	회귀계수 추정치		
	$\hat{\beta}_1$	$\hat{\beta}_2$	R^2
y_1(주행거리)	0.77201	-0.58469	0.5720
y_2(신뢰도)	1.03612	0.20216	0.5086
y_3(승차감)	0.15536	0.69651	0.3379

```
# Response y2 :
#
# Coefficients:
#             Estimate Std. Error t value Pr(>|t|)
# (Intercept)   2.7647     0.2690  10.276 6.66e-08 ***
# f1            1.0361     0.2773   3.736  0.00221 **
# f2            0.2022     0.2773   0.729  0.47804
# ---
# Signif. codes:  0 '***' 0.001 '**' 0.01 '*' 0.05 '.' 0.1 ' ' 1
#
# Multiple R-squared:  0.5086,       Adjusted R-squared:  0.4384
#
# Response y3 :
#
# Coefficients:
#             Estimate Std. Error t value Pr(>|t|)
# (Intercept)   3.5882     0.2590  13.852 1.45e-09 ***
# f1            0.1554     0.2670   0.582   0.5699
# f2            0.6965     0.2670   2.609   0.0206 *
# ---
# Signif. codes:  0 '***' 0.001 '**' 0.01 '*' 0.05 '.' 0.1 ' ' 1
#
# Multiple R-squared:  0.3379,       Adjusted R-squared:  0.2433
#------------------------------------------------------------------------
carabil.vector <- t(coef(carabil.lm)[2:3,])
rownames(carabil.vector) <- c("Miles Per Gallon","Reliability","Ride")
print(carabil.vector)
#------------------------------------------------------------------------
#                         f1         f2
# Miles Per Gallon 0.7720099 -0.5846886
# Reliability      1.0361235  0.2021622
# Ride             0.1553629  0.6965132
```

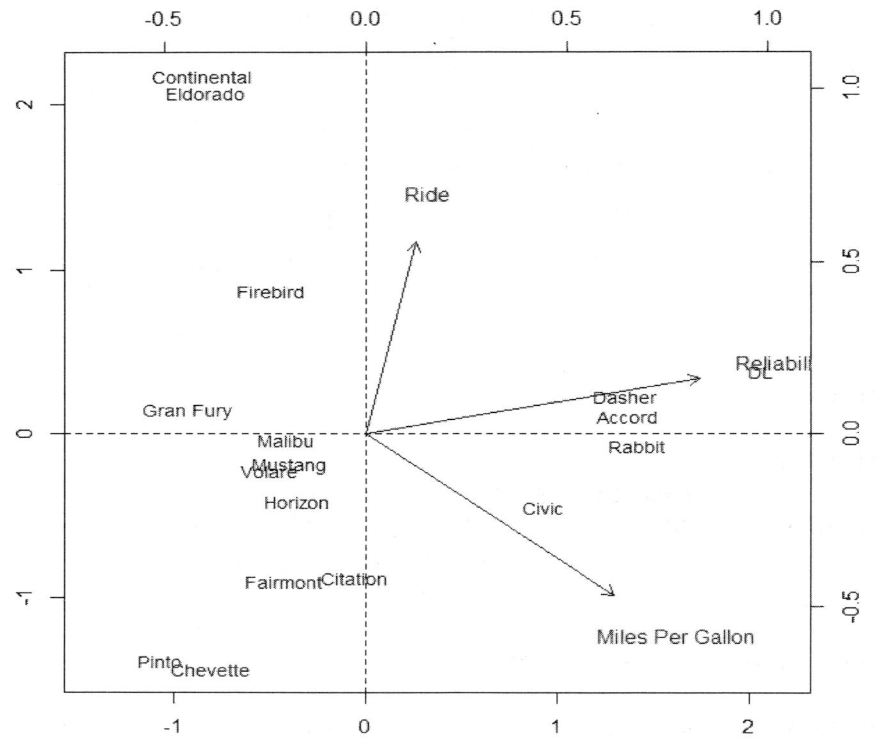

〈그림 6.3〉 이상벡터 플롯(Ideal Vector Plot)

〈예 6.12〉 이상벡터 플롯(Ideal Vector Plot)

```
biplot(x=carabil[,c("f1","f2")],y=carabil.vector,
       col=c("blue","red"),cex=c(1,1),
       xlabs=carabil$model,ylabs=rownames(carabil.vector))
abline(h=0,v=0,lty=2)
```

〈예 6.12〉는 3장의 부록에서 다루었던 biplot 함수를 사용하여 이상벡터 플롯(ideal vector plot)을 작성하는 예이다.

이와 같은 이상벡터 플롯에서 각 벡터의 길이는 결정계수(R^2)에 비례하며, 따라서 각 추가변수가 가시적 공간에 적합되는 정도를 나타낸다. 또한 개체들을 벡터에 직교투영함으로서 추가변수에 대한 개체들의 상대적 위치를 파악할 수 있다. 예를 들어, 플롯의 오른쪽에 위치하고 있는 DL, Accord 등은 주행거리와 신뢰도에 대해서 좋은 평가를 받고 있으며, 위쪽에 위치하고 있는 Continental, Eldorad는 승차감에 대해서 좋은 평가를 받고 있음을 알 수 있다.

6.B.2 이상점 모형

선호도 자료에 대해 이상벡터(ideal vector) 모형은 속성(attribute)의 값이 커질수록 더 좋은 선호도를 가진다는 가정에 기초한 것이다. 이에 반해 이상점(ideal point) 모형은 각 속성에 대해 가장 선호되는 이상점이 있으며 이 점으로부터 멀어질수록 선호되지 않는다는 가정에 기초한다.

예를 들어, 아이스크림의 단맛이라는 속성을 고려해 보자. 아마도 너무 단맛이 없으면 아이스크림이 선호되지 않겠지만, 지나치게 단맛이 강해도 선호도가 감소할 것이므로, 단맛에 있어서 적당한 정도의 이상점이 존재할 것이라고 생각할 수 있다.

이상점 모형에서는 다음과 같은 이차곡선 회귀모형을 이용하여 이상점을 구하게 된다.

$$y_m^* = \beta_{m1}\ f_1^* + \beta_{m2}\ f_2^* + \cdots + \beta_{ms}\ f_s^* + \gamma \sum_{j=1}^{s} f_j^{*2} + \epsilon. \qquad (6.13)$$

이때, 추가변수 y_m에 대한 이상점 좌표는 다음과 같이 구할 수 있다(Carroll, 1972).

$$Point_m = \hat{\boldsymbol{\beta}}_m/|2\hat{\gamma}| = (\hat{\beta}_{m1},\ \cdots,\ \hat{\beta}_{ms})'/|2\hat{\gamma}|. \qquad (6.14)$$

⟨예 6.13⟩ 이상점 모형의 추정치

```
carabil$ff <- carabil$f1^2+carabil$f2^2
carabil.curve <- lm(cbind(y1,y2,y3)~f1+f2+ff,data=carabil)   # 회귀분석
summary(carabil.curve)   # 이차곡선 회귀분석 결과 출력
#-----------------------------------------------------------------------
# Response y1 :
#
# Coefficients:
#             Estimate Std. Error t value Pr(>|t|)
# (Intercept)   2.9638     0.3310   8.955 6.37e-07 ***
# f1            0.7423     0.2010   3.694  0.00270 **
# f2           -0.8668     0.2409  -3.598  0.00324 **
# ff            0.3005     0.1423   2.112  0.05458 .
# ---
# Signif. codes:  0 ‘***’ 0.001 ‘**’ 0.01 ‘*’ 0.05 ‘.’ 0.1 ‘ ’ 1
#
# Multiple R-squared:  0.6813,       Adjusted R-squared:  0.6078
#
# Response y2 :
#
# Coefficients:
#             Estimate Std. Error t value Pr(>|t|)
# (Intercept)  2.30202    0.44786   5.140  0.00019 ***
```

〈표 6.11〉 회귀계수 추정치, 이상점 좌표, 결정계수

	회귀계수 추정치			이상점 좌표		
	$\hat{\beta}_1$	$\hat{\beta}_2$	$\hat{\gamma}$	1축	2축	R^2
y_1(주행거리)	0.74233	-0.86683	0.30050	1.23515	-1.44230	0.6813
y_2(신뢰도)	1.01184	-0.02862	0.24580	2.05824	-0.05822	0.5634
y_3(승차감)	0.17260	0.86033	-0.17448	0.49460	2.46539	0.3780

```
# f1           1.01184   0.27195   3.721  0.00257 **
# f2          -0.02862   0.32598  -0.088  0.93138
# ff           0.24580   0.19251   1.277  0.22399
# ---
# Signif. codes:  0 '***' 0.001 '**' 0.01 '*' 0.05 '.' 0.1 ' ' 1
#
# Multiple R-squared:  0.5634,        Adjusted R-squared:  0.4626
#
# Response y3 :
#
# Coefficients:
#             Estimate Std. Error t value Pr(>|t|)
# (Intercept)   3.9167     0.4434   8.834 7.43e-07 ***
# f1            0.1726     0.2692   0.641   0.5326
# f2            0.8603     0.3227   2.666   0.0194 *
# ff           -0.1745     0.1906  -0.916   0.3766
# ---
# Signif. codes:  0 '***' 0.001 '**' 0.01 '*' 0.05 '.' 0.1 ' ' 1
#
# Multiple R-squared:  0.378,        Adjusted R-squared:  0.2344
#------------------------------------------------------------------------
carabil.coef <- t(coef(carabil.curve)[2:4,])  # 절편항 제외
point1 <- carabil.coef[,1]/(2*abs(carabil.coef[,3]))  # 이상점 계산
point2 <- carabil.coef[,2]/(2*abs(carabil.coef[,3]))
carabil.point <- cbind(point1,point2)
rownames(carabil.point) <- c("Miles Per Gallon","Reliability","Ride")
print(carabil.point)
#------------------------------------------------------------------------
#                    point1      point2
# Miles Per Gallon 1.235146 -1.44229842
# Reliability      2.058237 -0.05821564
# Ride             0.494603  2.46539246
```

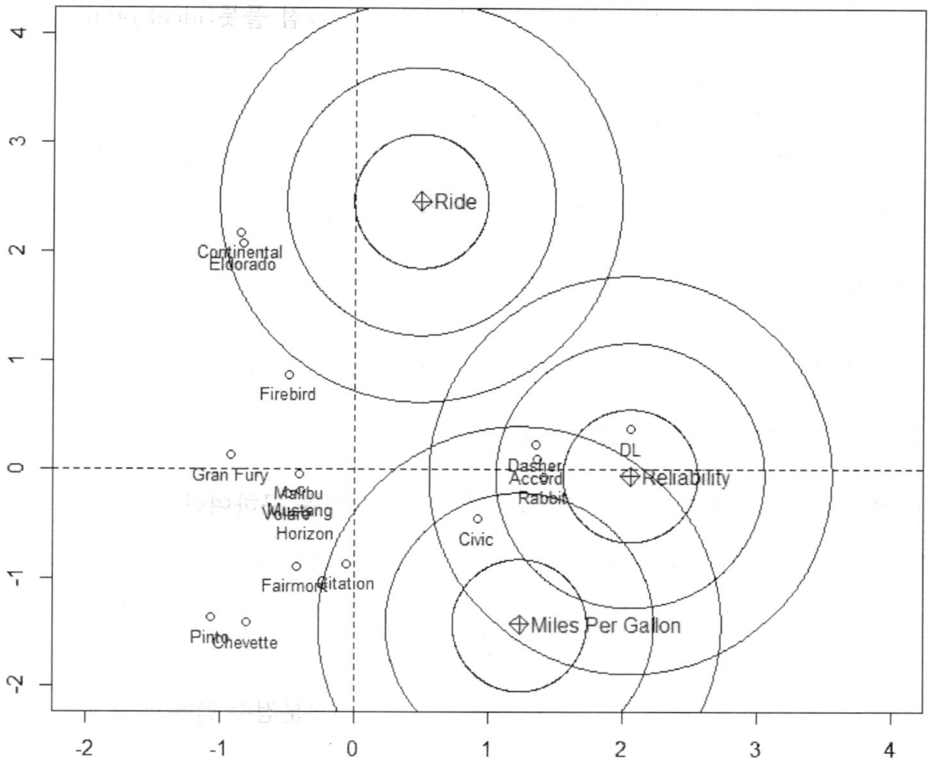

〈그림 6.4〉 이상점 플롯(Ideal Point Plot)

〈예 6.14〉 이상점 플롯(Ideal Point Plot)

```
plot(carabil[,c("f1","f2")],xlim=c(-2,4),ylim=c(-2,4),pch=1,
     col="blue",cex=1,xlab="Dimension 1",ylab="Dimension 2")
abline(h=0,v=0,lty=2)
text(carabil[,c("f1","f2")],labels=carabil$model,pos=1,
     col="blue",cex=0.8)
points(carabil.point,pch=9,col="red",cex=1.5)
text(carabil.point,labels=rownames(carabil.point),pos=4,col="red")
# install.packages("shape")
library(shape)
for (i in 1:3){
     plotcircle(mid=cbind(point1[i],point2[i]),r=0.5,lwd=0.3)
     plotcircle(mid=cbind(point1[i],point2[i]),r=1.0,lwd=0.3)
     plotcircle(mid=cbind(point1[i],point2[i]),r=1.5,lwd=0.3)
}
```

⟨예 6.14⟩는 여러 가지 그래픽 함수들을 사용하여 이상점 플롯(ideal point plot)을 작성하는 예이다.

이 예에서는 주행거리, 신뢰도, 승차감과 같은 속성이 더 좋을수록 소비자들이 더 선호할 것이므로 이상벡터 모형이 더 적절하다고 생각된다. 또한 때로는 이상벡터 모형과 이상점 모형을 결합하여 사용할 수도 있다.

6.3 연습문제

1. 3장의 연습문제 4의 행렬도와 ⟨그림 6.2⟩의 MDS 플롯을 비교하여라.

2. 2장의 고객만족 데이터(표 2.2)에 대하여

(a) 변수 $x_1 \sim x_5$에 의한 개체 간 유클리드 거리행렬을 구하여라.

(b) (a)에서 구한 거리행렬을 이용하여 다차원척도법을 수행하고, 2차원 MDS 플롯을 작성하여라. 또한 구해진 MDS 좌표값에 대해 성별, 연령별 평균을 구하고 이 평균들을 MDS 플롯에 표시하여라.

(c) (b)에서 작성된 플롯들을 2장의 ⟨그림 2.2⟩의 주성분점수 플롯과 비교하여라.

3. ⟨표 6.12⟩는 11개의 라면에 대해 15명의 사람으로부터 유사성을 조사하여 얻은 것이다(이재창·박정섭, 1986). 이때 라면의 짝들에 대하여 맛이 유사하게 느껴지는 정도를

⟨표 6.12⟩ 라면의 유사성(ramyon.csv)

	A	B	C	D	E	F	G	H	I	J	K
A	5.0										
B	3.4	5.0									
C	3.6	3.4	5.0								
D	4.6	4.7	4.2	5.0							
E	4.1	4.3	3.7	4.3	5.0						
F	3.4	3.4	2.7	3.8	3.4	5.0					
G	3.3	3.0	2.4	4.3	3.6	2.4	5.0				
H	3.2	3.1	3.0	4.5	3.9	2.9	2.9	5.0			
I	3.7	3.8	3.5	4.4	4.7	3.5	3.5	3.7	5.0		
J	3.4	3.2	2.8	4.1	4.1	2.9	3.1	3.3	3.3	5.0	
K	4.3	3.9	2.7	4.2	3.5	3.6	3.3	3.6	2.8	3.4	5.0

〈표 6.13〉 자동차에 대한 속성평가(carattr.csv)

	x_1	x_2	x_3	x_4	x_5	x_6
BMW	4	3	5	2	2	4
Ford	2	3	2	4	5	2
Infiniti	4	3	3	3	3	2
Jeep	3	3	2	4	4	3
Lexus	5	4	3	3	3	3
Chrysler	1	3	1	5	5	1
Mercedes	5	4	3	3	2	2
Saab	3	4	4	3	3	4
Porsche	4	2	5	1	1	5
Volvo	2	5	1	5	4	1

1∼5 척도로 조사한 후 15명의 평균을 계산하였다. 이 자료에 대하여 다차원척도법을 수행하여라. – A: 육계장 사발면, B: 짬뽕면, C: 우리집, D: 짜파게티, E:소면, F: 까만소, G: 홈라면, H: 안성탕면, I: 너구리, J: 귀빈면, K: 삼미우동

4. '화장품의 이미지' 데이터(표 6.6)에 대하여

(a) 각 개체 간 유클리드 거리를 계산하고, 이에 기초한 다차원척도법을 수행하여라.

(b) Russell-Rao 비유사성 계수(거리)에 기초하여 다차원척도법을 수행하여라.

(c) Jaccard 비유사성 계수(거리)에 기초하여 다차원척도법을 수행하여라.

5. '자동차의 유사성' 데이터(표 6.8)에 대하여

(a) 거리행렬을 계산하고 이에 기초한 다차원척도법을 수행하여라.

(b) 〈표 6.13〉에는 각 자동차에 대해 6개 속성별 평가점수가 주어져 있다. (a)에서 얻은 좌표값과 〈표 6.13〉의 내용을 이용하여 이성벡터 모형과 이상점 모형을 각각 적용하고 그 결과를 해석하여라. – x_1: 화려한(luxurious), x_2: 안전한(safe), x_3: 스포츠적인(sporty), x_4: 가족을 위한(for family), x_5: 실용적인(practical), x_6: 활동적인(exciting)

6. 3장의 '여가활동' 데이터(예 3.25)에 대하여

(a) 각 여가활동 짝들 간의 유클리드 거리를 계산하여라.

(b) 이 데이터에는 세 개의 추가변수 active(활동성의 정도), relaxing(긴장완화의 정도), spectato(관찰자로 참여하는 정도)가 포함되어 있다. (a)에서 얻은 좌표값과 추가변수들을 이용하여 이상벡터 모형을 적용하여라.

(c) 3장의 연습문제 7에서 얻은 결과와 추가변수들을 이용하여 이상벡터 모형을 적용하여라. 또한 이 결과를 (b)의 결과와 비교하여라.

제 7 장
군집분석

Cluster Analysis

관찰이나 실험 등을 통해 얻은 연구대상의 개체들을 분류한다는 것은 과학적 연구의 가장 근본이 되는 목표 중 하나라고 볼 수 있다. **군집분석**(群集分析; cluster analysis)은 군집의 개수나 구조에 관한 특별한 가정없이 개체들 사이의 유사성 또는 거리(비유사성)에 근거하여 자연스러운 군집을 찾고 다음 단계의 분석을 꾀하는 탐색적인 통계분석 기법이다.

7.1 군집분석의 개념

어떤 속성에 대한 p개의 변수로 구성된 n개의 다변량 개체들은 p-차원 공간에 흩어진 n개의 점으로 생각될 수 있으며, 이들이 어떤 의미의 조밀성을 가지고 군집(cluster)을 이루고 있는지에 대한 정보는 다변량 자료의 구조를 이해하는데 매우 중요한 의미를 갖게 된다. 많은 연구문제에서 같은 군집에 속한 개체들끼리는 어떤 종류의 유사성(가까움)이 그리고 서로 다른 군집에 속한 개체들 사이에는 상대적인 비유사성이 존재한다는 것을 상정할 수 있을 것이다.

이때 군집분석은 군집의 개수, 내용, 구조 등이 완전하게 알려지지 않은 상태에서 개체들 사이의 유사성(또는 거리)에 근거하여 군집을 형성하고, 형성된 군집의 특성을 파악함으로서 군집들 간의 관계를 분석하는 것을 그 내용으로 한다.

한편, 군집분석을 수행함에 있어 어려운 문제 중 하나는 다음 ⟨그림 7.1⟩에서와 같이 실제 군집의 형태가 매우 다양하다는 것이다. 예를 들어, 그림 (a)에서와 같이 각 군집이 구형인 경우에는 대부분의 군집방법들이 만족할 만한 결과를 제공하지만, 그림 (b)와 같이 군집의 모양이 긴 경우에는 개체들 사이의 거리를 단순히 유클리드 거리로 측정하면 잘못된 결과를 얻게 된다. 즉, 개체 B는 C와 같은 군집에 속하는데도 A와 더 가깝다고 판정할 수 있게 된다. 또한, 그림 (c)에서는 개체 A와 B가 두 군집 사이의 고리역할을 하여 군집방법에 따라서는 단순히 하나의 군집으로 결론지을 수도 있다.

군집분석의 방법은 사용되는 유사성(또는 비유사성)의 척도와 연관되어 다양한 방법들이 있다. 일반적으로 고려되고 있는 변수가 세 개 이하인 경우에는 산점도 등을 활용하여 시각적으로 군집관계를 파악하는 것도 바람직하나, 변수의 수가 늘어나면 이러한 방법은 어려워지므로 연구자의 주관적 판단이 중요한 역할을 하게 된다.

또한 서로 다른 군집분석 방법들이 상당히 다른 결과를 유도할 수도 있으며, 이런 경우에는 사용된 군집방법의 특성을 잘 이해하는 것이 분석에 도움이 된다. 이 책에서는 일반적으로 가장 많이 사용되는 계보적 군집분석과 최적분리 군집분석 방법을 다루어 보기로 한다.

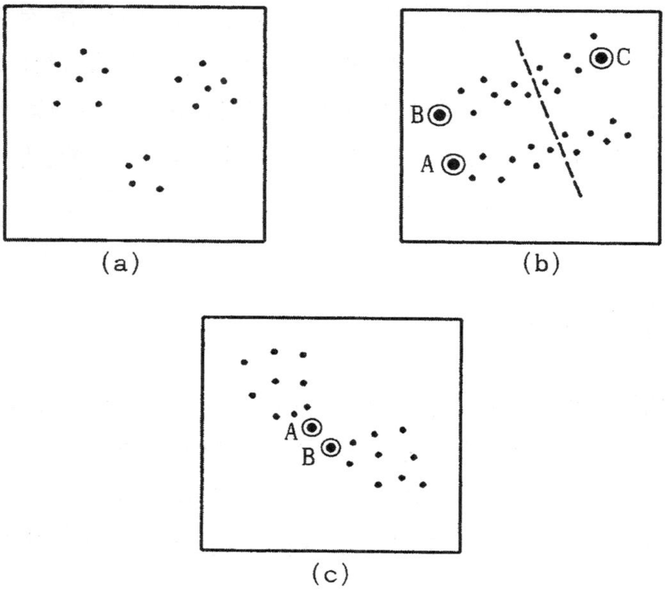

〈그림 7.1〉 여러 가지 군집의 형태

7.2 계보적 군집분석

계보적(系譜的; hierarchical) 군집분석에서는 일반적으로 가까운 개체들을 하나씩 묶어감으로써 군집을 형성해 나간다. 즉, 먼저 가장 가까운 두 개의 개체를 묶어서 하나의 군집을 만들고 나머지 $(n-2)$개의 개체는 각각이 하나의 군집을 이루도록 한다. 그 다음에는 이렇게 만들어진 $(n-1)$개의 군집들 중에서 가장 가까운 두 개의 군집을 묶어 $(n-2)$개의 군집을 만든다. 이와 같은 과정은 군집들 간의 거리의 측도를 기준으로 각 단계마다 한 쌍씩 서로 병합되어, 최종적으로 n개의 개체들을 모두 묶어 하나의 군집을 만드는 단계까지 계속한다.

그런데, 이와 같은 계보적 군집분석은 어떤 개체가 일단 다른 군집에 속하면 다시는 같은 군집에 속하지 못하는 성질을 가지고 있다. 한편, 계보적 군집방법의 병합과정은 덴드로그램(dendrogram)을 사용하여 간단히 표현할 수 있으며, 이는 전체 군집들 간의 구조적 관계를 살펴보는데 매우 유용하다.

〈예 7.1〉 계보적 군집분석

```
protein <- read.csv("F:/My_Work/Data/protein.csv",header=TRUE)
protein.Z <- scale(protein[-1],center=TRUE,scale=TRUE)    # ① 표준화
protein.Z.dist <- dist(protein.Z,method="euclidean")   # ② 거리행렬
```

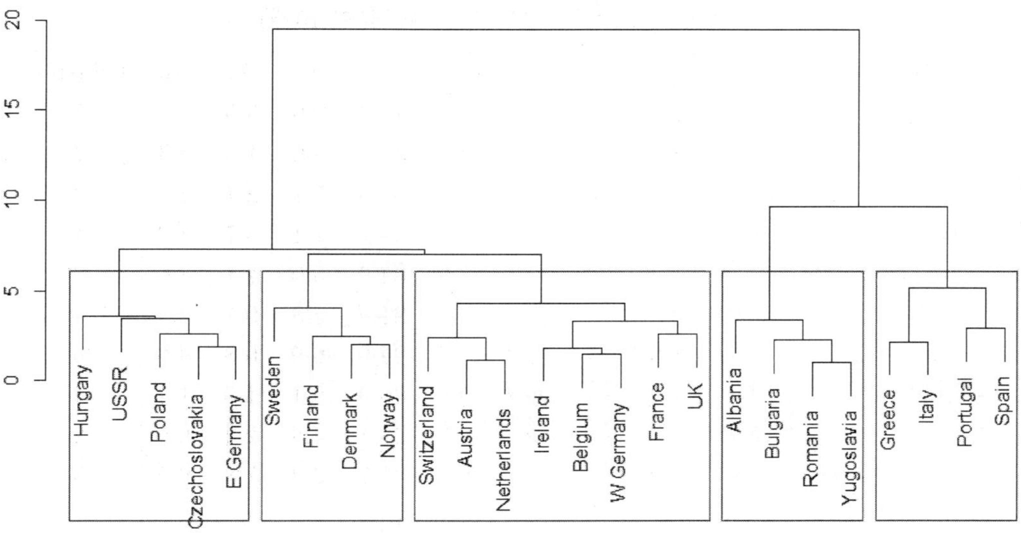

⟨그림 7.2⟩ 덴드로그램(Dendrogram)

```
protein.Z.hclust <- hclust(protein.Z.dist,method="ward.D") # ③ 군집분석
plot(protein.Z.hclust,labels=protein$country)    # ④ 덴드로그램
rect.hclust(protein.Z.hclust,k=5,border="red")    # ⑤ 군집 구분 표현
```

⟨예 7.1⟩은 앞 장에서 다룬 바 있는 '단백질 섭취량' 데이터에 대해 계보적 군집분석을 수행하는 예이며, 여기에서 사용된 함수들에 대한 설명은 다음과 같다.

① scale 함수를 사용하여 분석 변수 $x_1, x_2, \cdots, x_9$에 대해 평균이 0이고 표준편차가 1이 되도록 표준화를 취한다(1.2.7절 참조).

② dist 함수를 사용하여 유클리드 거리를 계산한다(6.1.1절 참조).

③ hclust 함수를 사용하여 계보적 군집분석을 수행한다. 이때, method= 인수를 이용하여 의해 군집분석 방법을 지정할 수 있다.

④ plot 함수를 사용하여 덴드로그램을 작성한다. 이때, labels= 인수를 이용하여 각 개체에 대한 레이블을 나타내는 문자형 벡터를 지정할 수 있다.

⑤ rect.hclust 함수를 사용하여 덴드로그램에 군집의 구분을 표현한다. 이때, k= 인수를 이용하여 분류할 군집의 개수를 지정할 수 있다.

계보적 군집분석의 장점 중 하나는 ⟨그림 7.2⟩와 같은 덴드로그램을 쉽게 얻을 수 있다는 것이며, 이러한 덴드로그램을 통해 개체들이 병합되어 가는 과정을 한 눈에 살펴볼 수 있다. 이 예의 경우 대략 5~6개의 군집으로 나눌 수 있을 것으로 생각된다.

〈표 7.1〉 군집번호가 부여된 데이터(첫 10개)

country	x_1	x_2	x_3	x_4	x_5	x_6	x_7	x_8	x_9	hcluster
Albania	10.1	1.4	0.5	8.9	0.2	42.3	0.6	5.5	1.7	1
Austria	8.9	14.0	4.3	19.9	2.1	28.0	3.6	1.3	4.3	2
Belgium	13.5	9.3	4.1	17.5	4.5	26.6	5.7	2.1	4.0	2
Bulgaria	7.8	6.0	1.6	8.3	1.2	56.7	1.1	3.7	4.2	1
Czechoslovakia	9.7	11.4	2.8	12.5	2.0	34.3	5.0	1.1	4.0	3
Denmark	10.6	10.8	3.7	25.0	9.9	21.9	4.8	0.7	2.4	4
E Germany	8.4	11.6	3.7	11.1	5.4	24.6	6.5	0.8	3.6	3
Finland	9.5	4.9	2.7	33.7	5.8	26.3	5.1	1.0	1.4	4
France	18.0	9.9	3.3	19.5	5.7	28.1	4.8	2.4	6.5	2
Greece	10.2	3.0	2.8	17.6	5.9	41.7	2.2	7.8	6.5	5
...	...	...	...	...	...	...	...	...	...	...

〈예 7.2〉 원자료에 군집번호 붙이기

```
hcluster <- cutree(protein.Z.hclust,k=5)
protein.X.hclust <- data.frame(protein,hcluster)
head(protein.X.hclust,n=10)
```

〈예 7.2〉는 data.frame 함수를 이용하여 원자료에 군집번호를 붙이는 예이다. 여기에서 cutree 함수는 군집번호로 구성된 벡터를 생성하는 기능을 가지고 있으며, 이때 군집의 개수를 k= 인수를 이용하여 지정해야 한다. 예를 들어, 〈표 7.1〉에서 1번 군집에 속하는 개체는 Albania, Bulgaria, Romania, Yugoslavia임을 볼 수 있다.

다음 〈예 7.3〉에서는 table 함수를 사용하여 군집별 개체수를 출력하였다. 또한 aggregate 함수를 사용하여 표준화 변수들의 군집별 평균을 출력하였다. 여기에서는 분석대상 데이터 프레임, 집단 변수, 통계량의 이름을 차례로 지정하였다. 이때 집단 변수는 by=list()를 이용하여 지정하였다.

〈예 7.3〉 군집별 개체수와 표준화 자료의 평균 프로파일

```
table(hcluster)
#-----------------------------------------------------------------------
hcluster
1 2 3 4 5
4 8 5 4 4
#-----------------------------------------------------------------------
```

```
aggregate(protein.Z,by=list(hcluster),FUN=mean)
#-----------------------------------------------------------------------
Group.1     x1     x2     x3     x4     x5     x6     x7     x8     x9
      1 -0.807 -0.871 -1.553 -0.935 -1.038  1.720 -1.423  0.996 -0.643
      2  1.011  0.742  0.940  0.661 -0.267 -0.687  0.228 -0.508  0.021
      3 -0.570  0.580 -0.085 -0.336 -0.453  0.318  0.785 -0.267  0.068
      4  0.006 -0.229  0.191  0.730  1.158 -0.872  0.167 -0.955 -1.114
      5 -0.508 -1.108 -0.412 -0.696  0.981  0.130 {0.184  1.310  1.629
```

예를 들어, 군집 1은 4개의 개체들로 이루어져 있으며(표 7.1에서 이들은 Albania, Bulgaria, Romania, Yugoslavia임을 알 수 있다), 특히 변수 x6(곡류)과 x8(견과류)의 평균이 매우 크고, 그 외의 다른 변수들의 평균은 상대적으로 작음을 알 수 있다.

앞장에서 다루었던 다차원척도법은 거리행렬을 그의 분석대상으로 한다는 점에서 군집분석과 밀접한 관련을 가지고 있으며, 다차원척도법이 저차원 상의 시각화를 통해 간접적으로 군집화를 유도하는 반면, 군집분석은 직접적인 군집화를 유도한다. ⟨예 7.2⟩ ∼ ⟨예 7.3⟩의 결과들을 ⟨예 6.4⟩의 결과와 비교하여 보기 바란다.

앞장에서는 개체들 간의 거리행렬 **D**를 계산하는 다양한 방법들을 소개한 바 있다. 그런데, 군집의 형성과정에서는 군집 간 거리의 정의에 따라 여러 가지 군집화 방법들로 다시 구분된다.

⟨예 7.1⟩에서와 같이 hclust 함수에서는 다양한 군집화 방법을 지정할 수 있는데, 여기에서 지정가능한 것들을 나열하면 다음과 같다.

- single: 최단 연결법(single linkage, nearest neighbor method)
- complete: 최장 연결법(complete linkage, furthest neighbor method)
- average: 평균 연결법(average linkage), UPGMA(Unweighted Pair Group Method with Arithmetic Mean)
- mcquitty: McQuitty의 평균 연결법, WPGMA(Weighted Pair Group Method with Arithmetic Mean)
- centroid 중심 연결법(centroid method), UPGMC(Unweighted Pair Group Method with Centroid)
- median: 중위수 연결법(median method), WPGMC(Weighted Pair Group Method with Centroid)
- ward.D: Ward의 방법(Ward's minimum-variance method)
- ward.D2: Ward의 방법(Ward's squared minimum-variance method)

7.2.1 최단 연결법

두 군집간의 거리를 각 군집에 속하는 개체들 사이의 거리들 중에서 가장 짧은 거리로 한다. 예를 들어, 4개의 개체들 간의 초기 거리행렬이 다음과 같이 주어져 있다고 하자.

$$\mathbf{D}_0 = \begin{array}{c} \\ (1) \\ (2) \\ (3) \\ (4) \end{array} \begin{array}{c} \begin{array}{cccc} (1) & (2) & (3) & (4) \end{array} \\ \begin{pmatrix} 0 & 1 & 7 & 9 \\ 1 & 0 & 3 & 6 \\ 7 & 3 & 0 & 5 \\ 9 & 6 & 5 & 0 \end{pmatrix} \end{array}$$

먼저 첫 번째 단계에서는 개체 (1)과 (2)의 거리가 $d_{12} = d_{21} = 1$로서 가장 가까우므로 {1, 2}가 하나의 군집을 형성한다. 이때

$$d(\{1,2\},\{3\}) = \min\{d_{13},\ d_{23}\} = d_{23} = 3,$$
$$d(\{1,2\},\{4\}) = \min\{d_{14},\ d_{24}\} = d_{24} = 6,$$

이므로 세 군집 $\{1,2\}$, $\{3\}$, $\{4\}$들 간의 거리행렬이 다음과 같이 계산된다.

$$\mathbf{D}_1 = \begin{array}{c} \\ \{1,2\} \\ \{3\} \\ \{4\} \end{array} \begin{array}{c} \begin{array}{ccc} \{1,2\} & \{3\} & \{4\} \end{array} \\ \begin{pmatrix} 0 & 3 & 6 \\ 3 & 0 & 5 \\ 6 & 5 & 0 \end{pmatrix} \end{array}$$

두 번째 단계에서는 위의 거리행렬에서 $d(\{1,2\},\{3\}) = 3$으로서 가장 가까우므로, 군집 $\{1,2\}$와 $\{3\}$이 묶여서 하나의 군집을 형성한다. 즉, 두 개의 군집 $\{1,2,3\}$과 $\{4\}$가 형성된다. 그리고 마지막으로 두 군집이 묶여서 하나의 군집을 형성하게 된다.

이러한 최단 연결법(single linkage, nearest neighbor method)은 고립되어 있는 군집 또는 개체들을 찾는데 유용하며, 자료에 대한 단조변환에 대하여 나무구조가 불변하기 때문에 순서적 의미를 갖는 자료에 대하여 좋은 결과를 제공한다. 그러나, 군집들이 몇 개의 개체들로 연결된 '고리현상'이 있을 경우에는 부적절한 결과를 유도하는 경향이 있다.

〈예 7.4〉 거리행렬을 이용하는 경우

```
exam71 <- c(0,1,7,9,1,0,3,6,7,3,0,5,9,6,5,0)    # ① 거리행렬
exam71.matrix <- matrix(d,nrow=4,ncol=4)
print(exam71.matrix)
#------------------------------------------------------------------
#       [,1] [,2] [,3] [,4]
```

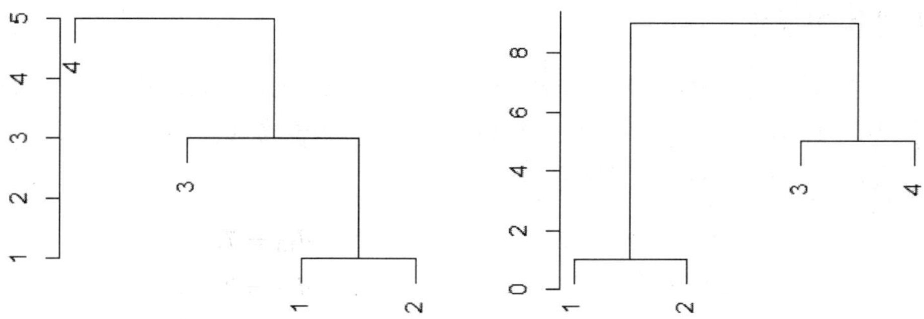

(a) 최단 연결별　　　　(b) 최장 연결법

〈그림 7.3〉 최단 연결법 및 최장 연결법에 의한 덴드로그램

```
# [1,]    0   1   7   9
# [2,]    1   0   3   6
# [3,]    7   3   0   5
# [4,]    9   6   5   0
#-----------------------------------------------------------------------
exam71.dist <- as.dist(exam71.matrix)   # ② dist 객체
print(exam71.dist)
#-----------------------------------------------------------------------
#   1 2 3
# 2 1
# 3 7 3
# 4 9 6 5
#-----------------------------------------------------------------------
exam71.hclust <- hclust(exam71.dist,method="single") # ③ 계보적 군집분석
plot(exam71.hclust)     # ④ 덴드로그램
```

〈예 7.4〉는 주어진 거리행렬을 기초로 계보적 군집분석을 수행하는 예이며, 여기에서 사용된 함수들에 대한 설명은 다음과 같다.

① c 함수를 사용하여 거리행렬의 원소들을 순서대로 입력하였고, matrix 함수를 사용하여 크기가 4×4인 거리행렬을 생성한다.

② as.dist 함수를 사용하여 거리행렬로부터 dist 객체를 생성한다. 이 예에서는 거리행렬의 대각원소 아래 부분만으로 dist 객체가 생성된다.

③ hclust 함수를 사용하여 계보적 군집분석을 수행한다. 참고로 hclust 함수의 입력 자료는 dist 객체이어야 한다.

④ plot 함수를 사용하여 덴드로그램을 작성한다(그림 7.3 참조).

7.2.2 최장 연결법

최장 연결법(complete linkage, furthest neighbor method)은 최단 연결법과는 반대로 두 군집간의 거리를 각 군집에 속하는 개체들 사이의 거리들 중에서 가장 긴 거리로 한다.

예를 들어, 앞의 첫 번째 단계에서

$$d(\{1,2\},\{3\}) = \max\{d_{13},\ d_{23}\} = d_{13} = 7,$$
$$d(\{1,2\},\{4\}) = \max\{d_{14},\ d_{24}\} = d_{14} = 9,$$

이므로 세 군집 $\{1,2\}$, $\{3\}$, $\{4\}$들 간의 거리행렬이 다음과 같이 계산된다.

$$\mathbf{D}_1 = \begin{array}{c} \\ \{1,2\} \\ \{3\} \\ \{4\} \end{array} \begin{array}{c} \begin{array}{ccc} \{1,2\} & \{3\} & \{4\} \end{array} \\ \left(\begin{array}{ccc} 0 & 7 & 9 \\ 7 & 0 & 5 \\ 9 & 5 & 0 \end{array}\right) \end{array}$$

두 번째 단계에서는 위의 거리행렬에서 $d(\{3\},\{4\}) = 5$로서 가장 가까우므로 군집 $\{3\}$과 $\{4\}$가 묶여서 하나의 군집을 형성한다. 즉, 두 개의 군집 $\{1,2\}$와 $\{3,4\}$가 형성된다. 그리고 마지막으로 두 군집이 묶여서 하나의 군집을 형성하게 된다[그림 7.3의 (b) 참조].

이와 같은 최장 연결법은 앞의 최단 연결법과는 대조적인 관계가 있다. 즉, 일반적으로 최단 연결법이 고립된 군집을 찾는데 유용하다면, 최장 연결법은 군집들의 응집성에 중점을 둔다고 하겠다. 따라서, 이들에 대한 절충 보완방법으로 다음의 평균 연결법, 중심 연결법, 중위수 연결법, Ward의 방법 등이 제안되었다.

7.2.3 평균 연결법

평균 연결법(average linkage)은 크기가 각 군집에 속한 개체들 사이의 거리의 평균을 두 군집간의 거리로 하며, 이 방법은 작은 분산을 가지는 군집을 형성시키는 경향이 있는 것으로 알려져 있다.

예를 들어, 앞의 첫 번째 단계에서

$$d(\{1,2\},\{3\}) = (d_{13} + d_{23})/2 = (7+3)/2 = 5,$$
$$d(\{1,2\},\{4\}) = (d_{14} + d_{24})/2 = (9+6)/2 = 7.5,$$

이므로 세 군집 $\{1,\ 2\}$, $\{3\}$, $\{4\}$들 간의 거리행렬이 다음과 같이 계산된다.

$$\mathbf{D}_1 = \begin{array}{c} \\ \{1,2\} \\ \{3\} \\ \{4\} \end{array} \begin{array}{c} \begin{array}{ccc} \{1,2\} & \{3\} & \{4\} \end{array} \\ \left(\begin{array}{ccc} 0 & 5 & 7.5 \\ 5 & 0 & 5 \\ 7.5 & 5 & 0 \end{array}\right) \end{array}$$

7.2.4 중심 연결법

두 군집 C_1과 C_2 사이의 거리로 두 군집의 중심(centroid, 평균벡터)간의 거리를 사용한다. 예를 들어, 크기가 n_i인 군집 C_i의 평균벡터를 $\mathbf{x}_i$라고 할 때, 두 군집의 중심 사이의 제곱 유클리드 거리는 다음과 같이 정의된다.

$$d(C_1,\ C_2) = ||\mathbf{x}_1 - \mathbf{x}_2||^2 \tag{7.1}$$

예를 들어, 다음의 자료행렬 $\mathbf{X}$에서와 같이 크기가 5인 표본이 두 개의 변수에 대해 측정되었다고 하자($n = 5$, $p = 2$).

$$\mathbf{X} = \begin{array}{c} \\ (1) \\ (2) \\ (3) \\ (4) \\ (5) \end{array} \begin{array}{c} \begin{array}{cc} x_1 & x_2 \end{array} \\ \begin{pmatrix} 1.0 & 1.0 \\ 1.0 & 2.0 \\ 6.0 & 3.0 \\ 8.0 & 2.0 \\ 8.0 & 0.0 \end{pmatrix} \end{array}$$

이때 각 개체들 사이의 제곱 유클리드 거리는 다음과 같다.

$$\mathbf{D} = \begin{array}{c} \\ (1) \\ (2) \\ (3) \\ (4) \\ (5) \end{array} \begin{array}{c} \begin{array}{ccccc} (1) & (2) & (3) & (4) & (5) \end{array} \\ \begin{pmatrix} 0 & 1 & 29 & 50 & 50 \\ 1 & 0 & 26 & 49 & 53 \\ 29 & 26 & 0 & 5 & 13 \\ 50 & 49 & 5 & 0 & 4 \\ 50 & 53 & 13 & 4 & 0 \end{pmatrix} \end{array}$$

군집화의 첫 단계에서 $d_{12} = 1$이 최소이므로 개체 1과 2가 묶여 군집 {1,2}가 형성된다. 이때 군집 {1,2}의 중심(centroid)은 각 변수에 대한 이들의 평균값이다. 따라서 아래와 같은 새로운 자료행렬 $\mathbf{X}^*$가 얻어진다.

$$\mathbf{X}^* = \begin{array}{c} \\ (1,2) \\ (3) \\ (4) \\ (5) \end{array} \begin{array}{c} \begin{array}{cc} x_1 & x_2 \end{array} \\ \begin{pmatrix} 1.0 & 1.5 \\ 6.0 & 3.0 \\ 8.0 & 2.0 \\ 8.0 & 0.0 \end{pmatrix} \end{array}$$

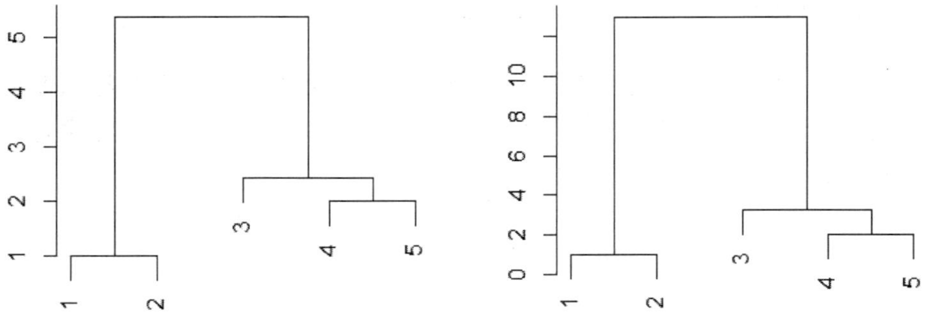

(a) 중심 연결별 (b) Ward의 방법

〈그림 7.4〉 중심 연결별 및 Ward의 방법에 의한 덴드로그램

이제 $\mathbf{X}^*$에 기초하여 새로운 거리행렬이 계산되며, 이와 같은 절차는 모든 개체들이 하나의 군집을 형성할 때까지 반복된다[그림 7.4의 (a) 참조]. 이러한 중심 연결법(centroid method)은 특이값(outlier)에 의해 큰 영향을 받지 않는 것으로 알려져 있다.

〈예 7.5〉 원자료를 이용하는 경우

```
x1 <- c(1,1,6,8,8)
x2 <- c(1,2,3,2,0)
exam72 <- data.frame(x1,x2)
print(exam72)
#-----------------------------------------------------------------------
#    x1 x2
# 1   1  1
# 2   1  2
# 3   6  3
# 4   8  2
# 5   8  0
#-----------------------------------------------------------------------
exam72.dist <- dist(exam72,method="euclidean")
exam72.hclust <- hclust(exam72.dist,method="centroid")
plot(exam72.hclust)
```

〈예 7.5〉는 원자료(자료행렬)를 기초로 계보적 군집분석을 수행하는 예이다. 여기에서는 먼저 c 함수와 data.frame 함수를 사용하여 데이터 프레임을 생성하였고, dist 함수를 사용하여 dist 개체를 생성하였으며, hclust 함수를 사용하여 계보적 군집분석을 수행하였다. 그리고 plot 함수를 사용하여 덴드로그램을 작성하였다(그림 7.4 참조).

7.2.5 중위수 연결법

앞의 중심 연결법에 의해 두 군집 C_1과 C_2를 묶어 만든 새로운 군집의 중심(평균)은 $(n_1\mathbf{x}_1 + n_2\mathbf{x}_2)/(n_1 + n_2)$가 되어, 군집의 크기가 상당히 다른 경우 새로 형성된 군집의 중심(평균)은 크기가 큰 군집에 인접하거나 심하면 그 군집 안에 있게 된다. 따라서, 중심 연결법은 작은 규모의 군집이 가지는 특성을 무시하는 경향이 있다. 이러한 단점을 극복하는 방법 중 하나인 중위수 연결법(median method)은 새로운 군집의 중심으로, 군집의 크기에 관계없이, $(\bar{\mathbf{x}}_1 + \bar{\mathbf{x}}_2)/2$를 사용한다.

7.2.6 Ward의 방법

이 방법은 군집의 평균과 개체들 사이의 편차들의 제곱합(ESS; Error Sum of Squares)을 고려하여, 각 단계에서 두 군집의 병합으로 인한 ESS의 증분(정보의 손실)이 최소가 되도록 군집들을 병합한다. 결론적으로 Ward의 방법(Ward's minimum-variance method)에서는 두 군집 C_1과 C_2 사이의 거리가 다음과 같이 정의된다.

$$d(C_1,\ C_2) = \frac{||\bar{\mathbf{x}}_1 - \bar{\mathbf{x}}_2||^2}{1/n_1 + 1/n_2} \tag{7.2}$$

이러한 Ward의 방법은 중심 연결법과 유사하나 군집의 중심 사이의 거리에 가중치를 부여한다는 점에서 중심 연결법과 구별되며, 크기가 작은 군집을 먼저 병합함으로서 비슷한 크기의 군집들을 유도하는 경향이 있다.

앞에서 설명한 방법들 이외에도 비모수적 밀도함수를 이용하는 밀도 연결법(density linkage), 2단계 밀도 연결법(two-stage density linkage) 등 매우 다양한 계보적 군집분석 방법들이 존재한다. 일반적으로 계보적 군집방법은 자료가 전체적으로 어떤 계보를 지니고 있을 때 유용하다. 예를 들어, 생물표본의 분류에서 '종–속–과–목' 등과 같은 계보를 들 수 있다.

7.3 최적분리 군집방법(k-평균 군집분석)

계보적 군집분석은 덴드로그램을 통해 군집이 형성되는 과정을 살펴볼 수 있으므로 분석대상이 되는 개체들의 수가 비교적 작을 때 유용하다. 그러나 개체 수가 커지면 이와 같은 유용성이 떨어질 뿐만 아니라, 거리행렬의 계산에 매우 많은 시간과 컴퓨터 용량이 필요하므로 적용에 제약이 따르게 된다.

최적분리 군집방법은 계보적인 방법으로 군집을 형성하지 않고 관찰값들을 몇 개의 군집으로 분리시키는 방식을 택하고 있다. 이러한 방법들은 통상적으로 미리 규정된 판정기준을 최적화시키도록 시도하고 있으며, 대부분의 경우 연구자에 의해 군집의 개수가 미리 결정되어 있어야 한다(이에 대해서는 다음 장에서 다루게 된다). 한편, 계보적인 방법에서 초기에 부적절한 병합 또는 분리가 일어났을 때 회복될 수 없다는 단점을 최적분리 방법에서는 개체의 재할당을 통해 극복할 수 있다.

7.3.1 최적분리 군집방법의 절차

일반적으로 최적분리 군집방법에서는 하나 이상의 정량적 변수들로부터 계산되는 유클리드 거리에 기초하여 군집이 형성된다. 또한 통상 다음과 같은 단계를 거쳐 분석이 수행되는데, 이러한 방법을 **k-평균 군집분석**(k-means clustering)이라고도 한다.

(1) 군집 초기값의 선택

주어진 군집의 개수(k)만큼 군집 초기값(cluster seed)이 선택된다. 이때 초기값을 선택하기 위해 주로 사용되는 방법들은 다음과 같다. (i) 자료에서 처음 k개의 개체들을 초기값으로 선택한다. (ii) 자료에서 임으로 k개의 개체들을 골라 초기값으로 선택한다. (iii) 주어진 군집의 개수보다 많은 초기값들을 각 변수의 표준편차 간격으로 고르고, 오차제곱합에 기초를 둔 판정기준이 충족될 때까지 군집의 수를 감소시킨다.

(2) 초기군집의 형성

각 개체들에 대하여 군집 초기값(중심)들과의 거리를 계산하고, 거리가 가장 가까운 초기값에 개체들을 할당한다. 이때 각 개체가 할당될 때마다 해당 군집의 중심이 그 군집에 속하는 개체들의 평균벡터로 다시 계산된다.

(3) 개체들의 재할당

각 개체들을 가장 가까운 군집중심(cluster center)에 재할당하고 군집의 중심(평균벡터)을 다시 계산한다. 군집중심들의 변화가 일정 수준 이하가 될 때까지 이와 같은 과정이 반복되어 최종군집이 형성된다.

〈예 7.6〉 k-평균 군집분석

```
bivariate <- read.csv("F:/My_Work/Data/bivariate.csv",header=TRUE)
bivariate.kmeans <- kmeans(bivariate,centers=2)
bivariate.kclust <- data.frame(bivariate,bivariate.kmeans$cluster)
print(bivariate.kclust)
#-----------------------------------------------------------------------
#     x1  x2 bivariate.kmeans.cluster
# 1 1.0 1.0                        1
# 2 1.5 2.0                        1
# 3 3.0 4.0                        2
```

```
# 4 5.0 7.0                  2
# 5 3.5 5.0                  2
# 6 4.5 5.0                  2
# 7 3.5 4.5                  2
```

예를 들어, 2개 변수에 대해 측정된 7개 개체의 관찰값들이 아래와 같이 주어져 있고 이들을 2개의 군집으로 분리시키는 경우를 다루어 보자.

$$\mathbf{X} = \begin{matrix} (1) \\ (2) \\ (3) \\ (4) \\ (5) \\ (6) \\ (7) \end{matrix} \begin{pmatrix} 1.0 & 1.0 \\ 1.5 & 2.0 \\ 3.0 & 4.0 \\ 5.0 & 7.0 \\ 3.5 & 5.0 \\ 4.5 & 5.0 \\ 3.5 & 4.5 \end{pmatrix} \quad (\text{columns: } x_1 \;\; x_2)$$

먼저 두 개 군집의 초기값으로 유클리드 거리가 가장 먼 두 개체 1과 4의 좌표를 선택해 보기로 한다. 즉, 군집 초기값을 $c_1^0 = (1.0,\ 1.0)$, $c_2^0 = (5.0,\ 7.0)$으로 선택하자. 다음 단계로서 각 개체들을 가장 가까운 초기값에 대응되는 군집에 할당시키고 평균벡터가 각 단계에서 다시 계산된다. 이 과정을 자세히 제시하면 다음과 같다.

개체	가까운	군집 1		군집 2	
번호	군집	구성원	군집중심	구성원	군집중심
1	1	(1)	(1.0, 1.0)		
2	1	(1, 2)	(1.2, 1.5)		
3	1	(1, 2, 3)	(1.8, 2.3)		
4	2	(1, 2, 3)	(1.8, 2.3)	(4)	(5.0, 7.0)
5	2	(1, 2, 3)	(1.8, 2.3)	(4, 5)	(4.2, 6.0)
6	2	(1, 2, 3)	(1.8, 2.3)	(4, 5, 6)	(4.3, 5.7)
7	2	(1, 2, 3)	(1.8, 2.3)	(4, 5, 6, 7)	(4.1, 5.4)
반복 1의 결과		(1, 2, 3)	(1.8, 2.3)	(4, 5, 6, 7)	(4.1, 5.4)

이제 두 번째 반복에서 각 개체가 그의 소속군집의 평균벡터에 가장 가까운지의 여부를 검사하여 재할당이 이루어 지며, 이 과정을 제시하면 다음과 같다.

개체 번호	가까운 군집	군집 1		군집 2	
		구성원	군집중심	구성원	군집중심
1	1	(1, 2, 3)	(1.8, 2.3)	(4, 5, 6, 7)	(4.1, 5.4)
2	1	(1, 2, 3)	(1.8, 2.3)	(4, 5, 6, 7)	(4.1, 5.4)
3	2	(1, 2)	(1.2, 1.5)	(3, 4, 5, 6, 7)	(3.9, 5.1)
4	2	(1, 2)	(1.2, 1.5)	(3, 4, 5, 6, 7)	(3.9, 5.1)
5	2	(1, 2)	(1.2, 1.5)	(3, 4, 5, 6, 7)	(3.9, 5.1)
6	2	(1, 2)	(1.2, 1.5)	(3, 4, 5, 6, 7)	(3.9, 5.1)
7	2	(1, 2)	(1.2, 1.5)	(3, 4, 5, 6, 7)	(3.9, 5.1)
반복 2의 결과		(1, 2)	(1.2, 1.5)	(3, 4, 5, 6, 7)	(3.9, 5.1)

즉, 첫 번째 반복에서 개체 (3)은 군집 1에 할당되었으나, 두 번째 반복에서 군집 2에 재할당되었다. 또한 위와 같은 재할당 과정을 한 번 더 반복하여도 결과가 달라지지 않으므로 최종적으로 세 번째 반복에서 분석이 종료되게 된다.

7.3.2 k-평균 군집분석 사례

다음 ⟨예 7.7⟩에서 사용한 kmeans 함수는 $n \times p$ 자료행렬 $\mathbf{X}$에 대하여 k-평균 방법을 이용한 최적분리 군집분석을 수행한다.

⟨예 7.7⟩ k-평균 군집분석 – kmeans 함수

```
protein.Z <- scale(protein[-1],center=TRUE,scale=TRUE)    # ① 표준화
protein.Z.kmeans <- kmeans(protein.Z,centers=5,nstart=30)  # ② 군집분석
protein.Z.kmeans$iter    # ③ 반복횟수 출력
#-------------------------------------------------------------------
# [1] 3
#-------------------------------------------------------------------
protein.Z.kmeans$size    # ④ 군집별 개체수 출력
#-------------------------------------------------------------------
# [1] 4 8 5 4 4
#-------------------------------------------------------------------
protein.Z.kmeans$centers    # ⑤ 군집별 중심(평균벡터) 출력
#-------------------------------------------------------------------
# 1  0.006 -0.229  0.191  0.730  1.158 -0.872  0.167 -0.955 -1.114
# 2  1.011  0.742  0.940  0.661 -0.267 -0.687  0.228 -0.508  0.021
# 3 -0.570  0.580 -0.085 -0.336 -0.453  0.318  0.785 -0.267  0.068
# 4 -0.508 -1.108 -0.412 -0.696  0.981  0.130 {0.184  1.310  1.629
# 5 -0.807 -0.871 -1.553 -0.935 -1.038  1.720 -1.423  0.996 -0.643
```

⟨예 7.7⟩은 앞에서 다룬 바 있는 '단백질 섭취량' 데이터에 대해 k-평균 군집분석을 수행하는 예이다. 이때, kmeans 함수에는 데이터 프레임의 이름과 함께 다음과 같은 여러 가지 인수들을 지정할 수 있다.

- centers=: 군집의 개수를 지정한다.
- nstart=: 군집 초기값의 집합을 주어진 수만큼 추출하여 분석을 시도한다(초기값=1). 이 인수의 값은 충분히 크게 지정하는 것이 좋다.
- iter.max=: 최대 반복횟수를 지정한다(초기값=10). 개체들의 재할당은 최대 반복횟수에 도달했을 때 또는 그 이전에 군집 중심들의 변화가 일정 수준 이하일 때 종료된다. 이 인수의 값을 너무 작게 지정하면 수렴하기 이전에 반복이 종료될 수 있다.

한편 kmeans 함수는 분석결과를 리스트(list) 객체 내에 여러 개의 객체들로 저장하는데, 몇 가지 중요한 객체들은 다음과 같다.

- iter: 수행된 반복횟수를 저장한다. 이 예에서는 3회의 반복 후에 분석이 종료되었음을 볼 수 있다.
- size: 형성된 각 군집의 크기(개체수)를 저장한다. 이 예에서는 $n_1 = 4$, $n_2 = 8$, $n_3 = 5$, $n_4 = 4$, $n_5 = 4$임을 볼 수 있다. 단, 부여되는 군집의 번호는 바뀔 수 있다.
- centers: 각 군집별 분석변수들의 중심(평균벡터)을 저장한다.
- cluster: 각 개체별 군집 번호를 벡터로 저장한다.

⟨예 7.8⟩ 원자료에 군집번호 붙이기

```
kcluster <- protein.Z.kmeans$cluster
protein.X.kclust <- data.frame(protein,kcluster)
head(protein.X.kclust,n=10)
```

⟨예 7.8⟩은 data.frame 함수를 이용하여 원자료에 군집번호를 붙이는 예이며, 그 결과는 ⟨표 7.2⟩에 제시되어 있다.

⟨예 7.9⟩ 군집화 결과에 대한 그래프적 표현

```
library(cluster)
clusplot(protein.Z,kcluster,labels=4,lines=1,
         color=TRUE,shade=TRUE,cex=1.5)
```

〈표 7.2〉 군집번호가 부여된 데이터(첫 10개)

country	x_1	x_2	x_3	x_4	x_5	x_6	x_7	x_8	x_9	hcluster
Albania	10.1	1.4	0.5	8.9	0.2	42.3	0.6	5.5	1.7	5
Austria	8.9	14.0	4.3	19.9	2.1	28.0	3.6	1.3	4.3	2
Belgium	13.5	9.3	4.1	17.5	4.5	26.6	5.7	2.1	4.0	2
Bulgaria	7.8	6.0	1.6	8.3	1.2	56.7	1.1	3.7	4.2	5
Czechoslovakia	9.7	11.4	2.8	12.5	2.0	34.3	5.0	1.1	4.0	3
Denmark	10.6	10.8	3.7	25.0	9.9	21.9	4.8	0.7	2.4	1
E Germany	8.4	11.6	3.7	11.1	5.4	24.6	6.5	0.8	3.6	3
Finland	9.5	4.9	2.7	33.7	5.8	26.3	5.1	1.0	1.4	1
France	18.0	9.9	3.3	19.5	5.7	28.1	4.8	2.4	6.5	2
Greece	10.2	3.0	2.8	17.6	5.9	41.7	2.2	7.8	6.5	4
...	...	...	...	...	...	...	...	...	...	...

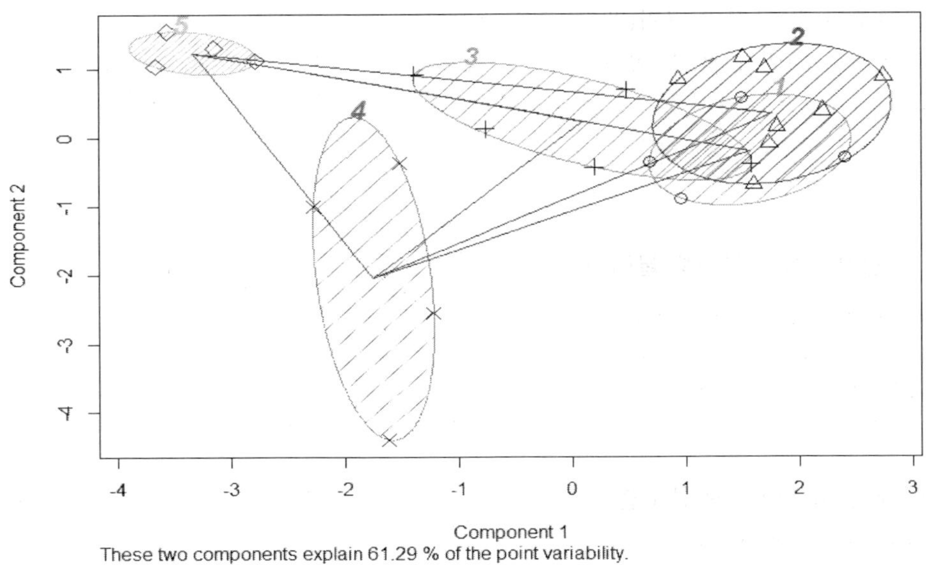

〈그림 7.5〉 군집화 결과에 대한 그래프적 표현

〈예 7.9〉는 cluster 패키지의 clusplot 함수를 사용하여 군집화의 결과를 그래프적으로 표현하는 예이다. 〈그림 7.5〉에서와 같이 clusplot 함수는 분석 변수들에 대한 주성분점수를 이용하여 각 개체들의 위치와 군집화 결과를 이차원 그래프로 표현한다.

⟨예 7.9⟩에서와 같이 clusplot 함수에는 분석 변수가 저장되어 있는 데이터 프레임과 군집번호가 저장되어 있는 벡터를 지정해야 하며, 추가로 여러 가지 인수를 지정할 수 있다. 먼저, labels= 인수에는 0부터 5까지의 숫자를 지정할 수 있는데, 이는 군집번호 또는 개체번호를 표현할 것인지의 여부를 나타낸다. 예를 들어 'labels=4'는 군집번호는 표현하고 개체번호는 표현하지 않도록 지정하는 것이다. 또한 lines= 인수에는 0부터 2까지의 숫자를 지정할 수 있는데, 이는 군집들 간의 거리를 선으로 표현할 것인지의 여부를 나타낸다. 예를 들어 'lines=1'은 군집 중심들간의 거리를 선으로 표현하도록 지정하는 것이다. 그리고 color= 인수와 shade= 인수는 각각 색깔과 음영을 넣을 것인지의 여부를 지정한다. 그 외에 cex= 인수(텍스트의 크기 지정) 등 plot 함수에서 사용되는 여러 가지 인수들을 지정할 수 있다.

주성분점수를 이용한 그래프적 표현은 군집의 개수를 탐색하는 좋은 방법 중 하나이다. 예를 들어, ⟨그림 7.5⟩에서 군집 1과 군집 2가 서로 겹치는 것을 볼 수 있는데, 따라서 이 예의 경우 군집의 개수를 3개 또는 4개로 하는 것이 좋을 것으로 보인다.

7.4 군집의 개수

군집의 개수를 결정하는 것은 쉽지 않은 문제이며, 사실 언제나 만족할 만한 결과를 제공하는 지표가 없다고 해도 과언이 아니다. 따라서 여러 가지 지표들을 종합적으로 판단하여 적절한 군집의 개수를 찾는 것이 바람직하다.

계보적 군집방법을 이용하는 경우 군집의 개수보다는 자료의 계보적 구조에 주된 관심이 있으나, 적절한 군집의 수를 결정해야 되는 경우 덴드로그램을 통해 시각적으로 이를 탐색할 수 있다. 즉, 병합되는 과정에서 거리의 측도 또는 어떤 지표의 값이 상대적으로 큰 변화를 보일 경우 이를 검토할 필요가 있다. 특히 Ward의 방법을 이용하는 경우 군집의 개수에 따른 ESS의 증분을 검토하여 급격한 변화가 일어나는 위치에서 대응되는 군집의 개수를 결정하기도 한다.

또한 자료의 모분포에 대한 적절한 가정 하에서 통계적 가설검정의 틀 안에서 군집의 개수를 알아보는 방법들도 있으나, 이들도 일반적으로 만족할 만한 타당성을 제공하지는 못한다.

이 절에서는 군집의 개수를 결정하기 위하여 널리 사용되는 몇 가지 방법과 R 함수들을 소개한다. 여기에서 사용할 iris 데이터는 세 가지 품종(setosa, versicolor, virginica)의 붓꽃으로부터 각각 50개씩 총 150개의 개체들을 추출한 후, 4개의 변수들을 밀리미터(mm) 단위로 측정하여 얻은 것이다.

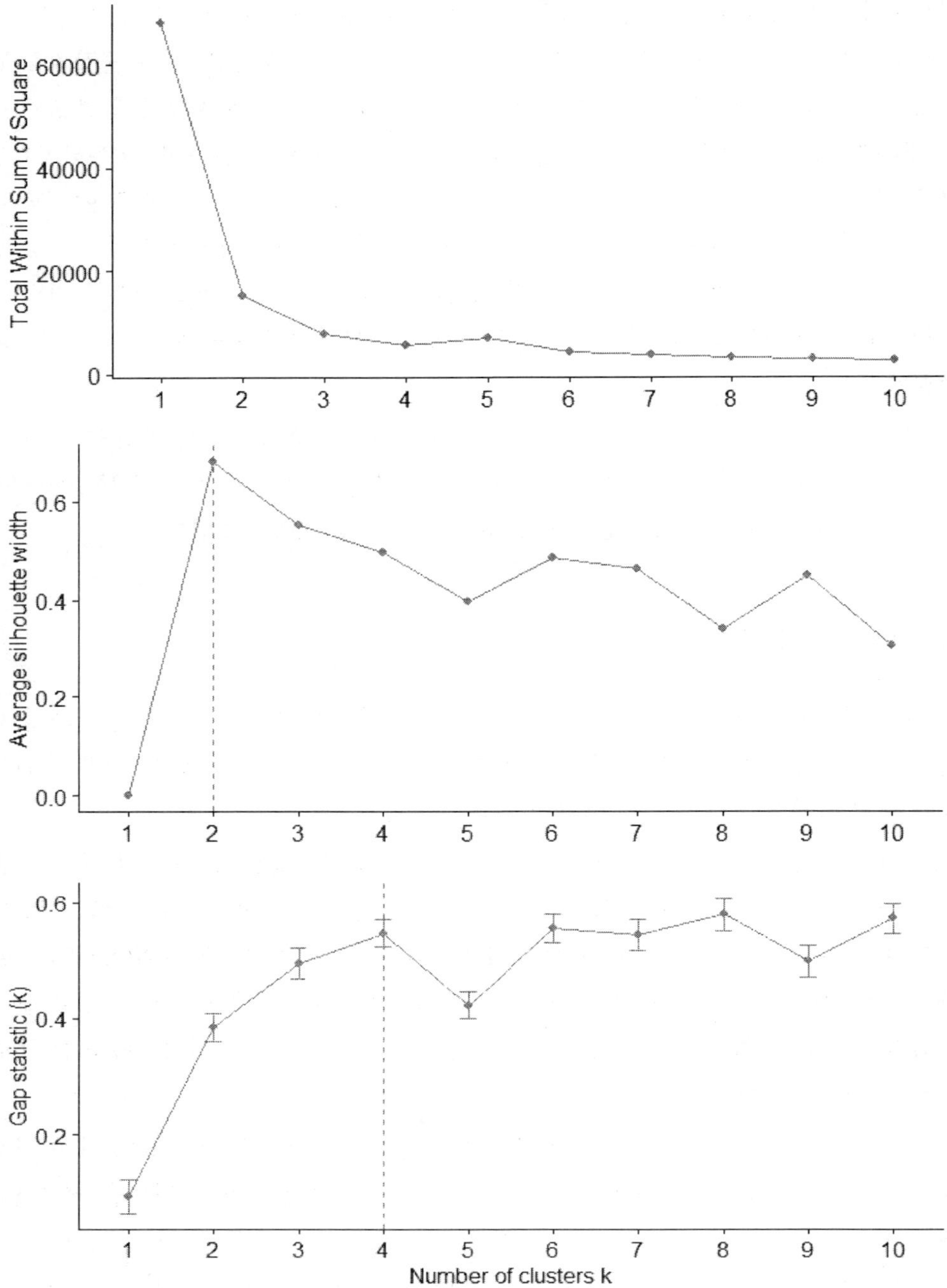

〈그림 7.6〉 군집 개수에 따른 통계량의 변화

7.4.1 분석 사례 – fviz_nbclust 함수

다음 ⟨예 7.10⟩에서와 같이 factoextra 패키지의 fviz_nbclust 함수를 사용하면 특정 통계량에 의해 군집의 개수를 결정할 수 있다(그림 7.6 참조).

⟨예 7.10⟩ fviz_nbclust 함수

```
iris <- read.csv("F:/My_Work/Data/iris.csv",header=TRUE)
iris.X <- iris[c("x1","x2","x3","x4")]
library(factoextra)
fviz_nbclust(iris.X,kmeans,method="wss",k.max=10)
fviz_nbclust(iris.X,kmeans,method="silhouette",k.max=10)
fviz_nbclust(iris.X,kmeans,method="gap_stat",nboot=500)
```

위의 예에서와 같이 fviz_nbclust 함수에는 먼저 분석 변수가 저장되어 있는 데이터 프레임과 군집분석 방법(예컨대, kmeans)을 지정해야 한다. 그리고 method= 인수를 사용하여 통계량의 이름을 지정하면 되는데, 다음과 같은 세 가지 통계량을 지정할 수 있다.

- wss(군집내 제곱합, within-cluster sum of square): 이는 군집내 변이의 합계를 의미하며, 그 값이 작을수록 좋음을 나타낸다. 따라서 군집의 개수가 증가함에 따라 WSS가 작아지게 되는데, WSS가 급격히 감소하다가 감소량이 완만하게 되는 지점이 적절한 군집의 개수에 대한 후보가 될 수 있다. 예를 들어, ⟨그림 7.6⟩의 첫 번째 그래프에서는 2∼4개 정도가 적절할 것으로 보인다.
- silhouette(실루엣-계수): 이는 각 개체들이 해당 군집에 얼마나 잘 위치하고 있는지를 측정하는 계수이며, 그 값이 클 때 군집화가 잘 되었음을 나타낸다. 일반적으로 평균 실루엣-계수(average silhouette coefficient)가 가장 큰 지점의 군집의 개수를 선택한다 (Kaufman & Rousseeuw, 1990). 예를 들어, ⟨그림 7.6⟩의 두 번째 그래프에서는 적절한 군집의 개수로서 2개가 추천됨을 볼 수 있다.
- gap_stat(갭 통계량): 이는 관측된 군집간 변이와 균일분포 하에서의 군집간 변이의 기대값을 비교하는 것으로, 그 값이 클 때 군집화가 잘 되었음을 나타낸다. 일반적으로 갭 통계량(gap statistic)가 가장 큰 지점의 군집의 개수를 선택한다(Tibshirani, et. al., 2001). 예를 들어, ⟨그림 7.6⟩의 세 번째 그래프에서는 적절한 군집의 개수로서 4개가 추천됨을 볼 수 있다.

한편, fviz_nbclust 함수에서는 k.max= 인수에 의해 탐색할 최대 군집의 개수를 지정할 수 있다. 또한 갭 통계량을 이용할 경우에는 nboot= 인수에 의해 붓스트랩 반복횟수를 지정할 수 있는데, 반복횟수를 크게 하면 시간이 많이 걸리나 더 좋은 결과를 얻을 수 있다.

7.4.2 분석 사례 – NbClust 함수

NbClust 함수는 앞에서 설명한 세 가지 통계량을 포함하여 30여 개의 통계량에 의해 군집의 개수를 결정할 수 있다. 이 함수에서 지정할 수 있는 주요 인수들은 다음과 같다.

- distance=: 거리측도로서 6장에서 설명한 "euclidean", "maximum", "manhattan" 등을 지정할 수 있다.
- min.nc=, max.nc=: 탐색할 최소 군집 개수와 최대 군집 개수를 지정한다.
- method=: 군집화 방법으로서 "kmeans" 및 7.2절에서 설명한 "ward.D", "ward.D2", "single", "complete" 등을 지정할 수 있다.
- index=: 통계량으로서 "kl", "ch", "hartigan", "ccc", "scott" 등을 지정할 수 있다(Charrad, et. al., 2014).

⟨예 7.11⟩ NbClust 함수

```
library(NbClust)
NbClust(data=iris.X,distance="euclidean",min.nc=2,max.nc=15,
        method="kmeans")
#--------------------------------------------------------------------
* Among all indices:
* 10 proposed 2 as the best number of clusters
* 8 proposed 3 as the best number of clusters
* 2 proposed 4 as the best number of clusters
* 1 proposed 5 as the best number of clusters
* 1 proposed 7 as the best number of clusters
* 1 proposed 9 as the best number of clusters
* 1 proposed 15 as the best number of clusters

                   ***** Conclusion *****

* According to the majority rule, the best number of clusters is  2

*******************************************************************
$All.index
        KL       CH Hartigan     CCC   Scott      Marriot      TrCovW
2   5.9068 513.9245 137.9491 35.9428 1044.605 4.673716e+13 10459695.9
3   3.5663 561.6278  55.5419 37.6701 1246.668 2.734086e+13  2489813.5
4   7.2495 530.7658  21.7032 36.4682 1359.280 2.294284e+13  1738973.5
5  11.7671 459.5058  13.4707 34.3409 1415.662 2.461639e+13  1406758.2
...
```

〈예 7.11〉은 NbClust 함수의 기본적인 사용법과 결과를 제시한 것이다. 이 예에서는 10개의 통계량이 군집의 개수로 2를 추천하고 있으며, 8개의 통계량이 군집의 개수로 3개를 주천하고 있다는 것 등을 볼 수 있다. 그리고 각 통계량에 대하여 군집의 개수에 따른 측정값을 출력하고 있다.

〈예 7.12〉 CCC 통계량

```
iris.X.ccc <- NbClust(data=iris.X,distance="euclidean",
                      min.nc=2,max.nc=15,method="kmeans",index="ccc")
iris.X.ccc
#------------------------------------------------------------------------
# $All.index
#       2       3       4       5       6       7       8       9 ...
# 35.9428 37.6701 36.4682 34.3409 32.4412 32.2434 32.0257 32.1774 ...
#
# $Best.nc
# Number_clusters     Value_Index
#          3.0000         37.6701
#------------------------------------------------------------------------
ncluster <- rownames(data.frame(iris.X.ccc$All.index))
ccc <- iris.X.ccc$All.index
plot(ncluster,ccc,type="b")
```

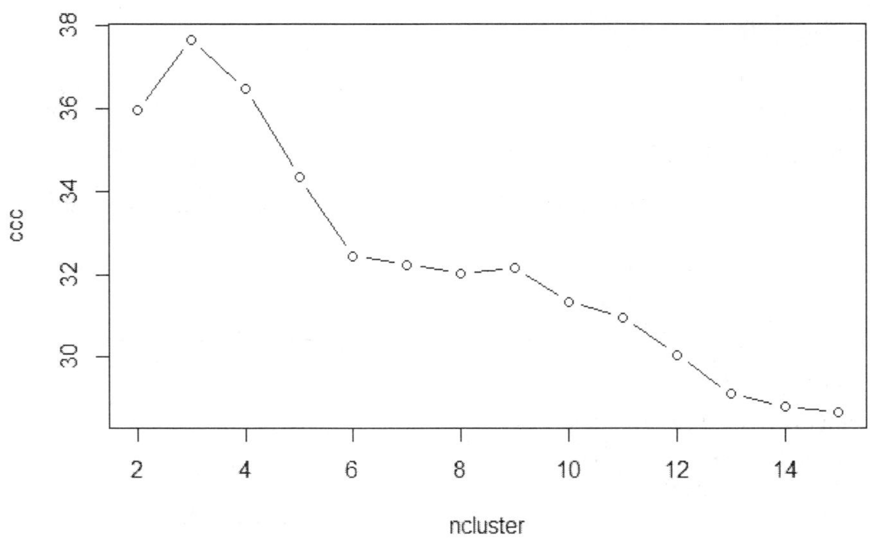

〈그림 7.7〉 군집 개수에 따른 CCC의 변화

한편, 〈예 7.12〉에서와 같이 index= 인수에 특정 통계량의 이름을 지정하면, 해당 통계량에 대한 결과를 자세히 볼 수 있다. 이 예는 가장 널리 사용되는 통계량 하나인 CCC(cubic clustering criterion) 통계량의 결과를 보여주고 있다(그림 7.7 참조). 몇 가지 가정하에서 CCC는 적절한 군집의 개수와 자료의 구조에 관해 유용한 정보를 제공하며(Sarle, 1983), 그 내용을 요약하면 다음과 같다.

(1) CCC> 2(혹은 3)일 때 국부적 최고점(local peak)이 있으면 이 지점에 대응되는 군집의 개수가 적절한 후보가 될 수 있다.
(2) 0 <CCC< 2인 구간에서 국부적 최고점이 있으면 이 구간에서 적절한 군집의 개수가 있을 수 있으므로 주의 깊게 살펴볼 필요가 있다.
(3) 계보형 자료에서는 비교적 여러 개의 국부적 최고점이 있게 된다.
(4) 비계보형 자료의 경우에는 국부적 최고점 이전에 급격한 증가를 보이고, 그 이후에는 완만한 감소를 보인다.
(5) 대부분의 군집에 대해 표본크기가 10 이하이면 CCC의 변동은 매우 자유분방하다.
(6) 군집의 개수가 2개 이상일 경우에 CCC가 음(−)의 값을 가지고 점차 감소하는 형태를 보이면 이는 곧 단봉분포(unimodal distribution)임을 의미한다.

〈예 7.12〉의 결과 및 〈그림 7.7〉을 살펴보면, 군집의 개수가 3일 때 CCC가 국부적 최고점을 보이므로 군집의 개수는 3개 정도가 적당하다고 할 수 있다.

7.5 모형-기반 군집분석

모형-기반 접근 방식은 데이터 분포에 대하여 혼합모형(mixture model)을 가정하고 최대우도(maximum likelihood) 추정법 및 베이즈 기준을 적용하여 모형에 대한 추정과 군집의 개수를 식별한다. 이절에서는 사례를 통해 모형-기반 군집분석의 내용을 간단히 소개한다.

〈예 7.13〉 모형-기반 군집분석

```
library(mclust)
iris.X.Mclust <- Mclust(iris.X)
plot(iris.X.Mclust,what="BIC")
summary(iris.X.Mclust)
#-----------------------------------------------------------------------
# ----------------------------------------------------
# Gaussian finite mixture model fitted by EM algorithm
# ----------------------------------------------------
```

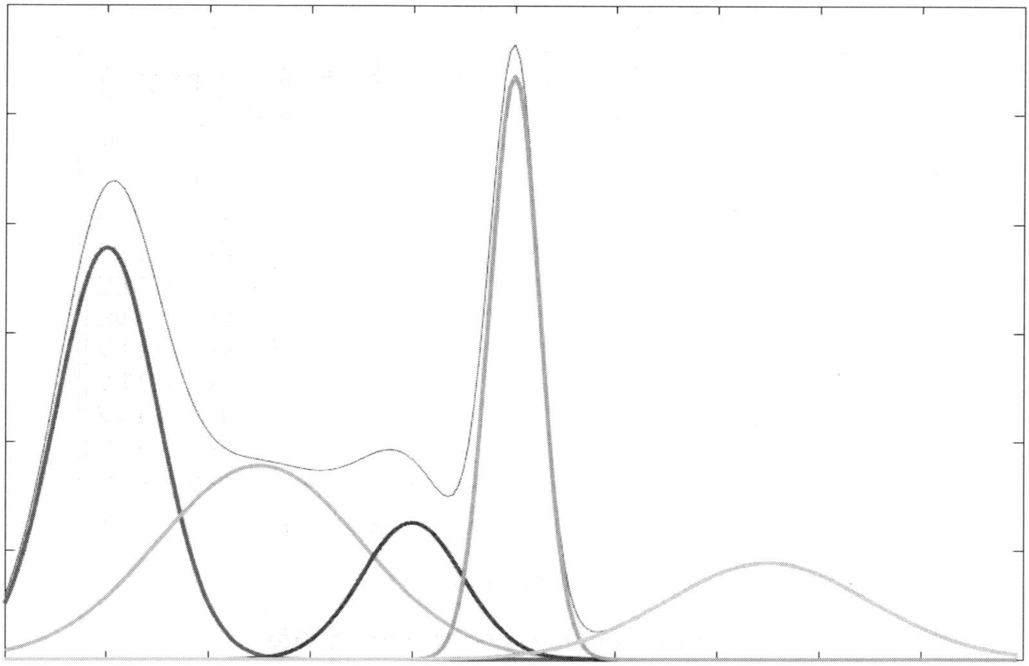

〈그림 7.8〉 일변량 혼합 정규분포의 예

```
# Mclust VEV (ellipsoidal, equal shape) model with 2 components:
#
#  log-likelihood   n df       BIC       ICL
#       -1597.277 150 26 -3324.831 -3324.831
#
# Clustering table:
#   1   2
#  50 100
```

〈예 7.13〉에서 사용한 mclust 패키지의 Mclust 함수는 혼합 정규분포(mixture normal distrbution)의 가정하에 군집화를 수행한다. 또한 EM(expectation-maximization) 알고리즘에 의해 각 개체들이 군집에 속할 분포, 평균벡터, 분산-공분산행렬 등 주요 모수들을 추정한다.

한편, mclust 패키지의 plot 함수는 군집화의 결과를 그래프로 표현한다. 이때 what= 인수에는 "BIC", "classification", "uncertainty", "density" 등을 지정할 수 있다. 예를 들어, 〈그림 7.9〉는 군집의 개수에 따른 BIC(Bayesian information criterion)의 변화를 나타낸 것이다.

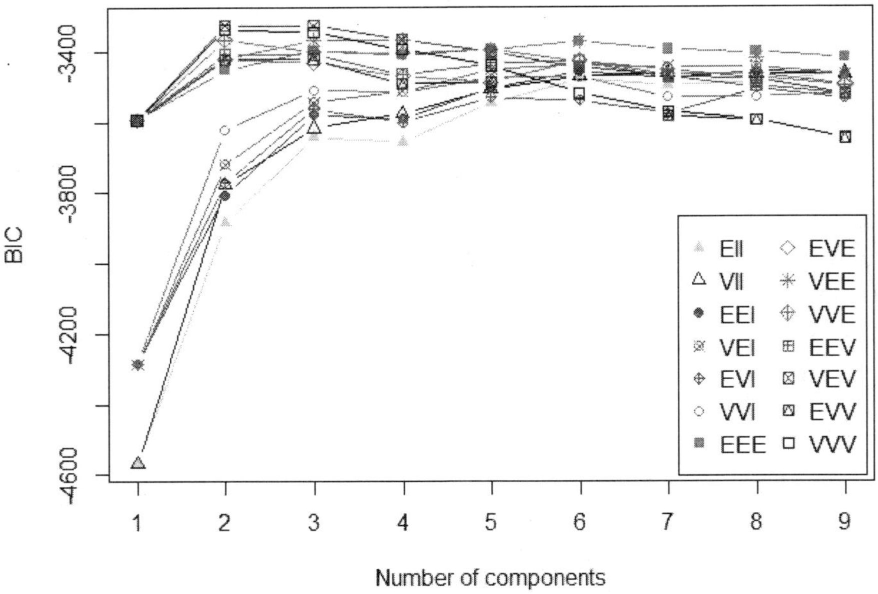

〈그림 7.9〉 군집의 개수에 따른 BIC의 변화

군집의 개수가 지정되지 않으면 Mclust 함수는에서는 BIC(Bayesian information criterion)에 의해 군집의 개수를 결정한다. 예를 들어, 〈그림 7.9〉에서 군집의 개수가 2일 때 BIC가 가장 크므로, 〈예 7.13〉에서는 군집의 개수가 2개로 결정되었다. 한편, 다음 〈예 7.14〉에서와 같이 G= 인수를 사용하여 군집의 개수를 지정할 수도 있다.

Mclust 함수는 분석결과를 리스트(list) 객체 내에 여러 개의 객체들로 저장한다(예 7.14 참조). 예를 들어, classification 객체는 각 개체들이 속한 군집번호가 저장되어 있는 벡터이고, z 객체는 각 개체에 대하여 군집에 속할 확률(분포)이 저장되어 있는 행렬이다. 그리고 parameters 객체는 평균벡터, 분산-공분산행렬 등이 저장되어 있는 리스트 객체이다.

〈예 7.14〉 군집의 개수를 지정하기

```
iris.X.Mclust3 <- Mclust(iris.X,G=3)
plot(iris.X.Mclust3,what="classification")
summary(iris.X.Mclust3)
#--------------------------------------------------------------------
# ----------------------------------------------------
# Gaussian finite mixture model fitted by EM algorithm
# ----------------------------------------------------
#
# Mclust VEV (ellipsoidal, equal shape) model with 3 components:
```

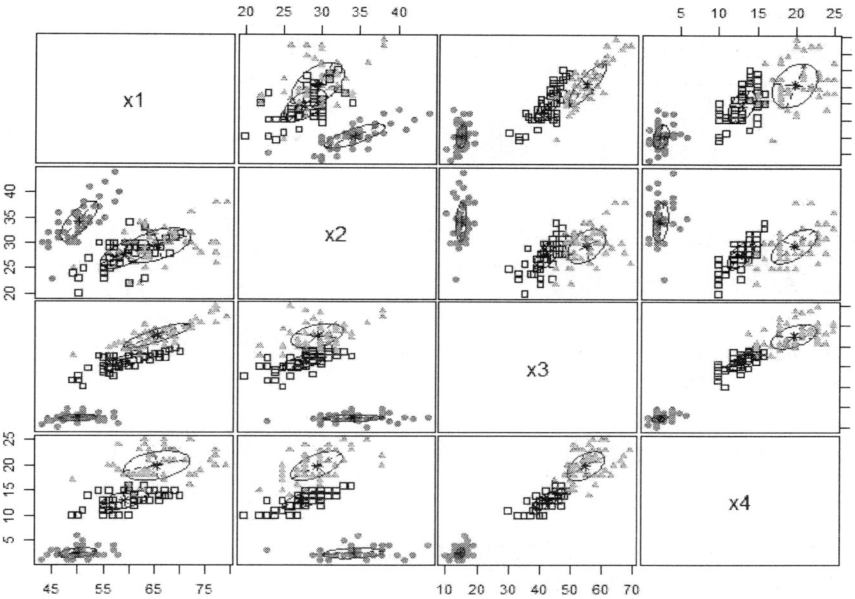

〈그림 7.10〉 군집화의 결과 – 분류(classification) 도표

```
#  log-likelihood   n df       BIC       ICL
#       -1567.631 150 38 -3325.667 -3329.658
# Clustering table:
#  1  2  3
# 50 45 55
#----------------------------------------------------------------------
head(iris.X.Mclust3$classification,n=10)   # 군집번호 출력
#----------------------------------------------------------------------
#  [1] 1 3 2 3 3 1 3 3 3 1
#----------------------------------------------------------------------
head(iris.X.Mclust3$z,n=10)   # 소속확률 출력
#----------------------------------------------------------------------
#               [,1]         [,2]         [,3]
#  [1,]  1.000000e+00 5.955005e-35 6.934474e-27
#  [2,] 5.719806e-175 3.560313e-10 1.000000e+00
#  [3,]  7.334492e-94 9.632735e-01 3.672646e-02
#  [4,] 2.552099e-184 9.988842e-11 1.000000e+00
#  [5,] 7.484536e-117 1.673186e-01 8.326814e-01
#  [6,]  1.000000e+00 5.295370e-33 1.232752e-24
#  [7,] 1.103158e-151 1.533828e-07 9.999998e-01
#  [8,]  4.048964e-93 8.265707e-02 9.173429e-01
#  [9,] 4.438506e-111 1.276507e-01 8.723493e-01
# [10,]  1.000000e+00 7.430003e-44 1.245622e-29
```

```
#--------------------------------------------------------------------
iris.X.Mclust3$parameters    # 주요 모수 출력
#--------------------------------------------------------------------
# $pro
# [1] 0.3333333 0.3014760 0.3651907
#
# $mean
#     [,1]     [,2]     [,3]
# x1 50.06 59.16133 65.47523
# x2 34.28 27.76977 29.50444
# x3 14.62 42.05463 54.84314
# x4  2.46 12.99629 19.86705

# $variance$sigma
# , , 1
#           x1        x2        x3        x4
# x1 13.306209 10.926103 1.9155252 1.1568072
# x2 10.926103 15.477867 1.2094354 1.0001045
# x3  1.915525  1.209435 2.8265859 0.5810322
# x4  1.156807  1.000105 0.5810322 1.0709731

# , , 2
#           x1       x2        x3       x4
# x1 22.642362 7.613359 14.764638 4.364671
# x2  7.613359 8.054582  7.384666 3.440088
# x3 14.764638 7.384666 16.697437 4.991676
# x4  4.364671 3.440088  4.991676 3.358223

# , , 3
#           x1        x2        x3       x4
# x1 42.923414 10.750240 33.371989 6.484792
# x2 10.750240 11.551422  8.808269 6.082142
# x3 33.371989  8.808269 36.238535 8.603112
# x4  6.484792  6.082142  8.603112 8.620623
```

7.6 맺음말

이 장에서는 여러 가지 유형의 군집분석 방법들의 내용을 설명하였다. 자료의 개괄적인 구조가 명백하지 않은 경우 서로 다른 군집분석 방법은 상당히 다른 결과를 유도할 수 있으며, 따라서 발견된 군집의 타당성에 대한 검토는 매우 중요하다고 할 수 있다. 또한 대부분의 군집분석 방법들은 특이값에 굉장히 민감하므로 이를 사전에 세밀히 검토하여 제거하는 것이 바람직하다.

군집의 타당성을 검토함에 있어 다음과 같은 몇 가지 직관적인 방법들이 일반적으로 추천된다. (i) 동일한 자료에 대해 다른 가정에 기초를 둔 여러 가지 군집방법을 적용하였을 때, 대부분의 방법에서 제공된 결과가 유사한가를 살펴보는 일이다. (ii) 주어진 자료를 임의적으로 두 부분으로 나누고 각 부분을 독립적으로 군집시키는 방법이다. 이때 만약 군집들이 안정되어 있다면 그 결과는 유사할 것이다. (iii) 어떤 군집분석 방법에 의하여 얻어지는 군집의 안정성을 알아보기 위하여, 몇 개의 변수를 제거하는 것이 군집의 구조에 어떤 영향을 미치게 될 것인가를 고찰하는 방법이다.

대부분의 경우 군집분석은 주성분분석이나 인자분석과 같이 다변량 자료분석의 첫 단계에 해당되며, 다음 단계의 통계분석을 위한 탐색적인 면도 아울러 가지고 있다고 할 수 있다. 따라서 얻어진 군집분석의 결과들을 그냥 받아들이기 보다는, 군집의 형태나 특이값의 존재 유무 등에 대한 보다 세밀한 검토를 통해 다음 단계를 진행하는 것이 바람직하다.

7.7 연습문제

1. 6장의 화장품의 이미지 데이터(표 6.3)에 대하여 최단 연결법, 최장 연결법, 평균 연결법, Ward의 방법 등 계보적 군집분석 방법들과 k-평균 군집분석을 수행하고 그 차이에 대한 설명을 하여라.

(a) 유클리드 거리를 이용하여 군집분석을 수행하여라.

(b) Jaccard 비유사성 계수를 이용하여 이용하여 군집분석을 수행하여라.

(c) (a)와 (b)의 결과들을 '연습문제 6-4'의 결과들과 비교하여라.

2. 3장의 여가활동 데이터(표 3.2)에 대하여 적절한 군집분석을 수행하고, 이 결과를 '연습문제 3-5'의 결과와 비교하여라.

3. 3장의 자동차의 선호도 데이터(표 3.2)에 대하여 적절한 군집분석을 수행하고, 이 결과를 ⟨예 3.11⟩의 결과와 비교하여라.

4. ⟨표 7.3⟩은 14개 국가의 경제상태에 관한 자료이다. 최단 연결법, 최장 연결법, 평균 연결법, Ward의 방법 등 계보적 군집분석 방법들과 k-평균 군집분석을 수행하고 그 차이에 대한 설명을 하여라. 또한 적절한 군집의 개수에 관해 논의하여라.

- x_1: GNP per Capita (\$),
- x_2: Trade (Millions of \$),
- x_3: Defence Budget (Millions of \$),
- x_4: GNP for Defence (%)

〈표 7.3〉 경제상태 데이터(economic.csv)

country	x_1	x_2	x_3	x_4
Brazil	91	2,729	148	2.8
Peru	51	407	74	6.9
China	58	349	3,054	8.7
Cuba	359	1,169	53	2.4
Egypt	134	923	158	6.0
India	70	2,689	410	1.9
Indonesia	129	1,601	267	6.7
Israel	515	415	33	2.7
Jordan	70	83	29	25.7
Netherlands	707	5,395	468	6.1
Poland	468	1,852	220	1.5
U.S.S.R	749	6,530	34,000	20.4
U.K.	998	16,667	3,934	7.8

5. Fisher의 붓꽃자료(irsi.csv)에 대하여

(a) k-평균 군집분석을 수행하여라.

(b) 이 데이터에는 세 개의 품종(setosa, versicolor, virginica)을 나타내는 변수(species)가 포함되어 있다. 이 변수를 이용하여 군집분석의 타당성을 검토하여라.

제 8 장
판별분석

Discriminant Analysis

판별분석(判別分析; discriminant analysis)은 각 개체에 대하여 이미 알려진 소속집단을 나타내는 반응변수와 집단간의 차이를 식별하는 데 사용되는 여러 개의 서로 상관된 연속변수(판별변수)를 가진 다변량 자료를 그 대상으로 한다. 이러한 판별분석의 내용은 다음과 같은 두 가지 과정으로 구성된다. 첫 번째 주어진 관찰값들로부터 전체집단을 어떤 특성에 따라 상호배반적인 부분집단으로 분류하기 위해 필요한 판별변수의 설정 및 이에 따른 해석을 포함하는 **판별**(判別; discriminant) 과정이다. 두 번째는 판별과정에서 유도된 방법을 활용하여 소속집단이 알려지지 않은 새로운 개체를 어느 부분집단으로 분류하는 **분류**(分類; classification) 과정이다. 그러나, 대부분의 경우 두 과정은 동시에 처리되므로 이를 통틀어 판별분석이라 부르기로 한다.

〈표 8.1〉 재무지표 데이터(finance.csv)

ID	x_1	x_2	x_3	x_4	y
1	-0.448	-0.410	1.086	0.452	1
2	-0.563	-0.311	1.513	0.164	1
3	0.064	0.015	1.007	0.397	1
4	-0.072	-0.093	1.454	0.258	1
...	...	...	...	...	...
19	0.011	-0.003	1.260	0.608	1
20	0.122	0.105	1.143	0.165	1
21	-0.284	-0.270	1.272	0.512	1
22	0.513	0.100	2.487	0.536	2
23	0.076	0.019	2.006	0.530	2
24	0.377	0.107	3.265	0.354	2
...	...	...	...	...	...
43	0.202	0.079	1.936	0.301	2
44	0.474	0.138	2.916	0.448	2
45	0.166	0.035	2.452	0.137	2
46	0.580	0.037	5.059	0.126	2

- x_1: Cash Flow / Total Debt (총부채 대비 현금 유출입)
- x_2: Net Income / Total Assets (총자산 대비 순이익)
- x_3: Current Assets / Current Liabilities (채무 대비 자산)
- x_4: Current Assets / Net Sales (순매출 대비 자산)
- y: 1='파산 기업', 2='건전 기업'

예를 들어, 금융거래에서 거래인에 관한 여러 판별변수들과 소속집단 변수로 신용등급을 고려할 수 있다(표 8.1 참조). 이때 기존의 자료로부터 관련된 변수들에 근거하여 신용등급을 분류하는 방법을 만들고, 새로운 거래인에 대하여 그 방법을 적용하여 신용등급을 부여할 수 있게 된다. 이와 유사한 경우로서 식물의 품종분류, 업무 분야에 대한 적성의 분석, 입학허가 여부의 판정 등 여러 실제적인 예들을 들 수 있다. 이러한 판별분석은 사전에 소속집단이 주어진다는 점에서 앞 장의 군집분석과 구별된다.

8.1 판별분석의 개념

먼저 p개의 판별변수 $\mathbf{x} = (x_1, x_2, \cdots, x_p)'$와 반응변수 $y(= 1, 2, \cdots, G)$가 있다고 하고, 판별변수벡터 $\mathbf{x}$의 값이 주어져 있을 때 해당 개체가 집단 g에 소속될 확률을 다음과 같이 표현하자.

$$P(y = g|\mathbf{x}), \quad g = 1, \cdots, G \tag{8.1}$$

판별분석의 첫 단계에서는 이와 같은 확률에 비례하는 어떤 함수 $\mathrm{f}_g(\mathbf{x})$를 구하게 되는데 [즉, $\mathrm{f}_g(\mathbf{x}) \propto P(y = g|\mathbf{x})$], 이를 **판별함수**(discriminant function)라고 한다. 이때, 실제로 판별분석을 수행하기 위해서는 판별함수 $\mathrm{f}_g(\mathbf{x})$의 형태에 대한 어떤 가정이 필요하다.

예를 들어, p-차원 다변량 정규분포를 가정하는 경우 판별함수는 다음과 같게 되며,

$$\mathrm{f}_g(\mathbf{x};\ \boldsymbol{\mu}_g,\ \boldsymbol{\Sigma}_g) = \frac{1}{(2\pi)^{p/2}|\boldsymbol{\Sigma}_g|^{1/2}} \exp\left[-\frac{1}{2}(\mathbf{x} - \boldsymbol{\mu}_g)'\boldsymbol{\Sigma}_g^{-1}(\mathbf{x} - \boldsymbol{\mu}_g)\right] \tag{8.2}$$

모평균벡터 $\boldsymbol{\mu}_g$와 모공분산행렬 $\boldsymbol{\Sigma}_g$에 대한 추론을 통해 $\mathrm{f}_g(\mathbf{x};\ \hat{\boldsymbol{\mu}}_g,\ \hat{\boldsymbol{\Sigma}}_g)$를 구할 수 있다.

한편, 로지스틱(logistic) 함수를 가정하는 경우 판별함수는 다음과 같고,

$$\mathrm{f}_g(\mathbf{x};\ \boldsymbol{\beta}) = \frac{\exp(\alpha + \beta_1 x_1 + \cdots + \beta_p x_p)}{1 + \exp(\alpha + \beta_1 x_1 + \cdots + \beta_p x_p)} \tag{8.3}$$

여기에서도 모수벡터 $\boldsymbol{\beta} = (\alpha, \beta_1, \cdots, \beta_p)'$에 대한 추론을 통해 $\mathrm{f}_g(\mathbf{x};\ \hat{\boldsymbol{\beta}})$를 구할 수 있다.

이와 같이 판별함수를 구하고 나면, 새로운 개체 $\mathbf{x}_0 = (x_{01}, x_{02}, \cdots, x_{0p})'$에 대하여 $\mathrm{f}_1(\mathbf{x}_0), \cdots, \mathrm{f}_G(\mathbf{x}_0)$를 어떤 기준에 따라 비교함으로써 개체 $\mathbf{x}_0$를 분류할 수 있게 된다. 예컨대, $\mathrm{f}_g(\mathbf{x}_0)$가 가장 큰 집단에 $\mathbf{x}_0$를 분류하는 것을 고려할 수 있다.

이 장에서는 먼저 다변량 정규분포 가정 하에서의 선형 판별분석 및 이차 판별분석의 내용을 소개하고, 정준 판별분석 및 로지스틱 판별분석 등 관련된 기법들에 대하여 다룰 것이다.

8.2 다변량 정규분포에 기초한 판별분석

부분모집단들이 p-차원 다변량 정규분포를 따르는 경우를 생각해 보자. 즉, 부분집단 $g(=1,\ 2,\ \cdots,\ G)$의 확률밀도함수가 식 (8.2)와 같다고 하자. 이 경우 판별분석은 부분집단별 모공분산행렬들의 동일성 여부에 따라 선형 판별분석과 이차 판별분석으로 구분되어 질 수 있다(공분산행렬들의 동일성 여부에 관한 검정법은 부록 8.A를 참조하기 바란다).

8.2.1 선형 판별분석

식 (8.2)에서 모집단 공분산행렬에 대한 동일성, 즉,

$$\mathbf{\Sigma}_1 = \mathbf{\Sigma}_2 = \cdots = \mathbf{\Sigma}_g = \mathbf{\Sigma} \tag{8.4}$$

을 가정할 수 있는 경우, 식 (8.2)를 다음과 같이 쓸 수 있다.

$$\mathrm{f}_g(\mathbf{x};\ \boldsymbol{\mu}_g,\ \mathbf{\Sigma}) = \frac{1}{(2\pi)^{p/2}|\mathbf{\Sigma}|^{1/2}} \exp\left[-\frac{1}{2}(\mathbf{x}-\boldsymbol{\mu}_g)'\mathbf{\Sigma}^{-1}(\mathbf{x}-\boldsymbol{\mu}_g)\right]. \tag{8.5}$$

위의 식은 변수벡터 $\mathbf{x}$가 g번째 집단의 중심인 평균벡터 $\boldsymbol{\mu}_g$에서 멀어질수록 그 집단에 소속될 확률 f_g가 작아짐을 의미한다.

이제, 공통 공분산행렬 $\mathbf{\Sigma}$를 합동 표본공분산행렬(pooled sample covariance matrix)

$$\mathbf{S} = \sum_{g=1}^{G} \frac{(n_g-1)\mathbf{S}_g}{n-g} \tag{8.6}$$

로 대치하자. 여기에서 $\mathbf{S}_g$는 집단 g의 표본공분산행렬이다. 그리고 모평균벡터 $\boldsymbol{\mu}_g$를 표본평균벡터 $\bar{\mathbf{x}}_g$로 대치하면, 다음과 같은 추정량을 얻을 수 있다.

$$\hat{\mathrm{f}}_g(\mathbf{x};\ \bar{\mathbf{x}}_g,\ \mathbf{S}) = \frac{1}{(2\pi)^{p/2}|\mathbf{S}|^{1/2}} \exp\left[-\frac{1}{2}(\mathbf{x}-\bar{\mathbf{x}}_g)'\mathbf{S}^{-1}(\mathbf{x}-\bar{\mathbf{x}}_g)\right]. \tag{8.7}$$

한편, 식 (8.7)은 다음과 같은 비례관계를 가짐을 알 수 있으며,

$$\begin{aligned} \hat{\mathrm{f}}_g(\mathbf{x};\ \bar{\mathbf{x}}_g,\ \mathbf{S}) &\propto (\mathbf{x}-\bar{\mathbf{x}}_g)'\mathbf{S}^{-1}(\mathbf{x}-\bar{\mathbf{x}}_g) \\ &\propto \bar{\mathbf{x}}_g'\mathbf{S}^{-1}\mathbf{x} - \frac{1}{2}\bar{\mathbf{x}}_g'\mathbf{S}^{-1}\bar{\mathbf{x}}_g, \end{aligned} \tag{8.8}$$

따라서 다음과 같은 선형 판별함수(linear discriminant function)를 얻게 된다.

$$\begin{aligned} \mathrm{L}_g(\mathbf{x}) &= -\frac{1}{2}\bar{\mathbf{x}}_g'\mathbf{S}^{-1}\bar{\mathbf{x}}_g + \bar{\mathbf{x}}_g'\mathbf{S}^{-1}\mathbf{x} \\ &= a_g + \mathbf{b}_g'\mathbf{x} \ \ (\text{단},\ a_g = -\frac{1}{2}\bar{\mathbf{x}}_g'\mathbf{S}^{-1}\bar{\mathbf{x}}_g,\ \mathbf{b}_g = \mathbf{S}^{-1}\bar{\mathbf{x}}_g). \end{aligned} \tag{8.9}$$

즉, 선형 판별함수 $\mathrm{L}_g(\mathbf{x})$는 $\hat{\mathrm{f}}_g(\mathbf{x})$와 단조증가의 관계를 가지게 되며, 여기에서 상수 a_g와 계수벡터 $\mathbf{b}_g = (b_{g1},\ b_{g2},\ \cdots,\ b_{gp})'$를 선형 판별계수라고 한다.

〈예 8.1〉 선형 판별분석

```
finance <- read.csv("F:/My_Work/Data/finance.csv",header=TRUE)
finance.X <- finance[c("x1","x2","x3","x4")]   # ① 분석 변수 선택
x1 <- as.matrix(finance.X[which(finance$y==1),])   # ② 집단 추출
x2 <- as.matrix(finance.X[which(finance$y==2),])
n1 <- dim(x1)[1]   # ③ 표본크기 계산
n2 <- dim(x2)[1]
one1 <- as.matrix(rep(1,n1))   # ④ 1 벡터 생성
one2 <- as.matrix(rep(1,n2))
xbar1 <- 1/n1*t(x1)%*%one1   # ⑤ 평균벡터 계산
xbar2 <- 1/n2*t(x2)%*%one2
# install.packages("Morpho")
library(Morpho)
pcov <- covW(finance.X,as.factor(finance$y))   # ⑥ 합동 공분산행렬 계산
L1.a <- -(1/2)*t(xbar1)%*%solve(pcov)%*%xbar1   # ⑦ 상수항 계산
print(L1.a,digits=4)
#-----------------------------------------------------------------------
#         [,1]
# [1,] -4.384
#-----------------------------------------------------------------------
L1.b <- solve(pcov)%*%xbar1   # ⑧ 계수벡터 계산
print(L1.b,digits=4)
#-----------------------------------------------------------------------
#         [,1]
# x1    2.844
# x2  -16.625
# x3    1.728
# x4   11.997
#-----------------------------------------------------------------------
L2.a <- -(1/2)*t(xbar2)%*%solve(pcov)%*%xbar2   # ⑦ 상수항 계산
print(L2.a,digits=4)
#-----------------------------------------------------------------------
#         [,1]
# [1,] -6.756
#-----------------------------------------------------------------------
L2.b <- solve(pcov)%*%xbar2   # ⑧ 계수벡터 계산
print(L2.b,digits=4)
#-----------------------------------------------------------------------
#         [,1]
# x1    4.739
# x2   -9.065
# x3    3.325
# x4   10.078
```

⟨예 8.1⟩은 행렬 연산을 이용하여 재무지표 데이터에 대해 선형 판별함수를 구하는 예이며, 여기에서 사용된 함수들에 대한 설명은 다음과 같다.

① 대괄호와 c 함수를 사용하여 분석 변수 x_1, x_2, x_3, x_4만을 추출하여 데이터프레임 finance.X에 저장한다.

② 대괄호와 which 함수를 사용하여 각 집단별 자료행렬 $\mathbf{X}_g(g = 1,\ 2)$를 생성한다.[1] 여기에서 사용된 as.matrix 함수는 데이터프레임 등의 객체를 행렬로 변환하는 기능을 가지고 있다.

③ dim 함수를 사용하여 각 집단별 표본크기(데이터의 개수) n_g를 계산한다. 여기에서 '[1]'은 첫 번째 행을 추출하는 역할을 한다.

④ 모든 원소가 1이고 크기가 각각 n_1과 n_2인 벡터 $\mathbf{1}_g = (1,\ 1,\ \cdots,\ 1)'$을 생성한다.

⑤ 평균벡터 $\bar{\mathbf{x}}_g = (1/n_i)\mathbf{X}_g'\mathbf{1}_g$를 계산한다. 1장의 식 (1.6)을 참조하여라.

⑥ Morpho 패키지의 covW 함수를 사용하여 합동 표본공분산행렬 $\mathbf{S}$를 계산한다.

⑦ 각 집단별 선형 판별함수에 대한 상수항 $a_g = (-1/2)\bar{\mathbf{x}}_g'\mathbf{S}^{-1}\bar{\mathbf{x}}_g$를 계산한다. 여기에서 solve 함수는 역행렬을 계산하는 기능을 가지고 있으며, '%*%'는 행렬의 곱을 나타내는 연산자이다.

⑧ 각 집단별 선형 판별함수에 대한 계수벡터 $\mathbf{b}_g = \mathbf{S}^{-1}\bar{\mathbf{x}}_g$를 계산한다.

⟨예 8.1⟩의 선형 판별계수들을 이용하여 각 집단에 대한 선형 판별함수는 다음과 같이 쓸 수 있다.

$$\begin{cases} \mathrm{L}_1(\mathbf{x}) = -4.384 + 2.844x_1 - 16.625x_2 + 1.728x_3 + 11.997x_4 \\ \mathrm{L}_2(\mathbf{x}) = -6.756 + 4.739x_1 - 9.065x_2 + 3.325x_3 + 10.078x_4 \end{cases}$$

또한 두 집단 선형 판별함수의 차이를 계산하면 다음과 같고,

$$\mathrm{L}(\mathbf{x}) = \mathrm{L}_2(\mathbf{x}) - \mathrm{L}_1(\mathbf{x}) = -2.372 + 1.895x_1 + 7.560x_2 + 1.597x_3 - 1.919x_4$$

계수들의 부호에 관심을 가지고 이를 해석하여 보면, x_1(총부채 대비 현금 유출입), x_2(총자산 대비 순이익), x_3(채무 대비 자산)이 클수록 파 산기업($y = 1$)에 비해 건전 기업($y = 2$)에 속할 확률의 추정치가 커지며, 반면에 x_4(순매출 대비 자산)이 클수록 건전 기업에 속할 확률의 추정치가 작아짐을 알 수 있다.

한편, 다음 ⟨예 8.2⟩에서와 같이 MASS 패키지의 lda 함수를 사용하면 두 집단 선형 판별함수의 차이 $\mathrm{L}(\mathbf{x})$를 쉽게 얻을 수 있다. 다만, lda 함수에서는 각 변수들을 중심화한

[1] which 함수 다음에 쉼표(,)가 입력되어 있다는 것을 주의하기 바란다.

후 분석을 수행하며, 계수벡터를 정규화한다. 이러한 내용에 대하여는 8.3절에서 자세히 설명할 것이다.

⟨예 8.2⟩ lda 함수

```
library(MASS)
finance.lda <- lda(y~x1+x2+x3+x4,data=finance)
print(finance.lda)
#-----------------------------------------------------------------------
# Prior probabilities of groups:
#         1         2
# 0.4565217 0.5434783
#
# Group means:
#            x1          x2       x3        x4
# 1 -0.07319048 -0.08180952 1.367048 0.4378571
# 2  0.23492000  0.05472000 2.580400 0.4281200
#
# Coefficients of linear discriminants:
#           LD1
# x1  1.0023665
# x2  3.9998578
# x3  0.8450508
# x4 -1.0153181
```

⟨예 8.2⟩는 lda 함수를 사용한 예이며, 이때 반응변수와 설명변수들을 ~ 기호를 이용하여 fomular 형식으로 지정하면 된다. 위의 결과들에 대한 설명은 다음과 같다.

- Prior probabilities of groups(사전확률): 이 예에서는 데이터에서 각 집단별 개수의 비율을 의미한다. 즉, 집단 1(파산기업)에 속하는 개체가 45.7%이고 집단 2(건전 기업)에 속하는 개체가 54.3%이다. 다른 유형의 사전확률에 대하여는 8.4절에서 자세히 설명할 것이다.
- Group means(평균): 설명변수들의 집단별 평균을 의미한다. 예를 들어, 변수 x_4는 두 집단의 평균이 0.438과 0.428로서 큰 차이가 없으므로, 이 변수는 판별에 기여하는 정도가 작을 것임을 짐작할 수 있다.
- Coefficients of linear discriminants(선형 판별계수): 이 계수들을 이용하여 선형 판별함수를 표현하여 보면 다음과 같다(이 함수에 대한 해석은 앞에서와 유사하다).

$$\mathrm{L}(\mathbf{x})^* = 1.002(x_1 - \bar{x}_1) + 3.999(x_2 - \bar{x}_2) + 0.845(x_3 - \bar{x}_3) - 1.015(x_4 - \bar{x}_4)$$

〈표 8.2〉 선형 판별점수, 예측 확률, 예측 범주

ID	x_1	x_2	x_3	x_4	y	$L(\mathbf{x})^*$	P_1	P_2	Class
1	-0.448	-0.410	1.086	0.452	1	-2.967	0.994	0.005	1
2	-0.563	-0.311	1.513	0.164	1	-2.033	0.971	0.028	1
3	0.064	0.015	1.007	0.397	1	-0.765	0.753	0.246	1
4	-0.072	-0.093	1.454	0.258	1	-0.814	0.770	0.229	1
···	···	···	···	···	···	···	···	···	···
14	-0.227	-0.231	1.191	0.660	1	-2.152	0.976	0.023	1
15	0.145	0.050	1.876	0.272	1	0.317	0.283	0.716	2
16	0.370	0.109	1.994	0.382	1	0.766	0.144	0.855	2
17	-0.075	-0.082	1.507	0.421	1	-0.894	0.795	0.204	1
18	0.045	0.026	1.675	0.949	1	-0.736	0.743	0.256	1
19	0.011	-0.003	1.260	0.608	1	-0.890	0.794	0.205	1
20	0.122	0.105	1.143	0.165	1	0.003	0.416	0.583	2
21	-0.284	-0.270	1.272	0.512	1	-2.146	0.976	0.023	1
22	0.513	0.100	2.487	0.536	2	1.134	0.077	0.922	2
23	0.076	0.019	2.006	0.530	2	-0.028	0.431	0.568	2
···	···	···	···	···	···	···	···	···	···
43	0.202	0.079	1.936	0.301	2	0.511	0.214	0.785	2
44	0.474	0.138	2.916	0.448	2	1.690	0.028	0.971	2
45	0.166	0.035	2.452	0.137	2	0.902	0.115	0.884	2
46	0.580	0.037	5.059	0.126	2	3.539	0.001	0.999	2

〈예 8.3〉 선형 판별점수, 예측 확률, 예측 범주

```
pred1 <- predict(finance.lda,finance)
finance.pred1 <- cbind(finance,pred1$x,pred1$posterior,pred1$class)
```

〈예 8.3〉은 MASS 패키지의 predict 함수를 사용하여 선형 판별점수, 예측 확률, 예측 범주를 계산한 예이다. 먼저 predict 함수에는 lda 함수로부터 출력된 객체와 데이터를 차례로 지정하면 된다. 그리고 predict 함수는 다음과 같은 3개의 객체를 생성한다.

- x: 선형 판별점수 $L(\mathbf{x})^*$가 저장되어 있다.
- posterior: 예측된 소속 확률 $P(y = 1|\mathbf{x})$와 $P(y = 2|\mathbf{x})$가 저장되어 있다.
- class: 예측된 소속 범주가 저장되어 있다.

〈예 8.3〉에서는 cbind 함수를 사용하여 원 자료와 선형 판별점수, 예측 확률, 예측 범주를 결합하여 새로운 데이터프레임을 생성하였다(표 8.2 참조).

⟨표 8.2⟩에는 각 개체들에 대해 추정된 소속확률 $\mathrm{P}_1(\mathbf{x}_i)$, $\mathrm{P}_2(\mathbf{x}_i)$가 제시되어 있다(소속확률의 추정에 대해서는 8.4절에서 다룬다). 여기에서 만약 다음과 같은 분류규칙을 사용할 때(이와 같은 분류규칙은 가장 널리 사용되는 것 중 하나이다),

$$\begin{cases} \mathrm{P}_1(\mathbf{x}) \geq \mathrm{P}_2(\mathbf{x}) \;\; [\text{즉, } \mathrm{L}_1(\mathbf{x}) \geq \mathrm{L}_2(\mathbf{x}),\; \mathrm{L}(\mathbf{x})^* < 0] \;\; \longrightarrow \;\; \text{집단 } G_1\text{에 분류} \\ \mathrm{P}_1(\mathbf{x}) < \mathrm{P}_2(\mathbf{x}) \;\; [\text{즉, } \mathrm{L}_1(\mathbf{x}) < \mathrm{L}_2(\mathbf{x}),\; \mathrm{L}(\mathbf{x})^* > 0] \;\; \longrightarrow \;\; \text{집단 } G_2\text{에 분류} \end{cases} \tag{8.10}$$

정오분류표(missclassification table)는 다음 ⟨예 8.4⟩에서와 같이 작성될 수 있다.

⟨예 8.4⟩ 정오분류표(missclassification table)

```
finance.ctbl1 <- table(finance$y,pred1$class)
library(DescTools)
Desc(finance.ctbl1,digits=2)
#------------------------------------------------------------------------------
#                    1        2      Sum
#
# 1      freq       18        3       21
#        perc   39.13%    6.52%   45.65%
#        p.row  85.71%   14.29%        .
#        p.col  94.74%   11.11%        .
#
# 2      freq        1       24       25
#        perc    2.17%   52.17%   54.35%
#        p.row   4.00%   96.00%        .
#        p.col   5.26%   88.89%        .
#
# Sum    freq       19       27       46
#        perc   41.30%   58.70%  100.00%
```

⟨예 8.4⟩에서는 먼저 table 함수를 사용하여 반응변수(y)와 예측 범주(class)에 대한 테이블 객체를 생성하였다. 그 다음 DescTools 패키지의 Desc 함수를 사용하여 2차원 빈도표를 출력하였다.

이 예에서는 원래 집단 G_1에 속하는 21개의 개체 중 18개(85.71%)는 집단 G_1에 제대로 분류되나 3개(14.29%)는 집단 G_2로 잘못 분류된다. 또한 원래 집단 G_2에 속하는 25개의 개체 중 24개(96%)는 집단 G_2에 제대로 분류되나 1개(4%)는 집단 G_1로 잘못 분류된다. 따라서 전체 **정분류율**(correct classification rate)은 $(18+24)/46 = 91.3\%$이다. 이와 같은 정오분류표는 판별함수의 분류능력을 평가하는데 유용하게 사용될 수 있다.

8.2.2 모공분산행렬의 동일성에 대한 검정

선형 판별함수는 부분모집단의 공분산행렬들이 같다는 가정하에 유도된 것이므로, 모공분산행렬의 동일성에 대한 검정을 수행할 필요가 있게 된다. 여기에서는 biotools 패키지의 boxM 함수를 이용하여 모공분산행렬의 동일성에 대한 검정을 수행하는 방법을 간단히 설명한다.

⟨예 8.5⟩ 모공분산행렬의 동일성에 대한 검정

```
library(biotools)
finance.boxM <- boxM(finance.X,finance$y)   # Box's M-test
print(finance.boxM)
#-----------------------------------------------------------------------
#         Box's M-test for Homogeneity of Covariance Matrices
#
# data:  finance.X
# Chi-Sq (approx.) = 64.869, df = 10, p-value = 4.294e-10
#-----------------------------------------------------------------------
print(finance.boxM$cov)   # 집단내 공분산행렬 출력
#-----------------------------------------------------------------------
# $`1`
#             x1          x2         x3          x4
# x1  0.042205862 0.027450238 0.03371386 0.005066721
# x2  0.027450238 0.020828762 0.02576549 0.003193879
# x3  0.033713860 0.025765490 0.16454275 0.032563107
# x4  0.005066721 0.003193879 0.03256311 0.044509529
#
# $`2`
#             x1          x2         x3          x4
# x1  0.047282827 0.008355560 0.07683753 -0.00678753
# x2  0.008355560 0.002299043 0.00873503  0.00032161
# x3  0.076837533 0.008735033 1.05348258  0.02728278
# x4 -0.006787532 0.000321618 0.02728278  0.02672311
#-----------------------------------------------------------------------
print(finance.boxM$pooled)   # 합동 공분산행렬 출력
#-----------------------------------------------------------------------
#             x1          x2         x3           x4
# x1  0.044975115 0.017034959 0.05723586 -0.001399235
# x2  0.017034959 0.010721643 0.01647615  0.001627191
# x3  0.057235863 0.016476150 0.64941902  0.029682931
# x4 -0.001399235 0.001627191 0.02968293  0.034807846
```

⟨예 8.5⟩에서 사용된 boxM 함수는 모공분산행렬의 동일성에 대한 검정 방법 중 하나인 Box의 M-검정법을 적용한다(이 검정법에 대한 자세한 설명은 부록 8.A를 참조하기 바란다). 이 함수에는 대상 변수들이 저장되어 있는 데이터프레임과 집단을 나타내는 벡터를 차례로 지정하면 된다. 또한 boxM 함수를 사용하여 집단내 공분산행열과 합동 공분산행렬을 출력할 수도 있다.

⟨예 8.5⟩에는 집단내 공분산행렬들의 동일성에 대한 카이제곱 검정의 결과가 제시되어 있다. 이 예에서는 p-값(유의확률)이 0.0001로서 주어진 유의수준(예컨대, $\alpha = 0.05$)보다 작으므로 가설 '$\mathrm{H}_0 : \boldsymbol{\Sigma}_1 = \boldsymbol{\Sigma}_2 (= \boldsymbol{\Sigma})$'이 기각됨을 알 수 있다.

8.2.3 이차 판별분석

선형 판별함수는 식 (8.9)와 같은 선형함수의 형태로 표현되므로 그 결과를 이해하고 실제 문제에 적용하는 것이 매우 편리하다. 그러나 선형 판별함수는 부분모집단의 공분산행렬들이 같다는 가정 하에 유도된 것이므로, 이러한 가정이 적절하지 않은 자료에 대해서는 상당히 왜곡된 결과가 도출될 수 있다.

이제 부분모집단의 공분산행렬들이 다른 경우를 다루어 보자. 이 경우 소속확률의 추정량 $\hat{P}(y = g|\mathbf{x}) = \mathrm{f}_g(\mathbf{x};\ \hat{\boldsymbol{\mu}}_g,\ \hat{\boldsymbol{\Sigma}}_g)$은 다음과 같은 이차형식

$$\mathrm{Q}_g(\mathbf{x}) = (\mathbf{x} - \bar{\mathbf{x}}_g)'\mathbf{S}_g^{-1}(\mathbf{x} - \bar{\mathbf{x}}_g), \quad g = 1,\ 2,\ \cdots,\ G \tag{8.11}$$

에 비례함을 보일 수 있으며, 이러한 의미에서 $\mathrm{Q}_g(\mathbf{x})$를 이차 판별함수라고 한다.

다음 ⟨예 8.6⟩은 MASS 패키지의 qda 함수를 사용하여 이차 판별분석(quadratic discriminant analysis)을 수행한 예이며, qda 함수의 사용방법은 lda 함수와 유사하다.

⟨예 8.6⟩ 이차 판별분석

```
library(MASS)
finance.qda <- qda(y~x1+x2+x3+x4,data=finance)
pred2 <- predict(finance.qda,finance)
finance.ctbl2 <- table(finance$y,pred2$class)
library(DescTools)
Desc(finance.ctbl2,digits=2)
#-----------------------------------------------------------------------
#                      1         2       Sum
#
# 1      freq         19         2        21
#        perc     41.30%     4.35%    45.65%
#        p.row    90.48%     9.52%         .
#        p.col    95.00%     7.69%         .
```

```
# 2      freq        1       24      25
#        perc    2.17%   52.17%  54.35%
#        p.row   4.00%   96.00%       .
#        p.col   5.00%   92.31%       .
#
# Sum    freq       20       26      46
#        perc   43.48%   56.52% 100.00%
```

이차 판별분석에서는 판별함수가 식 (8.11)과 같은 이차형식으로 정의되므로 qda 함수에서는 판별함수의 내용을 출력하지 않는다. 그러나 predict 함수를 사용하여 예측 소속 확률과 예측 범주를 출력할 수 있다. ⟨예 8.6⟩에는 이차 판별분석에 의한 정오분류표가 제시되어 있으니 그 내용을 살펴보기 바란다.

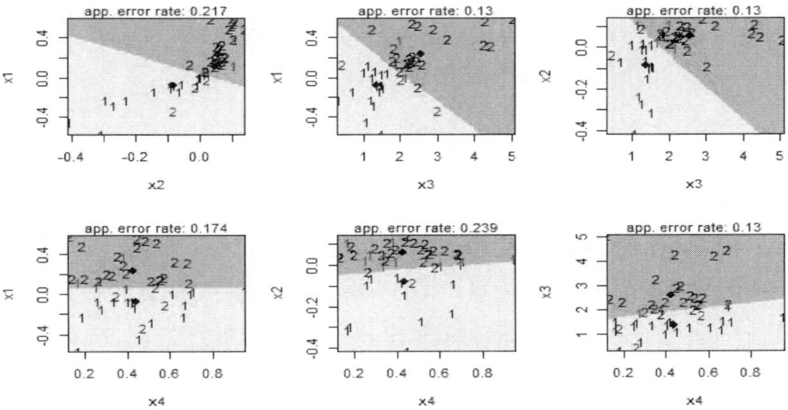

(a) 선형 판별분석

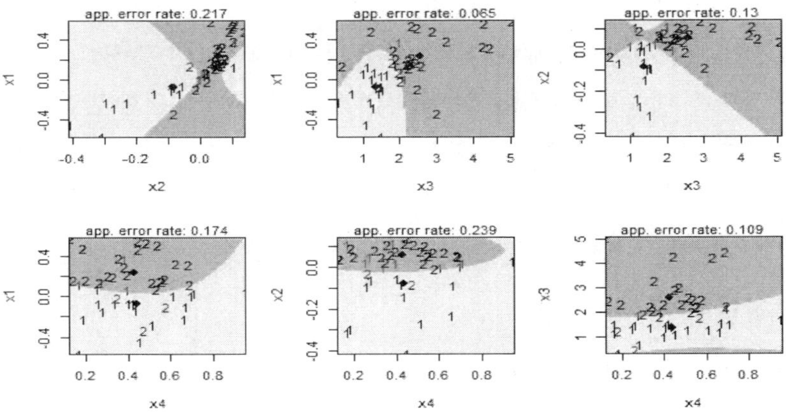

(b) 이차 판별분석

⟨그림 8.1⟩ 선형 판별분석과 이차 판별분석의 분류 영역

⟨예 8.7⟩ 판별분석의 그래프적 표현

```
library(klaR)
finance$y <- as.factor(finance$y)
partimat(y~x1+x2+x3+x4,data=finance,method="lda")
partimat(y~x1+x2+x3+x4,data=finance,method="qda")
```

한편, klaR 패키지의 partimat 함수를 사용하면 ⟨그림 8.1⟩에서와 같이 선형 또는 이차 판별분석의 분류 영역을 각 설명변수의 쌍에 대하여 표현할 수 있다. 이러한 그래프를 통해서도 선형(linear)과 이차(quadratic)라는 용어의 의미를 이해할 수 있을 것이다.

8.3 정준 판별분석

소속집단을 나타내는 반응변수 $y(=1, \cdots, G)$를 다음과 같은 지시변수

$$z_g = \begin{cases} 1, & \text{if } y = g, \\ 0, & \text{if } y \neq g. \end{cases} \tag{8.12}$$

들의 집합 $\mathbf{z} = (z_1, z_2, \cdots, z_G)'$으로 나타낼 수 있다. 이때, 정준 상관분석에서와 유사하게 지시변수벡터 $\mathbf{z}$와 판별변수벡터 $\mathbf{x} = (x_1, x_2, \cdots, x_p)'$에 대한 두 선형결합 $\mathbf{a}'\mathbf{z}$와 $\mathbf{b}'\mathbf{x}$의 (단순)상관계수 $\text{corr}(\mathbf{a}'\mathbf{z}, \mathbf{b}'\mathbf{x})$를 최대로 하는 문제를 고려할 수 있으며, 정준 상관계수 $\rho = \max\{\text{corr}(\mathbf{a}'\mathbf{z}, \mathbf{b}'\mathbf{x})\}$에 대응되는 $\mathbf{b}'\mathbf{x}$를 **정준 판별함수**(canonical discriminant analysis)라고 한다. 이러한 정준 판별함수의 도출은 정준 상관분석에서와 동일하게 수행될 수 있으며, 다만 여기서는 $\sum_{g=1}^{G} z_g = 1$이라는 제약을 가지고 있으므로 판별함수의 수가 $s = \min(G-1, p)$에 도달할 때까지 계속될 수 있다.

정준 판별분석은 판별변수들에 대한 선형결합 형식의 차원축소를 통해 판별함수를 구축하고자 하는 것으로, 대수적으로 정준 상관분석 및 대응분석과 밀접한 관련을 가지고 있다. 한편, 개념적으로 정준 판별분석은 선형결합의 평균(중심) $\mathbf{b}'\bar{\mathbf{x}}_1, \mathbf{b}'\bar{\mathbf{x}}_2, \cdots, \mathbf{b}'\bar{\mathbf{x}}_G$ 사이의 표준화 거리를 최대화하는 $\mathbf{b}$를 찾는 문제로 다루어질 수도 있다. 이 절에서는 부분집단이 두 개인 경우와 세 개 이상인 경우로 나누어 이러한 내용을 설명한다.

8.3.1 부분집단이 두 개인 경우

부분집단이 두 개인 경우(즉, $G = 2$), Fisher가 제안한 방법은 판별변수벡터 $\mathbf{x} = (x_1, x_2, \cdots, x_p)'$에 대한 선형변환

$$v = \mathbf{b}'\mathbf{x} = b_1x_1 + b_2x_2 + \cdots + b_px_p \tag{8.13}$$

을 고려하여 만든 일변량변수 v에 의해 두 개의 집단을 분리하려는 것이다. 이때, 두 모집단 분산이 같다는 가정 하에서, 변환된 두 부분집단의 v의 모평균에 대한 이표본 t-검정통계량은 다음과 같이 주어진다.

$$t = \frac{\mathbf{b}'(\bar{\mathbf{x}}_1 - \bar{\mathbf{x}}_2)}{\sqrt{\mathbf{b}'\ \mathbf{S}\ \mathbf{b}(1/n_1 + 1/n_2)}} \tag{8.14}$$

여기에서, 합동 표본공분산행열 $\mathbf{S}$는 다음과 같이 정의된다.

$$\mathbf{S} = \frac{(n_1 - 1)\mathbf{S}_1 + (n_2 - 1)\mathbf{S}_2}{n_1 + n_2 - 2} \tag{8.15}$$

Fisher의 판별함수는 변환된 v에 대해 두 부분집단의 표본평균간의 표준화된 거리의 제곱이 되는 t^2을 최대화하는 선형변환으로

$$\mathbf{b} = c\ \mathbf{S}^{-1}(\bar{\mathbf{x}}_1 - \bar{\mathbf{x}}_2) \tag{8.16}$$

를 선택함으로써 구해진다. 여기에서 c는 $\mathbf{b}'\mathbf{S}\mathbf{b} = 1$이 되도록 만드는 척도화 상수이다.[2] 이렇게 구해진 $\mathbf{b} = (b_1,\ b_2,\ \cdots,\ b_p)'$를 **정준 판별계수벡터**라고 하고, $\mathbf{b}'\mathbf{x} = b_1x_1 + b_2x_2 + \cdots + b_px_p$를 **정준 판별함수**라고 한다.

한편, 식 (8.16)의 정준판별 계수벡터를 식 (8.9)의 선형판별 계수벡터와 비교하면 $\mathbf{b} = c(\mathbf{b}_1 - \mathbf{b}_2)$의 관계가 있음을 알 수 있다. 즉, 집단이 두 개인 경우 대수적 의미에서 정준 판별함수는 다변량 정규확률밀도함수에 기초한 선형 판별함수와 동일하다고 할 수 있다.

앞의 ⟨예 8.2⟩는 재무지표 데이터에 대해 정준 판별분석을 수행한 것이며, 정준 판별계수를 이용하여 정준 판별함수를 표현하여 보면 다음과 같다.

$$\begin{aligned} v &= 1.002(x_1 - \bar{x}_1) + 3.999(x_2 - \bar{x}_2) + 0.845(x_3 - \bar{x}_3) - 1.015(x_4 - \bar{x}_4) \\ &= 1.337 + 1.002x_1 + 3.999x_2 + 0.845x_3 - 1.015x_4 \end{aligned}$$

⟨예 8.8⟩ 판별점수의 평균 계산과 그래프적 표현(예 8.3의 계속)

```
aggregate(LD1~y,data=finance.pred1,mean)
#--------------------------------------------------------------------
#   y        LD1
# 1 1 -1.0272657
# 2 2  0.8629032
#--------------------------------------------------------------------
plot(finance.lda)
```

[2] $\mathbf{b}^* = \mathbf{S}^{-1}(\bar{\mathbf{x}}_1 - \bar{\mathbf{x}}_2)$라고 할 때, 척도화 상수 $c = 1/\sqrt{\mathbf{b}^{*\prime}\mathbf{S}\mathbf{b}^*}$이다.

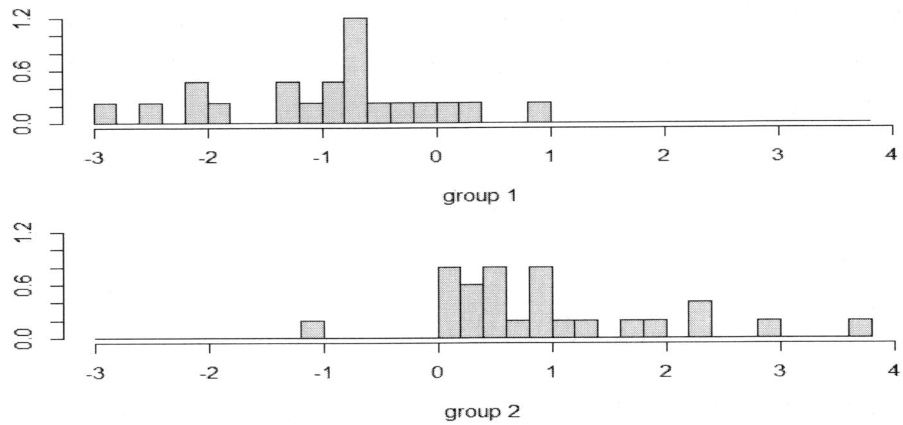

〈그림 8.2〉 집단별 정준 판별점수 도표

〈예 8.8〉은 정준(선형) 판별점수의 평균을 계산한 예이다. 여기에서 aggregate 함수는 여러 가지 통계량을 계산하는 기능을 가지고 있으며, 분석 변수와 집단 변수를 ~ 기호를 이용하여 fomular 형식으로 지정하고, 데이터프레임과 통계량의 이름을 차례로 지정하면 된다. 또한 MASS 패키지의 plot 함수는 정준(선형) 판별점수의 분포를 그래프로 표현하는 기능을 가지고 있다(그림 8.2 참조).

〈예 8.8〉에서 정준 판별점수의 평균을 살펴보면, 집단 1(판산기업)의 평균은 -1.027이고 집단 2(건전기업)의 평균은 0.863이다. 따라서 정준 판별계수들의 부호에 관심을 가지고 정준판별함수의 의미를 해석하여 보면, x_1(총부채 대비 현금 유출입), x_2(총자산 대비 순이익), x_3(채무 대비 자산)이 클수록 정준변수의 값이 커지며(즉, 건전기업에 속할 가능성이 커지며), 반면에 x_4(순매출 대비 자산)이 클수록 정준변수의 값이 작아짐을(즉, 건전기업에 속할 가능성이 작아짐을) 알 수 있다.

8.3.2 부분집단이 세 개 이상인 경우

먼저 전체 수정제곱합과 교적합의 행렬을 $\mathbf{T}$, 집단내 제곱합과 교적합의 행렬을 $\mathbf{W}$, 그리고 집단간 제곱합과 교적합의 행렬을 $\mathbf{B}$라고 하자. 즉,

$$\begin{cases} \mathbf{W} &= \sum_{g=1}^{G}\sum_{i=1}^{n_g}(\mathbf{x}_{gi}-\bar{\mathbf{x}}_g)(\mathbf{x}_{gi}-\bar{\mathbf{x}}_g)' = \sum_{g=1}^{G}(n_i-1)\ \mathbf{S}, \\ \mathbf{B} &= \sum_{g=1}^{G}\sum_{i=1}^{n_g}(\bar{\mathbf{x}}_g-\bar{\mathbf{x}})(\bar{\mathbf{x}}_g-\bar{\mathbf{x}})' = \sum_{g=1}^{G}n_i(\bar{\mathbf{x}}_g-\bar{\mathbf{x}})(\bar{\mathbf{x}}_g-\bar{\mathbf{x}})', \\ \mathbf{T} &= \sum_{g=1}^{G}\sum_{i=1}^{n_g}(\mathbf{x}_{gi}-\bar{\mathbf{x}})(\mathbf{x}_{gi}-\bar{\mathbf{x}})' = \mathbf{W}+\mathbf{B}. \end{cases} \tag{8.17}$$

여기에서 행렬 $\mathbf{W}$와 $\mathbf{B}$는 각각 집단간 그리고 집단내의 흩어짐에 관한 정보를 가지고 있으며, 따라서 $\mathbf{W}$의 원소에 대한 $\mathbf{B}$의 대응 원소의 크기는 부분집단들이 얼마나 구분되어 있는가의 정도를 측정하고 있다고 할 수 있다.

이제 선형변환 $v = \mathbf{b}'\mathbf{x}$를 고려하자. 다변량 정규성 및 모공분산행렬의 동일성의 가정하에서, $G(\geq 3)$개의 부분집단 모평균들의 동일성에 대한 검정통계량은 일원분류 분산분석의 F-비(ratio)로서 다음과 같이 주어진다.

$$F = \frac{\mathbf{b}'\mathbf{B}\mathbf{b}/(G-1)}{\mathbf{b}'\mathbf{W}\mathbf{b}/(n-G)} \tag{8.18}$$

이때 식 (8.18)을 최대화하는 $\mathbf{b} = \mathbf{b}_1$은 $\mathbf{W}^{-1}\mathbf{B}$의 최대고유값 δ_1에 해당하는 고유벡터이고 그때의 F-비의 값은 δ_1이 된다. 나아가, $\mathrm{Cov}(\mathbf{b}_1\mathbf{x},\ \mathbf{b}_2\mathbf{x}) = 0$이라는 제약조건하에서 F-비를 최대화하는 $\mathbf{b} = \mathbf{b}_2$는 $\mathbf{W}^{-1}\mathbf{B}$의 두 번째로 큰 고유값 δ_2에 대응하는 고유벡터이고, 그때의 F-비의 값은 δ_2가 된다.

이와 같은 절차는 도출된 판별함수의 수가 $s = \min(G-1,\ p)$에 도달할 때까지 계속될 수 있으며, 구해진 s개의 정준 판별계수벡터 $\mathbf{b}_k = (b_{k1},\ b_{k2},\ \cdots,\ b_{kp})'$에 대응되는 정준 판별함수는 $\mathbf{b}_k$와 판별변수벡터 $\mathbf{x} = (x_1,\ x_2,\ \cdots,\ x_p)'$의 선형결합이 된다. 즉,

$$v_k = \mathbf{b}_k'\mathbf{x} = b_{k1}x_1 + b_{k2}x_2 + \cdots + b_{kp}x_p, \quad (k = 1,\ 2,\ \cdots,\ s) \tag{8.19}$$

위와 같이 유도된 판별함수의 판별력은 각 판별함수에 해당하는 고유값 $\delta_k(= \mathrm{r}_k^2$, 즉, 정준 상관계수의 제곱)에 비례한다. 따라서, 처음 m개의 판별함수를 사용한 경우 근사도(판별력)는 다음과 같이 누적 고유값의 비가 된다.

$$\mathrm{G}(m) = \frac{\sum_{k=1}^{m}\delta_k}{\sum_{k=1}^{s}\delta_k} = \frac{\sum_{k=1}^{m}\mathrm{r}_k^2}{\sum_{k=1}^{s}\mathrm{r}_k^2} \tag{8.20}$$

이러한 결과는 판별 및 분류과정의 분석에 사용되는 판별함수의 개수를 결정하는 데 이용될 수 있다.

〈예 8.9〉 정준 판별분석 – 부분집단이 세 개인 경우

```
iris <- read.csv("F:/My_Work/Data/iris.csv",header=TRUE)
library(MASS)
iris.lda <- lda(species~x1+x2+x3+x4,data=iris)
print(iris.lda)
#-----------------------------------------------------------------------
# Prior probabilities of groups:
#         1         2         3
# 0.3333333 0.3333333 0.3333333
```

```
# Group means:
#       x1    x2    x3    x4
# 1 50.06 34.28 14.62  2.46
# 2 59.36 27.70 42.60 13.26
# 3 65.88 29.74 55.52 20.26
#
# Coefficients of linear discriminants:
#            LD1          LD2
# x1  0.08293776 -0.002410215
# x2  0.15344731 -0.216452123
# x3 -0.22012117  0.093192121
# x4 -0.28104603 -0.283918785
#
# Proportion of trace:
#    LD1    LD2
# 0.9912 0.0088
```

⟨예 8.9⟩는 앞 장에서 다룬 바 있는 Fisher의 붓꽃자료에 대해 정준판별분석을 수행한 것이다. 이 자료에는 세 가지 품종(setosa, versicolor, virginica)의 붓꽃에 관한 4개의 변수 x_1(꽃받침조각의 길이), x_2(꽃받침조각의 폭), x_3(꽃잎의 길이), x_4(꽃잎의 폭)가 포함되어 있다.

먼저 위의 결과에서 두 정준변수 차원에 의한 근사도(proportion of trace)는 각각 99.1%와 0.9%임을 알 수 있다. 또한, 정준 판별계수를 이용하여 두 정준 판별함수를 표현하여 보면 다음과 같다.

$$\begin{cases} v_1 &= 0.083(x_1-\bar{x}_1)+0.153(x_2-\bar{x}_2)-0.220(x_3-\bar{x}_3)-0.281(x_4-\bar{x}_4) \\ &= 2.105+0.083x_1+0.153x_2-0.220x_3-0.281x_4 \\ v_2 &= -0.002(x_1-\bar{x}_1)-0.216(x_2-\bar{x}_2)+0.093(x_3-\bar{x}_3)-0.284(x_4-\bar{x}_4) \\ &= 6.662-0.002x_1-0.216x_2+0.093x_3-0.284x_4 \end{cases}$$

⟨예 8.10⟩ 정준 판별점수 출력

```
pred <- predict(iris.lda,iris)
iris.pred <- cbind(iris,pred$x,pred$posterior,pred$class)
```

⟨예 8.10⟩은 MASS 패키지의 predict 함수를 사용하여 선형 판별점수, 예측 확률, 예측 범주를 계산한 예이다. 먼저 predict 함수에는 lda 함수로부터 출력된 객체와 데이터를

〈표 8.3〉 정준 판별점수, 예측 확률, 예측 범주(첫 10개)

ID	x_1	x_2	x_3	x_4	y	LD1	LD2	P_1	P_2	P_3	Class
1	50	33	14	2	1	7.672	0.135	1.000	0.000	0.000	1
2	64	28	56	22	3	-6.800	-0.581	0.000	0.000	1.000	3
3	65	28	46	15	2	-2.549	0.472	0.000	0.996	0.004	2
4	67	31	56	24	3	-6.653	-1.805	0.000	0.000	1.000	3
5	63	28	51	15	3	-3.815	0.943	0.000	0.729	0.271	2
6	46	34	14	3	1	7.213	-0.356	1.000	0.000	0.000	1
7	69	31	51	23	3	-5.106	-1.992	0.000	0.000	1.000	3
8	62	22	45	15	2	-3.498	1.685	0.000	0.960	0.040	2
9	59	32	48	18	2	-3.716	-1.045	0.000	0.253	0.747	3
10	46	36	10	2	1	8.681	-0.878	1.000	0.000	0.000	1
…	…	…	…	…	…	…	…	…	…	…	…

차례로 지정하면 된다(8.2.1절의 예 8.3 참조). 그리고 cbind 함수를 사용하여 원 자료와 정준 판별점수, 예측 확률, 예측 범주를 결합하여 새로운 데이터프레임을 생성하였다(표 8.3 참조).

각 개체에 대한 정준 판별점수가 〈표 8.3〉에 제시되어 있다. 예를 들어, 첫 번째와 두 번째 개체에 대한 판별변수의 값은 각각 (50, 33, 14, 2)와 (64, 28, 56, 22)이고, 이에 대응하는 판별점수(LD1, LD2)는 각각 (7.672, 0.135)와 $(-6.800, -0.581)$이다. 따라서 이 두 개체는 판별공간에서 원점을 중심으로 서로 반대되는 부분에 위치해 있음을 알 수 있다. 그리고 첫 번째 개체는 품종 1로 분류되고, 두 번째 개체는 품종 3으로 분류된다는 것을 볼 수 있다.

〈예 8.11〉 정준 판별점수의 그래프적 표현

```
plot(iris.lda,cex=1)
plot(iris.lda,dimen=1,type="both")
```

〈예 8.11〉은 MASS 패키지의 plot 함수를 사용하여 정준 판별점수의 내용을 그래프로 표현하는 예이다.

먼저 첫 번째 plot 함수에서는 두 정준 판별점수((LD1, LD2)를 모두 이용하여 2차원 산점도를 작성하였다. 한편, 두 번째 plot 함수에서는 'dimen=1' 인수를 지정하여 첫 번째 정준 판별점수(LD1)만을 이용한 히스토그램을 작성하였다. 여기에서 type="both"는 히스토그램과 분포도를 모두 출력하도록 지정하는 것이다.

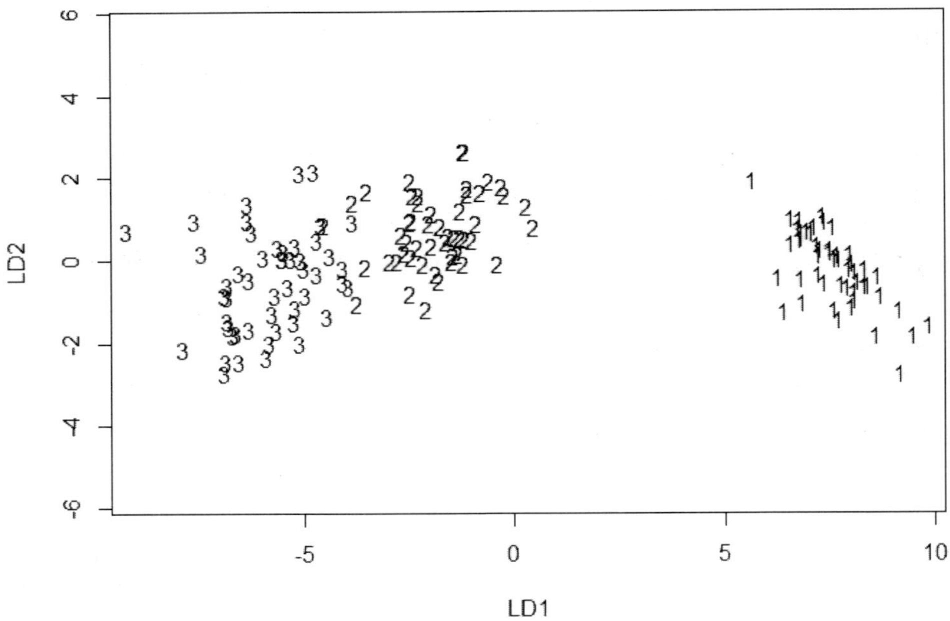

〈그림 8.3〉 두 정준 판별점수에 의한 산점도

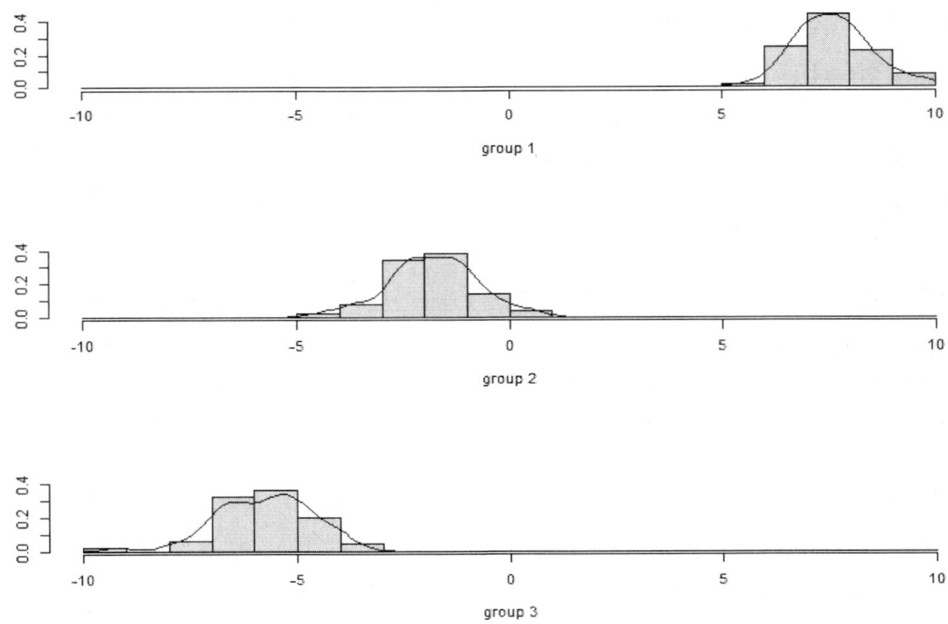

〈그림 8.4〉 첫 번째 정준 판별점수에 의한 집단별 히스토그램

〈그림 8.3〉과 〈그림 8.4〉를 살펴보면, 첫 정준판별점수에 의해 품종들이 비교적 잘 분류될 수 있음을 알 수 있다. 또한 품종 1은 다른 품종들과 멀리 분리되어 있으나, 품종 2와 3은 가깝게 인접해 있음을 볼 수 있다.

8.4 사후확률과 개체의 분류

특정한 가정 하에서 판별함수 또는 확률밀도함수를 구하고 나면, 어떤 분류기준에 의해 새로운 개체들을 분류할 수 있다. 여기에서는 사후확률 및 우도비를 이용한 분류방법과 정준판별함수에 의한 분류방법 등을 다루어 보기로 한다.

8.4.1 사후확률을 이용한 분류방법

각 부분집단의 확률밀도함수를 $\mathrm{f}_g(\mathbf{x})$라고 하자($g=1,\ 2,\ \cdots,\ G$). 이제 어떤 개체의 정보 $\mathbf{x}_0$가 주어져 있을 때, 그 개체가 부분집단 g에 속할 **사후확률**(事後確率; posterior probability) $\mathrm{P}_g(\mathbf{x}_0)$는 Bayes 정리를 이용하여 다음과 같이 정의될 수 있다.

$$\mathrm{P}_g(\mathbf{x}_0)=\Pr(y=g|\mathbf{x}=\mathbf{x}_0)=\frac{\pi_g\ \mathrm{f}_g(\mathbf{x}_0)}{\sum_{k=1}^{G}\pi_k\ \mathrm{f}_k(\mathbf{x}_0)}, \tag{8.21}$$

여기에서 $\pi_1,\ \pi_2,\ \cdots,\ \pi_G$은 **사전확률**(事前確率; prior probability)로서 모집단에서 각 부분집단의 비율을 나타낸다(단, $\sum_{k=1}^{G}\pi_k=1$).

이제 각 개체에 대하여 y를 실제 부분집단을 나타내고, C는 분류된 부분집단을 나타낸다고 하자. 그러면 어떤 개체가 부분집단 g에 속하는데 다른 부분집단으로 오분류될 확률을 $\mathrm{P}(C\neq g|y=g)$로 표현될 수 있고, 전체 **오분류율**(error rate)은 다음과 같다.

$$\text{Error rate}=\sum_{g=1}^{G}\pi_g\ \mathrm{P}(C\neq g|y=g)=\sum_{g=1}^{G}\pi_g\ \left[1-\mathrm{P}(C=g|y=g)\right]. \tag{8.22}$$

이때 전체 오분류율을 최소화하는 분류방법은 사후확률이 가장 큰 쪽으로 개체 $\mathbf{x}_0$를 분류하는 것으로 다음과 같이 주어진다.

$$\begin{aligned}&\mathrm{P}_g(\mathbf{x}_0)=\max_{1\le k\le G}\mathrm{P}_k(\mathbf{x}_0)\\ \Longleftrightarrow\quad&\pi_g\ \mathrm{f}_g(\mathbf{x}_0)=\max_{1\le k\le G}\pi_k\ \mathrm{f}_k(\mathbf{x}_0)\end{aligned}\quad\longrightarrow\quad C=g\ \ (\mathbf{x}_0\text{를 집단 }g\text{에 분류}), \tag{8.23}$$

여기에서 만약 $\pi_1=\pi_2=\cdots=\pi_G(=1/G)$이면 이는 부분집단의 비율에 관한 사전정보가 없는 경우로서, 이때의 분류방법은 확률밀도함수 $\mathrm{f}_g(\mathbf{x}_0)$가 가장 큰 쪽으로 개체 $\mathbf{x}_0$를 분류하는 것과 같게 된다.

〈표 8.4〉 곡물특성 데이터(crops.csv)

	crops	x_1	x_2	x_3	x_4
1	Corn	16	27	31	33
2	Corn	15	23	30	30
3	Corn	16	27	27	26
4	Corn	18	20	25	23
5	Corn	15	15	31	32
6	Corn	15	32	32	15
7	Corn	12	15	16	73
8	Soybeans	20	23	23	25
9	Soybeans	24	24	25	32
10	Soybeans	21	25	23	24
...	...	...	...	...	...
31	Clover	31	31	11	11
32	Clover	56	13	13	71
33	Clover	32	13	27	32
34	Clover	36	26	54	32
35	Clover	53	8	6	54
36	Clover	32	32	62	16

〈표 8.4〉는 인공위성을 이용한 원격탐사를 통해 얻은 것으로, 여기에는 네 종류의 곡물(corn, cotton, soybeans, sugar beets)과 한 종류의 식물(clover)에 관한 4개의 변수가 포함되어 있다.

〈예 8.12〉 사전확률의 이용

```
crops <- read.csv("F:/My_Work/Data/crops.csv",header=TRUE)
crops.lda <- lda(crops~x1+x2+x3+x4,data=crops)
# crops.lda <- lda(crops~x1+x2+x3+x4,data=crops,prior=c(1,1,1,1,1)/5)
print(crops.lda)
#--------------------------------------------------------------------
# Prior probabilities of groups:
#     Clover       Corn     Cotton   Soybeans Sugarbeets
#  0.3055556  0.1944444  0.1666667  0.1666667  0.1666667

# Group means:
#                  x1       x2       x3       x4
# Clover     46.36364 32.63636 34.18182 36.63636
# Corn       15.28571 22.71429 27.42857 33.14286
# Cotton     34.50000 32.66667 35.00000 39.16667
```

```
# Soybeans    21.00000 27.00000 23.50000 29.66667
# Sugarbeets 31.00000 32.16667 20.00000 40.50000
#
# Coefficients of linear discriminants:
#              LD1          LD2         LD3          LD4
# x1 -6.147360e-02  0.009215431 -0.02987075 -0.014680566
# x2 -2.548964e-02  0.042838972  0.04631489  0.054842132
# x3  1.642126e-02 -0.079471595  0.01971222  0.008938745
# x4  5.143616e-05 -0.013917423  0.05381787 -0.025717667
#
# Proportion of trace:
#    LD1    LD2    LD3    LD4
# 0.7364 0.1985 0.0576 0.0075
```

〈예 8.12〉는 곡물특성 데이터에 대하여 선형(정준) 판별분석을 수행한 예이다. 이때 prior= 인수는 사전확률을 지정하는 것으로서, 만약 이 인수를 지정하지 않으면 사전확률이 표본크기(데이터의 집단별 개체수)에 비례함을 지정하는 것이 된다. 〈예 8.12〉의 결과에서 출력된 사전확률(prior probabilities of groups)의 내용을 살펴보기 바란다.

〈예 8.13〉 정오분류표(missclassification table)

```
pred <- predict(crops.lda,crops)
crops.pred <- cbind(crops,pred$x,pred$posterior,pred$class)
crops.ctbl <- table(crops$crops,pred$class)
library(DescTools)
Desc(crops.ctbl,digits=1)
```

〈예 8.13〉은 MASS 패키지의 predict 함수를 사용하여 선형 판별점수, 예측 확률, 예측 범주를 계산한 예이다. 먼저 predict 함수에는 lda 함수로부터 출력된 객체와 데이터를 차례로 지정하면 된다(8.2.1절의 예 8.3 참조). 또한 cbind 함수를 사용하여 원 자료와 정준 판별점수, 예측 확률, 예측 범주를 결합하여 새로운 데이터프레임을 생성하였다. 그리고 DescTools 패키지의 Desc 함수를 사용하여 정오분류표를 작성하였다.

〈예 8.13〉에서의 결과는 〈표 8.5〉와 같은 정오분류표로 요약될 수 있다. 예를 들어, Clover는 총 11개의 개체 중 6개는 제대로 분류되었으나 5개는 다른 품종으로 잘 못 분류되어 있다. 따라서 이 집단에 대한 오분류율은 5/11=45.45%이다. 또한 전체 오분류율의 추정치는 다음과 같음을 알 수 있다.

$$\sum_{g=1}^{5} \pi_g \, \hat{\mathrm{P}}(C \neq g | y = g) = 0.3056 \times 0.4545 + \cdots + 0.1667 \times 0.6667 = 50.00\%$$

〈표 8.5〉 정오분류표와 오분류율

(a) 정오분류표

From crop	Clover	Corn	Cotton	Soybeans	Sugarbeets	Total
Clover	6	0	3	0	2	11
	54.55	0.00	27.27	0.00	18.18	100
Corn	0	6	0	1	0	7
	0.00	85.71	0.00	14.29	0.00	100
Cotton	3	0	1	2	0	6
	50.00	0.00	16.67	33.33	0.00	100
Soybeans	0	1	1	3	1	6
	0.00	16.67	16.67	50.00	16.67	100
Sugarbeets	1	1	0	2	2	6
	16.67	16.67	0.00	33.33	33.33	100
Total	10	8	5	8	5	36
	27.78	22.22	13.89	22.22	13.89	100
Priors	0.30556	0.19444	0.16667	0.16667	0.16667	

(b) 오분류율

	Clover	Corn	Cotton	Soybeans	Sugarbeets	Total
Rate	0.4545	0.1429	0.8333	0.5000	0.6667	0.5000
Priors	0.3056	0.1944	0.1667	0.1667	0.1667	

따라서 이 경우에는 선형 판별분석의 분류능력이 상당히 좋지 않음을 볼 수 있으므로, 이차 판별분석과 같은 다른 분석기법을 고려하여 분석을 다시 수행하는 것이 바람직하다고 생각된다(연습문제 8.2 참조).

〈예 8.14〉 검증용 데이터를 이용한 판별함수 평가

```
cropstest <- read.csv("F:/My_Work/Data/cropstest.csv",header=TRUE)
pred <- predict(crops.lda,cropstest)
cropstest.pred <- cbind(cropstest,pred$x,pred$posterior,pred$class)
cropstest.ctbl <- table(cropstest$crops,pred$class)
library(DescTools)
Desc(cropstest.ctbl,digits=1)
```

한편 분석대상 데이터에 대해 우수한 분류능력을 보이는 판별함수라고 하더라도, 그것이 분석에 사용되지 않은 다른 개체들에 대해서도 좋은 분류능력을 가진다는 것을 보장하기는 어렵다. 따라서 소속집단이 알려져 있는 일부 데이터를 따로 보관하여 두었다가

〈표 8.6〉 검증용 데이터를 이용한 판별함수 평가

(a) 추정된 사후확률과 분류결과

개체 번호	소속 집단	추정된 사후확률					분류 결과
		Clover	Corn	Cotton	Soybeans	Sugarbeets	
1	Corn	0.089	0.405	0.176	0.239	0.090	Corn
2	Soybeans	0.148	0.243	0.120	0.332	0.157	Soybeans
3	Cotton	0.252	0.184	0.153	0.255	0.156	Soybeans
4	Sugarbeets	0.621	0.019	0.125	0.050	0.185	Clover
5	Clover	0.216	0.318	0.333	0.112	0.021	Cotton

(b) 정오분류표

From crop	Clover	Corn	Cotton	Soybeans	Sugarbeets	Total
Clover	6	0	3	0	2	11
	54.55	0.00	27.27	0.00	18.18	100
Corn	0	6	0	1	0	7
	0.00	85.71	0.00	14.29	0.00	100
Cotton	3	0	1	2	0	6
	50.00	0.00	16.67	33.33	0.00	100
Soybeans	0	1	1	3	1	6
	0.00	16.67	16.67	50.00	16.67	100
Sugarbeets	1	1	0	2	2	6
	16.67	16.67	0.00	33.33	33.33	100
Total	10	8	5	8	5	36
	27.78	22.22	13.89	22.22	13.89	100
Priors	0.30556	0.19444	0.16667	0.16667	0.16667	

(c) 오분류율

	Clover	Corn	Cotton	Soybeans	Sugarbeets	Total
Rate	0.4545	0.1429	0.8333	0.5000	0.6667	0.5000
Priors	0.3056	0.1944	0.1667	0.1667	0.1667	

판별함수의 분류능력을 평가하는 방법이 일반적으로 사용된다. 이와 같이 판별함수의 구축에는 사용되지 않고 평가에만 사용되는 데이터를 **검증용 데이터**(test data)라고 한다.

〈예 8.14〉에서 사용된 cropstest 데이터에는 앞의 분석에서 사용되지 않은 5개의 개체가 저장되어 있다. 그리고 〈예 8.12〉에서 구축된 판별함수를 검증용 데이터에 적용하여 얻어진 사후확률과 분류 결과가 〈표 8.6〉에 요약되어 있다. 위의 정오분류표를 살펴보면 5개의 검증용 개체 중 불과 2개만 제대로 분류되었음을 볼 수 있다. 〈예 8.12〉 ~ 〈예 8.14〉의 과정을 이차 판별분석에 적용하여 그 결과를 비교하여 보기 바란다.

8.4.2 다변량 정규확률밀도함수의 경우

확률밀도함수 $f_g(\mathbf{x})$가 다변량 정규확률밀도함수인 경우, 다음과 같은 일반화된 거리 (generalized distance) $D_g^2(\mathbf{x})$을 이용하여 사후확률을 보다 간단히 표현할 수 있다.

(i) 부분집단의 공분산행렬이 모두 같은 경우(즉, 선형 판별분석의 경우)

$$D_g^2(\mathbf{x}) = (\mathbf{x}-\bar{\mathbf{x}}_g)'\mathbf{S}^{-1}(\mathbf{x}-\bar{\mathbf{x}}_g) - 2\log(\pi_g). \tag{8.24}$$

(ii) 부분집단의 공분산행렬이 다른 경우(즉, 이차 판별분석의 경우)

$$D_g^2(\mathbf{x}) = (\mathbf{x}-\bar{\mathbf{x}}_g)'\mathbf{S}_g^{-1}(\mathbf{x}-\bar{\mathbf{x}}_g) + \log|\mathbf{S}_g| - 2\log(\pi_g). \tag{8.25}$$

이와 같은 $D_g^2(\mathbf{x})$을 이용하여 사후확률은 다음과 같이 계산될 수 있으며,

$$\hat{P}_g(\mathbf{x}) = \frac{\exp\left(-0.5\ D_g^2(\mathbf{x})\right)}{\sum_{k=1}^{G}\exp\left(-0.5\ D_k^2(\mathbf{x})\right)}, \tag{8.26}$$

이때의 분류방법은 (8.23)에서와 동일하다.

한편, 부분집단의 공분산행렬이 모두 같은 경우(즉, 선형 판별분석의 경우)에는 $\hat{P}_g(\mathbf{x})$이 다음과 같은 선형판별함수와 단조증가의 관계를 가지고 있음을 보일 수 있다.

$$L_g = \log(\pi_g) - 0.5\ \bar{\mathbf{x}}_g'\mathbf{S}^{-1}\bar{\mathbf{x}}_g + \bar{\mathbf{x}}_g'\mathbf{S}^{-1}\mathbf{x}. \tag{8.27}$$

따라서 이에 따른 분류방법은 다음과 같이 주어진다.

$$L_g(\mathbf{x}_0) = \max_{1\le k\le G} L_k(\mathbf{x}_0) \ \longrightarrow\ C = g \ \ (\mathbf{x}_0\text{를 집단 } g\text{에 분류}). \tag{8.28}$$

8.4.3 정준 판별함수의 경우

먼저, k번째 정준 계수벡터 $\mathbf{b}_k = (b_{k1},\ \cdots,\ b_p)'$을 이용하여 구해진 정준 판별함수의 값을

$$v_k = \mathbf{b}_k'\mathbf{x} \tag{8.29}$$

라고 표기하자. 그러면, 첫 m개의 정준판별함수를 사용하는 경우, 부분집단 g에 해당하는 m-차원 판별함수벡터 $\mathbf{v} = (v_1,\ v_2,\ \cdots,\ v_m)$의 평균벡터는

$$\bar{\mathbf{v}}_g = (\mathbf{b}_1'\bar{\mathbf{x}}_g,\ \mathbf{b}_2'\bar{\mathbf{x}}_g,\ \cdots,\ \mathbf{b}_m'\bar{\mathbf{x}}_g) \tag{8.30}$$

가 된다.

이제, 판별함수 공간의 어떤 점 $\mathbf{v}_0 = (\mathbf{b}_1'\mathbf{x}_0,\ \mathbf{b}_2'\mathbf{x}_0,\ \cdots,\ \mathbf{b}_m'\mathbf{x}_0)$에서 부분집단 g까지의 거리를 점 $\mathbf{v}_0$와 부분집단 g의 평균벡터 $\bar{\mathbf{v}}_g$ 사이의 거리로 다음과 같이 측정할 수 있다.

$$\mathrm{d}^2(\mathbf{v}_0,\ \bar{\mathbf{v}}_g) = \sum_{k=1}^{m} \left[\ \mathbf{b}_k'\ (\mathbf{x}_0 - \bar{\mathbf{x}}_g)\ \right]^2. \tag{8.31}$$

따라서 다음과 같은 분류방법이 자연스럽게 유도된다.

$$\mathrm{d}^2(\mathbf{v}_0,\ \bar{\mathbf{v}}_g) = \min_{1\le j\le G} \mathrm{d}^2(\mathbf{v}_0,\ \bar{\mathbf{v}}_j)\ \longrightarrow\ \mathbf{x}_0\text{를 집단 } g\text{에 분류}. \tag{8.32}$$

한편, 부분집단이 두 개인 경우에는 하나의 정준판별함수가 존재하며, 이때의 분류방법은 다음과 같이 간단히 표현될 수 있다.

$$\begin{cases} \mathbf{b}'\mathbf{x}_0 > (\mathbf{b}'\bar{\mathbf{x}}_1 + \mathbf{b}'\bar{\mathbf{x}}_2)/2 & \longrightarrow\ \text{집단 } G_1\text{에 분류}, \\ \mathbf{b}'\mathbf{x}_0 \le (\mathbf{b}'\bar{\mathbf{x}}_1 + \mathbf{b}'\bar{\mathbf{x}}_2)/2 & \longrightarrow\ \text{집단 } G_2\text{에 분류}. \end{cases} \tag{8.33}$$

8.5 로지스틱 판별분석

여기서는 부분집단이 두 개인 경우에 대하여 로지스틱 판별분석의 내용을 간단히 설명하기로 한다.

8.5.1 로지스틱 판별함수

먼저 두 부분집단의 모확률밀도함수를 각각 $\mathrm{f}_1(\mathbf{x})$와 $\mathrm{f}_2(\mathbf{x})$로 표기하자. 이때, 로지스틱 판별분석에서 고려되는 모형은 다음과 같다.

$$\log\frac{\mathrm{f}_1(\mathbf{x})}{\mathrm{f}_2(\mathbf{x})} = \beta_0 + \boldsymbol{\beta}'\mathbf{x}. \tag{8.34}$$

즉, 확률밀도함수 비의 log 값이 변수벡터 $\mathbf{x} = (x_1, \cdots, x_p)'$와 계수벡터 $\boldsymbol{\beta} = (\beta_1, \cdots, \beta_p)'$의 선형결합꼴로 표현된다. 여기에서 확률밀도함수 $\mathrm{f}_g(\mathbf{x})$를 구체적으로 표현할 필요는 없다. 한편, 식 (8.34)에서 $\log(\mathrm{f}_1/\mathrm{f}_2)$를 보통 **로짓**(logit) 또는 **로지스틱**(logistic) 함수라고 한다.

앞에서 설명한 바와 같이 일반적으로 사후확률 $\mathrm{P}_1(\mathbf{x}) = \Pr(y = 1|\mathbf{x})$은

$$\mathrm{P}_1(\mathbf{x}) = \frac{\pi_1\mathrm{f}_1(\mathbf{x})}{\pi_1\mathrm{f}_1(\mathbf{x}) + \pi_2\mathrm{f}_2(\mathbf{x})} = \frac{[\pi_1\mathrm{f}_1(\mathbf{x})]/[\pi_2\mathrm{f}_2(\mathbf{x})]}{[\pi_1\mathrm{f}_1(\mathbf{x})]/[\pi_2\mathrm{f}_2(\mathbf{x})] + 1} \tag{8.35}$$

이 되는데, 모형 (8.34)하에서 이는 다음과 같이 표현될 수 있다.

$$\mathrm{P}_1(\mathbf{x}) = \frac{\exp\left[\beta_0 + \boldsymbol{\beta}'\mathbf{x} + \log(\pi_1/\pi_2)\right]}{1 + \exp\left[\beta_0 + \boldsymbol{\beta}'\mathbf{x} + \log(\pi_1/\pi_2)\right]}. \tag{8.36}$$

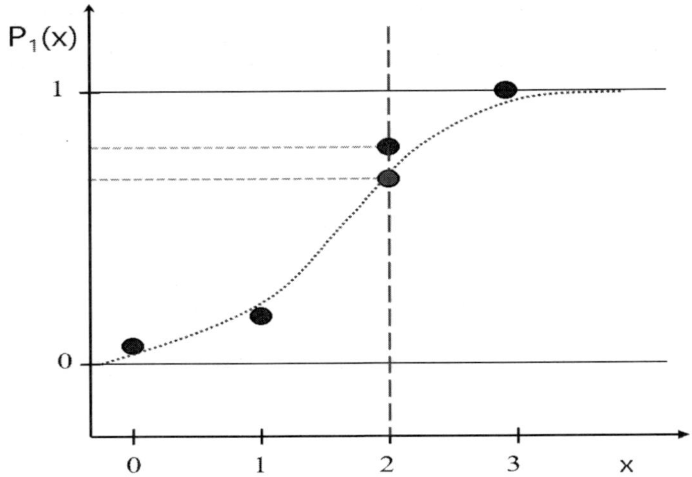

〈그림 8.5〉 로지스틱 판별함수(곡선)의 형태

이때, $\mathrm{P}_2(\mathbf{x}) = 1 - \mathrm{P}_1(\mathbf{x})$가 된다. 따라서 로지스틱 판별함수에 의한 분류방법은 다음과 같이 간단히 표현될 수 있다.

$$\begin{cases} \beta_0 + \boldsymbol{\beta}'\mathbf{x}_0 \geq \log(\pi_2/\pi_1) \longrightarrow \text{집단 } G_1\text{에 분류}, \\ \beta_0 + \boldsymbol{\beta}'\mathbf{x}_0 < \log(\pi_2/\pi_1) \longrightarrow \text{집단 } G_2\text{에 분류}. \end{cases} \tag{8.37}$$

실제로 모확률밀도함수 $\mathrm{f}_1(\mathbf{x})$와 $\mathrm{f}_2(\mathbf{x})$가 공분산행렬이 같은 다변량 정규확률밀도함수인 경우, 사후확률 $\mathrm{P}_1(\mathbf{x})$는 식 (8.36)의 형태로 표현된다. 그러나, 식 (8.36)을 만족하는 분포는 다변량 정규분포를 포함하는 더 넓은 것이며, 이와 같은 로지스틱 판별분석은 확률밀도함수 $\mathrm{f}_1(\mathbf{x})$의 구체적인 형태를 필요로 하지 않으므로 실질적인 응용성이 높다는 장점이 있다.

〈예 8.15〉는 로지스틱 회귀분석을 수행하는 예이다. 여기에서 사용된 industry 데이터에는 response(반응변수: 1=건전, 0=파산), flow(유동성), income(수익성), asset(순자산), type(기업 유형: 1=A, 2=B, 3=C) 등의 변수가 포함되어 있다.

〈예 8.15〉 로지스틱 판별분석

```
industry <- read.csv("F:/My_Work/Data/industry.csv",header=TRUE)
industry$type <- as.factor(industry$type)
industry.logit <- glm(response~flow+income+asset+type,data=industry,
                      family=binomial)   # ① 로지스틱 판별분석 수행
summary(industry.logit)   # ② 로지스틱 판별분석 결과 출력
```

```
#------------------------------------------------------------------------
# Deviance Residuals:
#     Min       1Q   Median       3Q      Max
# -2.2855  -0.4376   0.0059   0.5268   2.5884
#
# Coefficients:
#             Estimate Std. Error z value Pr(>|z|)
# (Intercept)  -6.1333     2.3352  -2.626  0.00863 **
# flow          0.8324     0.5872   1.418  0.15630
# income       -0.4966     1.3536  -0.367  0.71373
# asset         0.3272     0.1216   2.691  0.00713 **
# type2        -0.3935     1.4454  -0.272  0.78547
# type3        -0.3177     1.3502  -0.235  0.81400
# ---
# Signif. codes:  0 '***' 0.001 '**' 0.01 '*' 0.05 '.' 0.1 ' ' 1
#
# (Dispersion parameter for binomial family taken to be 1)
#
#     Null deviance: 63.421  on 45  degrees of freedom
# Residual deviance: 28.390  on 40  degrees of freedom
# AIC: 40.39
#
# Number of Fisher Scoring iterations: 7
#------------------------------------------------------------------------
library(car)
library(rcompanion)
Anova(industry.logit,type="II",test="Wald")   # ③ Wald's test
#------------------------------------------------------------------------
# Analysis of Deviance Table (Type II tests)
#
# Response: response
#        Df  Chisq Pr(>Chisq)
# flow    1 2.0096   0.156302
# income  1 0.1346   0.713730
# asset   1 7.2397   0.007131 **
# type    2 0.0783   0.961598
# ---
# Signif. codes:  0 '***' 0.001 '**' 0.01 '*' 0.05 '.' 0.1 ' ' 1
```

로지스틱 회귀분석의 장점 중 하나는 범주형(질적) 설명변수도 쉽게 사용할 수 있다는 것이다. ⟨예 8.15⟩에서는 변수 type을 범주형 변수로 다루기 위해 as.factor 함수를 사용하여 요인변수로 변경하였다. 또한 이 예에서 사용된 함수들에 대한 설명은 다음과 같다.

〈표 8.7〉 최대우도 추정치와 카이제곱검정 결과

Parameter	DF	Estimate	Standard Error	Wald χ^2 or z	p-value
Intercept	1	-6.1333	2.3352	-2.6260	0.00863
flow	1	0.8324	0.5872	2.0096	0.15630
income	1	-0.4966	1.3536	0.1346	0.71373
asset	1	0.3272	0.1216	7.2397	0.00713
type	2	–	–	0.0783	0.96159
A	–	–	–	0	–
B	1	-0.3935	1.4454	-0.2720	0.78547
C	1	-0.3177	1.3502	-0.2350	0.81400

① glm 함수를 사용하여 로지스틱 회귀분석을 수행한다. 이때 ~ 기호를 이용하여 반응변수와 설명변수들을 formular 형식으로 지정하면 된다. 또한 로지스틱 회귀분석을 수행하기 위해서는 family=binomial 인수를 지정해야 한다.
② summary 함수를 사용하여 로지스틱 회귀분석의 주요 결과를 출력한다.
③ car 패키지의 Anova 함수를 사용하여 Wald의 카이제곱검정을 수행한다.

로지스틱 판별분석에서는 일반적으로 최대우도법을 이용하여 모수 β_0와 $\boldsymbol{\beta}$에 대한 추정을 수행하는데, 〈표 8.7〉은 〈예 8.15〉의 주요 결과들을 요약한 것이다. 먼저, 이 결과에서 나타난 추정치들을 이용하여 예측된 사후확률은 다음과 같이 계산된다.

$$\hat{\mathrm{P}}_1(\mathbf{x}) = \frac{\exp\left[-6.13 + 0.83x_1 - 0.50x_2 + 0.32x_3 - 0.39\ \mathrm{I}(x_4 = B) - 0.32\ \mathrm{I}(x_4 = C)\right]}{1 + \exp\left[-6.13 + 0.83x_1 - 0.50x_2 + 0.32x_3 - 0.39\ \mathrm{I}(x_4 = B) - 0.32\ \mathrm{I}(x_4 = C)\right]}$$

여기에서 $\mathrm{I}(\cdot)$는 1과 0의 값을 가지는 가변수(dummy variable)이다.

각 모수에 대응되는 가설 '$\mathrm{H}_0 : \beta_i = 0$'에 대한 검정결과를 살펴보면, 변수 x_3(asset)은 p-값(=0.007)이 매우 작으므로 판별에 유의적인 영향력이 있다고 할 수 있으며, 이 변수의 계수가 양(+)의 값을 가지므로 x_3이 클수록 건전 기업(y=1)에 속할 사후확률의 추정치가 커짐을 알 수 있다. 반면에 변수 x_1과 x_2는 p-값이 크므로 판별에 유의적인 영향력이 있다고 할 수 없으며, 따라서 다음 예에서와 같이 변수선택 방법 등을 이용하여 그 결과를 살펴볼 필요가 있겠다.

한편, 범주형 설명변수인 x_4(type)에 대한 결과를 살펴보면, 범주별 계수의 크기가 'A>C>B' 순서임을 알 수 있다. 즉, 'type=A'일 때 건전 기업(y=1)에 속할 사후확률의 추정치가 커짐을 알 수 있다. 그러나 이 변수의 범주별 계수값의 차이는 통계적으로 유의하지 않다.

8.5.2 설명변수의 선택

판별분석의 과정에서 판별력을 가지고 있다고 여겨지는 변수들이 실제로 지니고 있는 가치나 필요성에 대해서는 불확실한 경우가 종종 있다. 이러한 경우 주어진 변수들 중의 일부는 집단간의 차이를 구별하는데 충분한 공헌을 하지 못하는 것으로 밝혀질 수도 있으며, 혹은 개별적으로는 훌륭하나 다른 변수들과의 상관관계에 의해 판별정보를 공유하기 때문에 어느 한편이 의심스러울 수도 있을 것이다.

따라서, 이와 같이 중복되거나 판별력이 낮은 변수들은 분석과정에서 제외하는 것이 바람직하다. 왜냐하면 적은 수의 변수를 사용하는 경우 모수추정이 더 정확하고 나아가 사용하기에 간편한 분류방법을 제공하기 때문이다. 변수선택의 기준으로는 '(i) 집단내 분산에 대한 집단간 분산의 증감을 고려하는 부분 F-통계량' 또는 '(ii) 분류방법의 오분류율'이 주로 고려된다.

먼저 **전진선택법**(forward inclusion method)은 판별력이 가장 큰 변수를 선택하는 것으로 시작해서, 나머지 변수들 중에서 처음 선택된 변수와 짝을 이루어 가장 좋은 판별력을 가지는 변수를 선택하고, 그 다음 이미 선택된 두 변수와 결합하여 가장 좋은 판별력을 이루는 세 번째 변수가 선택되는 형식을 취한다. 이러한 과정은 나머지 선택되지 않은 변수들이 더 이상 충분한 판별력의 증가를 제공하지 않을 때까지 반복된다.

이와 반대로 **후진제거법**(backward elimination method)은 일단 모든 변수들이 모형에 포함되었다고 생각하고, 각 단계에서 가장 낮은 판별력을 가진 변수가 제거되는 형식을 취한다.

또한 앞의 두 방법들을 결합한 **단계적 방법**(stepwise method)도 고려될 수 있는데, 이는 우선 전진선택법으로 시작하지만 각 단계마다 이미 선택된 변수들을 재고하는 것이다. 즉, 선택된 변수들 중에서 판별에 충분한 공헌도가 인정되지 않는 변수들이 있으면 일단 제거하지만, 고려대상에서 완전히 제외되지 않고 나중 단계에서 다시 선택대상이 될 수 있다. 여기에서 이전 단계에서 선택된 변수들이 제거된다는 것은 이미 선택되어 판별모형에 포함되어 있는 다른 변수들과 판별력을 공유하고 있기 때문인 것으로 해석될 수 있다.

이러한 변수선택 방법들이 항상 가장 좋은 변수들의 집합을 제공하는 것은 아니지만 판별변수들의 최적결합을 찾는데는 매우 논리적이고 효율적이어서 많이 이용되고 있다. 그런데, 변수선택 과정에서 특정 변수가 선택되는 순서는 반드시 그 변수가 가지는 상대적 중요성의 순서와 일치하지는 않는다. 왜냐하면 변수들 간에 내재하는 상관관계가 곧 판별력의 공유를 의미하기 때문이다. 또한 '부분 F-통계량'과 같은 어떤 기준들은 다변량 정규성 및 공분산행렬의 동일성의 가정 하에서 유도된 것이므로, 이들 가정이 적절하지 않은 데이터에 대해서는 올바르지 않은 결과가 도출될 수도 있다.

⟨예 8.16⟩ AIC 통계량을 이용한 변수선택(예 8.15의 계속)

```
library(MASS)
industry.step <- stepAIC(industry.logit,direction=c("backward"))
#-----------------------------------------------------------------------
# Start:  AIC=40.39
# response ~ flow + income + asset + type
#
# Step:  AIC=36.47
# response ~ flow + income + asset
#
# Step:  AIC=34.6
# response ~ flow + asset
#
#          Df Deviance    AIC
# <none>        28.600 34.600
# - flow    1   35.697 39.697
# - asset   1   42.947 46.947
#-----------------------------------------------------------------------
summary(industry.step)
#-----------------------------------------------------------------------
# Call:
# glm(formula = response ~ flow + asset, family=binomial, data=industry)
#
# Deviance Residuals:
#      Min        1Q    Median        3Q       Max
# -2.31620  -0.45940   0.00909   0.52545   2.67165
#
# Coefficients:
#             Estimate Std. Error z value Pr(>|z|)
# (Intercept)  -5.8592     1.9845  -2.953  0.00315 **
# flow          0.6744     0.2913   2.316  0.02058 *
# asset         0.2997     0.1006   2.978  0.00290 **
# ---
# Signif. codes:  0 '***' 0.001 '**' 0.01 '*' 0.05 '.' 0.1 ' ' 1
```

여기에서는 사례를 통해 AIC(Akaike's Information Criterion) 통계량을 이용하는 방법을 간단히 소개한다. AIC 통계량은 모형평가를 위해 널리 사용되는 것으로서, 그 값이 작을수록 좋은 모형임을 나타낸다.

⟨예 8.16⟩에서는 먼저 MASS 패키지의 stepAIC 함수를 사용하여 후진제거법(backward method)에 의한 변수선택을 수행하였다. stepAIC 함수에서 direction= 인수에 지정할 수 있는 값은 "both", "backward", "forward"이다.

⟨예 8.16⟩의 결과를 살펴보면 시작 단계에서 모든 변수를 사용하였을 때 AIC=40.39이다. 그 다음 단계에서는 변수 type을 제거할 때 모형의 AIC 값이 가장 작으므로 이 변수가 제거된다. 그 다음 단계에서는 변수 income을 제거할 때 모형의 AIC 값이 가장 작으므로 이 변수가 제거된다. 그리고 남은 두 변수 중에서는 어떤 것을 제거해도 더 이상 AIC가 작아지지 않으므로 변수를 제거하지 않고 종료된다.

⟨예 8.16⟩에는 summary 함수를 사용하여 최종적인 로지스틱 판별분석 결과를 출력하였다. 이 결과를 살펴보면 변수 flow와 asset의 계수추정치가 모두 유의수준 5%하에서 통계적으로 유의함을 알 수 있다.

8.A 부록 – 모공분산행렬의 동일성에 대한 검정

크기 n_g인 랜덤표본 $\mathbf{x}_{g1},\ \mathbf{x}_{g2},\ \cdots,\ \mathbf{x}_{gn_g}$를 g번째 p-변량 정규분포 $\mathrm{N}_p(\boldsymbol{\mu}_g,\ \boldsymbol{\Sigma}_g)$로부터 얻었다고 하고($g=1,\ 2,\ \cdots,\ G$), 이와 같은 G개의 정규모집단이 서로 독립이라 하자. 이때 다음과 같은 모공분산행렬들의 동일성에 대한 가설

$$\mathrm{H}_0 : \boldsymbol{\Sigma}_1 = \boldsymbol{\Sigma}_2 = \cdots = \boldsymbol{\Sigma}_G (= \boldsymbol{\Sigma}) \tag{8.38}$$

을 일반적인 대립가설($\mathrm{H}_1 : \mathrm{H}_0$가 아님)에 대해 검정하는 문제를 다루어 보도록 한다.

우선, $\boldsymbol{\Sigma}_g$의 불편추정량을 다음과 같이 표기하면,

$$\mathbf{S}_g = \frac{1}{n_g - 1}\sum_{i=1}^{n_g}(\mathbf{x}_{gi} - \bar{\mathbf{x}}_g)(\mathbf{x}_{gi} - \bar{\mathbf{x}}_g)', \tag{8.39}$$

귀무가설 H_0 하에서 공통 공분산행렬 $\boldsymbol{\Sigma}$에 대한 합동 추정량은 다음과 같다(단, $n = \sum_{g=1}^{G} n_g$).

$$\mathbf{S} = \sum_{g=1}^{G}\frac{(n_g - 1)\mathbf{S}_g}{n - g} \tag{8.40}$$

이때 우도비원리 하에서 제안된 검정통계량은 다음과 같다(Box, 1949).

$$\mathrm{M} = \sum_{g=1}^{G}(n_g - 1)\ \log|\mathbf{S}| - \sum_{g=1}^{G}(n_g - 1)\ \log|\mathbf{S}_g|. \tag{8.41}$$

그리고 다음과 같은 상수

$$\mathrm{C}^{-1} = 1 - \frac{2p^2 + 3P - 1}{6(p+1)(G-1)}\left(\sum_{g=1}^{G}\frac{1}{n_g - 1} - \frac{1}{\sum_{g=1}^{G}(n_g - 1)}\right) \tag{8.42}$$

를 사용한 검정통계량

$$\Lambda = \mathrm{MC}^{-1} \tag{8.43}$$

가 표본크기 n_g가 커짐에 따라 근사적으로 자유도가 $(g-1)p(p+1)/2$인 카이제곱분포를 따른다는 사실에 근거하여 가설 (8.38)에 대한 검정을 수행할 수 있다.

그런데, 위의 우도비검정법은 표본크기 $n_1, \cdots, n_G$들이 모두 같지 않을 때, 편의(bias) 되어 있다는 결함이 있음이 알려져 있다. 즉,

$$\mathrm{P}\{\mathrm{H}_0\text{을 기각} \mid \mathrm{H}_1\text{이 거짓}\} < \mathrm{P}\{\mathrm{H}_0\text{을 기각} \mid \mathrm{H}_1\text{이 참}\}$$

인 경우도 있다는 것이다. 이런 점에서 위의 검정방법을 약간 보완한 수정 우도비검정법이 Bartlett에 의해 제안되어 있다(Anderson, 1984; Morrison, 1989).

〈표 8.8〉 어류특성 데이터(fish.csv)

ID	species	weight	length1	length2	length3	height	width
1	1	242	23.2	25.4	30.0	11.5	4.0
2	1	290	24.0	26.3	31.2	12.5	4.3
3	1	340	23.9	26.5	31.1	12.4	4.7
4	1	363	26.3	29.0	33.5	12.7	4.5
5	1	430	26.5	29.0	34.0	12.4	5.1
6	1	450	26.8	29.7	34.7	13.6	4.9
7	1	500	26.8	29.7	34.5	14.2	5.3
8	1	390	27.6	30.0	35.0	12.7	4.7
···	···			···			
159	7	20	13.8	15.0	16.2	2.9	1.9

- Data Archive of the JSE(http://www.amstat.org/publications/jse/)
- 집단변수:
  1='Bream', 2='Roach', 3='Whitefish', 4='Parkki', 5='Perch', 6='Pike', 7='Smelt'
- 신체특성:
  weight: 무게.
  length1: 코에서 꼬리의 시작 부분까지의 길이.
  length2: 코에서 꼬리의 V자 홈이 있는 곳까지의 길이.
  length3: 코에서 꼬리의 끝 부분까지의 길이.
  hight: (신체의 길이/length3)×100%.
  width: (신체의 넓이/length3)×100%.

⟨표 8.9⟩ 항암치료 데이터(remiss.csv)

ID	remiss	x_1	x_2	x_3	x_4	x_5	x_6
1	1	0.80	0.83	0.66	1.90	1.10	1.00
2	1	0.90	0.36	0.32	1.40	0.74	0.99
3	0	0.80	0.88	0.70	0.80	0.18	0.98
4	0	1.00	0.87	0.87	0.70	1.05	0.99
5	1	0.90	0.75	0.68	1.30	0.52	0.98
6	0	1.00	0.65	0.65	0.60	0.52	0.98
7	1	0.95	0.97	0.92	1.00	1.23	0.99
8	0	0.95	0.87	0.83	1.90	1.35	1.02
9	0	1.00	0.45	0.45	0.80	0.32	1.00
10	0	0.95	0.36	0.34	0.50	0.00	1.04
...	...				...		
25	1	1.00	0.60	0.60	1.70	0.96	0.99
26	1	1.00	0.69	0.69	0.90	0.40	0.99
27	0	1.00	0.73	0.73	0.70	0.40	0.99

8.6 연습문제

1. 'Fisher의 붓꽃 자료'(표 7.1) 대하여

(a) 모공분산행렬들의 동일성에 대한 검정을 수행하여라.

(b) 선형 판별분석 및 이차 판별분석을 수행하고, 이 결과들을 ⟨예 8.9⟩ ~ ⟨예 8.11⟩의 결과와 비교하여라.

2. 곡물특성 데이터(표 8.4)에 대하여

(a) 모공분산행렬들의 동일성에 대한 검정을 수행하여라.

(b) 이차 판별분석을 수행하고, 이 결과를 ⟨예 8.12⟩, ⟨예 8.13⟩의 결과와 비교하여라.

(c) 사전확률이 모두 같도록 지정한 경우와 사전확률이 표본크기에 비례하도록 지정한 경우의 결과를 비교하여라.

3. ⟨표 8.8⟩은 7종류의 어류에 대하여 신체특성을 나타내는 6개의 변수에 관한 것이다.

(a) 모공분산행렬들의 동일성에 대한 검정을 수행하여라.

(b) (a)의 결과에 따라 적절한 판별분석을 수행하여라.

4. ⟨표 8.9⟩는 암의 호전(remiss: 1='호전됨', 0='호전되지 않음)에 영향을 줄 것으로 생각되는 6개의 변수에 관한 것이다(Lee, 1974).

(a) 모공분산행렬들의 동일성에 대한 검정을 수행하고, 이 결과에 따라 적절한 판별분석을 수행하여라.

(b) 로지스틱 판별분석을 수행하여라. 이때 변수선택 방법을 시도하고 합당한 로지스틱 판별함수를 도출하여라.

5. 1장의 '회사의 특성' 데이터(표 1.1)에 대하여 선형 판별분석 및 이차 판별분석을 수행하여라.

부록 A
결측값 대체

Missing Value Imputation

결측값(missing value)이 생기지 않도록 미리 예방하는 것이 가장 좋은 방법이지만, 실제적으로는 수집된 데이터에 결측값이 포함되는 경우가 자주 발생한다. 실제 문제에서 결측값에 대처하는 것은 쉬운 일이 아닌데, 이는 변수마다 결측값이 발생하는 원인이 다르고 그에 따른 처리 방법이 달라질 수 있기 때문이다.

⟨예 A.1⟩ 기술통계량(데이터: stu_missing.csv)

```
stu_missing <-read.csv("F:/My_Work/Data/stu_missing.csv",header=TRUE)
library(psych)
describe(stu_missing[c("x1","x2","x3","x4","x5")])
#------------------------------------------------------------------------
#       n    mean   sd median  mad   min   max range  skew kurtosis
# x1 14    2.21 0.77    2.4 0.82   0.8   3.2   2.4 -0.48    -1.11
# x2 14    2.59 0.84    2.7 0.74   1.0   3.7   2.7 -0.44    -1.02
# x3 12   84.67 6.20   85.0 4.45  72.0  95.0  23.0 -0.30    -0.59
# x4 14 115.79 3.17  115.0 2.97 111.0 123.0  12.0  0.63    -0.28
# x5 15   17.01 1.64   17.3 1.19  12.7  19.5   6.8 -1.01     0.80
```

⟨예 A.1⟩에서 사용된 stu_missing 데이터는 결측값이 몇 개 존재하도록 가공된 것이다 (예 A.2 참조, $n = 15$). psych 패키지의 describe 함수에 의한 결과에서 관측치의 개수가 변수마다 다르다는 것을 볼 수 있다. 예를 들어, 변수 x_3의 경우 값이 존재하는 관측치가 12개이고 변수 x_5의 경우 15개이다.

결측값이 있는 데이터에 대한 통계분석을 수행할 때 일반적으로 다음과 같은 방법들이 사용된다.

첫 번째는 결측값이 하나라도 있는 개체를 모두 제거하고, 결측값이 전혀 없는 데이터만으로 분석을 수행하는 것이다.

두 번째는 결측값을 대체(imputation)하여 데이터를 모두 채우고 이후의 분석을 수행하는 방법이다. R의 여러 패키지에서 결측값 대체를 위한 함수들을 제공하고 있으며 A.3 절에서 이 방법들을 간단히 다룰 것이다.

세 번째는 특별한 형태의 다변량 추정법을 사용하는 것이다. 예를 들어, 구조방정식모형 등에서 자주 사용되는 FIML(full information maximum likelihood) 방법에서는 EM 알고리즘을 통해 사용 가능한 데이터를 모두 이용하여 분산과 공분산을 추정한다.

결국 최선의 방법은 결측값 제거, 결측값 대체, 다변량 추정방법 등 가능한 여러 가지 방법들을 적용하고, 현실적으로 가장 적절하다고 판단되는 결과를 선택하는 것이다. 그리고 연구자들은 자신의 연구분석 과정에서 결측값을 어떻게 처리하였는가를 충분히 설명할 필요가 있다.

A.1 분석 사례 – 결측값 파악 및 제거

이 절에서는 결측값이 있는 개체들을 파악하고, 그러한 개체들을 제거하여 새로운 데이터를 생성하는 사례를 다룰 것이다.

〈예 A.2〉 결측값 파악

```
stu_missing$nmiss <-
    rowSums(is.na(stu_missing[c("x1","x2","x3","x4","x5")]))
print(stu_missing)
#-------------------------------------------------------------------
# ID  x1  x2 x3  x4   x5 nmiss
#  1 0.8 2.0 72 114 17.3     0
#  2 2.2 2.2 78 117 17.6     0
#  3 1.6 2.0 84 117 15.0     0
#  4  NA 2.4 NA 112 19.5     2
#  5 2.6 3.7 95 120 18.0     0
#  6 2.7 3.2 88 117 18.7     0
#  7 2.1 3.2 83 123 17.9     0
#  8 1.6  NA NA 115 12.7     2
#  9 3.1 3.7 92 118 17.3     0
# 10 3.0 3.1 86 114 18.1     0
# 11 0.9 1.0 NA 111 17.0     1
# 12 3.2 2.6 88 114 16.0     0
# 13 2.6 3.2 80 115 16.4     0
# 14 1.9 1.2 83  NA 16.1     1
# 15 2.7 2.8 87 114 17.6     0
```

위의 〈예 A.2〉에서 is.na 함수는 각 변수의 값이 결측이면 1, 아니면 0의 값을 가지는 객체를 생성한다. 그리고 rowSums 함수는 행당 객체에서 각 행의 합계를 구하는 함수이다. 따라서 위의 프로그램을 수행하면 새로운 변수 nmiss가 생성되며, 이 변수를 살펴봄으로써 각 개체들에 존재하는 결측값의 개수를 파악할 수 있다.

〈예 A.3〉 결측값 제거

```
stu_complete <- stu_missing[which(stu_missing$nmiss==0),]
stu_complete <-
    na.omit(stu_missing,cols=c("x1","x2","x3","x4","x5"))
stu_complete <- stu_missing[
    complete.cases(stu_missing[c("x1","x2","x3","x4","x5")]),]
print(stu_complete)
#-------------------------------------------------------------------
```

```
# ID  x1  x2 x3  x4   x5 nmiss
#  1 0.8 2.0 72 114 17.3     0
#  2 2.2 2.2 78 117 17.6     0
#  3 1.6 2.0 84 117 15.0     0
#  5 2.6 3.7 95 120 18.0     0
#  6 2.7 3.2 88 117 18.7     0
#  7 2.1 3.2 83 123 17.9     0
#  9 3.1 3.7 92 118 17.3     0
# 10 3.0 3.1 86 114 18.1     0
# 12 3.2 2.6 88 114 16.0     0
# 13 2.6 3.2 80 115 16.4     0
# 15 2.7 2.8 87 114 17.6     0
```

결측값이 있는 개체를 제거하기 위해서는 ⟨예 A.3⟩에서와 같이 'nmiss = 0'인 조건을 만족하는 개체들만 선택하여 새로운 데이터 프레임으로 저장하면 된다. 예를 들어, 대괄호와 함께 which 함수를 사용하면 되는데, 이때 which 함수 뒤에는 반드시 콤마(,) 기호를 붙여야 한다.

한편, na.omit 함수(결측값이 있는 개체를 제거하기) 또는 complete.cases 함수(결측값이 없는 개체만 선택하기)를 이용하여 스크립트를 수행해도 된다. 즉, ⟨예 A.3⟩에서의 세 가지 방법은 모두 동일한 형태의 데이터 프레임을 생성한다.

⟨예 A.4⟩ 결측값의 패턴 파악

```
library(VIM)
aggr(stu_missing[c("x1","x2","x3","x4","x5")],numbers=TRUE,prop=FALSE)
```

위의 예에서 사용된 VIM(visualization and imputation of missing values) 패키지의 aggr 함수는 각 변수별 결측값의 개수와 결측값의 패턴을 그래프로 출력한다(그림 A.1 참조). 또한, VIM 패키지는 결측값을 탐색하고 대체하기 위한 다양한 유형의 함수들을 제공한다.

A.2 분석 사례 – 결측값이 있는 데이터에 대한 상관분석

R의 여러 가지 함수들은 결측값을 처리하는 나름대로의 알고리즘을 가지고 있다. 따라서 결측값이 있는 데이터에 어떤 R 함수를 적용할 경우, 그 함수가 가지고 있는 결측값 처리 방식을 잘 파악해야 할 필요가 있다.

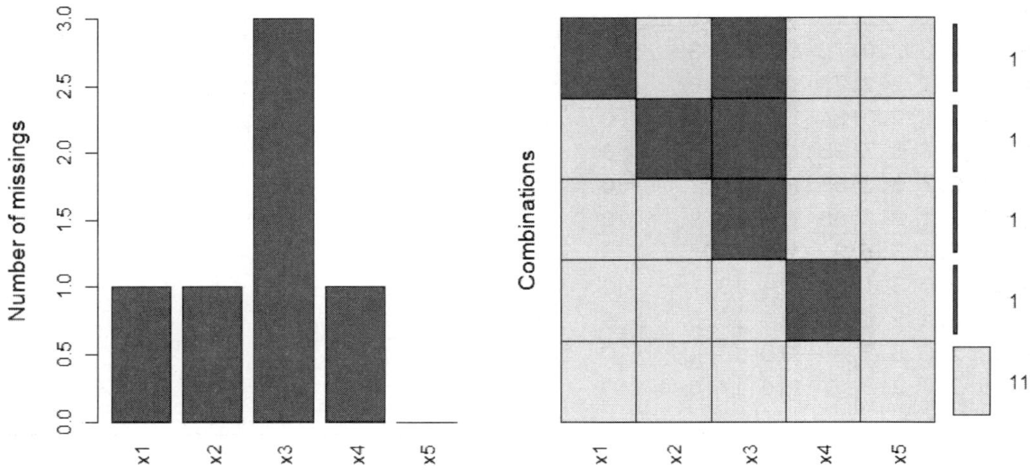

〈그림 A.1〉 각 변수별 결측값의 개수와 결측값의 패턴 ← aggr 함수

이 절에서는 cor 함수의 경우를 사례로 다루어 보자. 다음 〈예 A.5〉는 결측값이 있는 데이터에 대하여 cor 함수를 적용한 사례들을 제시한 것이다.

〈예 A.5〉 결측값이 있는 데이터에 대한 상관분석

```
cor(stu_missing[c("x1","x2","x3","x4","x5")])
#----------------------------------------------------------------------
#    x1 x2 x3 x4 x5
# x1  1 NA NA NA NA
# x2 NA  1 NA NA NA
# x3 NA NA  1 NA NA
# x4 NA NA NA  1 NA
# x5 NA NA NA NA  1
#----------------------------------------------------------------------
cor(stu_missing[c("x1","x2","x3","x4","x5")],use="complete.obs")
#----------------------------------------------------------------------
#              x1        x2        x3          x4        x5
# x1  1.00000000 0.6682608 0.7374460 -0.05441361 0.1994027
# x2  0.66826085 1.0000000 0.7256591  0.42573587 0.4958389
# x3  0.73744602 0.7256591 1.0000000  0.29344668 0.1752953
# x4 -0.05441361 0.4257359 0.2934467  1.00000000 0.2561615
# x5  0.19940268 0.4958389 0.1752953  0.25616155 1.0000000
#----------------------------------------------------------------------
cor(stu_missing[c("x1","x2","x3","x4","x5")],
    use="pairwise.complete.obs")
#----------------------------------------------------------------------
```

```
#           x1        x2        x3         x4         x5
# x1 1.0000000 0.7436853 0.7358149 0.25196522 0.32448824
# x2 0.7436853 1.0000000 0.6112946 0.61123291 0.38030013
# x3 0.7358149 0.6112946 1.0000000 0.29344668 0.19239960
# x4 0.2519652 0.6112329 0.2934467 1.00000000 0.06257924
# x5 0.3244882 0.3803001 0.1923996 0.06257924 1.00000000
```

먼저, 결측값이 있는 데이터에 대하여 cor 함수를 사용할 경우, 결측값 처리를 위해 특별한 인수를 지정하지 않으면 상관계수가 출력되지 않음을 볼 수 있다.

결측값을 제거할 때 일반적으로 두 가지 선택이 있다. '**목록별 결측값 제외**'(listwise deletion)는 결측값이 하나라도 있는 개체를 모두 제거하고 완전한 데이터만 사용하는 방법이다. cor 함수의 경우 use="complete.obs" 인수를 사용하여 이를 지정할 수 있다. 예를 들어, ⟨예 A.5⟩에서는 다섯 개의 변수에 모두 관찰값이 있는 11개의 개체만을 이용하여 모든 상관계수를 계산한다.

'**대응별 결측값 제외**'(pairwise deletion)는 각각의 상관계수를 계산할 때 관련된 변수에 결측값이 있는 개체만 제거하는 방법이다. cor 함수의 경우 use="pairwise.complete.obs" 인수를 사용하여 이를 지정할 수 있다. 예를 들어, ⟨예 A.5⟩에서 변수 x_1과 x_3의 상관계수는 두 변수에 모두 관찰값이 있는 12개의 개체를 이용하여 계산된다. 이 방법은 가용한 데이터를 모두 사용한다는 장점이 있지만, 상관계수마다 사용된 표본크기가 달라지고 상관계수 행렬의 주요 특성을 잃을 수 있다는 단점이 있다.[1]

A.3 결측값 대체

R에는 결측값 대체 방법을 제공하는 패키지가 여럿 있는데, 대표적인 것으로는 Amelia, Hmisc, mi, mice, missForest, VIM 등이 있다. 여기에서는 mice(multivariate imputation by chained equations) 패키지의 결측값 대체 방법에 대하여 간단히 다루어 보자.

mice 패키지는 평균대체(imputation by the mean)와 임의대체(imputation by simple random sampling) 등의 단순대체 방법들과 다양한 형태의 다변량 대체 방법들을 제공한다. 이 패키지에서 제공하는 주요 다변량 대체 방법은 다음과 같다.

- sample(random sample from observed values, **임의추출**): 관측된 값 중 하나를 임의추출하여 결측값을 대체한다. 이 방법은 어떤 유형의 변수에도 사용할 수 있다.

[1] 예를 들어, 대응별 결측값 제외(pairwise deletion)를 이용하여 계산된 상관계수 행렬은 양정치행렬(positive definite matrix)이 아닐 수 있다.

- mean(unconditional mean imputation, 평균 대체): 수치형(numeric) 변수에 대하여 관측된 값들의 평균으로 결측값을 대체한다.
- norm(Bayesian linear regression, 회귀 대체): 수치형(numeric) 변수에 대하여 회귀모형에 의해 결측값들을 대체한다.
- pmm(predictive mean matching, 예측평균 매칭): 회귀분석에서와 유사하게 예측값을 계산하고, 가까운 예측값 중 하나를 추출하여 결측값들을 대체한다.
- logreg(logistic regression, 로지스틱 회귀): 이항형(binomial) 변수에 대하여 로지스틱 회귀모형에 의해 결측값들을 대체한다.
- polyreg(polytomous logistic regression, 다항 로지스틱 회귀): 다항형(polytomous) 변수에 대하여 다항 로지스틱 회귀모형에 의해 결측값들을 대체한다.
- polr(proportional odds model, 비례오즈 모형): 순서형(ordinal) 변수에 대하여 비례오즈 모형(순서형 로지스틱 회귀모형)에 의해 결측값들을 대체한다.

A.3.1 결측 패턴의 탐색

여기에서 사용할 health 데이터는 1,000명의 사람에 대한 것으로 7개의 변수를 가지고 있다(예 A.6 참조): x_1(성별: 1=남자, 0=여자), x_2(나이), x_3(월평균 소득), x_4(체중), x_5(신장), x_6(흡연 여부: 1=흡연, 0=안함), x_7(교육수준: 1=초졸 이하, 2=중졸, 3=고졸, 4=대졸 이상).

⟨예 A.6⟩ 결측 패턴의 탐색

```
health <-read.csv("F:/My_Work/Data/health.csv",header=TRUE)
health$x1 <- as.factor(health$x1)
health$x6 <- as.factor(health$x6)
health$x7 <- as.factor(health$x7)
head(health,n=10)
#----------------------------------------------------------------
# ID x1 x2     x3    x4   x5   x6   x7
#  1  1 72 109.0 166.2 69.9    1    2
#  2  0 24 500.0 162.9 46.5    0    3
#  3  0 84  45.0 136.8 40.4 <NA>    4
#  4  0 62  69.0 155.0 56.9    0    1
#  5  0 67 191.7 149.1 51.4    0 <NA>
#  6  1 78 500.0 161.2 59.3    0    1
#  7  1 38 300.0    NA   NA <NA>    4
#  8  0 59 500.0 150.3 55.3    0    3
#  9  1 39 100.0 170.0 68.5    1    3
# 10  0 48 200.0    NA   NA    0    1
```

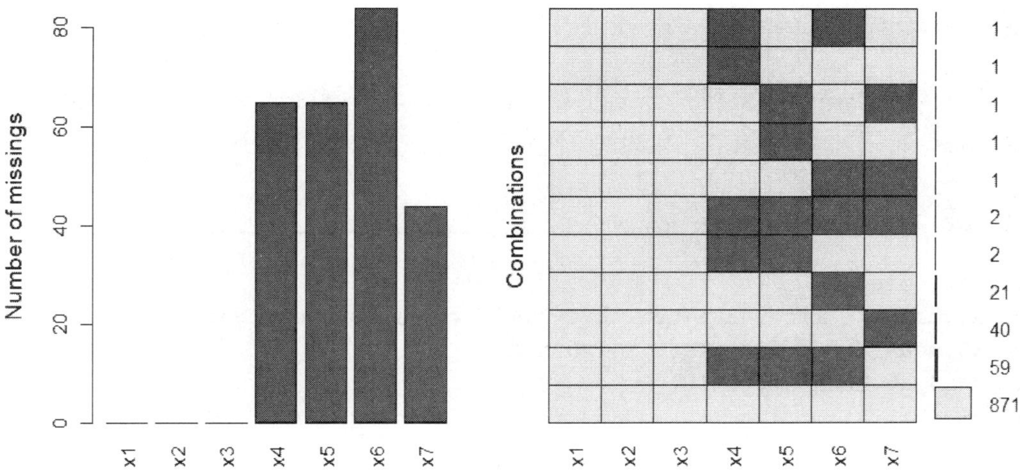

〈그림 A.2〉 각 변수별 결측값의 개수와 결측값의 패턴 ← aggr 함수

```
#---------------------------------------------------------------------------
library(psych)
describe(health[c("x1","x2","x3","x4","x5","x6","x7")])
#---------------------------------------------------------------------------
#        n   mean      sd median    mad   min     max  skew kurtosis
# x1 1000   0.41    0.49    0.0   0.00   0.0     1.0  0.35    -1.88
# x2 1000  48.98   16.61   47.0  19.27  20.0    98.0  0.30    -0.86
# x3 1000 594.87 2359.60  300.0 222.39   8.0 40000.0 13.63   203.11
# x4  935 162.00    9.14  161.6   9.64 131.5   191.0  0.03    -0.09
# x5  935  61.38   11.27   60.1  10.82  33.0   105.7  0.60     0.50
# x6  916   0.20    0.40    0.0   0.00   0.0     1.0  1.52     0.30
# x7  956   2.85    1.14    3.0   1.48   1.0     4.0 -0.57    -1.11
#---------------------------------------------------------------------------
library(VIM)
aggr(health[c("x1","x2","x3","x4","x5","x6","x7")],
     numbers=TRUE,prop=FALSE)
```

〈예 A.6〉에서 psych 패키지의 describe 함수에 의한 결과를 살펴보면 관측치의 개수가 변수마다 다르다는 것을 볼 수 있다. 예를 들어, 변수 x_1, x_2, x_3의 경우 모든 개체가 관측되었으며, 변수 x_4와 x_5의 경우 결측값이 65개씩이다.

위의 예에서 사용된 VIM 패키지의 aggr 함수는 각 변수별 결측값의 개수와 결측값의 패턴을 그래프로 출력한다(그림 A.2 참조). 예를 들어, 7개의 변수가 모두 관측된(결측값이 하나도 없는) 개체는 871개이며, 변수 x_4, x_5, x_6이 모두 결측값인 개체는 59개이다.

A.3.2 평균 대체

평균 대체는 결측값을 해당 변수의 관측된 평균으로 대체하는 방법으로, 과정이 단순하기 때문에 실제 문제에서 가장 많이 사용되는 대체방법 중 하나이다.

〈예 A.7〉 평균 대체(method="mean")

```
library(mice)
x4.x5.mean <- mice(data=health[c("x4","x5")],method="mean")
x4.x5.mean.imp <- complete(x4.x5.mean)
head(x4.x5.mean.imp,n=10)
#------------------------------------------------------------------------
         x4       x5
1  166.2000 69.90000
2  162.9000 46.50000
3  136.8000 40.40000
4  155.0000 56.90000
5  149.1000 51.40000
6  161.2000 59.30000
7  162.0036 61.37914
8  150.3000 55.30000
9  170.0000 68.50000
10 162.0036 61.37914
```

〈예 A.7〉에서는 mice 함수를 사용하여 수치형 변수인 x_4와 x_5에 대해 평균 대체를 수행하였다. mice 함수는 지정된 데이터와 대체방법을 적용하여 대체를 수행하고, 그 결과들을 리스트 객체 내에 저장한다. 그리고 complete 함수는 해당 변수들에 대하여 관측된 값과 대체된 값으로 이루어진 전체 데이터를 출력한다.

〈예 A.7〉에서 출력된 데이터를 〈예 A.6〉의 결과와 비교하여 보면 결측값이 모두 관측된 평균으로 대체되었다는 것을 알 수 있다.

일반적으로 표본 전체의 평균을 이용하기보다는, 셀 가중법에서와 같이 표본을 관심 변수 및 응답여부 변수의 분포가 동일하다고 생각되는 여러 셀로 구분하고, 각 셀 내에서 발생하는 결측치를 셀 내 응답자들의 평균으로 대체하는 **셀 평균 대체법**(cell mean imputation)이 주로 사용된다.

평균 대체법은 적용이 쉽고 직관적으로 이해하기 쉬운 장점이 있다. 또한 평균 대체법을 통해 얻은 대체된 데이터(imputed data)를 이용하여 모평균 혹은 모집단 총합과 같은 단순 모수를 알려진 비편향 추정법을 사용하여 추정할 경우, 추정량은 사용된 표본설계와 응답여부의 확률분포에 대한 가정 하에서 비편향성을 만족한다.

그러나 동일한 수치인 평균값이 모든 결측치 혹은 셀 내 모든 결측치를 대체하기 때문에 표본의 분포를 왜곡하게 되는 문제가 발생할 수 있으며, 이로 인하여 추정량의 표본분산이 심각하게 과소추정될 수 있다. 또한 회귀계수나 상관계수의 추정을 위해 대체된 자료가 사용될 경우 추정량들은 유의한 편향을 가질 수 있다.

A.3.3 임의추출 방법

평균 대체법이 가지는 문제점을 보완함과 동시에 평균적으로 단순 모수에 대한 추정량의 비편향성을 유지하기 위한 대체방법으로 임의추출(random sampling) 방법이 흔히 사용된다. 그리고 이 방법은 수치형 변수가 아닌 경우에도 쉽게 적용할 수 있다.

⟨예 A.8⟩ 임의추출 방법(method="sample")

```
health.sample <- mice(data=health[c("x1","x2","x3","x4","x5",
                      "x6","x7")],method="sample")
health.sample.imp <- complete(health.sample)
head(health.sample.imp,n=10)
#----------------------------------------------------------------------
#     x1 x2    x3    x4   x5 x6 x7
# 1    1 72 109.0 166.2 69.9  1  2
# 2    0 24 500.0 162.9 46.5  0  3
# 3    0 84  45.0 136.8 40.4  0  4
# 4    0 62  69.0 155.0 56.9  0  1
# 5    0 67 191.7 149.1 51.4  0  3
# 6    1 78 500.0 161.2 59.3  0  1
# 7    1 38 300.0 174.1 63.0  1  4
# 8    0 59 500.0 150.3 55.3  0  3
# 9    1 39 100.0 170.0 68.5  1  3
# 10   0 48 200.0 154.0 45.7  0  1
```

일반적으로 임의추출 방법을 위해서 표본을 결측값 여부 및 관심변수를 기준으로 동일하다고 판단되는 배타적인 셀들의 합집합으로 구성한 후, 셀 내에서 관측된 값들 중 임의의 값을 무작위 추출하여 결측값을 대체하는데, 이와 같은 방법을 핫덱 대체(hot-deck imputation)라고 한다.

핫덱 대체는 셀 평균 대체법과는 달리 결측치마다 임의의 관측된 값이 선택되어 대체되기 때문에 분포의 왜곡을 막을 수 있는 장점이 있다. 또한 한 개체의 여러 변수에 결측이 발생한 경우, 결측이 발생한 해당 항목들에 모두 응답한 응답자 중 한 명을 임의 선택하여 결측이 발생한 모든 항목을 대체하는 방안을 적용할 수 있기 때문에, 대체 과정을 단순화

할 수 있을 뿐 아니라 결측 변수들 간의 상관구조를 유지할 수 있는 장점이 있다. 그러나 임의추출 방법의 경우 대체를 위한 추가적인 응답자 추출로 인한 분산이 발생하며, 이를 감안하지 않는 대체된 자료의 분석은 추정량의 분산추정량과 검정력에 영향을 미친다.

A.3.4 회귀 대체

회귀 대체는 회귀분석(regression analysis) 모형을 이용하여 수치형(numeric) 변수의 결측값에 대한 대체를 수행한다.

먼저, 결측값이 있는 연속형(continuous) 변수 Y에 대하여 다음과 같은 회귀모형을 고려하자.

$$Y = \beta_0 + \beta_1 X_1 + \beta_2 X_2 + \cdots + \beta_p X_p + \epsilon \tag{A.1}$$

이 모형을 변수 Y와 공변량 $X_1, X_2, \cdots, X_p$가 모두 관측되어 있는 개체에 적합하여, 회귀모수에 대한 추정치 $\hat{\boldsymbol{\beta}} = (\hat{\beta}_0, \hat{\beta}_1, \cdots, \hat{\beta}_p)$와 공분산행렬 $\hat{\sigma}^2\mathbf{V}$를 구한다. 여기에서 $\mathbf{V}$는 상수항과 공변량 $X_1, X_2, \cdots, X_p$로부터 생성된 $\mathbf{X}'\mathbf{X}$의 역행렬이다. 이제 다음과 같은 절차를 수행하여 결측값을 대체한다(이와 같은 방식을 베이지안 회귀 대체라고도 한다).

(1) 새로운 계수 $\boldsymbol{\beta_*} = (\beta_{*0}, \beta_{*1}, \cdots, \beta_{*p})$와 σ_*^2을 사후예측분포로부터 추출한다. 먼저 분산 σ_*^2을 다음과 같이 생성한다.

$$\sigma_*^2 = \hat{\sigma}^2(n-p-1)/g \tag{A.2}$$

여기에서 g는 χ^2_{n-p-1}로부터의 확률변량이고 n은 결측값이 없는 관측치의 수이다. 그 다음 회귀계수를 다음과 같이 추출한다.

$$\boldsymbol{\beta_*} = \hat{\boldsymbol{\beta}} + \sigma_* \mathbf{V}_h' \mathbf{Z} \tag{A.3}$$

여기에서 $\mathbf{V}_h$는 Cholesky 분해에서의 상삼각행렬이고(즉, $\mathbf{V} = \mathbf{V}_h'\mathbf{V}_h$), $\mathbf{Z}$는 정규분포로부터의 독립 확률변량이다.

(2) 각 결측값을 다음의 값으로 대체한다.

$$y_i^* = \beta_{*0} + \beta_{*1}x_{i1} + \beta_{*2}x_{i2} + \cdots + \beta_{*p}x_{ip} + z_i\sigma_* \tag{A.4}$$

여기에서 z_i는 정규분포로부터의 확률변량이다.

다음 ⟨예 A.9⟩는 위에서 설명한 베이지안 회귀 대체방법을 적용한 예이며, 여기에서는 결측값이 없는 변수들인 x_1, x_2, x_3을 이용하여 변수 x_4의 결측값에 대한 대체를 수행하였다.

⟨예 A.9⟩ 회귀 대체(method="norm")

```
library(mice)
x4.norm <- mice(data=health[c("x1","x2","x3","x4")],method="norm")
x4.norm.imp <- complete(x4.norm)
head(x4.norm.imp,n=10)
#------------------------------------------------------------------
#     x1 x2    x3       x4
# 1    1 72 109.0 166.2000
# 2    0 24 500.0 162.9000
# 3    0 84  45.0 136.8000
# 4    0 62  69.0 155.0000
# 5    0 67 191.7 149.1000
# 6    1 78 500.0 161.2000
# 7    1 38 300.0 180.8039
# 8    0 59 500.0 150.3000
# 9    1 39 100.0 170.0000
# 10   0 48 200.0 153.6014
```

⟨예 A.9⟩에서 지정된 "norm" 이외에도 method= 인수에는 다음과 같은 회귀 대체방법을 지정할 수 있다.

- norm: 베이지안 회귀(Bayesian linear regression)
- norm.nob: 모형오차를 고려하지 않는 회귀(linear regression ignoring model error)
- norm.boot: 붓스트랩방법을 이용한 회귀(linear regression using bootstrap)
- norm.predict: 통상적인 회귀분석의 예측값 사용(linear regression, predicted values)
- quadratic: 이차항을 포함하는 회귀(imputation of quadratic terms)

한편 회귀 대체 등에서 설명변수에 범주형 변수가 포함되어 있는 경우, mice 함수에서는 필요한 가변수(dummy variable)를 생성하여 처리한다. 따라서 사용자는 범주형 변수들에 대하여 요인(factor) 변수로 설정해 두면 된다(예 A.6 참조).

A.3.5 예측평균 매칭 방법

예측평균 매칭 방법(predictive mean matching method)의 과정은 앞에서 설명한 회귀방법의 절차 중 단계 (1)까지는 동일하며, 그 다음의 절차는 다음과 같다.

(2) 각 결측값에 대하여 다음과 같이 예측값을 계산한다.

$$y_i^* = \beta_{*0} + \beta_{*1} x_{i1} + \beta_{*2} x_{i2} + \cdots + \beta_{*p} x_{ip} \tag{A.5}$$

(3) 그의 예측값이 y_i^*에 가장 가까운 예측값을 가지는 k_0개의 개체로 이루어진 집합을 생성한다.
(4) k_0개의 개체 중 하나를 랜덤 추출하여 그의 관측값으로 결측값을 대체한다.

이 방법의 장점은 핫덱 대체법과 유사하게 실제 관측된 값들 중 하나로 결측값이 대체된다는 것이다.

⟨예 A.10⟩ 예측평균 매칭 방법(method="pmm")

```
library(mice)
x4.pmm <- mice(data=health[c("x1","x2","x3","x4")],method="pmm")
x4.pmm.imp <- complete(x4.pmm)
head(x4.pmm.imp,n=10)
#-----------------------------------------------------------------------
#     x1 x2    x3    x4
# 1    1 72 109.0 166.2
# 2    0 24 500.0 162.9
# 3    0 84  45.0 136.8
# 4    0 62  69.0 155.0
# 5    0 67 191.7 149.1
# 6    1 78 500.0 161.2
# 7    1 38 300.0 167.4
# 8    0 59 500.0 150.3
# 9    1 39 100.0 170.0
# 10   0 48 200.0 146.6
```

A.3.6 로지스틱 회귀 방법

로지스틱 회귀 방법은 이항형(binary), 순서형(ordinal), 명목형(nominal) 변수에 대하여 로지스틱 회귀모형(logistic regression model)을 이용한 대체를 수행한다.

먼저, 이항형 변수 $Y(=1,2)$에 대하여 다음과 같은 로지스틱 회귀모형을 고려하자.

$$\log\left(\frac{p_1}{1-p_1}\right) = \beta_0 + \beta_1 X_1 + \beta_2 X_2 + \cdots + \beta_p X_p + \epsilon, \tag{A.6}$$

여기에서 $p_1 = \Pr(Y = 1|X_1, X_2, \cdots, X_p)$이다. 이 모형을 Y와 공변량 $X_1, X_2, \cdots, X_p$가 모두 관측되어 있는 개체에 적합하여, 회귀모수에 대한 추정치 $\hat{\boldsymbol{\beta}} = (\hat{\beta}_0, \hat{\beta}_1, \cdots, \hat{\beta}_p)$와 공분산행렬 $\mathbf{V}$를 구한다. 여기에서 $\mathbf{V}$는 상수항과 공변량 $X_1, X_2, \cdots, X_p$로부터 생성된 $\mathbf{X}'\mathbf{X}$의 역행렬이다. 이제 다음과 같은 절차를 수행하여 결측값을 대체한다.

(1) 새로운 계수 $\hat{\boldsymbol{\beta}}_* = (\beta_{*0}, \beta_{*1}, \cdots, \beta_{*p})$을 사후예측분포로부터 추출한다.

$$\boldsymbol{\beta}_* = \hat{\boldsymbol{\beta}} + \mathbf{V}_h'\mathbf{Z} \tag{A.7}$$

여기에서 $\mathbf{V}_h$는 Cholesky 분해에서의 상삼각행렬이고(즉, $\mathbf{V} = \mathbf{V}_h'\mathbf{V}_h$), $\mathbf{Z}$는 정규분포로부터의 독립 확률변량이다.

(2) 결측값이 있는 각 개체에 대하여 다음과 같이 $p_1 = \Pr(y_i = 1|x_1, x_2, \cdots, x_p)$을 계산한다.

$$p_1 = \frac{\exp(\mu_1)}{1+\exp(\mu_1)}, \tag{A.8}$$

여기에서 $\mu_1 = \beta_{*0} + \beta_{*1}x_{i1} + \beta_{*2}x_{i2} + \cdots + \beta_{*p}x_{ip}$이다.

(3) 0과 1 사이의 균일난수(uniform random number) u를 생성한다. 생성된 u의 값이 p_1보다 작으면 $Y = 1$로 대체하고, 그렇지 않으면 $Y = 2$로 대체한다.

반응값 $1, 2, \cdots, K$를 가지는 순서형 및 범주형 변수의 경우에는, 이와 유사하게 누적 로짓(cumulative logit) 또는 일반화 로짓(generalized logit) 모형을 이용하여 확률 $p_1, p_2, \cdots, p_K$를 계산하고, 생성된 균일난수 u의 값에 따라 다음과 같이 대체한다.

$$y_i = \begin{cases} 1 & \text{if } u < p_1 \\ k & \text{if } \sum_{j=1}^{k-1} p_j \le u < \sum_{j=1}^{k} p_j \\ K & \text{if } \sum_{j=1}^{K-1} p_j \le u \end{cases} \tag{A.9}$$

〈예 A.11〉 로지스틱 회귀 방법(method="logreg")

```
library(mice)
x6.logreg <- mice(data=health[c("x1","x2","x3","x6")],method="logreg")
x6.logreg.imp <- complete(x6.logreg)
head(x6.logreg.imp,n=8)
#-----------------------------------------------------------------------
#     x1 x2    x3 x6
# 1    1 72 109.0  1
# 2    0 24 500.0  0
# 3    0 84  45.0  0
# 4    0 62  69.0  0
# 5    0 67 191.7  0
# 6    1 78 500.0  0
# 7    1 38 300.0  0
# 8    0 59 500.0  0
```

〈예 A.11〉에서 지정된 "logreg" 이외에도 method= 인수에는 다음과 같은 로지스틱 회귀 방법을 지정할 수 있다.

- logreg: 이항 로지스틱 회귀(binary logistic regression)
- logreg.boot: 붓스트랩방법을 이용한 이항 로지스틱 회귀
- polr: 순서형 변수에 대한 비례오즈 모형(proportional odds model)
- polyreg: 다항 로지스틱 회귀(polytomous logistic regression)

A.3.7 판별함수 방법

판별함수 방법은 명목형(nominal) 변수에 대하여 다변량 정규분포의 가정 하에서 선형판별함수(linear discriminant function)를 이용한 대체를 수행한다.

먼저, 반응값 $1, 2, \cdots, K$를 가지는 범주형 변수와 설명변수 $X_1, X_2, \cdots, X_p$가 있을 때, k번째 집단의 평균벡터 $\bar{\mathbf{X}}_k$와 합동공분산행렬 $\mathbf{S}$를 다음과 같이 계산한다.

$$\bar{\mathbf{X}}_k = (\bar{X}_{k1}, \bar{X}_{k2}, \cdots, \bar{X}_{kp}),\ \ k = 1, 2, \cdots, K \tag{A.10}$$

$$\mathbf{S} = \frac{1}{n-K}\sum_{k=1}^{K}(n_k - 1)\mathbf{S}_k \tag{A.11}$$

여기에서 $\mathbf{S}_k$는 집단-내 공분산행렬이고, n_k는 각 집단의 표본크기이며, $n = \sum n_k$는 전체 표본크기이다. 이제 다음과 같은 절차를 수행하여 결측값을 대체한다.

(1) 새로운 합동공분산행렬 $\mathbf{S}_*$를 역위사트분포(inverted Wishart distribution) $W^{-1}(n-K, (n-K)\mathbf{S})$로부터 추출한다.

(2) 집단별 평균벡터 $\mathbf{m}_{*k}$를 다변량 정규분포 $N(\bar{\mathbf{X}}_k, \mathbf{S}_*/n_k)$로부터 추출한다.

(3) 사전확률(prior probability) q_{*k}를 계산한다.

(4) 결측값이 있는 각 개체에 대하여 각 집단에 속할 사후확률을 다음과 같이 계산한다.

$$p_k(\mathbf{x}) = \frac{\exp(-0.5D_k^2(\mathbf{x}))}{\sum_{u=1}^{K}\exp(-0.5D_u^2(\mathbf{x}))} \tag{A.12}$$

여기에서 $D_k^2(\mathbf{x}) = (\mathbf{x} - \mathbf{m}_{*k})'\mathbf{S}_*^{-1}(\mathbf{x} - \mathbf{m}_{*k}) - 2\log(q_{*k})$이다.

(5) 0과 1 사이의 균일난수(uniform random number) u를 생성한다. 생성된 u의 값에 따라 다음과 같이 대체한다.

$$y_i = \begin{cases} 1 & \text{if } u < p_1(\mathbf{x}) \\ k & \text{if } \sum_{j=1}^{k-1} p_j(\mathbf{x}) \le u < \sum_{j=1}^{k} p_j(\mathbf{x}) \\ K & \text{if } \sum_{j=1}^{K-1} p_j(\mathbf{x}) \le u \end{cases} \tag{A.13}$$

〈예 A.12〉 판별함수 방법(method="lda")

```
library(mice)
x7.lda <- mice(data=health[c("x1","x2","x3","x7")],method="lda")
x7.lda.imp <- complete(x7.lda)
head(x7.lda.imp,n=10)
#----------------------------------------------------------------------
#     x1 x2    x3 x7
# 1    1 72 109.0  2
# 2    0 24 500.0  3
# 3    0 84  45.0  4
# 4    0 62  69.0  1
# 5    0 67 191.7  1
# 6    1 78 500.0  1
# 7    1 38 300.0  4
# 8    0 59 500.0  3
# 9    1 39 100.0  3
# 10   0 48 200.0  1
```

A.3.8 여러 개의 변수를 동시에 대체하기

다음 〈예 A.13〉에서와 같이 mice 함수에서는 여러 변수들에 결측값이 존재하는 경우 이들을 동시에 대체할 수 있다.

〈예 A.13〉 여러 개의 변수를 동시에 대체하기

```
library(mice)
health.pmm <- mice(data=health[c("x1","x2","x3","x4","x5",
                   "x6","x7")],method="pmm")
health.pmm.imp <- complete(health.pmm)
head(health.pmm.imp,n=10)
#----------------------------------------------------------------------
#     x1 x2    x3    x4   x5 x6 x7
# 1    1 72 109.0 166.2 69.9  1  2
# 2    0 24 500.0 162.9 46.5  0  3
# 3    0 84  45.0 136.8 40.4  0  4
# 4    0 62  69.0 155.0 56.9  0  1
# 5    0 67 191.7 149.1 51.4  0  1
# 6    1 78 500.0 161.2 59.3  0  1
# 7    1 38 300.0 167.4 58.4  0  4
# 8    0 59 500.0 150.3 55.3  0  3
# 9    1 39 100.0 170.0 68.5  1  3
# 10   0 48 200.0 162.8 67.3  0  1
```

⟨예 A.13⟩의 경우 $\{x_2, x_3, x_4, x_5, x_6, x_7\}$을 이용하여 x_1의 결측값을 대체함으로써 x_1^*를 생성하고, $\{x_1^*, x_3, x_4, x_5, x_6, x_7\}$을 이용하여 x_2를 대체함으로써 x_2^*를 생성하고, $\{x_1^*, x_2^*, x_4, x_5, x_6, x_7\}$을 이용하여 x_3를 대체함으로써 x_3^*를 생성하고, $\cdots$, $\{x_2^*, x_3^*, x_4^*, x_5^*, x_6^*, x_7^*\}$을 이용하여 x_1을 대체함으로써 x_1^*를 생성하는 과정을 통해, 안정적인 값을 얻을 때까지 반복을 계속함으로써 결측값 대체를 수행하게 된다.

한편 대상 변수에 범주형 변수가 포함되어 있는 경우, mice 함수에서는 필요한 가변수(dummy variable)를 생성하고 가변수의 예측값을 이용하여 대체를 수행한다. 따라서 사용자는 범주형 변수들에 대하여 요인(factor) 변수로 설정해 두면 된다(예 A.6 참조).

A.3.9 EM 알고리즘

EM(expectation-maximization) 알고리즘은 수치형(numeric) 변수들에 대하여 다변량 정규분포의 가정하에서 결측값을 대체하는 방법이다. 여기에서는 EM 알고리즘의 절차를 간단히 소개한다.

결측값이 있는 $j(=1,\cdots,n)$번째 개체가 $\mathbf{y}_j = (\mathbf{y}_j^{(1)}, \mathbf{y}_j^{(2)})$로 구성되어 있다고 하자. 여기에서 $\mathbf{y}_j^{(1)}$은 결측값인 변수들의 집합을, $\mathbf{y}_j^{(2)}$는 결측값이 아닌 변수들의 집합을 나타낸다. EM 알고리즘은 모수의 MLE(maximum likelihood estimate)를 구하는 반복법으로써, 다변량 정규분포의 가정하에서 각 반복은 다음과 같은 E-단계와 M-단계로 구성된다.

- E(expectation)-단계: 각 개체에 대하여, 응답된 자료 $\mathbf{y}_j^{(2)}$와 현재 반복에서의 모수 추정값 (평균 벡터 $\tilde{\boldsymbol{\mu}}$, 공분산행렬 $\tilde{\boldsymbol{\Sigma}}$)을 이용하여 무응답 자료 $\mathbf{y}_j^{(1)}$을 추정한다.

$$\tilde{\mathbf{y}}_j^{(1)} = E\left(\mathbf{Y}_j^{(1)}|\mathbf{y}_j^{(2)}; \tilde{\boldsymbol{\mu}}, \tilde{\boldsymbol{\Sigma}}\right) = \tilde{\boldsymbol{\mu}}^{(1)} + \tilde{\boldsymbol{\Sigma}}_{12}\tilde{\boldsymbol{\Sigma}}_{22}^{-1}\left(\mathbf{y}_j^{(2)} - \tilde{\boldsymbol{\mu}}^{(2)}\right) \quad (A.14)$$

- M(maximization)-단계: 응답된 자료와 추정된 무응답 자료 $\tilde{\mathbf{y}}_j = (\tilde{\mathbf{y}}_j^{(1)}, \mathbf{y}_j^{(2)})$를 이용하여 모수 추정값을 갱신한다.

$$\tilde{\boldsymbol{\mu}} = \frac{1}{n}\sum_{j=1}^{n}\tilde{\mathbf{y}}_j, \quad \tilde{\boldsymbol{\Sigma}} = \frac{1}{n}\sum_{j=1}^{n}\tilde{\mathbf{y}}_j\tilde{\mathbf{y}}_j' - \tilde{\boldsymbol{\mu}}\tilde{\boldsymbol{\mu}}' \quad (A.15)$$

위와 같은 과정을 모수(평균 벡터, 공분산행렬) 추정값이 수렴할 때까지 반복한다.

⟨예 A.14⟩ EM 알고리즘

```
library(Amelia)
health.amelia <- amelia(health[c("x2","x3","x4","x5")],m=5)
summary(health.amelia)
#-----------------------------------------------------------------
```

```
# Amelia output with 5 imputed datasets.
# Return code:  1
# Message:  Normal EM convergence.
#
# Chain Lengths:
# --------------
# Imputation 1:  3
# Imputation 2:  3
# Imputation 3:  3
# Imputation 5:  3
#
# Rows after Listwise Deletion:  933
# Rows after Imputation:  1000
# Patterns of missingness in the data:  4
#
# Fraction Missing for original variables:
# -----------------------------------------
#
#    Fraction Missing
# x2            0.000
# x3            0.000
# x4            0.065
# x5            0.065
#-------------------------------------------------------------------------
plot(health.amelia)
health.amelia.imp <- health.amelia$imputations$imp1
head(health.amelia.imp,n=10)
#-------------------------------------------------------------------------
#    x2    x3       x4       x5
# 1  72 109.0 166.2000 69.90000
# 2  24 500.0 162.9000 46.50000
# 3  84  45.0 136.8000 40.40000
# 4  62  69.0 155.0000 56.90000
# 5  67 191.7 149.1000 51.40000
# 6  78 500.0 161.2000 59.30000
# 7  38 300.0 165.7566 64.53504
# 8  59 500.0 150.3000 55.30000
# 9  39 100.0 170.0000 68.50000
# 10 48 200.0 160.9214 52.94827
```

⟨예 A.14⟩는 Amelia 패키지의 amelia 함수를 사용하여 EM 알고리즘을 적용한 예이다. 이때 수치형(numeric) 변수들만 대상이 되어야 하며, m= 인수에 의해 여러 세트의 데이터를 출력할 수 있다(기본값: m=5).

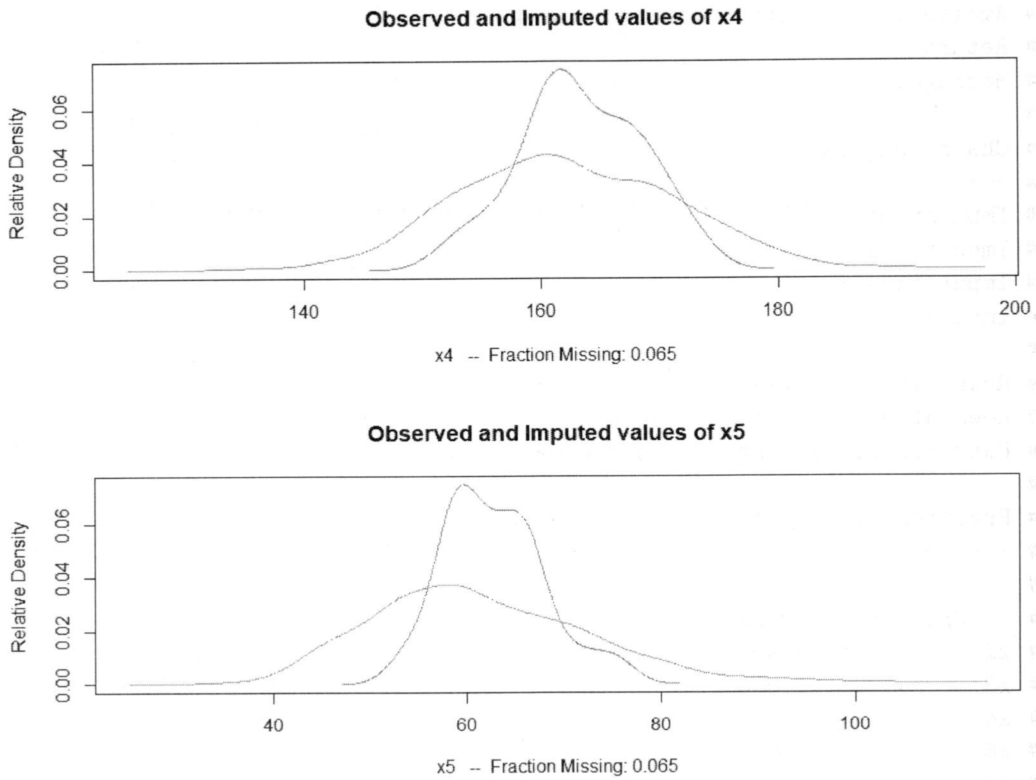

〈그림 A.3〉 Amelia 패키지의 plot 함수에 의한 그래프

amelia 함수는 수행 결과를 리스트(list) 객체 내에 여러 개의 개체들로 저장하는데, 그 중 imputations 객체에는 대체된 데이터가 저장되어 있다. 예를 들어, 〈예 A.14〉에서 'health.amelia$imputations$imp1'은 imputations 객체의 첫 번째 데이터를 호출한다.

그리고 〈예 A.14〉에서와 같이 summary 함수와 plot 함수를 사용하여 amelia 함수의 기본적인 결과들을 간단히 출력할 수 있다.

부록 B
행렬의 기본 개념

Basic Concepts of Matrix

B.1 행렬과 벡터

이 절에서는 행렬(matrix), 벡터(vector), 스칼라(scalar)의 정의에 대하여 간단히 설명한다.

B.1.1 행렬

행렬(matrix)은 행(row)과 열(column)에 맞추어 직사각형으로 배열된 원소(element)들의 모임이다. 예를 들어, 다음 행렬 **A**는 n개의 행과 p개의 열을 가지는 행렬이다.

$$\underset{n\times p}{\mathbf{A}} = \begin{pmatrix} a_{11} & a_{12} & \cdots & a_{1j} & \cdots & a_{1p} \\ a_{21} & a_{22} & \cdots & a_{2j} & \cdots & a_{2p} \\ \vdots & \vdots & \cdots & \vdots & \cdots & \vdots \\ a_{i1} & a_{i2} & \cdots & a_{ij} & \cdots & a_{ip} \\ \vdots & \vdots & \cdots & \vdots & \cdots & \vdots \\ a_{n1} & a_{n2} & \cdots & a_{nj} & \cdots & a_{np} \end{pmatrix}. \tag{B.1}$$

이러한 행렬은 다음과 같이 표현하기도 하는데,

$$\mathbf{A} = [a_{ij}],\ i = 1, \cdots, n;\ j = 1, \cdots, p. \tag{B.2}$$

여기에서 a_{ij}는 행렬 **A**의 i번째 행과 j번째 열이 만나는 곳에 위치하고 있는 원소를 나타낸다. 행렬의 크기(차수, dimension)는 '$n \times p$ 행렬 **A**' 또는 아래첨자를 사용하여 $\mathbf{A}_{n\times p}$와 같이 표기하기도 한다.

B.1.2 벡터

한 개의 열로만 이루어진 행렬을 열벡터(column vector) 또는 간단히 벡터라고 한다. 예를 들어, 다음 $n \times 1$ 행렬 **x**는 크기가 n인 벡터(열벡터)이다.

$$\mathbf{x} = \begin{pmatrix} x_1 \\ x_2 \\ \vdots \\ x_i \\ \vdots \\ x_n \end{pmatrix} \tag{B.3}$$

이와 마찬가지로 한 개의 행으로만 이루어진 행렬을 행벡터(row vector)라고 한다. 예를 들어, 다음은 크기가 n인 행벡터이다.

$$\mathbf{x}' = (x_1 \ x_2 \ \cdots \ x_i \ \cdots \ x_n) \tag{B.4}$$

B.1.3 스칼라

한 개의 숫자를 스칼라(scalar)라고 한다. 예를 들어 3, 4.5, -7 등은 스칼라이며, 때로는 스칼라를 크기가 1×1인 행렬로 생각하는 것이 편리하다.

⟨예 B.1⟩ 행렬의 생성

```
a <- -4.7   # 스칼라 생성
b <- c(1,2,3,4,5,6,7,8,9)   # 벡터 생성: c 함수
M <- matrix(b,nrow=3,ncol=3)   # 벡터를 행렬로 바꾸기: matrix 함수
print(M)
#-----------------------------------------------------------------
#       [,1] [,2] [,3]
# [1,]    1    4    7
# [2,]    2    5    8
# [3,]    3    6    9
#-----------------------------------------------------------------
v <- c(M)   # 행렬을 벡터로 바꾸기: c 함수
print(v)
#-----------------------------------------------------------------
# [1] 1 2 3 4 5 6 7 8 9
#-----------------------------------------------------------------
student <- read.csv("F:/My_Work/Data/student.csv",header=TRUE)
student.X <- as.matrix(student[-1])   # 데이터 프레임을 행렬로 바꾸기
print(student.X)
#-----------------------------------------------------------------
#        x1 x2 x3 x4 x5
#  [1,]   3 33 73  8 12
#  [2,]   3 30 59 28 20
#  [3,]  35 83 91 32 34
#  [4,]  35 83 85 33 32
#  [5,]  15 40 55 68 52
#  [6,]   3 53 76 10  8
#  [7,]  68 83 85 48 50
#  [8,]  15 47 77 76 76
#  [9,]  46 60 83 83 68
# [10,]  98 83 91 80 72
#-----------------------------------------------------------------
```

```
dim(student.X)    # 행렬의 차수: dim 함수
#--------------------------------------------------------------------
# [1] 10  5
#--------------------------------------------------------------------
attributes(student.X)    # 행렬의 차수, 행 이름, 열 이름: attributes 함수
#--------------------------------------------------------------------
# $dim
# [1] 10  5
#
# $dimnames
# $dimnames[[1]]
# NULL
#
# $dimnames[[2]]
# [1] "x1" "x2" "x3" "x4" "x5"
```

B.2 기본적인 행렬 연산

이 절에서는 행렬을 다루기 위해 필요한 기본적인 몇 가지 연산들에 대하여 간단히 설명한다.

B.2.1 행렬의 동일

크기가 같은 두 개의 행렬 $\mathbf{A} = [a_{ij}]$와 $\mathbf{B} = [b_{ij}]$가 있을 때 두 행렬의 대응되는 모든 원소들이 같으면(즉, 모든 i와 j에 대해 $a_{ij} = b_{ij}$를 만족하면), 행렬 $\mathbf{A}$와 $\mathbf{B}$는 동일(equality)하다고 하고 '$\mathbf{A} = \mathbf{B}$'로 표현한다.

B.2.2 행렬의 전치

크기가 $n \times p$인 행렬 $\mathbf{A} = [a_{ij}]$의 전치행렬(transpose matrix)은 행렬 $\mathbf{A}$의 행과 열을 바꾼 것으로, 크기가 $p \times n$이 되고 $\mathbf{A}'$으로 표기한다. 즉, $\mathbf{A}' = [a_{ji}]$이다.

$$\underset{3\times 2}{\mathbf{A}} = \begin{pmatrix} 2 & 5 \\ 7 & 9 \\ 3 & 4 \end{pmatrix} \quad \longrightarrow \quad \underset{2\times 3}{\mathbf{A}'} = \begin{pmatrix} 2 & 7 & 3 \\ 5 & 9 & 4 \end{pmatrix}.$$

B.2.3 행렬의 합과 차

크기가 같은 행렬 $\mathbf{A} = [a_{ij}]$와 $\mathbf{B} = [b_{ij}]$에 대해서, 두 행렬의 합(addition)과 차(subtraction)는 대응되는 원소들의 합과 차로 연산된다. 즉,

$$\mathbf{A} \pm \mathbf{B} = [a_{ij}] \pm [b_{ij}] = [a_{ij} \pm b_{ij}]. \tag{B.5}$$

예를 들어, 다음과 같은 두 개의 행렬이 있을 때,

$$\underset{3\times2}{\mathbf{A}} = \begin{pmatrix} 2 & 5 \\ 7 & 9 \\ 3 & 4 \end{pmatrix}, \quad \underset{3\times2}{\mathbf{B}} = \begin{pmatrix} 1 & 2 \\ 3 & 4 \\ 5 & 6 \end{pmatrix},$$

두 행렬의 합과 차는 다음과 같다.

$$\underset{3\times2}{\mathbf{A} + \mathbf{B}} = \begin{pmatrix} 2+1 & 5+2 \\ 7+3 & 9+4 \\ 3+5 & 4+6 \end{pmatrix} = \begin{pmatrix} 3 & 7 \\ 10 & 13 \\ 8 & 10 \end{pmatrix},$$

$$\underset{3\times2}{\mathbf{A} - \mathbf{B}} = \begin{pmatrix} 2-1 & 5-2 \\ 7-3 & 9-4 \\ 3-5 & 4-6 \end{pmatrix} = \begin{pmatrix} 1 & 3 \\ 4 & 5 \\ -2 & -2 \end{pmatrix}.$$

B.2.4 스칼라와 행렬의 곱

크기가 $n \times p$인 행렬 $\mathbf{A}$에 스칼라 λ를 곱하는 것은 행렬의 모든 원소에 λ를 곱하는 것과 같다. 즉,

$$\lambda\mathbf{A} = \mathbf{A}\lambda = [\lambda a_{ij}], \ i = 1, \cdots, n; \ j = 1, \cdots, p. \tag{B.6}$$

예를 들어, 3×2 행렬 $\mathbf{A}$에 스칼라 4를 곱하면 다음과 같이 연산된다.

$$4\ \mathbf{A} = \begin{pmatrix} 4\times2 & 4\times5 \\ 4\times7 & 4\times9 \\ 4\times3 & 4\times4 \end{pmatrix} = \begin{pmatrix} 8 & 20 \\ 28 & 36 \\ 12 & 16 \end{pmatrix}.$$

B.2.5 두 행렬의 곱

크기가 $n \times p$인 행렬 $\mathbf{A}$와 $p \times q$ 행렬 $\mathbf{B}$에 대해서, 두 행렬의 곱(multiplication)은 다음과 같이 연산된다.

$$\underset{n\times q}{\mathbf{AB}} = \left[\sum_{k=1}^{p} a_{ik}b_{kj}\right], \ i = 1, \cdots, n; \ j = 1, \cdots, q. \tag{B.7}$$

예를 들어, 3×2 행렬 $\mathbf{A}$와 2×3 행렬 $\mathbf{B}$가 있을 때, $\mathbf{AB}$는 다음과 같이 연산된다.

$$\begin{aligned}\underset{3\times 3}{\mathbf{AB}} &= \begin{pmatrix} 2 & 5 \\ 7 & 9 \\ 3 & 4 \end{pmatrix} \begin{pmatrix} 1 & 3 & 5 \\ 2 & 4 & 6 \end{pmatrix} \\ &= \begin{pmatrix} 2\times 1 + 5\times 2 & 2\times 3 + 5\times 4 & 2\times 5 + 5\times 6 \\ 7\times 1 + 9\times 2 & 7\times 3 + 9\times 4 & 7\times 5 + 9\times 6 \\ 3\times 1 + 4\times 2 & 3\times 3 + 4\times 4 & 3\times 5 + 4\times 6 \end{pmatrix} = \begin{pmatrix} 12 & 26 & 40 \\ 25 & 57 & 89 \\ 11 & 25 & 39 \end{pmatrix}.\end{aligned}$$

이와 같이 두 행렬의 곱이 정의되기 위해서는 앞 행렬의 열과 뒤 행렬의 행의 크기가 같아야 한다.

B.2.6 두 벡터의 스칼라곱

크기가 같은 두 벡터 $\mathbf{x}$와 $\mathbf{y}$의 스칼라곱(scalar product; 내적, inner product)은 다음과 같이 정의된다.

$$\mathbf{x}'\mathbf{y} = x_1y_1 + x_2y_2 + \cdots + x_ny_n = \sum_{i=1}^{n} x_iy_i. \tag{B.8}$$

따라서 벡터 $\mathbf{x}$와 자신의 스칼라곱은 다음과 같이 각 원소의 제곱들의 합(sum of squares, SS)이 된다.

$$\mathbf{x}'\mathbf{x} = x_1x_1 + x_2x_2 + \cdots + x_nx_n = \sum_{i=1}^{n} x_i^2. \tag{B.9}$$

B.2.7 두 벡터 사이의 유클리드 거리

크기가 같은 두 벡터 $\mathbf{x}$와 $\mathbf{y}$ 사이의 유클리드 거리(Eucledian distance)는 다음과 같이 정의된다.

$$\begin{aligned}\|\mathbf{x}-\mathbf{y}\| &= \left[(x_1-y_1)^2 + (x_2-y_2)^2 + \cdots + (x_n-y_n)^2\right]^{1/2} \\ &= \left[(\mathbf{x}-\mathbf{y})'(\mathbf{x}-\mathbf{y})\right]^{1/2}.\end{aligned} \tag{B.10}$$

B.2.8 행렬의 합과 곱에 대한 성질

행렬의 합과 곱에 대한 연산에서 일반적으로 성립하는 성질들을 몇 가지 나열하면 다음과 같다.

- $\mathbf{A} + \mathbf{B} = \mathbf{B} + \mathbf{A}$
- $(\mathbf{A} + \mathbf{B}) + \mathbf{C} = \mathbf{A} + (\mathbf{B} + \mathbf{C})$

- $(\mathbf{AB})\mathbf{C} = \mathbf{A}(\mathbf{BC})$
- $\mathbf{C}(\mathbf{A}+\mathbf{B}) = \mathbf{CA}+\mathbf{CB}$
- $\lambda(\mathbf{A}+\mathbf{B}) = \lambda\mathbf{A}+\lambda\mathbf{B}$
- $(\mathbf{A}')' = \mathbf{A}$
- $(\mathbf{A}+\mathbf{B})' = \mathbf{A}'+\mathbf{B}'$
- $(\mathbf{AB})' = \mathbf{B}'\mathbf{A}'$
- $(\mathbf{ABC})' = \mathbf{C}'\mathbf{B}'\mathbf{A}'$

⟨예 B.2⟩ 기본적인 행렬 연산

```
A <- matrix(c(2,5,7,9,3,4),nrow=3,ncol=2)
print(A)
#--------------------------------------------------------------------
#       [,1] [,2]
# [1,]    2    9
# [2,]    5    3
# [3,]    7    4
#--------------------------------------------------------------------
B <- matrix(c(1,2,3,4,5,6),nrow=3,ncol=2)
print(B)
#--------------------------------------------------------------------
#       [,1] [,2]
# [1,]    1    4
# [2,]    2    5
# [3,]    3    6
#--------------------------------------------------------------------
B.t <- t(B)   # 행렬의 전치: t 함수
print(B.t)
#--------------------------------------------------------------------
#       [,1] [,2] [,3]
# [1,]    1    2    3
# [2,]    4    5    6
#--------------------------------------------------------------------
C <- A+B   # 두 행렬의 합
print(C)
#--------------------------------------------------------------------
#       [,1] [,2]
# [1,]    3   13
# [2,]    7    8
# [3,]   10   10
#--------------------------------------------------------------------
D <- A-B   # 두 행렬의 차
print(D)
```

```
#-----------------------------------------------------------------------
#       [,1] [,2]
# [1,]     1    5
# [2,]     3   -2
# [3,]     4   -2
#-----------------------------------------------------------------------
E <- 4*A    # 스칼라와 행렬의 곱
print(E)
#-----------------------------------------------------------------------
#       [,1] [,2]
# [1,]     8   36
# [2,]    20   12
# [3,]    28   16
#-----------------------------------------------------------------------
F <- A%*%B.t    # 두 행렬의 곱: %*% 연산자
print(F)
#-----------------------------------------------------------------------
#       [,1] [,2] [,3]
# [1,]    38   49   60
# [2,]    17   25   33
# [3,]    23   34   45
#-----------------------------------------------------------------------
x <- c(1,2,3,4,5)
y <- c(3,2,4,1,6)
xy <- t(x)%*%y    # 두 벡터의 스칼라곱
print(xy)
#-----------------------------------------------------------------------
#       [,1]
# [1,]    53
#-----------------------------------------------------------------------
xy.u <- sqrt(t(x-y)%*%(x-y))    # 두 벡터 사이의 유클리드 거리
print(xy.u)
#-----------------------------------------------------------------------
#          [,1]
# [1,] 3.872983
#-----------------------------------------------------------------------
G <- A*B    # 두 행렬의 동일한 위치의 원소들의 산술 곱
print(G)
#-----------------------------------------------------------------------
#       [,1] [,2]
# [1,]     2   36
# [2,]    10   15
# [3,]    21   24
#-----------------------------------------------------------------------
L <- cbind(A,B)    # 두 행렬의 가로 결합: cbind 함수
print(L)
```

```
#--------------------------------------------------------------------
#       [,1] [,2] [,3] [,4]
# [1,]     2    9    1    4
# [2,]     5    3    2    5
# [3,]     7    4    3    6
#--------------------------------------------------------------------
R <- rbind(A,B)    # 두 행렬의 세로 결합: rbind 함수
print(R)
#--------------------------------------------------------------------
#       [,1] [,2]
# [1,]     2    9
# [2,]     5    3
# [3,]     7    4
# [4,]     1    4
# [5,]     2    5
# [6,]     3    6
```

B.3 특수한 행렬

이 절에서는 행렬을 다루기 위해 필요한 몇 가지 특수한 행렬들에 대하여 간단히 설명한다.

B.3.1 정방행렬

행과 열의 크기(차수)가 같은 정사각형꼴의 행렬을 정방행렬(square matrix)이라고 한다. 예를 들어, 다변량 자료분석에서 주로 사용되는 공분산행렬과 상관행렬은 정방행렬이다.

B.3.2 대칭행렬

정방행렬 $\mathbf{A}$가 $\mathbf{A} = \mathbf{A}'$을 만족하면 이를 대칭행렬(symmetric matrix)이라고 한다. 예를 들어, 공분산행렬과 상관행렬은 대칭행렬이다. 또한 다음 행렬 $\mathbf{A}$는 대칭행렬이고 행렬 $\mathbf{B}$는 대칭행렬이 아니다.

$$\mathbf{A} = \begin{pmatrix} 1 & 4 & 6 \\ 4 & 2 & 5 \\ 6 & 5 & 3 \end{pmatrix}, \quad \mathbf{B} = \begin{pmatrix} 1 & 2 & 3 \\ 4 & 5 & 6 \\ 7 & 8 & 9 \end{pmatrix}.$$

B.3.3 대각행렬

정방행렬의 특별한 경우로 대각원소를 제외한 모든 원소(비대각원소)가 0인 다음과 같은 행렬을 대각행렬(diagonal matrix)이라고 한다.

$$\mathbf{D} = \begin{pmatrix} d_{11} & 0 & \cdots & 0 & \cdots & 0 \\ 0 & d_{22} & \cdots & 0 & \cdots & 0 \\ \vdots & \vdots & \ddots & \vdots & \vdots & \vdots \\ 0 & 0 & \cdots & d_{ii} & \cdots & 0 \\ \vdots & \vdots & \vdots & \vdots & \ddots & \vdots \\ 0 & 0 & \cdots & 0 & \cdots & d_{pp} \end{pmatrix} \qquad (B.11)$$

이와 같은 대각행렬은 $\mathbf{D} = \text{diag}(d_{11}, d_{22}, \cdots, d_{pp})$로 표기하기도 한다.

B.3.4 단위행렬

대각행렬의 특별한 경우로서 모든 대각원소가 1인 행렬을 단위행렬(identity matrix, 항등행렬)이라고 한다. 즉, 크기가 p인 단위행렬 $\mathbf{I}_p$는 다음과 같다.

$$\mathbf{I}_p = \text{diag}(1, 1, \cdots, 1) = \begin{pmatrix} 1 & 0 & \cdots & 0 & \cdots & 0 \\ 0 & 1 & \cdots & 0 & \cdots & 0 \\ \vdots & \vdots & \ddots & \vdots & \vdots & \vdots \\ 0 & 0 & \cdots & 1 & \cdots & 0 \\ \vdots & \vdots & \vdots & \vdots & \ddots & \vdots \\ 0 & 0 & \cdots & 0 & \cdots & 1 \end{pmatrix}. \qquad (B.12)$$

B.3.5 모든 원소가 동일한 벡터와 행렬들

모든 원소가 1인 벡터 $\mathbf{1}$과 행렬 $\mathbf{J}$, 그리고 모든 원소가 0인 벡터 또는 행렬(zero matrix, null matrix) $\mathbf{0}$은 행렬연산에서 자주 사용된다. $n \times 1$ 벡터 $\mathbf{1}$과 $n \times n$ 행렬 $\mathbf{J}$에 대해서 다음과 같은 관계식이 성립한다.

$$\mathbf{1}'\mathbf{1} = \begin{pmatrix} 1 & 1 & \cdots & 1 \end{pmatrix} \begin{pmatrix} 1 \\ 1 \\ \vdots \\ 1 \end{pmatrix} = n, \qquad (B.13)$$

$$\mathbf{1}\mathbf{1}' = \begin{pmatrix} 1 \\ 1 \\ \vdots \\ 1 \end{pmatrix} \begin{pmatrix} 1 & 1 & \cdots & 1 \end{pmatrix} = \begin{pmatrix} 1 & 1 & \cdots & 1 & \cdots & 1 \\ 1 & 1 & \cdots & 1 & \cdots & 1 \\ \vdots & \vdots & \ddots & \vdots & \vdots & \vdots \\ 1 & 1 & \cdots & 1 & \cdots & 1 \\ \vdots & \vdots & \vdots & \vdots & \ddots & \vdots \\ 1 & 1 & \cdots & 1 & \cdots & 1 \end{pmatrix} = \mathbf{J}. \qquad (B.14)$$

B.3.6 멱등행렬

정방행렬 $\mathbf{A}$가 $\mathbf{A}^2 = \mathbf{AA} = \mathbf{A}$를 만족하면, 행렬 $\mathbf{A}$를 멱등행렬(idempotent matrix)이라고 한다. 두 멱등행렬 $\mathbf{A}$와 $\mathbf{B}$에 대해서 다음과 같은 관계식이 성립한다.

- 임의의 양의 정수 r에 대해서 $\mathbf{A}^r = \mathbf{A}$
- $(\mathbf{I} - \mathbf{A})^2 = \mathbf{I} - \mathbf{A}$
- $\mathbf{AB} = \mathbf{BA}$이면 $(\mathbf{AB})^2 = \mathbf{AB}$

⟨예 B.3⟩ 특수한 행렬들의 생성

```
A <- diag(3)    # 단위행렬 생성: diag 함수
print(A)
#-----------------------------------------------------------------
#        [,1] [,2] [,3]
# [1,]     1    0    0
# [2,]     0    1    0
# [3,]     0    0    1
#-----------------------------------------------------------------
v <- c(1,2,3)
v.D <- diag(v)    # 벡터를 대각형렬로 바꾸기: diag 함수
print(v.D)
#-----------------------------------------------------------------
#        [,1] [,2] [,3]
# [1,]     1    0    0
# [2,]     0    2    0
# [3,]     0    0    3
#-----------------------------------------------------------------
M <- matrix(c(1,2,3,4,5,6,7,8,9),nrow=3)    # M <- matrix(1:9,nrow=3)
#-----------------------------------------------------------------
#        [,1] [,2] [,3]
# [1,]     1    4    7
# [2,]     2    5    8
# [3,]     3    6    9
```

```
#-------------------------------------------------------------------
M.v <- diag(M)   # 행렬의 대각원소로 벡터 생성: diag 함수
print(M.v)
#-------------------------------------------------------------------
# [1] 1 5 9
#-------------------------------------------------------------------
M.D <- diag(diag(M))   # 행렬의 대각원소로 대각행렬 생성: diag 함수
print(M.D)
#-------------------------------------------------------------------
#      [,1] [,2] [,3]
# [1,]    1    0    0
# [2,]    0    5    0
# [3,]    0    0    9
#-------------------------------------------------------------------
one <- rep(1,9)   # 모든 원소가 동일한 벡터: rep 함수
print(one)
#-------------------------------------------------------------------
# [1] 1 1 1 1 1 1 1 1 1
#-------------------------------------------------------------------
J3 <- matrix(rep(1,9),nrow=3,ncol=3)   # 모든 원소가 동일한 행렬
print(J3)
#-------------------------------------------------------------------
#      [,1] [,2] [,3]
# [1,]    1    1    1
# [2,]    1    1    1
# [3,]    1    1    1
#-------------------------------------------------------------------
M.L <- M[c(1,3),]   # 행 추출, 참조: M[1:3,]
print(M.L)
#-------------------------------------------------------------------
#      [,1] [,2] [,3]
# [1,]    1    4    7
# [2,]    3    6    9
#-------------------------------------------------------------------
M.R <- M[,c(1,3)]   # 열 추출, 참조: M[,1:3]
print(M.R)
#-------------------------------------------------------------------
#      [,1] [,2]
# [1,]    1    7
# [2,]    2    8
# [3,]    3    9
#-------------------------------------------------------------------
M.K <- M[c(1,3),c(1,3)]   # 행/열 추출
print(M.K)
#-------------------------------------------------------------------
```

```
#       [,1] [,2]
# [1,]    1    7
# [2,]    3    9
```

B.4 특수한 행렬 연산

이 절에서는 행렬을 다루기 위해 필요한 몇 가지 특수한 행렬 연산들에 대하여 간단히 설명한다.

B.4.1 고유화

정방행렬 $\mathbf{A}$의 대각원소들의 합을 그 행렬의 고유화(trace)라고 하고 $\text{tr}(\mathbf{A})$로 표기한다. 즉, $n \times n$ 행렬 $\mathbf{A} = [a_{ij}]$에 대하여

$$\text{tr}(\mathbf{A}) = a_{11} + a_{22} + \cdots + a_{nn} = \sum_{i=1}^{n} a_{ii}. \tag{B.15}$$

행렬 $\mathbf{A}$와 $\mathbf{B}$가 정방행렬일 때 다음과 같은 관계가 성립한다.

- $\text{tr}(\mathbf{AB}) = \text{tr}(\mathbf{B}'\mathbf{A}')$
- $\text{tr}(\mathbf{A} \pm \mathbf{B}) = \text{tr}(\mathbf{A}) \pm \text{tr}(\mathbf{B})$
- $\text{tr}(\mathbf{ABC}) = \text{tr}(\mathbf{CAB}) = \text{tr}(\mathbf{BCA})$
- $\text{tr}(\mathbf{A}') = \text{tr}(\mathbf{A})$
- $\text{tr}(\mathbf{AA}') = \text{tr}(\mathbf{A}'\mathbf{A}) = \sum_{i,j} a_{ij}^2$
- $\text{tr}(\lambda\mathbf{A}) = \lambda\text{tr}(\mathbf{A})$
- $\mathbf{a} = (a_1, \cdots, a_n)'$에 대해서, $\mathbf{a}'\mathbf{a} = \sum_{i=1}^{n} a_i^2 = \text{tr}(\mathbf{aa}')$

B.4.2 행렬식

행렬식(determinant)은 정방행렬의 원소들의 다항식이며 스칼라이다. 행렬 $\mathbf{A}$의 행렬식은 $|\mathbf{A}|$로 표기한다. 크기가 $n \times n$인 행렬 $\mathbf{A} = [a_{ij}]$에 대해서 i번째 행과 j번째 열을 빼고 나머지 $(n-1) \times (n-1)$ 행렬의 행렬식을 M_{ij}라 할 때, M_{ij}를 원소 a_{ij}의 소행렬식(minor)이라고 하며 M_{ij}에 $(-1)^{i+j}$를 곱한 A_{ij}, 즉

$$A_{ij} = (-1)^{i+j} M_{ij} \tag{B.16}$$

를 원소 a_{ij}의 여인자(cofactor)라고 한다. 행렬식은 여인자를 이용하여 다음과 같이 소행렬식에 의한 전개로 표현할 수 있다.

$$\begin{aligned} |\mathbf{A}| &= a_{i1}A_{i1} + a_{i2}A_{i2} + \cdots + a_{in}A_{in}, \quad i = 1, 2, \cdots, n, \\ &= a_{1j}A_{1j} + a_{2j}A_{2j} + \cdots + a_{nj}A_{nj}, \quad j = 1, 2, \cdots, n. \end{aligned} \tag{B.17}$$

예를 들어, 2×2 행렬의 행렬식은 다음과 같이 연산되고,

$$|\mathbf{A}| = \begin{vmatrix} a_{11} & a_{12} \\ a_{21} & a_{22} \end{vmatrix} = a_{11}a_{22} + (-1)a_{12}a_{21} = a_{11}a_{22} - a_{12}a_{21}, \tag{B.18}$$

3×3 행렬의 행렬식은 소행렬식에 의한 전개에 의해서 다음과 같이 연산할 수 있다.

$$\begin{aligned} |\mathbf{A}| &= a_{11}(+1)\begin{vmatrix} a_{22} & a_{23} \\ a_{32} & a_{33} \end{vmatrix} + a_{12}(-1)\begin{vmatrix} a_{21} & a_{23} \\ a_{31} & a_{33} \end{vmatrix} + a_{13}(+1)\begin{vmatrix} a_{21} & a_{22} \\ a_{31} & a_{32} \end{vmatrix} \\ &= a_{11}a_{22}a_{33} - a_{11}a_{23}a_{32} - a_{12}a_{21}a_{33} + a_{12}a_{23}a_{31} + a_{13}a_{21}a_{32} - a_{13}a_{22}a_{31}. \end{aligned} \tag{B.19}$$

행렬 $\mathbf{A}$와 $\mathbf{B}$가 $n \times n$ 정방행렬일 때 다음과 같은 관계가 성립한다.

- $|\mathbf{AB}| = |\mathbf{BA}| = |\mathbf{A}||\mathbf{B}|$
- $|\mathbf{A}| = |\mathbf{A}'|$
- $|\lambda\mathbf{A}| = \lambda^n|\mathbf{A}|$
- $|\mathbf{A}^2| = |\mathbf{AA}| = |\mathbf{A}|^2$
- 행렬 $\mathbf{A}$가 대각행렬 또는 삼각행렬(triangular matrix)일 때, $|\mathbf{A}| = \prod_{i=1}^{n} a_{ii}$

B.4.3 정칙행렬

정방행렬 $\mathbf{A}$에 대해서 $|\mathbf{A}| \neq 0$이면 행렬 $\mathbf{A}$를 정칙행렬(nonsingular matrix)이라고 하고, $|\mathbf{A}| = 0$이면 비정칙행렬(singular matrix)이라고 한다.

B.4.4 역행렬

정방행렬 $\mathbf{A} = [a_{ij}]$의 행렬식이 0이 아닐 때,

$$\mathbf{AA}^{-1} = \mathbf{A}^{-1}\mathbf{A} = \mathbf{I} \tag{B.20}$$

를 만족하는 행렬 $\mathbf{A}^{-1}$를 $\mathbf{A}$의 역행렬(inverse matrix)이라고 한다. 한편 행렬 $\mathbf{A}^{+}$의 (i, j) 원소가 a_{ij}의 여인자 A_{ij}로 이루어져 있는 경우, 행렬 $\mathbf{A}^{+}$를 $\mathbf{A}$의 수반행렬(adjoint matrix)이라고 하는데, 수반행렬과 역행렬 사이에는 다음과 같은 관계가 성립한다.

$$\mathbf{A}^{-1} = \frac{1}{|\mathbf{A}|}\mathbf{A}^{+}. \tag{B.21}$$

예를 들어, 행렬 $\mathbf{A}$가 다음과 같은 2×2 행렬일 때,

$$\mathbf{A} = \begin{pmatrix} 2 & -3 \\ 4 & 4 \end{pmatrix} \longrightarrow |\mathbf{A}| = 20,\ \mathbf{A}^+ = \begin{pmatrix} 4 & 3 \\ -4 & 2 \end{pmatrix},\ \mathbf{A}^{-1} = \begin{pmatrix} 1/5 & 3/20 \\ -1/5 & 1/10 \end{pmatrix}.$$

행렬 $\mathbf{A}$와 $\mathbf{B}$가 정칙행렬일 때(즉, 역행렬이 존재할 때) 다음과 같은 관계가 성립한다.

- $(\mathbf{AB})^{-1} = \mathbf{B}^{-1}\mathbf{A}^{-1}$
- $(\mathbf{ABC})^{-1} = \mathbf{C}^{-1}\mathbf{B}^{-1}\mathbf{A}^{-1}$
- $(\mathbf{A}^{-1})^{-1} = \mathbf{A}$
- $(\mathbf{A}')^{-1} = (\mathbf{A}^{-1})'$
- $\mathbf{D} = \text{diag}(d_1, d_2, \cdots, d_p)$일 때, $\mathbf{D}^{-1} = \text{diag}(1/d_1, 1/d_2, \cdots, 1/d_p)$
- 대칭행렬 $\mathbf{A}$와 $\mathbf{D}$가 정칙이고 $\mathbf{E} = \mathbf{D} - \mathbf{B}'\mathbf{A}^{-1}\mathbf{B}$와 $\mathbf{F} = \mathbf{A}^{-1}\mathbf{B}$라 할 때,
$$\begin{pmatrix} \mathbf{A} & \mathbf{B} \\ \mathbf{B}' & \mathbf{D} \end{pmatrix}^{-1} = \begin{pmatrix} \mathbf{A}^{-1} + \mathbf{FE}^{-1}\mathbf{F}' & -\mathbf{FE}^{-1} \\ -\mathbf{E}^{-1}\mathbf{F}' & \mathbf{E}^{-1} \end{pmatrix}$$
- 행렬 $\mathbf{A}$ 또는 $\mathbf{D}$가 정칙일 때,
$$\begin{vmatrix} \mathbf{A} & \mathbf{B} \\ \mathbf{C} & \mathbf{D} \end{vmatrix} = \begin{cases} |\mathbf{D}||\mathbf{A} - \mathbf{BD}^{-1}\mathbf{C}|, & \mathbf{D}^{-1}\text{가 존재하면,} \\ |\mathbf{A}||\mathbf{D} - \mathbf{CA}^{-1}\mathbf{B}|, & \mathbf{A}^{-1}\text{가 존재하면.} \end{cases}$$
- $(\mathbf{A} + \mathbf{UBV})^{-1} = \mathbf{A}^{-1} - \mathbf{A}^{-1}\mathbf{UB}(\mathbf{B} + \mathbf{BVA}^{-1}\mathbf{UB})^{-1}\mathbf{BVA}^{-1}$

B.4.5 직교행렬

정방행렬 $\mathbf{A}$에 대하여 $\mathbf{AA}' = \mathbf{I}$ 를 만족하는 행렬 $\mathbf{A}$를 직교행렬(orthogonal matrix)이라고 한다. 행렬 $\mathbf{A}$와 $\mathbf{B}$가 직교행렬일 때 다음과 같은 관계가 성립한다.

- $\mathbf{A}' = \mathbf{A}^{-1}$
- $\mathbf{A}'\mathbf{A} = \mathbf{I}$
- $|\mathbf{A}| = \pm 1$
- $\mathbf{C} = \mathbf{AB}$는 직교행렬이다.
- $\text{tr}(\mathbf{A}'\mathbf{PA}) = \text{tr}(\mathbf{P})$
- $|\mathbf{A}'\mathbf{PA}| = |\mathbf{P}|$

또한 크기가 $n \times n$인 행렬 $\mathbf{A}$의 각 열(행)벡터를 $\mathbf{a}_1$, $\mathbf{a}_2$, $\cdots$, $\mathbf{a}_n$이라고 할 때,

$$\begin{cases} \mathbf{a}_i'\mathbf{a}_j = 0, & i \neq j, \\ \mathbf{a}_i'\mathbf{a}_j = 1, & i = j \end{cases} \tag{B.22}$$

을 만족하면 이를 정직교행렬(orthonormal matrix)이라고 한다.

B.4.6 선형적 독립

p 개의 벡터 $\mathbf{x}_1, \ \mathbf{x}_2, \ \cdots, \ \mathbf{x}_p$에 대하여

$$k_1\mathbf{x}_1 + k_2\mathbf{x}_2 + \cdots + k_p\mathbf{x}_4 = \mathbf{0} \implies k_1 = k_2 = \cdots = k_p = 0 \qquad (B.23)$$

이 성립하면, '이들 벡터들이 선형적으로 독립이다(linear independent)'라고 한다. 위 식이 성립하지 않으면 '이들 벡터들이 선형적으로 종속이다(linear dependent)'라고 한다.

예를 들어, 4개의 열벡터를 가지고 있는 다음 행렬 $\mathbf{X}$에 대해서

$$\mathbf{A} = (\mathbf{x}_1 \ \mathbf{x}_2 \ \mathbf{x}_3 \ \mathbf{x}_4) = \begin{pmatrix} 1 & 2 & 5 & 1 \\ 2 & 2 & 10 & 6 \\ 3 & 4 & 15 & 1 \end{pmatrix}$$

$5\mathbf{x}_1 + 0\mathbf{x}_2 + (-1)\mathbf{x}_3 + 0\mathbf{x}_4 = \mathbf{0}$가 성립하므로 행렬 $\mathbf{X}$의 열벡터들은 선형적으로 독립이 아니다.

크기가 $n \times n$인 행렬 $\mathbf{A}$에 대하여 다음 조건들은 서로 동치이다.

- $\mathbf{A}$의 열벡터들은 선형적으로 독립이다.
- $\mathbf{A}$는 정칙행렬이다.
- $\mathbf{A}$의 역행렬이 존재한다.
- 선형방정식 $\mathbf{Ax} = \mathbf{b}$에 대해서 유일한 해 $\mathbf{x} = \mathbf{A}^{-1}\mathbf{b}$가 존재한다.

B.4.7 행렬의 계수

크기가 $n \times p$인 행렬 $\mathbf{A}$의 계수(rank) $\mathrm{r}(\mathbf{A})$는 행렬 $\mathbf{A}$의 선형적으로 독립인 행(또는 열) 벡터들의 최대 개수이다. $n \times p$ 행렬 $\mathbf{A}$에 대하여 다음과 같은 관계가 성립한다.

- $0 \le \mathrm{r}(\mathbf{A}) \le \min(n, p)$
- $\mathrm{r}(\mathbf{A}) = \mathrm{r}(\mathbf{A}')$
- $\mathrm{r}(\mathbf{AB}) \le \min\{\mathrm{r}(\mathbf{A}), \mathrm{r}(\mathbf{B})\}$
- $\mathrm{r}(\mathbf{AB}) \le \mathrm{r}(\mathbf{B})$
- $\mathrm{r}(\mathbf{A} + \mathbf{B}) \le \mathrm{r}(\mathbf{A}) + \mathrm{r}(\mathbf{B})$
- $\mathrm{r}(\mathbf{AA}') = \mathrm{r}(\mathbf{A}'\mathbf{A}) = \mathrm{r}(\mathbf{A})$
- $n \times n$ 행렬 $\mathbf{B}$와 $p \times p$ 행렬 $\mathbf{C}$가 정칙행렬이면, $\mathrm{r}(\mathbf{BAC}) = \mathrm{r}(\mathbf{A})$
- 행렬 $\mathbf{A}$가 대각행렬이면, $\mathrm{r}(\mathbf{A})$는 0이 아닌 대각원소의 수이다.

B.4.8 일반화 역행렬

크기가 $n \times p$인 행렬 $\mathbf{A}$에 대해서 다음 조건을 만족하는 행렬 $\mathbf{M}$을 $\mathbf{A}$의 무어-펜로즈 (Moore-Penrose) 역행렬이라고 한다.

1) $\mathbf{AMA} = \mathbf{A}$,
2) $\mathbf{MAM} = \mathbf{M}$,
3) $(\mathbf{MA})' = \mathbf{MA}$,
4) $(\mathbf{AM})' = \mathbf{AM}$

이와 같은 행렬 $\mathbf{M}$은 항상 유일하게 존재한다. 그러나 첫 번째 펜로즈 조건 $\mathbf{AA^-A} = \mathbf{A}$를 만족하는 행렬 $\mathbf{A}^-$는 많이 존재하는데, 이와 같은 행렬 $\mathbf{A}^-$를 일반화 역행렬이라고 한다. 만약 $\mathbf{A}$가 정칙행렬이면 $\mathbf{A}^-$는 유일하며 $\mathbf{A}^- = \mathbf{M} = \mathbf{A}^{-1}$가 된다. 행렬 $\mathbf{A}$와 일반화 역행렬 $\mathbf{A}^-$에 대하여 다음과 같은 관계가 성립한다.

- $\mathbf{A^-A}$와 $\mathbf{AA^-}$는 멱등행렬이다.
- $\mathrm{r}(\mathbf{A}) = \mathrm{r}(\mathbf{AA^-}) = \mathrm{r}(\mathbf{A^-A}) \le \mathrm{r}(\mathbf{A^-})$
- $\mathbf{x} = \mathbf{A^-b}$는 연립방정식 $\mathbf{Ax} = \mathbf{b}$의 해가 된다.

⟨예 B.4⟩ 고유화, 행렬식, 계수, 역행렬

```
A <- matrix(c(1,4,6,4,2,5,6,5,3),nrow=3)
#----------------------------------------------------------------------
#       [,1] [,2] [,3]
# [1,]    1    4    6
# [2,]    4    2    5
# [3,]    6    5    3
#----------------------------------------------------------------------
sum(diag(A))   # 고유화: sum, diag 함수
library(matrixcalc)
matrix.trace(A)   # 고유화: matrixcalc::matrix.trace 함수
#----------------------------------------------------------------------
# [1] 6
#----------------------------------------------------------------------
det(A)   # 행렬식: det 함수
#----------------------------------------------------------------------
# [1] 101
#----------------------------------------------------------------------
matrix.rank(A)   # 계수: matrixcalc::matrix.rank 함수
#----------------------------------------------------------------------
# [1] 3
```

```
#------------------------------------------------------------------
solve(A)   # 역행렬: solve 함수
matrix.inverse(A)   # 역행렬: matrixcalc::matrix.inverse 함수
#------------------------------------------------------------------
#             [,1]       [,2]        [,3]
# [1,] -0.18811881  0.1782178  0.07920792
# [2,]  0.17821782 -0.3267327  0.18811881
# [3,]  0.07920792  0.1881188 -0.13861386
#------------------------------------------------------------------
library(MASS)
ginv(A)   # 일반화 역행렬: MASS::ginv 함수
#------------------------------------------------------------------
#             [,1]       [,2]        [,3]
# [1,] -0.18811881  0.1782178  0.07920792
# [2,]  0.17821782 -0.3267327  0.18811881
# [3,]  0.07920792  0.1881188 -0.13861386
```

B.5 고유값 분해와 특이값 분해

이 절에서는 또 다른 특수한 행렬 연산으로서 고유값 분해와 특이값 분해에 대하여 간단히 설명한다.

B.5.1 고유값과 고유벡터

정방행렬 $\mathbf{A}$에 대해서 다음과 같은 방정식

$$\mathbf{A}\mathbf{e} = \lambda\mathbf{e} \qquad (B.24)$$

를 만족하는 스칼라 λ와 벡터 $\mathbf{e}$를 각각 행렬 $\mathbf{A}$ 의 고유값(eigenvalue)과 이에 대응하는 고유벡터(eigenvector)라고 한다. 영벡터가 아닌 고유벡터가 $\mathbf{e}$가 존재하기 위한 필요충분 조건은

$$|\mathbf{A} - \lambda\mathbf{I}| = 0 \qquad (B.25)$$

이며 위 식을 특성다항식(characteristic polynomial)이라고 한다.

$n \times n$ 대칭행렬 $\mathbf{A}$의 고유값들을 $\lambda_1 \geq \lambda_2 \geq \cdots \geq \lambda_n$이라 할 때 다음과 같은 관계가 성립한다.

- $\text{tr}(\mathbf{A}) = \sum_{i=1}^n \lambda_i, \;\; \text{tr}(\mathbf{A}'\mathbf{A}) = \sum_{i=1}^n \lambda_i^2, \;\; \text{tr}(\mathbf{A}^{-1}) = \sum_{i=1}^n \lambda_i^{-1}$
- $|\mathbf{A}| = \lambda_1\lambda_2\cdots\lambda_n = \prod_{i=1}^n \lambda_i$

- 행렬 $\mathbf{A}$와 전치행렬 $\mathbf{A}'$는 같은 고유값을 갖는다.
- 행렬 $\mathbf{AA}'$와 $\mathbf{A}'\mathbf{A}$ 는 같은 고유값을 갖는다.
- 대칭행렬 $\mathbf{A}$의 고유값은 모두 실수이다.
- 대칭행렬 $\mathbf{A}$의 0아닌 고유값의 개수는 r($\mathbf{A}$)와 같다.
- 만일 $\mathbf{C}$가 정칙행렬이면 행렬 $\mathbf{A}$와 행렬 $\mathbf{CAC}^{-1}$는 같은 고유값을 갖는다.
- 삼각행렬 $\mathbf{B}$의 고유값들은 행렬 $\mathbf{B}$의 대각원소들이다.
- λ_i와 임의의 상수 a에 대하여 행렬 $\mathbf{A}+a\mathbf{I}$는 고유값 (λ_i+a)를 갖는다.
- 계수가 1인 $\mathbf{A}=\mathbf{aa}'$ $(\mathbf{a}\neq\mathbf{0})$의 고유값은 $\mathbf{aa}'$이고 이에 대응하는 고유벡터는 $\mathbf{a}$이다.

B.5.2 고유값 분해

크기가 $n\times n$인 대칭행렬 $\mathbf{A}$에 대하여, $\mathbf{\Lambda}=\text{diag}(\lambda_1,\ldots,\lambda_n)$을 행렬 $\mathbf{A}$의 고유값들로 이루어진 행렬이고, $\mathbf{E}=(\mathbf{e}_1,\cdots,\mathbf{e}_n)$을 각 고유값에 대응하는 고유벡터들로 이루어진 직교행렬이라고 할 때(즉, $\mathbf{E}'\mathbf{E}=\mathbf{EE}'=\mathbf{I}$), 행렬 $\mathbf{A}$는 다음과 같이 표현될 수 있으며 이를 고유값 분해(eigenvalue decomposition)또는 분광분해(spectral decomposition)라고 한다.

$$\mathbf{A}=\mathbf{E\Lambda E}'=\sum_{i=1}^{n}\lambda_i\mathbf{e}_i\mathbf{e}_i'. \tag{B.26}$$

B.5.3 특이값 분해

크기가 $n\times p$인 행렬 $\mathbf{A}$의 계수가 r($\mathbf{A}$) $=r$이라고 하면[단, $r\leq\min(n,p)$], 행렬 $\mathbf{A}$는 다음과 같이 표현될 수 있으며 이를 특이값 분해라고 한다.

$$\mathbf{A}=\mathbf{ULV}'. \tag{A.27}$$

여기서 $n\times r$ 행렬 $\mathbf{U}$와 $r\times p$ 행렬 $\mathbf{V}$는 열직교행렬(column orthogonal matrix, 즉 $\mathbf{U}'\mathbf{U}=\mathbf{V}'\mathbf{V}=\mathbf{I}_r$)이고, $\mathbf{L}=\text{diag}(l_1,\cdots,l_r)$이다(단, $l_i>0$).

⟨예 B.5⟩ 고유값 분해와 특이값 분해

```
satis <- read.csv("L:/My_Work/Data/satis.csv",header=TRUE)
satis.X <- satis[c("x1","x2","x3","x4","x5")]
#------------------------------------------------------------------
#    x1 x2 x3 x4 x5
# 1   1  2  4  1  1
# 2   1  2  3  2  1
# 3   2  5  5  2  2
# 4   2  5  4  2  2
```

```
# 5   1  2  3  4  3
# 6   1  3  4  1  1
# 7   4  5  5  3  3
# 8   1  3  4  4  4
# 9   3  3  5  5  4
# 10  5  5  5  4  4
#-------------------------------------------------------------------------
satis.S <- cov(satis.X)   # 분산-공분산 행렬: cov 함수
print(satis.S)   # 예 2.3 참조
#-------------------------------------------------------------------------
#           x1        x2        x3        x4        x5
# x1 2.1000000 1.3888889 0.8666667 0.9111111 1.0555556
# x2 1.3888889 1.8333333 0.7777778 0.1111111 0.5000000
# x3 0.8666667 0.7777778 0.6222222 0.2666667 0.4444444
# x4 0.9111111 0.1111111 0.2666667 1.9555556 1.6666667
# x5 1.0555556 0.5000000 0.4444444 1.6666667 1.6111111
#-------------------------------------------------------------------------
satis.ED <- eigen(satis.S)   # 고유값 분해
print(satis.ED$values)   # 고유값 출력
#-------------------------------------------------------------------------
# [1] 5.08184308 2.36758724 0.42623226 0.20001396 0.04654569
#-------------------------------------------------------------------------
print(satis.ED$vectors)   # 고유벡터 출력
#-------------------------------------------------------------------------
#            [,1]       [,2]        [,3]       [,4]       [,5]
# [1,] -0.5723794 -0.2916057  0.72250071 -0.2316137  0.1081469
# [2,] -0.3966884 -0.6003640 -0.62118712 -0.2716472 -0.1501190
# [3,] -0.2564469 -0.2233868  0.03232539  0.9143660 -0.2173088
# [4,] -0.4617789  0.5982335 -0.07138977 -0.1323191 -0.6373947
# [5,] -0.4858141  0.3830720 -0.29321981  0.1378017  0.7157328
#-------------------------------------------------------------------------
satis.C <- scale(satis.X,center=TRUE,scale=FALSE)/sqrt(9)   # C'C=S
print(satis.C)
#-------------------------------------------------------------------------
#               x1         x2          x3          x4         x5
#  [1,] -0.36666667 -0.5000000 -0.06666667 -0.60000000 -0.5000000
#  [2,] -0.36666667 -0.5000000 -0.40000000 -0.26666667 -0.5000000
#  [3,] -0.03333333  0.5000000  0.26666667 -0.26666667 -0.1666667
#  [4,] -0.03333333  0.5000000 -0.06666667 -0.26666667 -0.1666667
#  [5,] -0.36666667 -0.5000000 -0.40000000  0.40000000  0.1666667
#  [6,] -0.36666667 -0.1666667 -0.06666667 -0.60000000 -0.5000000
#  [7,]  0.63333333  0.5000000  0.26666667  0.06666667  0.1666667
#  [8,] -0.36666667 -0.1666667 -0.06666667  0.40000000  0.5000000
#  [9,]  0.30000000 -0.1666667  0.26666667  0.73333333  0.5000000
# [10,]  0.96666667  0.5000000  0.26666667  0.40000000  0.5000000
```

```
#-------------------------------------------------------------------------
satis.SVD <- svd(satis.C)   # 특이값 분해
print(satis.SVD$d)   # 특이값 출력 (주성분의 표준편차)
#-------------------------------------------------------------------------
# [1] 2.2542944 1.5386966 0.6528647 0.4472292 0.2157445
#-------------------------------------------------------------------------
print(satis.SVD$u)   # U 행렬 출력
#-------------------------------------------------------------------------
#              [,1]        [,2]        [,3]        [,4]        [,5]
#   [1,] -0.41932745  0.08349893 -0.35683565 -0.38074768  0.34514601
#   [2,] -0.38896584 -0.09449161 -0.30388176  0.39937813 -0.30390243
#   [3,]  0.01931453  0.37265691  0.39541055 -0.28630940 -0.39829644
#   [4,] -0.01860523  0.32426382  0.41191494  0.39519503 -0.06254618
#   [5,] -0.10873239 -0.51965902  0.06843593  0.39120539 -0.06183206
#   [6,] -0.36067075  0.21355794 -0.03967592 -0.17828086  0.11320657
#   [7,]  0.32870209  0.28641636 -0.15620548  0.05486145  0.05692062
#   [8,]  0.05967941 -0.42419317  0.51880061 -0.19053996  0.47631214
#   [9,]  0.33515138 -0.37905439 -0.19902915 -0.42816579 -0.51005497
#  [10,]  0.55345424  0.13700423 -0.33893407  0.22340369  0.34504674
#-------------------------------------------------------------------------
print(satis.SVD$v)   # V 행렬 출력 (고유벡터)
#-------------------------------------------------------------------------
#           [,1]       [,2]        [,3]       [,4]       [,5]
#  [1,] 0.5723794  0.2916057 -0.72250071  0.2316137  0.1081469
#  [2,] 0.3966884  0.6003640  0.62118712  0.2716472 -0.1501190
#  [3,] 0.2564469  0.2233868 -0.03232539 -0.9143660 -0.2173088
#  [4,] 0.4617789 -0.5982335  0.07138977  0.1323191 -0.6373947
#  [5,] 0.4858141 -0.3830720  0.29321981 -0.1378017  0.7157328
#-------------------------------------------------------------------------
# satis.SVD$u%*%diag(satis.SVD$d)*sqrt(9)   # 참조: 주성분점수
```

B.6 이차형식

크기가 $n \times n$인 대칭행렬 $\mathbf{A}$에 대하여 다음과 같은 함수

$$Q(\mathbf{x}) = \mathbf{x}'\mathbf{A}\mathbf{x} = \sum_{i=1}^{n}\sum_{j=1}^{n} a_{ij}x_i x_j \qquad (B.28)$$

를 벡터 $\mathbf{x} = (x_1, x_2, \cdots, x_n)'$에 대한 이차형식(quardratic form)이라고 한다. 이때 모든 $\mathbf{x}(\neq \mathbf{0})$에 대하여 '$Q(\mathbf{x}) > 0$'이 성립하면 행렬 $\mathbf{A}$를 양정치(positive definite)라고 하고, '$Q(\mathbf{x}) \geq 0$'이 성립하면 행렬 $\mathbf{A}$를 양반정치(positive semidefinite)라고 한다.

예를 들어, 다음과 같은 행렬 $\mathbf{A}$가 있을 때

$$\mathbf{A} = \begin{pmatrix} 2 & 2 & 1 \\ 2 & 5 & 1 \\ 1 & 1 & 2 \end{pmatrix},$$

$\mathbf{x}'\mathbf{A}\mathbf{x} = (x_1 + 2x_2)^2 + (x_1 + x_3)^2 + (x_2 + x_3)^2$이므로, $\mathbf{x}$의 모든 원소가 0이 아니면(즉, $\mathbf{x} \neq \mathbf{0}$이면) 이차형식 $\mathbf{x}'\mathbf{A}\mathbf{x}$가 항상 양수가 됨을 알 수 있다. 따라서 이 행렬 $\mathbf{A}$는 양정치 행렬이다. 한편, 다음과 같은 행렬 $\mathbf{B}$에 대해서는

$$\mathbf{B} = \begin{pmatrix} 37 & -2 & -24 \\ -2 & 13 & -3 \\ -24 & -3 & 17 \end{pmatrix},$$

$\mathbf{x}'\mathbf{B}\mathbf{x} = (x_1 - 2x_2)^2 + (6x_1 - 4x_3)^2 + (3x_2 - x_3)^2$이므로, $\mathbf{x} = (2\ 1\ 3)'$과 같은 벡터에 의해 이차형식 $\mathbf{x}'\mathbf{B}\mathbf{x}$이 0이 된다는 것을 알 수 있다. 따라서 이 행렬 $\mathbf{B}$는 양반정치 행렬이다.

행렬 $\mathbf{A}$가 양정치(또는 양반정치)이면 $\mathbf{A} > 0$(또는 $\mathbf{A} \geq 0$)으로 표기하며 이 두 가지 형태의 행렬들을 **비음정치**(nonnegative definite)라고도 한다. 양정치 또는 양반정치 행렬과 관련하여 다음과 같은 관계가 성립한다.

- $\mathbf{A} > 0$이면, 행렬 $\mathbf{A}$의 모든 고유값은 양수이다.
- $\mathbf{A} \geq 0$이면, 0인 고유값이 존재하고 0이 아닌 모든 고유값은 양수이다.
- $\mathbf{A} > 0$이면, $\mathbf{A}$는 정칙행렬이다($|\mathbf{A}| > 0$).
- $\mathbf{A} > 0$이면, $\mathbf{A}$의 역행렬이 존재하고 $\mathbf{A}^{-1} > 0$이다.
- $\mathbf{A} > 0(\geq 0)$이면, $\mathrm{tr}(\mathbf{A}) > 0(\geq 0)$이다.
- $\mathbf{A} > 0$이면, 임의의 $n \times n$ 정칙행렬 $\mathbf{P}$에 대하여 $\mathbf{P}'\mathbf{A}\mathbf{P} > 0$이 성립한다.
- $\mathbf{A} \geq 0$이면, 임의의 $n \times p$ 행렬 $\mathbf{P}$에 대하여 $\mathbf{P}'\mathbf{A}\mathbf{P} \geq 0$이 성립한다.
- $\mathbf{A} \geq 0$이면, 임의의 상수 k에 대하여 $\mathbf{A}^k = \mathbf{E}\mathbf{\Lambda}^k\mathbf{E}'$이 성립한다.

참고문헌

강현철, 한상태, 김기영, 전명식 (2005). "예제로 배우는 SAS 다변량 자료분석 입문", 자유아카데미.

강현철, 한상태, 연규필, 김혁, 김성용 (2017). "R을 활용한 인과모형과 구조방정식모형 분석", 자유아카데미.

김기영, 강현철 (2001). "LISREL(SIMPLIS)을 이용한 구조방정식모형의 분석", 자유아카데미.

김기영, 전명식 (1997). "다변량 통계자료분석", 자유아카데미.

이재창, 박정섭 (1986). 다차원축적 기법, "응용통계", 1, 61-79.

허명회 (1994). "SAS 최적척도법", 자유아카데미.

Anderson, T.W. (1984). *An Introduction to Multivariate Statistical Analysis, Second Edition*, New York: John Wiley & Sons, Inc.

Bartlett, M. (1937), The Statistical Conception of Mental Factors, *British Journal of Psychology*, 28, 97-104

Bollen, K.A. (1989). *Structural Equations with Latent Variables*, New York: John Wiley & Sons, Inc.

Box, G. (1949). A general distribution theory for a class of likelihood criteria, *Biometrika*, 36, 317-346.

Burns, L.and Harman, A. (1966). *The Complex Metropolis, Part V of Profile of the Los Angeles Metropolis: Its people and its Home*, Los Angeles, University of California Press.

Calinski, T. and Harabasz, J. (1974). A Dendrite Method for Cluster Analysis, *Communications in Statistics*, 3, 1-27.

Carroll, J.D. (1972). Individual Differences and Multidimensional Scaling, in *Multidimensional Scaling: Theory and Applications in the Behavioral Sciences* (Volume 1), in Shepard, R.N., Romney, A.K., and Nerlove, S.B. (ed.), New York: Seminar Press.

Cartell, L. and Harman, A. (1966). The Scree Test for the Number of Factors, *Multivariate Behavioral Research*, 1, 245-276.

Cooper, M.C. and Milligan, G.W. (1988). The Effect of Error on Determining the Number of Clusters, *Proceedings of the International Workshop on Data Analysis, Decision Support and Expert Knowledge Representation in Marketing and Related Areas of Research*, 319-328.

Finn, J.D. (1974). *A General Model for Multivariate Analysis*, New York: Holt, Reinhart and Winston.

Gabriel, K.R. (1981). *Biplot Display of Multivariate Matrices for Inspection of Data and Diagnosis*, Interpreting Multivariate Data, V. Barnett (ed.), London: John Wiley and Sons, Inc.

Hand, D.J., Daly, F., Lunn, A.D., McConway, K.J., and Ostrowski, E. (1994). *A Handbook of Small Data Sets*, London: Chapman and Hall.

Hoelter, J.W. (1983). The Analysis of Covariance Structures: Goodness-of-Fit Indices, *Sociological Methods and Research*, 11, 325-344.

Hotelling, H. (1936). Simplified Calculation of Principal Components, *Psychometrika*, 1, 27-35.

Hyduck, L.A. (1987) *Structural Equations with LISREL*, Baltimore and London: The Johns Hopkins University Press.

Jöreskog, K.G. and Sörbom, D. (1982). Recent Developments in Structural Equation modeling, *Journal of Marketing Research*, 19, 404-416.

Jöreskog, K.G. and Sörbom, D. (1996). *LISREL 8: User's Reference Guide*, Chicago: Scientific Software International.

Kaiser, H. (1958). The Varimax Criterion for Analytic Rotation in Factor Analysis, *Psychometrika*, 23, 187-200.

Kruskal, J.B. and Wish, M. (1978). *Multidimensional Scaling, Sage University Paper series on Quantitative Applications in the Social Sciences*, Beverly Hills and London: Sage Publications.

Kuhfeld, W.F. (2005). *Marketing Research Methods in SAS, Experimental Design, Choice, Conjoint, and Graphical Techniques*, SAS Institute Inc., Cary, NC, USA.

Lattin, J., Carroll, J.D., and Green, P.E. (2003). *Analyzing Multivariate Data*, Thomson Learning Inc.

Lawley, D. and Maxwell, A. (1971). *Factor Analysis as a Statistical Method*, New York, Macmillan.

Lee, E.T. (1974). A Computer Program for Linear Logistic Regression Analysis, *Computer Programs in Biomedicine*, 80-92.

Milligan, G.W. (1980). An Examination of the Effect of Six Types of Error Perturbation on Fifteen Clustering Algorithms, *Psychometrika*, 45, 325-342.

Morrison, D. (1989). *Multivariate Statistical Methods*, McGraw-Hill.

찾아보기

저자 소개

강현철
고려대학교 통계학과 학사
고려대학교 대학원 통계학과 박사
현: 호서대학교 AI융합대학 빅데이터AI학부, 교수
e-mail: hychkang@hoseo.edu

연규필
서울대학교 계산통계학과 학사
서울대학교 대학원 통계학과 박사
현: 호서대학교 AI융합대학 빅데이터AI학부, 교수
e-mail: kpyeon1@hoseo.edu

한상태
고려대학교 통계학과 학사
고려대학교 대학원 통계학과 박사
현: 호서대학교 AI융합대학 빅데이터AI학부, 교수
e-mail: sthan@hoseo.edu

R을 활용한
다변량 자료분석 방법론

저　　자　강현철 · 연규필 · 한상태
발 행 인　김지영
발 행 처　자유아카데미
주　　소　경기도 파주시 회동길 37-42
　　　　　파주출판도시
전　　화　031-955-1321
팩　　스　031-955-1322
홈페이지　www.freeaca.com
전자우편　main@freeaca.com (대표)
　　　　　editor@freeaca.com (편집)
　　　　　crm@freeaca.com (영업)
등　　록　제406-2003-017호, 1980. 7. 12
제1판1쇄　2021년 2월 5일 발행
제1판2쇄　2023년 6월 20일 발행
정　　가　23,000원

ISBN 979-11-5808-298-7　93310